Azar Nafisi

Lolita lesen in Teheran

Aus dem Amerikanischen von
Maja Ueberle-Pfaff

btb

In Erinnerung an meine Mutter, Nezhat Nafisi
Für meinen Vater, Ahmad Nafisi, und meine Familie:
Bijan, Negar und Dara Naderi

Wem erzählen wir, was auf der Erde geschah,
für wen stellen wir überall große Spiegel auf,
in der Hoffnung, sie werden gefüllt und bleiben es?

Czeslaw Milosz, »Annalena«

Vorbemerkung der Autorin

Die Details einiger Personen und Ereignisse dieser Geschichte wurden verändert, um die Betroffenen zu schützen, nicht nur vor dem Auge des Zensors, sondern auch vor denen, die solche Berichte bloß lesen, um herauszufinden, wer wer ist und wer mit wem was gemacht hat, die von den Geheimnissen anderer leben und damit ihre eigene Leere füllen. Die hier geschilderten Begebenheiten sind so wahr wie jede Erinnerung wahrhaftig ist, aber ich habe alles unternommen, um Freunde und Studenten zu schützen, indem ich ihnen andere Namen gab und Facetten ihres Lebens so veränderte oder miteinander vertauschte – dass sie sich sogar selbst nicht mehr wiedererkennen –, und so ihre Geheimnisse zu bewahren.

TEIL I

Lolita

1

Nachdem ich meine letzte Stelle an der Universität aufgegeben hatte, wollte ich mir im Herbst 1995 etwas Gutes tun und mir einen Traum erfüllen. Ich wählte sieben meiner besten und engagiertesten Studentinnen aus und lud sie jeden Donnerstagmorgen zu mir nach Hause ein, um dort über Literatur zu diskutieren. Die Gruppe bestand nur aus Frauen – es wäre zu riskant gewesen, eine gemischte Klasse in der privaten Sphäre meines Hauses zu unterrichten, auch wenn wir nur harmlose Romane gelesen hätten. Ein Student, der von unserem Unterricht ausgeschlossen war, ließ allerdings nicht locker. Also erhielt auch Nima die Texte, die gerade verteilt wurden, und an bestimmten Tagen kam er zu mir nach Hause, um über die Bücher zu sprechen, die wir gerade lasen.

Ich erinnerte meine Studentinnen oft scherzhaft an *Die Blütezeit der Miss Jean Brodie* von Muriel Spark und fragte: Wer von euch wird mich schließlich verraten? Denn ich bin von Natur aus pessimistisch und war sicher, dass sich zumindest eine mit mir überwerfen würde. Nassrin bemerkte darauf einmal spitz, ich hätte ihnen doch gesagt, dass letztlich wir selbst es seien, die uns verraten und uns wie Judas gegenüber Christus verhalten würden. Manna wies darauf hin, dass ich nicht Miss Brodie sei, und sie, nun, sie seien eben, was sie seien. Sie erinnerte mich an eine Warnung, die ich oft und gern wiederholte: Versuchen Sie nie, unter keinen Umständen, ein dichterisches Werk zu verharmlosen, indem Sie es in einen Abklatsch des wirklichen Lebens verwandeln. Was wir in der Literatur suchen, ist nicht so sehr die Wirklichkeit als vielmehr das Aufscheinen der Wahrheit. Aber wenn ich, was ich ungern täte, das literarische Werk aussuchen müsste, in dem sich die meisten Anklänge an unser Leben in der Islamischen Republik Iran finden, dann wäre es wahrscheinlich nicht *Die Blütezeit der Miss Jean Brodie* oder *1984*, sondern Nabokovs *Einladung zur Enthauptung* oder noch besser: *Lolita*.

An meinem letzten Abend in Teheran, zwei Jahre nach unserem ersten Donnerstagmorgen-Seminar, kamen einige Freunde und Studentinnen, um mir beim Packen zu helfen und sich von mir zu verabschieden. Als wir das Haus vollkommen leer geräumt hatten, alle Sachen verstaut und die bunten Farben wie herumirrende Geister, die sich wieder in ihre Flaschen verzogen, in acht grauen Koffern verschwunden waren, stellten meine Studentinnen und ich uns vor die nackte weiße Wand des Esszimmers und machten zwei Fotos.

Diese beiden Fotos liegen jetzt vor mir. Auf dem ersten stehen sieben Frauen vor einer weißen Wand. Sie tragen, dem Gesetz des Landes entsprechend, schwarze Kleider und Kopftücher und sind bis auf das Oval des Gesichts und die Hände vollkommen verhüllt. Auf dem zweiten Bild dieselbe Gruppe, die gleiche Haltung, vor derselben Wand. Nur dass die Frauen ihre Verhüllung abgelegt haben. Die Farbtupfen springen sofort ins Auge. Durch die Farben und den Stil ihrer Kleidung, die Farbe und Länge ihrer Haare bekommt jede etwas Charakteristisches. Nicht einmal die beiden, die auch hier ihr Kopftuch tragen, sehen gleich aus.

Ganz rechts außen auf dem zweiten Bild steht unsere Dichterin, Manna, in weißem T-Shirt und Jeans. Sie machte aus Dingen, die die meisten nicht weiter beachten, Poesie. Auf dem Foto ist jedoch nichts von ihren eigenartig stumpfen, dunklen Augen zu sehen, die Mannas in sich gekehrtem, verschlossenem Charakter entsprechen.

Gleich neben ihr steht Mahshid, deren langes schwarzes Kopftuch nicht recht zu ihren feinen Gesichtszügen und dem vorsichtigen Lächeln passt. Mahshid kannte sich in vielen Dingen gut aus, aber sie benahm sich auch gerne etwas geziert, sodass wir sie schließlich mit »Mylady« anredeten. Nassrin meinte dazu immer, wir würden damit allerdings weniger über Mahshid aussagen als vielmehr dem Wort *Lady* eine neue Dimension verleihen. Mahshid ist sehr sensibel. Sie sei wie Porzellan, sagte Yassi einmal zu mir, sehr zerbrechlich. Darum wirkt sie auch auf jemanden, der sie nicht gut kennt, so schwach. Aber wehe dem, der ihr zu nahe kommt. Was mich angeht, so fuhr Yassi gutmütig fort, ich bin wie gutes altes Plastik: Egal, was man mit mir anstellt, ich geh nicht kaputt.

Yassi war die Jüngste in unserer Gruppe. Sie ist die in Gelb, die sich nach vorne beugt und sich vor Lachen kaum halten kann. Manchmal zogen wir sie auf und nannten sie unsere Comedy-Queen. Yassi war von Natur aus schüchtern, aber bei bestimmten Dingen erwachte ihr Temperament, und sie verlor jegliche Hemmungen. Mit ihrem sanften Spott konnte sie nicht nur andere, sondern auch sich selbst in Frage stellen.

Ich bin die in Braun, direkt neben Yassi, der ich einen Arm um die Schulter lege. Gleich hinter mir steht Azin, die größte meiner Studentinnen, mit ihrem langen blonden Haar und einem rosa T-Shirt. Wie wir anderen lacht auch sie. Aber Azins Lächeln sah nie wie ein Lächeln aus, es wirkte mehr wie der Vorbote einer unbezähmbaren, nervösen Heiterkeit. Sie strahlte auf eine ganz eigene Art, selbst wenn sie von den jüngsten Problemen mit ihrem Ehemann erzählte. Azin, immer leidenschaftlich und unverblümt, genoss es, wenn sie die anderen mit dem, was sie sagte und tat, schockieren konnte, und geriet oft mit Mahshid und Manna aneinander, was ihr schließlich bei uns den Spitznamen »die Wilde« einbrachte.

Auf der anderen Seite neben mir erkennt man Mitra, die vielleicht Ruhigste von uns allen. Wie die Pastellfarben in ihren Gemälden schien auch sie sich uns immer mehr zu entziehen und in diffusere Gefilde zu entschweben. Zwei wunderbare Wangen-grübchen verliehen ihrer Schönheit eine ganz eigene Note, die sie, wenn sie sich jemanden gefügig machen wollte, durchaus ein-zusetzen wusste.

Sanaz, die sich immer von Familie und Gesellschaft unter Druck gesetzt fühlte und zwischen ihrem Wunsch nach Unab-hängigkeit und dem Bedürfnis nach Anerkennung schwankte, hält sich an Mitras Arm fest. Alle lachen wir. Unser unsichtbarer Teilnehmer, der Fotograf, ist Nima, Mannas Ehemann und der einzige wirkliche Literaturtheoretiker unter meinen Studenten – hätte er nur die Ausdauer gehabt, die brillanten Essays, die er be-gonnen hatte, auch fertigzustellen.

Es gab noch eine Studentin, die aber nicht auf den Fotos ist: Nassrin, die nicht bis zum Ende dabei war. Aber meine Ge-schichte wäre unvollständig ohne die, die nicht bei uns bleiben wollten oder konnten. Ihre Abwesenheit wirkt immer noch nach, wie ein akuter Schmerz, der keine physische Ursache mehr zu ha-ben scheint. Das ist Teheran für mich: Das, was fehlte, war realer als das, was da war.

Wenn ich mir Nassrin heute vorstelle, dann ist ihr Bild leicht verschwommen, unscharf, irgendwie weit weg. Ich bin die Fotos durchgegangen, die von meinen Studenten und mir im Lauf der Zeit gemacht wurden, und Nassrin ist auf vielen davon zu sehen, aber immer versteckt hinter etwas – einer Person oder einem Baum. Auf einer Aufnahme stehe ich mit acht Studentinnen in dem kleinen Garten vor unserem Fakultätsgebäude, der Kulisse so vieler Abschiedsbilder in all den Jahren. Im Hintergrund eine schattenspendende Weide. Wir lächeln, und in einer Ecke, hinter der größten Studentin, guckt Nassrin hervor, wie ein kleiner Ko-bold, der spitzbübisch in einer Szenerie auftaucht, in der er ei-gentlich nichts zu suchen hat. Auf einem anderen Bild ist in dem engen V, das die Schultern zweier anderer Mädchen bilden, kaum ihr Gesicht zu erkennen. Sie sieht merkwürdig geistesabwesend aus und schaut so finster drein, als ob sie nicht bemerken würde, dass sie gerade fotografiert wird.

Wie lässt sich Nassrin beschreiben? Ich habe sie einmal in Anspielung auf *Alice im Wunderland* die »Grinsekatze« genannt, die an unerwarteten Wendepunkten meines akademischen Lebens auftauchte und wieder verschwand. Die Wahrheit ist: Ich kann sie nicht beschreiben, nicht in Worte fassen. Man kann nicht mehr sagen, als dass Nassrin eben Nassrin war.

Beinahe zwei Jahre lang, fast jeden Donnerstagmorgen, bei Sonne oder Regen kamen sie zu mir nach Hause, und beinahe jedes Mal traf es mich wieder wie ein Schock, wenn sie die vorgeschriebenen Schleier und Umhänge ablegten und die Farben förmlich aus ihnen herausplatzten. Wenn meine Studentinnen diesen Raum betraten, legten sie mehr ab als nur ihre Kopftücher und Mäntel. Schritt für Schritt gewann jede von ihnen an Kontur und Gestalt und wurde so ein eigenständiges, einzigartiges Wesen. Unsere Welt in diesem Wohnzimmer mit seinem Ausblick auf mein geliebtes Elbursgebirge wurde zu unserem Zufluchtsort, einem geschlossenen Universum, das der Realität voller schwarz verschleierter, ängstlich dreinblickender Gesichter in der unter uns liegenden Stadt trotzte.

Das Thema des Seminars war der Zusammenhang zwischen Fiktion und Realität. Wir lasen klassische persische Literatur, wie die Erzählungen unserer eigenen Grande Dame der Literatur, Scheherazade, aus *Tausendundeiner Nacht* und parallel dazu westliche Klassiker wie *Stolz und Vorurteil*, *Madame Bovary*, *Daisy Miller*, *Der Dezember des Dekan* und, ja tatsächlich, *Lolita*. Während ich die Titel der einzelnen Bücher hinschreibe, vertreiben die mit dem Wind hereinwirbelnden Erinnerungen die Ruhe dieses Herbsttages, den ich in einem anderen Zimmer, in einem anderen Land verbringe.

In dieser anderen Welt, die so oft in unseren Diskussionen eine Rolle spielte, sitze ich hier und heute und stelle sie mir wieder vor, meine Mädchen, wie ich sie bald nannte, stelle mir vor, wie wir *Lolita* lasen, in einem trügerisch sonnigen Raum in Teheran. Aber, um es mit den Worten von Humbert, dem Dichter/Verbrecher aus *Lolita*, auszudrücken: »Ich brauche Sie, die Leser, in deren Phantasie wir leben, und ohne die wir nicht wirklich existieren werden.« Versuchen Sie uns vor dem Hintergrund der Tyrannei von Zeit und Politik zu sehen, wie wir uns manchmal selbst nicht sehen konnten: in unseren intimsten und geheimsten Momenten, in den außergewöhnlichsten gewöhnlichen Lebenslagen, beim Musikhören, wenn wir uns verliebten, düstere Straßen entlanggingen oder in Teheran *Lolita* lasen. Und dann stellen Sie sich vor, wie wir lebten, nachdem all das verboten, in den Untergrund gedrängt und uns weggenommen worden war.

Ich schreibe heute über Nabokov, weil ich damit die Tatsache würdigen will, dass wir trotz aller Hindernisse in Teheran Nabokov gelesen haben. Von all seinen Romanen wähle ich den, den ich zuletzt im Unterricht behandelt habe und der mit so vielen Erinnerungen verknüpft ist. Ich will zwar über *Lolita* schreiben, aber ich kann zumindest jetzt nicht über diesen Roman schreiben, ohne auch über Teheran zu schreiben. Dies also ist die Geschichte von *Lolita* in Teheran. Sie handelt davon, wie *Lolita* Teheran eine neue Farbe verlieh und wie Teheran mit daran beteiligt war, dass wir Nabokovs Roman neu lasen und er damit zu dieser *Lolita*, unserer *Lolita* wurde.

2

Und so versammelten wir uns an einem Donnerstag Anfang September zu unserem ersten Treffen in meinem Wohnzimmer. Hier kommen sie, noch einmal. Zuerst höre ich die Klingel, eine Pause, und das Schließen der Haustür. Dann Schritte, die die Wendeltreppe heraufkommen, vorbei am Apartment meiner Mutter. Während ich zur Wohnungstür gehe, erspähe ich durch das Seitenfenster ein Stück Himmel. Sobald sie an der Tür sind, nehmen alle Mädchen Umhang und Kopftuch ab, manchmal schütteln sie dabei die Haare. Sie warten einen Moment, bevor sie das Zimmer betreten. Aber: Dieses Zimmer gibt es nicht mehr, nur die quälende Leere der Erinnerung.

Das Wohnzimmer war mehr als jeder andere Ort in unserem Haus ein Symbol für mein nomadisches und unstetes Leben. Ein Sammelsurium an ausgefallenen Möbelstücken, die aus den unterschiedlichsten Zeiten und Orten stammten, teils aus finanziellen Gründen, teils wegen meines eklektischen Geschmacks. Diese an sich unvereinbaren Elemente ergaben zusammen eine merkwürdige Harmonie, die den anderen, einheitlicher eingerichteten Räumen der Wohnung fehlte.

Meine Mutter machte es jedes Mal ganz verrückt, wenn sie die an die Wand gelehnten Bilder, die Blumenvasen auf dem Boden oder die Fenster ohne Vorhänge sah, die ich mich weigerte zuzuhängen, bis ich schließlich ermahnt wurde, dass Fenster in einem islamischen Land zu verhüllen seien. »Ich weiß nicht, bist du wirklich meine Tochter?«, jammerte sie immer. »Habe ich dir nicht beigebracht, wie man Ordnung hält?« Ihre Stimme klang ernst, aber sie beklagte sich nun seit so vielen Jahren darüber, dass es fast schon zu einem zärtlichen Ritual geworden war. »Azi« – das war mein Kosename – »Azi«, sagte sie, »du bist jetzt eine erwachsene Frau, also benimm dich auch so.« Aber ihr Tonfall hatte auch etwas, das mich jung, verletzlich und eigensinnig werden ließ, und noch heute, wenn ich mir ihre Stimme ins Gedächtnis rufe, weiß ich, dass ich ihre Erwartungen nie ganz erfüllt habe. Ich bin nie die Dame geworden, die sie aus mir machen wollte.

Dieser Raum, um den ich mich damals nie sehr gekümmert habe, hat heute für mich, da er zu einem wertvollen Objekt meiner Erinnerung geworden ist, eine ganz andere Bedeutung. Er war ziemlich groß, aber nur spärlich möbliert. In einer Ecke befand sich der Kamin, eine phantasievolle Kreation meines Mannes Bijan. An einer Wand stand ein kleines Sofa, über das ich eine Spitzendecke gelegt hatte, ein Geschenk meiner Mutter aus grauer Vorzeit. Gegenüber dem Fenster eine pfirsichfarbene Couch, dazu zwei passende Stühle und ein großer quadratischer Tisch mit Glasplatte.

Mein Platz war immer der Stuhl, der mit dem Rücken zum Fenster stand, das sich auf eine breite Sackgasse namens Azar hin öffnete. Direkt gegenüber befand sich das einstige Amerikanische Krankenhaus, früher klein und exklusiv, jetzt eine laute, überbelegte Klinik für verwundete und invalide Kriegsopfer. An den Wochenenden – im Iran Donnerstag und Freitag – war die kurze Straße voller Krankenhausbesucher, die wie zu einem Picknick Sandwiches und Kinder mitbrachten. Der Garten vor dem Haus des Nachbarn, der sein ganzer Stolz und seine ganze Freude war, war ihr Hauptangriffsziel, besonders im Sommer, wenn sie sich bei seinen geliebten Rosen bedienten. Wir hörten die Kinder schreien, weinen und lachen und dazwischen das Geplärr ihrer Mütter, wenn sie nach ihnen riefen und mit Strafen drohten. Manchmal drückte eines der Kinder unsere Türklingel und rannte weg, um diesen »gefährlichen« Streich in bestimmten Abständen zu wiederholen.

Von unserer Wohnung im ersten Stock – meine Mutter bewohnte das Erdgeschoss, die Wohnung meines Bruders im zweiten Stock stand oft leer, seit er nach England gegangen war – konnten wir die oberen Zweige eines Baumes mit ausladender Krone sehen, und in der Ferne über den Dächern das Elbursgebirge. Der Blick auf die Straße, das Krankenhaus und seine Besucher aber war uns durch eine Art Zensur versperrt, sie lebten in unserer Wahrnehmung nur durch die körperlosen Stimmen, die zu uns heraufdrangen.

Von meinem Platz aus konnte ich meine Lieblingsberge nicht sehen, aber direkt gegenüber von meinem Stuhl hing an der Wand des Esszimmers ein antiker ovaler Spiegel, ein Geschenk meines Vaters, und darin sah ich die Berge, die selbst im Sommer schneebedeckt waren, und die Bäume mit ihrem sich wandelnden Farbenspiel. Dieser zensierte Blick verstärkte bei mir den Eindruck, dass der Lärm nicht von der Straße käme, sondern von einem weit entfernten Ort, einem Ort, dessen ständiges Summen unsere einzige Verbindung war zu einer Welt, die wir, für diese wenigen Stunden, nicht zur Kenntnis nehmen wollten.

Dieser Raum wurde für uns alle ein Ort der Grenzüberschreitung. Was für ein Märchenland! Wir saßen um den großen, mit Blumensträußen bedeckten Couchtisch und lebten in und aus den Romanen, die wir lasen. Im Rückblick bin ich verblüfft, wie viel wir, ohne es recht zu merken, lernten. Um es mit Nabokov zu sagen: Wir spürten an uns selbst, wie aus einem ganz gewöhnlichen Kiesel ein Edelstein werden kann – durch das magische Auge der Literatur.

3

Sechs Uhr früh: der erste Kurstag. Ich war schon auf. Zu aufgeregt für ein richtiges Frühstück, setzte ich Wasser auf und nahm erst einmal eine ausgiebige Dusche. Das Wasser streichelte meinen Hals, meinen Rücken, meine Beine, und ich fühlte mich gleichzeitig fest verwurzelt und leicht. Zum ersten Mal seit vielen Jahren empfand ich eine Vorfreude, die nicht durch Anspannung getrübt war: keine quälenden Rituale wie in der Zeit, in der ich an der Universität gelehrt hatte – Rituale, die meine Kleidung und mein Verhalten bestimmten und mich zur Selbstkontrolle nötigten. Auf diese Unterrichtsstunde würde ich mich anders vorbereiten.

Das Leben in der Islamischen Republik war unbeständig wie der April. Auf Sonnenschein folgten plötzlich Regenschauer und Sturm. Es war unberechenbar: In diesem Regime folgten Zeiten der Toleranz und Zeiten drastischer Maßregelung fast zyklisch aufeinander. Nach einer Phase relativer Ruhe und sogenannter Liberalisierung waren jetzt wieder härtere Zeiten eingekehrt. Wieder einmal hatten die Kulturpuristen sich auf die Universitäten eingeschossen und erließen immer strengere Vorschriften. Das ging sogar so weit, dass Männer und Frauen in den Seminaren getrennt wurden und ungehorsame Professoren mit Bestrafung zu rechnen hatten.

Die Universität von Allameh Tabatabai, an der ich seit 1987 unterrichtete, galt als eine der liberalsten Universitäten des Iran. Man munkelte, dass jemand im Bildungsministerium die rhetorische Frage gestellt habe, ob die Fakultäten von Allameh denn meinten, sie befänden sich in der Schweiz! *Die Schweiz* war eine

Art Synonym für westliche Laxheit geworden. Jeder Plan und jedes Vorgehen, die als unislamisch galten, wurden mit der höhnisch-vorwurfsvollen Bemerkung kommentiert, der Iran sei schließlich nicht die Schweiz.

Die Studenten litten am meisten darunter. Hilflos hörte ich mir ihre endlosen Klagen an. Studentinnen wurden bestraft, weil sie die Treppen hoch rannten, wenn sie spät dran waren, weil sie in den Fluren lachten, weil sie mit männlichen Studenten sprachen. Eines Tages war Sanaz am Ende der Vorlesung tränenüberströmt in den Hörsaal geplatzt. Schluchzend hatte sie erzählt, dass sie zu spät kam, weil eine Wächterin am Tor in ihrer Handtasche Rouge entdeckt hatte und sie mit einer Rüge hatte nach Hause schicken wollen.

Warum hatte ich so plötzlich aufgehört zu lehren? Diese Frage hatte ich mir schon oft gestellt. Lag es an der nachlassenden Qualität der Universität? An der immer größer werdenden Gleichgültigkeit der Fakultätsmitglieder und Studenten? Dem täglichen Kampf gegen Willkürregeln und Restriktionen?

Lächelnd erinnerte ich mich, während ich mir mit einem rauen Luffaschwamm den Körper abrieb, an die Reaktion der Universitätsverwaltung auf mein Kündigungsschreiben. Die Beamten hatten mich auf alle erdenklichen Arten schikaniert und eingeengt, kontrolliert, mit wem ich Umgang hatte, mein Tun und Lassen überwacht, eine längst fällige Festanstellung torpediert, doch als ich kündigte, hatten sie plötzlich Mitleid mit mir und weigerten sich, die Kündigung zu akzeptieren. Das versetzte mich nun auch wieder in Wut. Die Studenten hatten angedroht, den Unterricht zu boykottieren, und später fand ich zu meiner Genugtuung heraus, dass sie in der Tat trotz Strafandrohungen meinen Nachfolger boykottiert hatten. Jeder glaubte, ich würde letzten Endes doch noch weich werden und zurückkommen.

»Was wirst du denn jetzt machen?«, fragten mich meine Freunde. »Wirst du einfach zu Hause bleiben?« Ich könnte ja wieder ein Buch schreiben, erklärte ich ihnen. Aber in Wahrheit hatte ich keine konkreten Pläne. Ich war immer noch mit den Schockwellen beschäftigt, die die Veröffentlichung meines Nabokov-Buches ausgelöst hatte. Für ein neues Buch hatte ich bislang nicht mehr als ein paar vage Ideen im Kopf. Ich konnte natürlich die Zeit auf angenehme Weise mit dem Studium persischer Klassiker füllen. Aber es gab doch ein bestimmtes Projekt, eine Idee, die ich seit Jahren heimlich hegte. Lange hatte ich davon geträumt, einen speziellen Kurs abzuhalten, einen, der mir die Freiheit ließ, die mir beim offiziellen Unterricht verwehrt war. Ich wollte einige ausgewählte Studentinnen unterrichten, die sich ganz dem Studium der Literatur verschrieben hatten, Studentinnen, die nicht von der Regierung ausgewählt worden waren und sich nicht deshalb für Englische Literatur entschieden hatten, weil sie in anderen Fächern nicht zugelassen worden waren oder weil es ihrer Karriere nützte.

Die Lehrtätigkeit in der Islamischen Republik war, wie jeder andere Beruf, der Politik untergeordnet und willkürlichen Regeln unterworfen. Die Freude am Unterrichten wurde von Schikanen des Regimes getrübt – wie gut kann Unterricht sein, wenn es der Universitätsverwaltung nicht um die Qualität der Arbeit, sondern um die Farbe der Lippen und das subversive Potential einer einzelnen Haarsträhne geht? Kann man sich wirklich auf die Arbeit konzentrieren, wenn die Fakultät über die Frage grübelt, wie sich das Wort »Wein« aus einer Short Story von Hemingway tilgen lässt, wenn sie beschließt, dass Brontë nicht gelesen werden darf, weil sie den Ehebruch zu dulden schien?

Das erinnerte mich an eine befreundete Malerin, die zu Beginn ihrer Laufbahn Alltagsszenen dargestellt hatte, meistenteils leere Räume, verlassene Häuser und weggeworfene Fotos von Frauen. Nach und nach waren ihre Arbeiten immer abstrakter geworden, und die Bilder ihrer letzten Ausstellung zeigten rebellische Farbkleckse, wie die beiden Werke in meinem Wohnzimmer – dunkle Flächen mit kleinen blauen Tropfen. Ich fragte sie, wie sie vom modernen Realismus zur abstrakten Malerei gekommen war. »Die Wirklichkeit ist so unerträglich geworden«, antwortete sie, »so trostlos, dass ich jetzt nur noch die Farben meiner Träume malen kann.«

Die Farben meiner Träume, wiederholte ich in Gedanken und trat aus der Dusche heraus auf die kühlen Fliesen. Das klang schön. Wie viele Menschen haben schon die Chance, die Farben ihrer Träume zu malen? Ich zog meinen voluminösen Bademantel über – es war ein gutes Gefühl, aus der Sicherheit, die mir das mich umfließende Wasser verlieh, in die schützende Hülle des Bademantels zu schlüpfen. Barfuß tappte ich in die Küche, goss Kaffee in meinen Lieblingsbecher, den mit den roten Erdbeeren, und ließ mich gedankenverloren auf dem Diwan im Flur nieder.

Dieser Kurs war die Farbe meiner Träume. Er brachte einen aktiven Rückzug aus einer zum Feind gewordenen Wirklichkeit mit sich. Eine so euphorische, optimistische Stimmung überkam mich nur noch selten, ich wollte sie festhalten. Denn gleichzeitig ließ mir der Gedanke keine Ruhe, dass ich nicht wusste, was mich am Ende dieses Projekts erwartete. Du weißt doch hoffentlich, hatte ein Freund gewarnt, dass du dich immer mehr in dich selbst zurückziehst, und jetzt, wo du deine Arbeit an der Universität aufgegeben hast, wird sich dein Kontakt mit der Außenwelt auf einen einzigen Raum beschränken. Wohin soll das führen? hatte er gefragt. Der Rückzug in eine Traumwelt kann gefährlich sein, überlegte ich, als ich ins Schlafzimmer tappte, um mich anzuziehen. Das hatte ich von Nabokovs verrückten Träumern Kinbote und Humbert gelernt.

Bei der Auswahl meiner Studentinnen hatte ich deren ideologisches oder religiöses Umfeld nicht berücksichtigt. Später erschien es mir als einer der größten Pluspunkte des Projekts, dass die Mitglieder einer so gemischten Gruppe, deren privater, religiöser und sozialer Hintergrund so unterschiedlich war und manchmal zu Konflikten führte, ihren Zielen und Idealen so treu geblieben waren.

Ein Kriterium für meine Auswahl war die eigentümliche Mischung aus Zerbrechlichkeit und Courage, die ich an diesen jungen Frauen wahrzunehmen meinte. Sie waren in gewisser Weise Einzelgängerinnen, die keiner Gruppe oder Gemeinschaft angehörten. Ich bewunderte ihre Fähigkeit, nicht trotz ihrer, sondern eher durch ihre Einsamkeit zu überleben. Wir können den Literaturkurs »ein Zimmer für uns allein« nennen, hatte Manna in Anspielung auf Virginia Woolf vorgeschlagen, eine Art gemeinschaftliche Variante der Woolfschen Vision.

Ich stand an jenem Morgen länger als sonst vor dem Kleiderschrank und probierte verschiedene Kombinationen aus, bis ich mich schließlich für ein rot-gestreiftes T-Shirt und schwarze Cordjeans entschied. Ich legte sorgfältig Make-up auf und schminkte mir die Lippen leuchtend rot. Als ich mir die kleinen goldenen Ohrringe ansteckte, bekam ich plötzlich Panik. Und wenn es nicht funktioniert? Wenn sie nicht kommen?

Nein, so darf ich nicht denken. Wenigstens für die nächsten fünf bis sechs Stunden musste ich mich von diesen Ängsten frei machen. Bitte, bitte, beschwor ich mich selbst. Dann schlüpfte ich in meine Schuhe und ging in die Küche.

4

Ich kochte gerade Tee, als es an der Tür läutete. Ich war noch so in Gedanken versunken, dass ich sie beim ersten Mal nicht gehört hatte. Vor der Tür stand Mahshid. Ich dachte schon, Sie sind nicht zu Hause, sagte sie und überreichte mir einen Strauß weißer und gelber Narzissen. Als sie ihren langen Mantel ablegte, sagte ich: Hier sind keine Männer – du kannst das auch ausziehen. Sie zögerte einen Moment und nahm dann auch ihr langes schwarzes Tuch ab. Mahshid und Yassi trugen beide das Kopftuch, aber Yassi ging in letzter Zeit mit ihrem etwas zwangloser um. Sie knotete es locker unter dem Kinn, und ihre dunkelbraunen, in der Mitte unordentlich gescheitelten Haare lugten darunter hervor. Mahshids Haar dagegen war makellos frisiert und unter dem Schleier verborgen. Ihr kurzer Pony verlieh ihr ein merkwürdig altbackenes Aussehen, das mir eher europäisch als iranisch vorkam. Sie trug über ihrer weißen Bluse eine dunkelblaue Jacke, auf die rechts ein riesiger gelber Schmetterling gestickt war. Ich deutete auf den Schmetterling: Trägst du das zu Ehren von Nabokov?

Ich weiß nicht mehr, wann Mahshid in meinen Seminaren an der Universität aufgetaucht war. Es kam mir vor, als sei sie schon immer da gewesen. Ihr Vater, ein frommer Moslem, war ein glühender Anhänger der Revolution gewesen. Sie hatte schon vor der Revolution den Schleier getragen, und in ihrem Kurstagebuch hatte sie die einsamen Vormittage an dem schicken Mädchencollege beschrieben, an dem sie sich vernachlässigt und ignoriert gefühlt hatte – ironischerweise aufgrund ihrer für damalige Verhältnisse auffälligen Kleidung. Nach der Revolution war sie wegen ihrer Mitgliedschaft bei einer regimekritischen Religionsgemeinschaft fünf Jahre im Gefängnis und konnte auch in den zwei Jahren danach ihre Ausbildung nicht fortsetzen.

Ich stelle mir vor, wie sie in diesen vorrevolutionären Tagen an zahllosen sonnigen Vormittagen die ansteigende Straße zum College entlanggeht. Allein, mit gesenktem Kopf. Damals wie heute konnte sie die Helligkeit des Tages nicht genießen. Ich sage »damals wie heute«, weil die Revolution, die allen Frauen die Verschleierung aufzwang, Mahshid nicht von ihrer Einsamkeit befreite. Vor der Revolution konnte sie in gewissem Sinn stolz auf ihre Isolation sein. Damals war das Kopftuch ein Glaubensbekenntnis für sie gewesen. Sie hatte sich freiwillig dafür entschieden. Als die Revolution alle zur Verschleierung nötigte, verlor dieser Akt für sie seine Bedeutung.

Mahshid ist vornehm im wahrsten Sinne des Wortes: Sie besitzt Anmut und Würde. Ihre Haut ist mondlichtfarben, sie hat mandelförmige Augen und rabenschwarzes Haar. Sie trägt Pastellfarben und spricht leise. Ihr frommes Zuhause hätte sie schützen müssen, aber dem war nicht so. Ich kann sie mir nicht im Gefängnis vorstellen.

In den vielen Jahren, die ich Mahshid kenne, hat sie selten über ihre Zeit im Gefängnis gesprochen, die ihr ein chronisches Nierenleiden eingebracht hatte. Als wir uns einmal im Kurs über unsere täglichen Ängste und Alpträume unterhielten, erwähnte sie, dass sie hin und wieder von Erinnerungen an die Zeit im Gefängnis heimgesucht werde und sie immer noch keinen Weg gefunden habe, sie zu artikulieren. Aber, fügte sie hinzu, der Alltag birgt nicht weniger Gräuel als das Gefängnis.

Ich bot Mahshid eine Tasse Tee an. Rücksichtsvoll wie immer erwiderte sie, sie würde lieber auf die anderen warten, und entschuldigte sich, dass sie etwas zu früh gekommen sei. Kann ich helfen? fragte sie. Es gibt eigentlich nichts zu helfen. Mach es dir bequem, rief ich ihr zu, als ich mit den Blumen in die Küche ging, um nach einer Vase zu suchen. Wieder läutete es. Ich geh schon, rief Mahshid aus dem Wohnzimmer. Ich hörte Gelächter. Manna und Yassi waren gekommen.

Manna erschien mit einem kleinen Rosenstrauß in der Küche. Der ist von Nima, sagte sie. Er will, dass Sie ein schlechtes Gewissen bekommen, weil Sie ihn vom Kurs ausgeschlossen haben. Er sagt, aus Protest werde er, solange wir Unterricht haben, mit einem Rosenstrauß vor dem Haus auf- und abgehen. Sie strahlte, ihre Augen sprühten Funken, die aber schnell verloschen.

Während ich das Gebäck auf einem großen Tablett arrangierte, fragte ich Manna, ob sie sich die Worte ihrer Gedichte in Farbe vorstelle. Nabokov schreibt in seiner Autobiografie, dass er und seine Mutter die Buchstaben des Alphabets farbig gesehen hätten, erklärte ich. Er sagt von sich selbst, er sei ein visueller Schriftsteller.

»Die Islamische Revolution hat meinen Sinn für Farben vergröbert«, sagte Manna und spielte mit den abgefallenen Rosenblättern. »Ich möchte extravagante Farben tragen, knalliges Pink oder Tomatenrot. Ich lechze zu sehr nach Farben, als dass ich sie in den sorgfältig gewählten Worten eines Gedichts sähe.« Manna ist einer jener Menschen, die Ekstase, aber nicht Glück erleben können. »Komm, ich möchte dir etwas zeigen«, sagte ich und führte sie in unser Schlafzimmer. »Als ich noch ganz klein war, war ich besessen von den Farben der Orte und Gegenstände, von denen mir mein Vater in seinen Gutenachtgeschichten erzählte. Ich wollte wissen, welche Farbe Scheherazades Kleid hatte, welche ihre Bettdecke, der Geist und die Zauberlampe, und einmal fragte ich ihn nach der Farbe des Paradieses. Er sagte, ich könne ihm jede Farbe geben, die ich wollte. Es hat mir aber keine Ruhe gelassen. Eines Tages, als wir Gäste hatten und ich im Esszimmer meine Suppe aß, fiel mein Blick auf ein Gemälde, das an der Wand hing, seit ich denken konnte, und in diesem Augenblick wusste ich, welche Farbe mein Paradies hat. Hier ist es«, sagte ich, und deutete stolz auf ein kleines Ölbild in einem alten Holzrahmen; eine grüne Landschaft mit üppigen, lederartigen Blättern, zwei Vögeln, zwei dunkelroten Äpfeln, einer goldenen Birne und einer Spur Blau.

»Mein Paradies ist blau wie ein Swimmingpool!«, stieß Manna hervor, den Blick immer noch auf das Bild geheftet. »Wir haben früher in einem großen Garten gewohnt, der meinen Großeltern gehörte. Sie kennen doch die alten persischen Gärten mit ihren Obstbäumen, Pfirsichen, Äpfeln, Kirschen, Persimonen und ein, zwei Weiden. Am liebsten erinnere ich mich an unseren riesigen, unregelmäßig geformten Swimmingpool. Ich war Schwimmmeisterin meiner Schule, und darauf war mein Vater sehr stolz. Etwa ein Jahr nach der Revolution starb er an einem Herzinfarkt, und dann konfiszierte die Regierung unser Haus und unseren Garten, und wir zogen in eine Wohnung. Ich bin nie wieder geschwommen. Mein Traum liegt am Grund dieses Pools. Ich träume immer wieder davon, wie ich hineintauche, um etwas aus der Erinnerung an meinen Vater und an meine Kindheit heraufzuholen«, sagte sie, als wir ins Wohnzimmer zurückgingen, weil es wieder an der Tür geläutet hatte.

Azin und Mitra waren zusammen gekommen. Azin legte ihr schwarzes kimonoartiges Übergewand ab – damals waren Gewänder im japanischen Stil gerade groß in Mode – und enthüllte eine weiße Bauernbluse, die ihre Schultern nur notdürftig bedeckte, große goldene Ohrringe und pinkfarbenen Lippenstift. Sie hielt einen Zweig mit kleinen gelben Orchideenblüten in der Hand – von Mitra und mir, sagte sie in ihrem sehr eigenwilligen Tonfall, den ich nur als kokettes Schmollen bezeichnen kann.

Als nächstes klingelte Nassrin. Sie hatte zwei Schachteln Nougat mitgebracht, ein Geschenk aus Isfahan, wie sie erklärte. Sie trug ihre übliche Uniform – dunkelblauer Mantel, dunkelblaues Kopftuch und schwarze, flache Schuhe. Als ich sie das letzte Mal im Seminar gesehen hatte, hatte sie einen riesigen schwarzen Tschador getragen, der nur ihr ovales Gesicht und zwei unruhige Hände frei ließ, die, wenn sie nicht schrieb oder kritzelte, unablässig in Bewegung waren, als wollten sie dem schweren schwarzen Tuch entkommen. Vor kurzem hatte sie den Tschador durch lange, unförmige, dunkelblaue, schwarze oder dunkelbraune Überkleider ersetzt. Dazu trug sie dicke, farblich passende Kopftücher, die ihr Haar verbargen und ihr Gesicht umrahmten. Sie hatte ein kleines, blasses Gesicht, zarte Haut, durch die die Adern schimmerten, dichte Augenbrauen, lange Wimpern, lebhafte braune Augen, eine kleine, gerade Nase und einen Mund, der ihre Verärgerung verriet: die unvollendete Miniatur eines Meisters, der unvermittelt von seiner Arbeit weggerufen worden war und das akribisch genau gezeichnete Gesicht in einen nachlässig hingekleksten, dunklen Farbfleck eingesperrt zurückgelassen hatte.

Man hörte Reifen kreischen und Bremsen quietschen. Ich sah aus dem Fenster: ein kleiner, alter cremefarbener Renault hatte am Straßenrand gehalten. Der junge Mann hinter dem Steuer mit der auffällig modischen Sonnenbrille und dem eigenwilligen Profil hatte – wie ein Porschefahrer – den Arm lässig auf das heruntergekurbelte Fenster gelegt. Er blickte starr nach vorne, während er mit der Frau auf dem Rücksitz sprach. Nur einmal wandte er den Kopf mit finsterer Miene nach rechts, und zwar, als die Frau ausstieg und wütend die Autotür zuschlug. Als sie auf die Haustür zuging, steckte er den Kopf durch das offene Fenster und rief ihr etwas hinterher, aber sie drehte sich nicht um. Der alte Renault gehörte Sanaz, sie hatte ihn von ihren eigenen Ersparnissen gekauft.

Ich wandte mich wieder den anderen zu. Sanaz tat mir leid. Das muss der ekelhafte Bruder sein, dachte ich. Sekunden später läutete es an der Tür, ich hörte Sanaz' eilige Schritte und öffnete. Sie wirkte gehetzt, als wäre sie vor einem Verfolger oder Dieb auf der Flucht. Sobald sie mich sah, setzte sie ihr Lächeln auf und sagte atemlos: »Ich bin hoffentlich nicht zu spät dran?«

Zwei Männer spielten zu jener Zeit in Sanaz' Leben eine dominante Rolle. Der erste war ihr Bruder. Er war neunzehn, hatte die Highschool noch nicht beendet und war das Lieblingskind ihrer Eltern, die nach zwei Mädchen, von denen eines mit drei gestorben war, endlich mit einem Sohn gesegnet worden waren. Er wurde verhätschelt und hatte nur einen einzigen Lebensinhalt, mit dem er sich geradezu zwanghaft beschäftigte: Sanaz. Neuerdings wollte er seine Männlichkeit unter Beweis stellen, indem er ihr nachspionierte, ihre Telefongespräche belauschte, mit ihrem Auto herumfuhr und jede ihrer Bewegungen überwachte. Die Eltern versuchten, Sanaz zu beschwichtigen, und flehten sie an, als ältere Schwester doch Geduld und Verständnis für ihren Bruder aufzubringen und ihn in dieser schwierigen Phase mütterlich zu begleiten.

Der andere Mann war ihr Jugendfreund, ein Junge, den sie seit ihrem elften Lebensjahr kannte. Beide Familien waren eng befreundet und verbrachten fast ihre gesamte Freizeit und die Ferien miteinander. Sanaz und Ali waren seit Ewigkeiten ein Liebespaar. Ihre Eltern unterstützten die Verbindung und nannten sie ein Himmelsgeschenk. Seit Ali vor sechs Jahren nach England gegangen war, sprach seine Mutter von Sanaz als »die Braut«. Sie schrieben sich Briefe, schickten Fotos, und als sich in letzter Zeit immer mehr Verehrer um Sanaz bemüht hatten, sprach man von einer Verlobung und einem Wiedersehen in der Türkei, einem Land, in das Iraner ohne Visum einreisen durften. Es war nur noch eine Frage von Tagen, und Sanaz sah dem Ereignis mit einigem Zittern und Bangen entgegen.

Ich hatte Sanaz nie unverhüllt gesehen und stand wie gebannt vor ihr, als sie Mantel und Kopftuch ablegte. Sie trug ein orangefarbenes T-Shirt, das sie in enge Jeans gesteckt hatte, und dazu braune Stiefel. Die größte Veränderung war jedoch ihre dunkelbraune, glänzende Haarpracht, die jetzt das Gesicht umrahmte. Sie warf die wunderbaren, langen Haare von rechts nach links, was, wie ich später merkte, eine Angewohnheit von ihr war: In regelmäßigen Abständen schüttelte sie ihre Mähne und fuhr sich mit den Fingern durch die Haare, als müsse sie sich vergewissern, dass ihr kostbarster Besitz noch da war. Ihre Gesichtszüge wirkten nun weicher und strahlender – durch das schwarze Kopftuch, das sie in der Öffentlichkeit trug, sah ihr kleines Gesicht ausgezehrt, ja fast hart aus.

»Tut mir leid, dass ich ein bisschen spät komme«, sagte sie atemlos und fuhr sich durch die Haare. »Mein Bruder wollte mich unbedingt fahren, und er hat sich geweigert, sich pünktlich wecken zu lassen. Er steht nie vor zehn auf, aber er wollte wissen, wohin ich gehe. Ich könnte ja ein heimliches Rendezvous haben, wissen Sie, ein Date oder so was.«

»Ich habe mir schon Gedanken gemacht, ob eine von euch wegen dieses Kurses Ärger bekommt«, sagte ich, nachdem ich sie aufgefordert hatte, am Wohnzimmertisch Platz zu nehmen. »Ich hoffe, eure Eltern und Ehemänner sind einverstanden mit unseren Treffen.«

Nassrin, die durch das Zimmer wanderte und die Bilder an den Wänden inspizierte, blieb stehen und sagte achselzuckend: »Ich habe meinem Vater so nebenbei davon erzählt, nur um seine Reaktion zu testen, und er war ganz und gar dagegen.«

»Wie hast du ihn dann überreden können?« fragte ich. »Ich habe gelogen«, sagte sie.

»Du hast gelogen?«

»Was soll man denn sonst tun bei einem solchen Diktator, der seine Tochter nicht mal zu einem Literaturseminar gehen lässt, das nur von Frauen besucht wird? Und außerdem, gehen wir so nicht auch mit dem Regime um? Können wir den Revolutionswächtern die Wahrheit sagen? Wir lügen sie an; wir verstecken unsere Satellitenschüsseln. Wir sagen ihnen, wir hätten keine illegalen Bücher und keinen Alkohol zu Hause. Sogar mein verehrter Vater lügt sie an, wenn die Sicherheit seiner Familie auf dem Spiel steht«, erklärte Nassrin trotzig. »Und wenn er mich nun anruft und nachhakt?« fragte ich, halb im Scherz. »Das wird er nicht. Ich habe ein brillantes Alibi. Ich habe gesagt, Mahshid und ich hätten angeboten, islamische Texte ins Englische zu übersetzen.« »Und das hat er dir geglaubt?« »Ja, warum auch nicht? Ich habe ihn früher nie angelogen, und er wollte es ja auch glauben. Und Mahshid vertraut er blind.«

»Wenn er mich also anruft, soll ich ihn anlügen?«, bohrte ich weiter. »Das ist Ihre Entscheidung«, erwiderte Nassrin nach einer Weile, den Blick auf ihre verschränkten Hände gesenkt. »Finden *Sie*, ich sollte es ihm sagen?« In ihrer Stimme war eine Spur von Verzweiflung. »Bringe ich Sie in Schwierigkeiten?«

Nassrin gab sich immer so selbstbewusst, dass ich manchmal ganz vergaß, wie verletzlich sie unter der rauen Schale war. »Natürlich würde ich dein Vertrauen respektieren«, sagte ich sanfter. »Wie du selbst sagst, du bist schließlich erwachsen. Du weißt, was du tust.«

Ich hatte mich auf meinen späteren Stammplatz gesetzt, gegenüber dem Spiegel, auf dem sich die Berge abzeichneten. Es ist merkwürdig, in einen Spiegel zu schauen und nicht sich selbst zu sehen, sondern etwas so weit Entferntes. Mahshid hatte nach einigem Zögern auf dem Stuhl rechts neben mir Platz genommen. Manna saß rechts außen auf der Couch, Azin ganz links; sie hielten instinktiv Abstand voneinander. Sanaz und Mitra hockten nebeneinander auf dem Zweier-Sofa und steckten tuschelnd und kichernd die Köpfe zusammen.

Erst jetzt sahen sich Yassi und Nassrin nach freien Plätzen um. Azin sah Yassi an und klopfte einladend auf den leeren Mittelteil der Couch. Yassi zögerte kurz und zwängte sich dann zwischen Azin und Manna. Sie machte sich so breit, dass kaum noch Platz für ihre beiden Nachbarinnen blieb, die aufrecht und ein bisschen steif in ihren Ecken thronten. Ohne das Übergewand kam Yassis Babyspeck zum Vorschein, und sie sah rundlicher aus als sonst. Nassrin machte sich auf die Suche nach einem Stuhl. »Du könntest dich hier noch reinquetschen«, sagte Manna. »Nein, danke, mir ist ein Stuhl mit gerader Lehne lieber.« Als sie zurückkam, platzierte sie ihren Stuhl zwischen die Couch und Mahshid.

Sie behielten ihre Sitzordnung, die ihre emotionalen Grenzen und persönlichen Beziehungen widerspiegelte, bis zum Schluss bei. Und so begann unsere erste Stunde.

5

»Ypsilamba!« rief Yassi, als ich ein Tablett mit Tee ins Esszimmer brachte. Yassi liebte Wortspiele. Einmal meinte sie, ihre Sprach-besessenheit habe schon pathologische Züge. Sobald ich auf ein neues Wort stoße, bemerkte sie, muss ich es auch verwenden, wie jemand, der ein schickes Kleid kauft und es kaum erwarten kann, es ins Kino oder Restaurant anzuziehen.

Aber spulen wir den Film ein wenig zurück bis zu den Ereig-nissen, die erklären, was es mit Yassis Ausruf auf sich hat. Es war unser erstes Treffen. Wir waren nervös und wussten nicht recht, was wir sagen sollten – sonst hatten wir uns ja in aller Öffentlich-keit getroffen, vor allem in Seminarräumen und Hörsälen. Die Mädchen hatten, jede für sich, eine eigene Beziehung zu mir auf-gebaut, aber mit Ausnahme von Nassrin und Mahshid, die eng befreundet waren, und Mitra und Sanaz, die eine gewisse Zunei-gung verband, kannten sie sich untereinander kaum. Unter ande-ren Umständen wären sie vielleicht nie Freundinnen geworden – und daher war ihnen diese vertrauliche Atmosphäre unangenehm.

Ich machte ihnen klar, dass es das Ziel dieses Seminars sei, Werke der Literatur zu lesen, zu diskutieren und für das eigene Leben fruchtbar zu machen. Alle sollten ein privates Tagebuch führen, in dem sie die Wirkung, die die Romane auf sie hatten, aufschreiben und festhalten konnten, was diese Werke und un-sere Diskussionen mit ihren persönlichen und gesellschaftlichen Erfahrungen zu tun hatten. Sie waren, erklärte ich ihnen, für die-ses Seminar ausgewählt worden, weil sie sich offenbar mit Leib und Seele dem Studium der Literatur verschrieben hatten. Ich erwähnte, dass eines der Kriterien, nach denen ich die Bücher ausgesucht hatte, der Glaube der Autoren an die kritische und beinahe magische Macht der Literatur war, und rief ihnen den neunzehn Jahre alten Nabokov ins Gedächtnis, der sich während der Russischen Revolution nicht vom Lärm der Schüsse ablenken lassen wollte. Er hörte die Gewehrsalven, sah von seinem Fenster aus die blutigen Kämpfe – und schrieb weiter seine von Einsamkeit geprägten Gedichte. Schauen wir mal, sagte ich, ob unser unvoreingenommener Glaube auch siebzig Jahre später noch belohnt wird und die durch eine andere Revolution heraufbeschworene düstere Realität verändert.

Das erste Werk, über das wir sprachen, war *Tausendundeine Nacht*, die berühmte Geschichte von einem betrogenen König, der aus Rache für den Ehebruch seiner Gemahlin eine Reihe von Jungfrauen ehelicht und tötet, bevor seinem mörderischen Treiben durch die bezaubernde Geschichtenerzählerin Scheherazade Einhalt geboten wird. Ich formulierte einige allgemeine Fragen; die wichtigste lautete, inwiefern uns dieses großartige Werk der Phantasie in einer Situation helfen könnte, in der wir als Frauen wie in einer Falle gefangen sind. Wir suchten nicht einfach nach Rezepten oder simplen Lösungen, aber wir hofften schon eine Verbindung zu finden zwischen den Freiräumen, die die Romane boten, und der uns aufgezwungenen Enge. Ich weiß noch, wie ich meinen Mädchen Nabokovs Ausspruch vorlas, nach dem »Leser frei geboren werden und auch frei bleiben sollten«.

Am meisten hatten mich an der Rahmenhandlung von *Tausendundeiner Nacht* die drei darin porträtierten Frauentypen fasziniert: alle Opfer einer unsinnigen Vorschrift des Königs. Bevor Scheherazade in Erscheinung tritt, lassen sich die Frauen der Erzählung einteilen in die, die betrügen und daraufhin getötet werden (die Königin), und jene, die getötet werden, bevor sie die Gelegenheit haben zu betrügen (die Jungfrauen). Die Jungfrauen, die anders als Scheherazade in der Geschichte keine Stimme haben, werden von der Literaturwissenschaft meist übergangen. Ihr

Schweigen ist jedoch bezeichnend. Sie geben ihre Jungfräulichkeit – und ihr Leben – ohne jeden Widerstand oder Protest hin. Sie existieren nicht einmal richtig, da sie in ihrem anonymen Tod keinerlei Spur hinterlassen. Die Untreue der Königin raubt dem König nichts von seiner absoluten Autorität, sie wirft ihn bloß aus dem Gleichgewicht. Beide Frauentypen – die Königin und die Jungfrauen – akzeptieren stillschweigend die öffentliche Autorität des Königs, indem sie innerhalb der von ihm definierten Grenzen seiner Herrschaft agieren und deren Willkürgesetze anerkennen.

Scheherazade durchbricht den Kreislauf der Gewalt, indem sie eine andere Taktik wählt. Sie formt ihre Welt nicht wie der König durch körperlichen Zwang, sondern durch Phantasie und Klugheit. Das gibt ihr den Mut, ihr Leben aufs Spiel zu setzen, und unterscheidet sie auch von den anderen Figuren dieser Geschichte.

Die von uns verwendete Ausgabe von *Tausendundeiner Nacht* umfasste sechs Bände. Ich hatte meine zum Glück bereits gekauft, bevor sie verboten wurde und seitdem nur mehr zu horrenden Preisen auf dem Schwarzmarkt zu erwerben war. Ich verteilte die einzelnen Bände an die Mädchen und bat sie, die Erzählungen bis zur nächsten Stunde im Hinblick auf die zentralen Frauenfiguren zu ordnen.

Nachdem ich ihnen ihre Aufgabe gegeben hatte, bat ich jede einzelne, uns zu erklären, warum sie sich entschlossen hatte, den Donnerstagmorgen hier zu verbringen, um über Nabokov und Jane Austen zu diskutieren. Ihre Antworten waren kurz und wirkten ein wenig gezwungen. Um das Eis zu brechen, schlug ich eine kleine Ablenkung vor: Windbeutel und Tee.

Das also ist der Augenblick, als ich mit acht Gläsern Tee auf einem alten, matt glänzenden Silbertablett ins Esszimmer komme. Das Kochen und Servieren von Tee ist im Iran ein mehrmals am Tag vollzogenes ästhetisches Ritual. Wir servieren Tee in durchsichtigen, kleinen, formschönen Gläsern, wobei die mit der

»schlanken Taille« am beliebtesten sind: oben rund und voll, in der Mitte schmal und unten wieder dick und rund. Anhand der Farbe des Tees und seines feinen Aromas lässt sich erkennen, wie gut jemand die Kunst der Teezubereitung beherrscht.

Ich komme also mit acht hübsch taillierten Gläsern, in denen die honigfarbene Flüssigkeit verführerisch schaukelt, ins Esszimmer. Da höre ich Yassi triumphierend »Ypsilamba!« rufen. Sie wirft mir dieses Wort wie einen Ball zu, und ich versuche ihn mit einem Gedankensprung aufzufangen.

Ypsilamba! – das Wort führt mich zurück in das Frühjahr 1994, als vier dieser Mädchen gemeinsam mit Nima mein Seminar über den Roman im 20. Jahrhundert als Gasthörer belegten und sich Nabokovs *Einladung zur Enthauptung* als Lieblingsbuch der Studenten entpuppte. In diesem Roman zeigt Nabokov, wie sein phantasievoller und einsamer Held Cincinnatus C. durch seine Originalität in Widerspruch gerät zu einer Gesellschaft, in der Uniformität nicht nur die Norm, sondern sogar Gesetz ist. Schon als Kind, so erzählt Nabokov, habe Cincinnatus das Neuartige und Schöne an der Sprache geschätzt, während andere Kinder »sich bereits nach dem ersten Wort verstanden, denn sie besaßen keine Worte, die unerwartet endeten, vielleicht mit einem archaischen Buchstaben, einem Ypsilamba, das mit erstaunlichen Folgen zu einem Vogel oder Katapult wurde«.

Niemand im Seminar hatte gewagt, nach der Bedeutung des Worts zu fragen. Niemand, zumindest niemand, der regulär am Seminar teilnahm, denn viele meiner früheren Studenten kamen auch lange nach ihrem Abschluss noch weiter zu meinen Lehrveranstaltungen. Oft zeigten sie mehr Interesse und waren fleißiger als meine normalen Studenten, die das Seminar für ihre Noten brauchten. Und so versammelten sich diese Gasthörer – unter ihnen Nassrin, Manna, Nima, Mahshid und Yassi – eines Tages in meinem Büro, um über diese und viele andere Fragen zu sprechen.

Um die Neugier der Seminarteilnehmer auf die Probe zu stellen, veranstaltete ich mit ihnen ein kleines Spiel. Nach der Hälfte des Kurses gab es einen Test, und eine der Aufgaben lautete: »Erklären Sie den Sinn des Wortes *Ypsilamba* im Kontext von *Einladung zur Enthauptung*. Was bedeutet dieses Wort, und in welchem Verhältnis steht es zum zentralen Thema des Romans?« Mit Ausnahme von vier oder fünf Studenten hatte niemand eine Ahnung davon, was ich vielleicht meinen könnte – ein Punkt, an den ich sie im weiteren Verlauf des Seminars immer wieder erinnerte.

In Wahrheit war *Ypsilamba* eine von Nabokovs bizarren Kreationen, möglicherweise ein Wort, das er aus *Ypsilon* und *Lambda*, dem zwanzigsten und dem elften Buchstaben des griechischen Alphabets gebildet hatte. An diesem ersten Tag unseres Privatseminars spielten wir also wieder unser Spiel und erfanden selbst neue Bedeutungen.

Ich meinte, ich würde *Ypsilamba* mit der unglaublichen Freude über einen Sprung, bei dem man fast zu schweben scheint, assoziieren. Yassi, die ohne ersichtlichen Grund ganz aufgeregt wirkte, bemerkte sofort, dass sie immer dachte, es sei der Name eines Tanzes – in Wendungen wie »C'mon, baby, do the Ypsilamba with me«. Darauf schlug ich vor, dass sie alle bis zum nächsten Mal ein oder zwei Sätze darüber schreiben sollten, was das Wort für sie bedeute.

Manna schrieb, *Ypsilamba* erwecke in ihr das Bild eines kleinen silberfarbenen Fisches, der aus einem im Mondlicht liegenden See emportauche. Nima fügte in Klammern hinzu: Obwohl Sie mich von Ihrem Seminar ausgeschlossen haben, nur damit Sie mich nicht vergessen: Ein *Ypsilamba* auch für Sie! Für Azin war es ein Klang, eine Melodie. In Mahshids Vorstellung drei Mädchen, die bei jedem Sprung über ein Seil »Ypsilamba!« rufen. Für Sanaz der geheime magische Name eines kleinen afrikanischen Jungen. Mitra war sich nicht sicher, warum sie das Wort an das Paradox eines glücklichen Seufzers erinnerte. Und für Nass-rin war es die Zauberformel, die das Tor zu einer geheimen Höhle voller Schätze öffnete.

Ypsilamba war nur eines aus unserem immer größer wer-denden Fundus von verschlüsselten Wörtern und Ausdrücken, der im Lauf der Zeit derart anwuchs, dass wir allmählich un-sere eigene Geheimsprache entwickelten. Dieses Wort wurde ein Symbol, ein Sinnbild für die undefinierbaren Gefühle von Freude und Erregung, die Nabokov sich bei seinen Lesern erhoffte, Ge-fühle, die die »guten« von den »gewöhnlichen« Lesern trennten. Es wurde aber auch das Codewort, das uns das Tor öffnete zu der geheimen Höhle der Erinnerung.

6

Im Vorwort zur englischsprachigen Ausgabe von *Einladung zur Enthauptung* (1959) weist Nabokov die Leser darauf hin, dass sein Roman nicht »tout pour tous« biete. Nichts dergleichen. Er ist, sagt er, »eine Violine im Leeren.« Und doch, so Nabokov weiter, »ich kenne ein paar … Leser, die aufspringen und sich die Haare raufen werden«. Allerdings. Die Erstfassung, so berichtet er, war 1935 in Fortsetzungen in einer Zeitschrift erschienen. Beinahe sechs Jahrzehnte später, in einer Nabokov unbekannten und vermutlich auch unbegreifbaren Welt, in einem tristen Wohnzimmer mit Blick auf schneebedeckte Berge in der Ferne, wurde ich Zeuge, wie einer der ungewöhnlichsten Lesezirkel, die man sich vorstellen kann, sich immer wieder geradezu verzweifelt die Haare raufte.

Einladung zur Enthauptung beginnt mit der Verkündung des Todesurteils für den schwachen Helden des Romans Cincinnatus C., der sich des Verbrechens eines »gnoseologischen Frevels« schuldig gemacht hat: An einem Ort, an dem alle Bürger transparent zu sein haben, ist er opak, undurchschaubar. Das Hauptcharakteristikum dieser Welt ist die sie beherrschende Willkür – das einzige Privileg des Verurteilten besteht darin, den Zeitpunkt seines Todes zu kennen, aber seine Henker verwehren ihm auch das, indem sie jeden Tag zu einem Hinrichtungstag werden lassen. Im Laufe der Erzählung entdecken die Leser mit wachsendem Unbehagen die kunstvolle Struktur dieses merkwürdigen Schauplatzes. Der Mond vor dem Fenster ist reiner Schwindel, genauso wie die Spinne in der Ecke, die, so verlangt es die Konvention, zum treuen Gefährten des Gefangenen werden muss.

Der Direktor des Gefängnisses, der Gefängniswärter und der Strafverteidiger sind ein und dieselbe Person, die nur die Schauplätze wechselt. Die wichtigste Figur, der Scharfrichter, wird dem Gefangenen zuerst unter einem anderen Namen als Mithäftling vorgestellt: M'sieur Pierre. Der Scharfrichter und der Verurteilte müssen lernen, einander zu lieben, und außerdem beim Akt der Hinrichtung, der mit einem rauschenden Fest gefeiert wird, zusammenarbeiten. Inmitten dieser Scheinwelt ist das Schreiben für Cincinnatus das einzige Fenster in ein anderes Universum.

Die Welt des Romans ist voller leerer Rituale. Jegliches Handeln ist sinn- und bedeutungslos, und sogar der Tod verkommt zu einem Spektakel, für das rechtschaffene Bürger Eintritt bezahlen. Erst diese leeren Rituale machen Brutalität möglich. In einem weiteren Roman von Nabokov, *Das wahre Leben des Sebastian Knight*, entdeckt der Bruder des Titelhelden nach dessen Tod in der Bibliothek zwei Bilder, die scheinbar nichts miteinander zu tun haben: ein hübsches Kind mit lockigem Haar, das mit einem Hund spielt, und ein Chinese, der gerade geköpft wird. Die beiden Bilder verweisen darauf, wie nah Banalität und Brutalität beieinander liegen. Nabokov hatte dafür einen speziellen russischen Ausdruck: *poschlost*.

Poschlost, erklärt Nabokov, »ist nicht nur der offenkundige Schund, sondern vor allem das, was fälschlich als wichtig, schön, klug und attraktiv ausgegeben wird«. Es gibt viele Beispiele aus dem alltäglichen Leben, die man hier anführen könnte, von den Süßholzraspeleien der Politiker bis hin zu gewissen Aufrufen von Schriftstellern. Oder die Plastikblumen, die leuchtend rosablauen, künstlichen Gladiolen, die sowohl bei fröhlichen als auch traurigen Anlässen an der Universität zum Einsatz kommen.

Nabokov präsentiert uns in *Einladung zur Enthauptung* nicht die körperlichen Schmerzen und Qualen in einem totalitären Regime, sondern den Alptraum eines Lebens in einer Atmosphäre permanenter Angst. Cincinnatus C. ist schwach, er ist passiv, er ist ein Held, ohne es zu wissen oder auch nur zu ahnen: Er kämpft mit seinen Instinkten, und das Schreiben ist für ihn eine Art Ausweg. Er ist ein Held, weil er sich weigert, so zu werden wie alle anderen.

Im Unterschied zu anderen utopischen Romanen sind die Kräfte des Bösen hier nicht allmächtig, sondern Nabokov zeigt uns auch ihre Schwäche. Sie sind lächerlich, und sie können besiegt werden, was die eigentliche Tragödie – Leben zu vergeuden – aber nicht schmälert. *Einladung zur Enthauptung* ist aus dem Blickwinkel eines Opfers geschrieben, das schließlich die absurde Heuchelei seiner Peiniger erkennt und sich in sich selbst zurückziehen muss, um zu überleben.

Wir, die wir in der Islamischen Republik Iran lebten, begriffen die Tragödie und Absurdität der Grausamkeit, der wir unterworfen waren. Wir mussten uns über unsere eigene Misere lustig machen, um zu überleben. Und instinktiv merkten wir, was *poschlost* bedeutete – nicht nur bei anderen, sondern auch bei uns selbst. Darin lag ein Grund, warum Kunst und Literatur für unser Leben so entscheidend wurden: Sie waren nicht Luxus, sondern Notwendigkeit. Nabokov hatte die Struktur des Lebens in einer totalitären Gesellschaft eingefangen, in der man völlig allein ist inmitten einer illusionären Welt voller falscher Versprechungen und zwischen Retter und Henker nicht mehr unterscheiden kann.

Nabokov verband uns nach und nach auf eine ganz spezielle Weise miteinander, obwohl seine Prosa nicht gerade leichte Kost ist. Diese Bindung war stärker als die Identifikation mit seinen Themen. Seine Romane sind um unsichtbare Falltüren herum gebaut, leere Räume, die sich plötzlich auftun und den Lesern den Boden unter den Füßen wegziehen. Sie sind voller Misstrauen gegen das, was wir Alltagswirklichkeit nennen, mit einem feinen Gespür für die Unbeständigkeit und Zerbrechlichkeit dieser Realität.

In seinem Werk und in seinem Leben gab es etwas, das uns instinktiv ansprach und fesselte, die Möglichkeit grenzenloser Freiheit, wenn einem alle Optionen genommen werden. Ich glaube, das war es, was mich dazu brachte, dieses Seminar auf die Beine zu stellen. Meine wichtigste Verbindung zur Außenwelt war die Universität gewesen, und nun, da ich diese Verbindung nicht mehr hatte und vor dem Nichts stand, konnte ich die Violine erfinden oder mich im Nichts verlieren.

7

Am besten legt man die beiden Fotos direkt nebeneinander. Beide verkörpern die »fragile Unwirklichkeit« – um ein Wort Nabokovs über sein eigenes Leben im Exil zu zitieren – unserer Existenz in der Islamischen Republik Iran. Die Fotos widersprechen sich eigentlich, und doch erreichen sie erst zusammen ihre volle Aussagekraft. Auf dem ersten Bild stellen wir in unseren schwarzen Gewändern und Kopftüchern die Verkörperung fremder Träume dar. Auf dem zweiten sehen wir so aus, wie wir uns selbst sahen. Mit keinem von beidem konnten wir uns vollständig identifizieren.

Am treffendsten lässt sich dieses Paradoxon, so glaube ich, mit Hilfe einer Anekdote darstellen, die wie andere, ähnliche Anekdoten, keine Fiktion braucht, um zur Metapher ihrer selbst zu werden.

Bis ins Jahr 1994 war der iranische Ober-Filmzensor blind. Das heißt beinahe blind. Davor war er Theaterzensor gewesen. Einer meiner Dramatiker-Freunde erzählte einmal, er habe ihn mit einer dicken Brille im Theater sitzen sehen, durch die er allerdings noch weniger zu erkennen schien. Ein Assistent, der neben ihm saß, musste ihm berichten, was auf der Bühne vor sich ging, und protokollierte, wo nach Meinung des Zensors gekürzt werden sollte.

Nach 1994 wurde dieser Zensor Leiter des neuen Fernsehsenders. Dort perfektionierte er seine Methoden und verlangte, dass Drehbuchautoren ihre Skripte vorab bei ihm auf Tonband einreichten – wobei es verboten war, sie irgendwie attraktiv oder dramatisch zu gestalten. Anhand dieser Bänder fällte er sein Urteil über die Drehbücher. Noch interessanter jedoch ist der Umstand, dass sein Nachfolger, der nicht blind war – zumindest nicht physisch –, nach demselben System verfuhr.

Unsere Welt unter der Herrschaft der Mullahs war geprägt von den getrübten Linsen des blinden Zensors. Nicht nur unsere Realität, sondern auch unsere Literatur hatte diese merkwürdige Färbung angenommen. Wir lebten in einer Welt, in der der Zensor mit dem Dichter darum wetteiferte, wer am besten die Realität verändern und umgestalten könne, und in der wir uns einerseits selbst erfanden und gleichzeitig ein Phantasieprodukt fremder Mächte waren.

Wir lebten in einer Kultur, die literarischen Werken jeglichen Wert abstritt; sie waren nur dann von Bedeutung, wenn sie zu Handlangern von etwas scheinbar Wichtigerem wurden – der Ideologie. Unser Land war ein Land, in dem jede, auch die privateste Geste, in politischen Kategorien interpretiert wurde. Die Farbe meines Kopftuches oder die Krawatte meines Vaters waren Symbole westlicher Dekadenz und imperialistischer Tendenzen. Genauso westlich und damit dekadent war es, keinen Bart zu tragen, Angehörigen des anderen Geschlechts die Hand zu geben oder bei öffentlichen Zusammenkünften zu klatschen oder zu pfeifen. All das galt als Teil einer Verschwörung der Imperialisten, um unsere Kultur zu zerstören.

Vor ein paar Jahren richteten einige Mitglieder des iranischen Parlaments zur Überprüfung der Inhalte im staatlichen Fernsehen einen Untersuchungsausschuss ein. Der Ausschuss veröffentlichte einen ausführlichen Bericht, in dem er die Ausstrahlung von *Billy Budd* verurteilte, weil darin, so wurde behauptet, Homosexualität propagiert werde – was insofern nicht ohne Ironie war, als der Film von den Programmleitern des iranischen Fernsehens vor allem deshalb ausgewählt worden war, weil darin keine weiblichen Figuren vorkamen. Auch die Zeichentrickversion von *In 80 Tagen um die Welt* wurde kritisiert, weil die

Hauptfigur – ein Löwe – Brite war und der Film in London, einer Bastion des Imperialismus, endete.

Unsere Seminarrunde entstand vor diesem Hintergrund, sie war ein Versuch, dem Blick des blinden Zensors für einige Stunden in der Woche zu entkommen. Dort, in jenem Wohnzimmer, wurde uns wieder bewusst, dass auch wir lebendige, atmende menschliche Wesen waren – und dass, egal wie repressiv der Staat auch wurde, egal wie eingeschüchtert und ängstlich wir auch waren, wir wie Lolita versuchen würden zu entkommen, um uns unsere eigenen kleinen Freiräume zu schaffen. Und wie Lolita nutzten wir jede Gelegenheit, unsere Aufsässigkeit zur Schau zu stellen: Wir ließen ein wenig Haar unter dem Kopftuch hervorlugen, ein wenig Farbe in die triste Uniformität unserer Erscheinung einfließen, unsere Nägel wachsen, ja wir verliebten uns sogar und hörten verbotene Musik.

Eine absurde Scheinwelt beherrschte unser Leben. Wir versuchten, in dem kleinen Freiraum zu existieren, in dem schmalen Spalt zwischen diesem Zimmer, der zu unserem schützenden Kokon geworden war, und der Welt des Zensors da draußen, voller Hexen und Kobolde. Welche dieser beiden Welten war realer, und zu welcher gehörten wir wirklich? Wir wussten es nicht mehr. Eine Möglichkeit, die Wahrheit herauszufinden, bestand vielleicht darin, das zu tun, was wir uns dann zu tun vornahmen: Wir wollten versuchen, diese beiden Welten so phantasievoll wie möglich zum Ausdruck zu bringen und dabei Schritt für Schritt unseren Träumen und unserer Identität auf die Spur zu kommen.

8

Wie kann ich diese andere Welt außerhalb unseres Zimmers beschreiben? Mir bleibt nichts anderes übrig, als wieder einmal auf Ihre Vorstellungskraft zu setzen. Stellen wir uns also eines der Mädchen, sagen wir, Sanaz, vor, wie sie mein Haus verlässt, und folgen wir ihr ein wenig. Sie verabschiedet sich, legt ihr Kopftuch an und streift ihr schwarzes Gewand über das orangefarbene T-Shirt und die Jeans; dann wickelt sie das Tuch um den Hals, um ihre riesigen goldenen Ohrringe zu verdecken. Sie schiebt einige widerspenstige Haarsträhnen unter das Kopftuch, verstaut ihre Notizen in einer großen Tasche, hängt sie sich über die Schulter und tritt hinaus auf den Flur. Oben auf der Treppe bleibt sie einen Moment stehen, um dünne schwarze Spitzenhandschuhe überzuziehen, damit man ihre lackierten Fingernägel nicht sieht.

Wir folgen Sanaz die Treppe hinunter, aus dem Haus und auf die Straße. Vielleicht fällt Ihnen auf, dass sich ihr Gang und ihre Gestik verändert haben. Sie tut alles, damit man sie nicht sieht, nicht hört, ja überhaupt bemerkt. Sie geht nicht aufrecht, sondern mit gesenktem Kopf und vermeidet es, Passanten anzusehen. Sie bewegt sich schnell und zielstrebig. Durch die Straßen von Teheran und anderen iranischen Städten patrouilliert die Miliz in weißen Toyota-Streifenwagen; darin sitzen vier mit Gewehren bewaffnete Männer oder Frauen. Manchmal haben sie noch einen Kleinbus im Gefolge. Ihr Name: das Blut Gottes. Sie fahren durch die Straßen, um sicherzustellen, dass Frauen wie Sanaz vorschriftsmäßig verschleiert sind, kein Make-up tragen und in der Öffentlichkeit nicht zusammen mit anderen Männern als ihren Vätern, Brüdern oder Ehemännern gesehen werden. An den Hauswänden stehen Parolen, Zitate von Khomeini und einer Gruppe, die sich die Partei Gottes nennt: MÄNNER MIT KRAWATTEN SIND LAKAIEN DER USA. DER SCHLEIER DIENT DEM SCHUTZ DER FRAU. Gleich daneben ist die Kohlezeichnung einer Frau zu sehen: Ihr leeres Gesicht wird von einem dunklen Tschador eingerahmt. MEINE SCHWESTER, ACHTE AUF DEINEN SCHLEIER. MEIN BRUDER, ACHTE AUF DEINE AUGEN.

Im Bus sitzt man nach Geschlechtern getrennt. Sanaz muss an der hinteren Tür einsteigen und in den hinteren Reihen Platz nehmen, die den Frauen vorbehalten sind. In Taxis jedoch, die bis zu fünf Fahrgäste mitnehmen, quetschen sich Männer und Frauen wie Sardinen. Das gleiche gilt für Kleinbusse, in denen viele meiner Studentinnen von bärtigen, gottesfürchtigen Männern belästigt wurden.

Sie fragen sich vielleicht auch, woran Sanaz eigentlich denkt, wenn sie durch die Straßen von Teheran geht. Was lösen diese Erfahrungen in ihr aus? Sehr wahrscheinlich versucht sie sich so weit wie möglich von ihrer Umgebung zu distanzieren. Vielleicht denkt sie an ihren Bruder oder an ihren fernen Freund und daran, wann sie ihn in der Türkei treffen wird. Oder vergleicht sie ihre Situation mit der ihrer Mutter, als diese im gleichen Alter war? Ist sie wütend darüber, dass die Frauen aus der Generation ihrer Mutter sich frei auf den Straßen und in Begleitung des anderen Geschlechts bewegen konnten, dass sie bei der Polizei oder als Pilotinnen arbeiten durften und unter Gesetzen lebten, die hinsichtlich der Frauenrechte zu den progressivsten der Welt zählten? Fühlt sie sich erniedrigt durch die neuen Gesetze, durch den Umstand, dass das Heiratsalter nach der Revolution von achtzehn auf neun gesenkt wurde und die Steinigung als Strafe für Ehebruch und Prostitution wieder eingeführt wurde?

Im Lauf von beinahe zwei Jahrzehnten haben sich die Straßen in ein Kriegsgebiet verwandelt, in dem junge Frauen, die die Gesetze nicht befolgen, von Streifenwagen aufgegabelt und ins Gefängnis gebracht werden, wo man sie zu einer Geldstrafe verurteilt, verprügelt und zwingt, die Toiletten zu säubern, oder auf andere Weise erniedrigt – und kaum sind sie frei, verstoßen sie wieder gegen die Gesetze. Ist sich Sanaz ihrer eigenen Macht bewusst? Weiß sie, wie gefährlich sie sein kann, wenn eine zerstreute Geste schon zu einer Störung der öffentlichen Ordnung werden kann? Ist ihr klar, wie reizbar die Wächter der Revolution sind, die jetzt schon seit mehr als achtzehn Jahren durch die Straßen von Teheran patrouillieren und dabei bereits mehrere Generationen junger Frauen wie Sanaz ertragen mussten, Frauen, die an ihnen vorbeispazieren, plaudern und einzelne Haarsträhnen hervorschauen lassen, nur um ihnen vor Augen zu führen, dass sie sich immer noch nicht haben bekehren lassen?

Wir haben das Haus von Sanaz erreicht, wo wir uns an der Eingangstür, an der vielleicht bereits ihr Bruder wartet, von ihr verabschieden, während sie mit ihrem Herzen und in Gedanken bei ihrem Freund ist.

Diese Mädchen, meine Mädchen, hatten eine wirkliche und eine gefälschte Geschichte. Obwohl sie aus sehr unterschiedlichen Milieus kamen, hatten sie eines gemeinsam: Das Regime, das über sie herrschte, hatte versucht, ihre persönliche Identität und Geschichte auszulöschen. Sie konnten sich nie ganz von dem befreien, was das Regime muslimischen Frauen vorschrieb.

Wer immer wir auch waren – und es spielte keine Rolle, welcher Religion wir angehörten, ob wir den Schleier tragen wollten oder nicht, ob wir bestimmte religiöse Regeln einhielten oder nicht –, wir waren auch das Produkt fremder Wunschphantasien. Ein finsterer Ajatollah, ein selbsternannter Philosophenkönig, war gekommen, um unser Land zu regieren. Er war im Namen der Vergangenheit aufgetreten, einer Vergangenheit, derer er, so behauptete er, beraubt worden war. Und jetzt wollte er uns nach dem Vorbild dieser imaginären Vergangenheit wiedererschaffen. War es ein Trost, und wollten wir es überhaupt wahrhaben, dass er uns nichts anderes antat, als das, was wir ihm erlaubten?

9

Es ist erstaunlich: Wenn scheinbar alle Wege versperrt sind, kann der kleinste Freiraum zur großen Freiheit werden. Wenn wir zusammenkamen, fühlten wir uns beinahe vollkommen frei. Dieses Gefühl lag auch an jenem ersten Donnerstagmorgen in der Luft. Ich hatte den Rahmen für das Seminar abgesteckt und bereits einen Teil unserer Lektüre ausgewählt, aber ich wollte auch, dass das Seminar mir etwas brachte: Die Violine sollte die Leere mit ihrer Musik erfüllen.

Oft frage ich mich: Habe ich meine Studentinnen für dieses Seminar ausgewählt oder sie mich? Richtig ist, dass ich einige Kriterien im Kopf hatte, als ich sie einlud, daran teilzunehmen, und doch scheint es mir, als ob sie selbst das Seminar auf die Beine gestellt hätten, als ob sie mich durch irgendeine unsichtbare Kraft zu genau dieser Zusammensetzung bewegt hätten.

Nehmen wir nur die Jüngste, Yassi. Da ist sie, auf dem ersten Foto. Ihr Blick ist melancholisch, der Kopf zur Seite geneigt, als sei sie nicht ganz sicher, wie sie schauen soll. Sie trägt ein dünnes weiß-graues Kopftuch, locker unter dem Kinn gebunden – ein oberflächliches Zugeständnis an den streng religiösen Hintergrund ihrer Familie. Yassi war gerade im ersten Semester, als sie in meinem letzten Jahr an der Universität an einem meiner Hauptseminare als Gasthörerin teilnahm. Sie war eingeschüchtert von den älteren Studenten, die in ihren Augen schon aufgrund ihres Alters nicht nur mit größerem Wissen und besserem Englisch, sondern auch mit tieferer Weisheit gesegnet waren. Obwohl sie die schwierigsten Texte besser verstand als viele Studenten, die am Ende ihres Studiums standen, und die Texte mit mehr

Sorgfalt und größerem Vergnügen las als die meisten anderen, fühlte sie sich nur sicher im Bewusstsein ihrer eigenen Unsicherheit.

Ungefähr einen Monat nachdem ich insgeheim für mich beschlossen hatte, die Allameh-Tabatabai-Universität zu verlassen, standen Yassi und ich vor dem grünen Tor am Eingang der Universität. Ich bin jahrelang mindestens zweimal täglich durch dieses Tor gegangen, und doch habe ich es nicht mehr richtig vor Augen. In meiner Erinnerung ist das eiserne Tor irgendwie elastisch und wird zu einer Art Zaubertür, die ohne stützende Mauern auskommt und so das Universitätsgelände bewacht. Aber ich erinnere mich gut an das, was sich auf beiden Seiten des Tores befand. Auf der einen Seite öffnete es sich auf eine weite Straße, die direkt in die Berge zu führen schien. Auf seiner anderen Seite lag ein kleiner Garten, der zur Fakultät für Linguistik und Literaturwissenschaft gehörte, ein Garten mit persischen Rosen und anderen einheimischen Blumen, die rund um einen kleinen, verfallenen Zierbrunnen wuchsen, in dessen ausgetrocknetem Becken eine zerbrochene Statue stand.

Meine Erinnerung an dieses grüne Tor verdanke ich Yassi: Sie erwähnte es in einem ihrer Gedichte. Das Gedicht heißt »Wie klein sind die Dinge, die ich mag« und beschreibt ihre Lieblingsgegenstände – einen orangefarbenen Rucksack, einen bunten Mantel, ein Fahrrad wie das ihrer Cousine – und wie gern sie durch das grüne Tor zur Universität geht. Das Tor taucht noch häufiger bei ihr auf, als magischer Eingang in die verbotene Welt all der ganz normalen Dinge, die ihr im Leben versagt geblieben sind.

Denn in Wirklichkeit war dieses grüne Tor ihr und allen meinen Mädchen verschlossen. Gleich neben dem Tor gab es eine kleine Öffnung mit einem Vorhang. Das war außergewöhnlich und erregte Aufmerksamkeit, weil sie einfach nicht hierher gehörte: Sie gaffte uns mit der Arroganz eines Eindringlings an.

Durch diese Öffnung gingen alle weiblichen Studenten, auch meine Mädchen, in einen kleinen dunklen Raum, wo sie kontrolliert wurden. Lange nach unserem ersten Treffen schilderte Yassi, was man in diesem Raum mit ihr anstellte: »Zuerst überprüften sie, ob ich die richtige Kleidung trug: die Farbe meines Mantels, die Länge meiner Uniform, die Dicke meines Kopftuchs, die Form meiner Schuhe, die Gegenstände in meiner Tasche, die sichtbaren Spuren auch noch des dezentesten Make-ups, die Größe meiner Ringe und wie verführerisch sie waren, alles wurde geprüft, bevor ich den Campus der Universität betreten konnte, derselben Universität, an der auch Männer studierten. Und ihnen steht das Haupttor mit seinen enormen Portalen, Emblemen und Flaggen natürlich großzügig offen.«

Dieser kleine Seiteneingang war die Quelle zahlloser Geschichten von Frustration, Erniedrigung und Leid. Er sollte die Mädchen gewöhnlich und unsichtbar machen. Stattdessen rückte er sie erst recht in den Brennpunkt der Aufmerksamkeit und machte sie zu Objekten der Neugier.

Stellen Sie sich Yassi und mich vor, wie wir vor dem grünen Tor nah beieinander stehen, lachen und uns zwischendurch immer wieder mal verschwörerisch etwas zuflüstern. Sie erzählte von einem Lehrer, der islamische Ethik und Gesetzeslehre unterrichtete. So eine Comicfigur mit Teiggesicht, meinte sie. Drei Monate nach dem Tod seiner Frau hatte er deren jüngere Schwester geheiratet, weil ein Mann – und hier senkte Yassi ihre Stimme – *ein Mann seine speziellen Bedürfnisse hat.*

Als sie von seiner letzten Vorlesung über den Unterschied zwischen Islam und Christentum zu erzählen begann, nahm ihre Stimme wieder einen ernsthaften Ton an. Sie verwandelte sich in diesen kleinen blassen Mann vor der Tafel, mit rosa Kreide in der einen und weißer Kreide in der anderen Hand. Auf eine Seite hatte er in großen weißen Lettern MUSLIMISCHES MÄDCHEN geschrieben und dann eine senkrechte Linie in der Mitte

der Tafel gezogen. Auf die andere Seite malte er in rosa Groß-
buchstaben CHRISTLICHES MÄDCHEN. Dann fragte er die
Studenten, ob sie den Unterschied zwischen beiden kannten.
Stille. Niemand sagte ein Wort. Die eine ist Jungfrau, hatte er
schließlich verkündet, sie ist weiß und rein und spart sich für
ihren Ehemann und nur für ihren Ehemann auf. Ihre Stärke er-
wächst aus ihrer Sittsamkeit. Die andere, nun ja, über die andere
gab es eigentlich nicht viel zu sagen, außer dass sie keine Jungfrau war. Zu Yassis Überraschung hatten zwei Mädchen hinter
ihr, beide aktive Mitglieder der Muslimischen Studentenvereinigung, zu kichern begonnen und sich zugeflüstert: »Kein Wunder,
dass immer mehr Muslime zum Christentum übertreten.«

Wir stehen mitten auf der großen Straße und lachen – einer
der seltenen Momente, in denen Yassis schiefes und schüchternes
Lächeln verschwand und der reinen Ausgelassenheit wich, die
sich dahinter versteckte. Auf den meisten Fotos von ihr kann ich
dieses Lachen nicht finden. Dort hält sie immer ein wenig Abstand zu den anderen, als ob sie demonstrieren wollte, dass sie
sehr wohl wusste, welcher Platz ihr als unserer jüngsten Kursteil-
nehmerin zustand.

Beinahe jeden Tag erzählten meine Studentinnen solche Geschichten. Wir lachten darüber, später aber waren wir wütend
und traurig, obwohl wir sie endlos auf Partys, bei einer Tasse Kaffee, beim Schlangestehen oder in Taxis zum Besten gaben. Es war,
als ob uns das bloße Erzählen dieser Geschichten ein wenig
Macht über sie gäbe: Der abschätzige Ton, mit dem wir sie wie-
dergaben, unsere Gesten, sogar unser hysterisches Gelächter
schien ihren Einfluss auf unser Leben zu verringern.

Wir waren in einer so ausgelassenen und vertrauten Stimmung, dass ich Yassi fragte, ob sie mit mir Eis essen gehen wolle.
Wir gingen in einen kleinen Laden, wo wir uns bei zwei großen
Eiscafé gegenübersaßen und sich unsere Seelenlage langsam än-
derte. Wir waren vielleicht nicht gerade bedrückt, aber doch

ernst. Yassi kam aus einer aufgeklärt religiösen Familie, die durch die Revolution schwer getroffen worden war. Die Familie vertrat die Ansicht, die Islamische Republik sei ein Verrat am Islam und nicht dessen Umsetzung. Zu Beginn der Revolution schlossen sich Yassis Mutter und eine ältere Tante einer progressiven muslimischen Frauenvereinigung an, die sich gezwungen sah, in den Untergrund zu gehen, nachdem die neue Regierung gegen ihre ehemaligen Anhänger vorging. Yassis Mutter und Tante mussten sich lange Zeit verstecken. Diese Tante hatte vier Töchter, alle älter als Yassi, die eine bei jungen Iranern sehr populäre Oppositionsgruppe unterstützten. Bis auf eine wurden sie alle verhaftet, gefoltert und ins Gefängnis gebracht. Als sie freikamen, heirateten sie alle innerhalb eines Jahres. Sie heirateten beinahe wahllos, als ob sie damit ihr früheres rebellisches Ich vergessen machen wollten. Yassi hatte das Gefühl, dass sie das Gefängnis zwar überlebt hatten, aber den Fesseln der traditionellen Ehe nicht entkommen waren.

Für mich war Yassi die wahre Rebellin. Sie schloss sich keiner politischen Gruppe oder Organisation an. Als Teenager hatte sie sich über Familientraditionen hinweggesetzt und sich trotz heftigen Widerstands der Musik zugewandt. Das Hören jeder Art von Musik, die nicht religiös war, war in ihrer Familie verboten, selbst wenn sie aus dem Radio kam, aber Yassi setzte ihren Willen durch. Sie war ein kleines Aschenputtel, das im Dunkel eines unzugänglichen Palastes lebte, verliebt in einen unbekannten Prinzen, der eines Tages ihre Musik hören würde.

Ihre Rebellion ging aber noch weiter: Sie weigerte sich, den richtigen Kandidaten zur rechten Zeit zu heiraten, und bestand darauf, dass sie ihre Heimatstadt Schiraz verlassen und in Teheran die Universität besuchen wollte. Jetzt lebte sie zeitweise bei ihrer älteren Schwester und deren Mann, zeitweise im Haus eines Onkels mit fanatischen religiösen Neigungen. Die Universität mit ihrem niedrigen akademischen Standard, der verlotterten

Moral und ihren ideologischen Barrieren war für sie eine Enttäuschung. In gewisser Hinsicht fühlte Yassi sich noch eingeschränkter als zu Hause, wo sie von einer liebevollen, intellektuellen Umgebung profitierte. Der Verlust dieser Liebe und Wärme hatte ihr in Teheran viele schlaflose Nächte beschert. Sie vermisste Eltern und Familie und fühlte sich schuldig wegen des Kummers, den sie ihnen bereitet hatte. Später wurde mir klar, dass diese Schuldgefühle für die schweren Migräneanfälle verantwortlich waren, die sie für Stunden handlungsunfähig machten.

Was sollte sie mit ihrem Leben anstellen? Sie glaubte nicht an Politik und wollte nicht heiraten, aber sie war neugierig auf die Liebe. An diesem Tag, als sie mir, mit ihrem Löffel spielend gegenübersaß, erklärte sie mir, warum alle normalen Aktivitäten des Lebens für sie und andere, ähnlich denkende junge Leute zu kleinen Akten der Rebellion und politischen Auflehnung geworden waren. Ihr ganzes Leben lang war sie beschützt worden, immer wurde sie überwacht, nie hatte sie eine Ecke für sich, wo sie nachdenken, sich ihren Gefühlen hingeben, träumen oder schreiben konnte. Nie durfte sie allein einen jungen Mann treffen. Ihre Familie schrieb ihr nicht nur vor, wie sie sich in Gegenwart von Männern zu benehmen hatte, sondern glaubte offenbar, ihr auch vorschreiben zu können, was Yassi für diese Männer empfinden sollte. Vieles, wandte sie sich an mich, was Ihnen ganz natürlich vorkommt, ist für mich so seltsam und ungewohnt.

Würde sie je ein selbständiges Leben führen können wie ich, lange Spaziergänge machen, Hand in Hand mit jemandem, den sie liebte, und vielleicht auch einen kleinen Hund haben? Sie wusste es nicht. Es war wie mit dem Schleier, der ihr zwar nichts mehr bedeutete, ohne den sie aber verloren gewesen wäre. Sie hatte den Schleier schon immer getragen. Wollte sie ihn eigentlich tragen oder nicht? Sie wusste es nicht. Ich sehe sie noch vor mir, als sie das sagte – sie fuchtelte mit den Händen vor ihrem Gesicht, als ob sie eine unsichtbare Fliege verjagen wollte. Eine

Yassi ohne Schleier könne sie sich nicht vorstellen, meinte sie. Wie würde sie da aussehen? Würde sich das auf ihre Art zu gehen auswirken, oder darauf, wie sie die Hände bewegte? Und wie würden andere sie dann sehen? Würde sie klüger oder dümmer wirken? Das waren die Fragen, die sie – neben ihren Lieblingsromanen von Austen, Nabokov und Flaubert – fortwährend beschäftigten.

Noch einmal wiederholte sie, dass sie nie heiraten werde – niemals. Männer, die ihr gefielen, gab es nur in Büchern; sie würde den Rest ihres Lebens mit Mr. Darcy verbringen. Aber selbst in den Büchern gebe es nur wenige Männer, die für sie in Frage kämen. Was sei daran so falsch? Sie wollte nach Amerika gehen, wie ihre Onkel, wie ich. Ihre Mutter und ihre Tanten hatten das nicht gedurft, aber ihre Onkel schon. Würde sie je all die Hindernisse überwinden und nach Amerika gehen? Sollte sie das überhaupt? Sie wollte, dass ich ihr einen Rat gebe. Das wollten sie alle. Aber was konnte ich ihr schon bieten, ihr, die vom Leben so viel mehr erwartete, als sie bisher bekommen hatte?

Konkret hatte ich nichts zu bieten, und so erzählte ich stattdessen von Nabokovs »anderer Welt«. Ich fragte sie, ob sie schon bemerkt habe, dass es in den meisten Romanen Nabokovs – *Einladung zur Enthauptung*, *Das Bastardzeichen*, *Ada*, *Pnin* – die Andeutung einer anderen Welt gab, einer Welt, die man nur über Literatur erreichen konnte. Diese Welt bewahrte Nabokovs Figuren vor der völligen Verzweiflung und wurde zur Zufluchtsstätte in einem einförmigen, brutalen Leben.

Nehmen wir zum Beispiel *Lolita*, die Geschichte eines zwölfjährigen Mädchens, das niemanden hatte, zu dem es hätte gehen können. Humbert hatte versucht, Lolita in eine Phantasiegestalt zu verwandeln, in seine tote Liebe, und sie dabei zerstört. Die verzweifelte Wahrheit von *Lolita* ist *nicht* die Vergewaltigung einer Zwölfjährigen durch einen alten Wüstling, sondern *dass das Leben eines Individuums von einem anderen in Besitz genommen wird.* Wir wissen nicht, was aus Lolita geworden wäre, wenn Humbert sie nicht verschlungen hätte. Und doch ist der Roman, das vollendete Werk, voller Hoffnung, ja sogar schön, eine Verteidigung nicht nur der Schönheit, sondern des Lebens selbst, des gewöhnlichen Alltags, eine Verteidigung all der ganz normalen Freuden, die man Lolita, und auch Yassi, vorenthalten hatte.

Ich hatte mich warm geredet, war plötzlich selbst begeistert und fügte noch hinzu, dass Nabokov damit tatsächlich auch Rache an unseren selbstsüchtigen Übeltätern geübt hatte: Er hatte sich eigentlich auch an Ajatollah Khomeini gerächt, an Yassis letztem Heiratskandidaten oder ihrem teiggesichtigen Lehrer. Sie hatten versucht, andere nach ihren eigenen Träumen und Begierden zu formen – Nabokov aber hatte mit dem Porträt von Humbert ein für alle Mal jene Solipsisten entlarvt, die die Herrschaft über das Leben anderer Menschen an sich reißen. Yassi hatte viele Möglichkeiten, sie konnte werden, was immer sie werden wollte – Ehefrau, Lehrerin oder Schriftstellerin. Sie musste nur herausfinden, was sie wirklich wollte.

Ich erzählte ihr noch eine meiner Lieblingsgeschichten von Nabokov, »Das Zimmer des Zauberers«, die er zuerst »Der Mann aus dem Untergrund« nennen wollte. Sie handelt von einem begabten Schriftsteller und Kritiker, der Bücher und Filme über alles liebt. Nach der Revolution wird alles, was er liebt, verboten und in den Untergrund gedrängt. Also fasst er den Entschluss, mit dem Schreiben aufzuhören, ja, solange die Kommunisten an der Macht sind, überhaupt nicht mehr für seinen Lebensunterhalt zu arbeiten. Nur selten verlässt er seine kleine Wohnung. Manchmal ist er dem Verhungern nahe, und wären da nicht seine treuen Freunde und Schüler und ein wenig Geld, das ihm seine Eltern hinterlassen haben, dann würde er tatsächlich verhungern.

Nun beschrieb ich seine Wohnung im Detail: Sie ist kahl und weiß – schreiend weiß, die Wände, die Fliesen, sogar die Küchenschränke. Die einzige Dekoration im Wohnzimmer ist ein großes Gemälde an der sonst ganz leeren Wand gegenüber dem Eingang – darauf Bäume, Schatten aus großflächigem Grün auf Grün. Es gibt kein Licht in diesem Bild, und doch leuchten die Bäume, als ob sie einen Glanz widerspiegelten, der nicht von der Sonne, sondern aus ihrem Inneren kam.

Die Einrichtung im Wohnzimmer des Zauberers besteht aus einem braunen Sofa, einem kleinen Tisch und zwei dazu passenden Stühlen. Ein Schaukelstuhl steht verloren zwischen Wohn- und Essbereich, davor ein kleiner Teppich, das Geschenk einer schon vergessenen einstigen Liebe. In diesem Zimmer, auf dem Sofa, empfängt der Mann aus dem Untergrund seine sorgfältig ausgewählten Besucher: berühmte Filmemacher, Drehbuchautoren, Maler, Schriftsteller, Kritiker, frühere Schüler und Freunde. Sie alle kommen, um sich Rat zu holen für ihre Filme, Bücher und Liebschaften. Sie wollen wissen, wie sie bestimmte Vorschriften umgehen, wie sie den Zensor überlisten oder ihre heimlichen Affären fortsetzen können. Er gestaltet ihre Werke und ihr Leben für sie. Er verbringt Stunden damit, über eine Idee zu diskutieren oder im Schneideraum einen Film zu montieren. Manchen Freunden gibt er Tips, wie sie sich mit ihren Geliebten versöhnen. Anderen gibt er den Rat, sich erst einmal zu verlieben, wenn sie besser schreiben wollen. Er liest beinahe alle Veröffentlichungen, die in der Sowjetunion erscheinen, und irgendwie gelingt es ihm auch, über die neuesten und besten Filme und Bücher aus dem Ausland auf dem Laufenden zu bleiben.

Viele wollen an seinem verborgenen Königreich mitwirken, aber er nimmt nur die wenigen auf, die seine geheime Prüfung bestehen. All das tut er aus Gründen, die nur er selbst kennt. Als Gegenleistung dürfen seine Freunde seinen Namen nie öffentlich nennen oder würdigen. Es gibt viele, die er aus seinem Leben verbannt hat, weil sie gegen diesen Grundsatz verstoßen haben. Ich erinnere mich an einen Satz, den er oft wiederholt: »Ich möchte vergessen werden. Ich gehöre nicht zu diesem Club.«

Der Ausdruck in Yassis Gesicht ermunterte mich, meine Geschichte fortzuspinnen. Ich dachte daran, dass ich als sehr kleines Kind wohl auch so ausgesehen haben musste, wenn mein Vater am Abend oder am frühen Morgen, bevor er zur Arbeit ging, an meinem Bett saß und Geschichten erfand. Wenn er ärgerlich über etwas war, was ich getan hatte, oder wenn er wollte, dass ich etwas Bestimmtes tat, oder wenn er mich beruhigen wollte: Aus all den banalen Kleinigkeiten einer alltäglichen Beziehung machte er Geschichten, die mir vor Spannung fast den Atem raubten.

Was ich Yassi an diesem Tag allerdings nicht erzählte, war, dass es Nabokovs Zauberer, der für den Staat genauso gefährlich war wie ein bewaffneter Rebell, gar nicht gab – zumindest nicht in der Literatur. Denn er war real und lebte weniger als fünfzehn Minuten von dem Ort entfernt, an dem wir gerade saßen und gedankenverloren mit unseren langen Löffeln in den großen Gläsern rührten.

Und so ergab es sich, dass ich Yassi fragte, ob sie nicht an meinem Kurs teilnehmen wolle.

10

Stellen Sie sich also vor, wie wir in Teheran *Lolita* lesen: den Roman über einen Mann, der, um ein zwölfjähriges Mädchen zu besitzen und an sich zu ketten, indirekt den Tod von dessen Mutter Charlotte verursacht und das Mädchen für zwei Jahre als seine kleine Geliebte gefangen hält. Sind Sie entsetzt? Warum *Lolita*? Warum *Lolita* in Teheran?

Ich möchte noch einmal betonen, dass *wir nicht* Lolita waren, der Ajatollah *nicht* Humbert und dass auch diese Republik *nicht* das war, was Humbert sein »Prinzenreich am Meer« nennt. *Lolita* war *nicht* speziell eine Kritik an der Islamischen Republik, sondern richtete sich gegen jede Form von totalitärem Denken.

Sehen wir uns den Abschnitt an, in dem Humbert zum Sommerlager fährt, um Lolita nach dem Tod ihrer Mutter, von dem sie noch nichts weiß, abzuholen. Diese Szene ist das Vorspiel zu einer zweijährigen Gefangenschaft, in deren Verlauf die ahnungslose Lolita mit ihrem Wächter-Liebhaber von einem Motel ins nächste zieht:

»Es sei mir erlaubt, diese Szene mit all ihren trivialen und schicksalhaften Einzelheiten einen Augenblick lang festzuhalten: die Hexe Holmes, die eine Quittung ausstellt, sich am Kopf kratzt, ein Schreibtischschubfach aufzieht, Wechselgeld in meine ungeduldige Hand schüttet und dann säuberlich einen Schein mit den fröhlichen Worten: ›… und fünf!‹ darüber breitet; Photos von kleinen Mädchen; einen noch lebendigen, prächtig bunten Nachtfalter oder Schmetterling, der fest an die Wand gespießt ist (›Naturkunde‹); das gerahmte Diplom der Diätistin des Camps; meine zitternden Hände; eine Karteikarte, die die tüchtige Holmes hervorzieht und die einen Bericht über Dolly Hazes Betragen im Juli enthält (›befriedigend bis gut; Vorliebe für Rudern und Schwimmen‹); rauschende Bäume, zwitschernde Vögel und mein hämmerndes Herz ... Ich stand mit dem Rücken zur offenen Tür und fühlte plötzlich das Blut zu Kopfe schießen, als ich ihren Atem und ihre Stimme neben mir hörte.«

Auch wenn diese Szene nicht zu den spektakulärsten des Romans gehört, so zeigt sie doch Nabokovs Können, und ich glaube, das steht im Zentrum des Romans. Nabokov sah sich selbst als einen Schriftsteller, der wie ein Maler arbeitete, und diese Szene gibt uns einen guten Eindruck davon, was er damit meinte. Die Beschreibung gewinnt ihre Prägnanz aus der Spannung zwischen dem, was bereits vorgefallen ist (Charlotte hatte entdeckt, dass Humbert sie nur benutzt und ihn daraufhin zur Rede gestellt, was wiederum zu Charlottes tödlichem Unfall führte) und dem Wissen, dass es noch schlimmer kommen wird. Durch die Gegenüberstellung von belanglosen Gegenständen (ein gerahmtes Diplom, Fotos von kleinen Mädchen), ganz normalen Mitteilungen (»befriedigend bis gut; Vorliebe für Rudern und Schwimmen«) mit menschlichen Empfindungen und Gefühlen (»meine ungeduldige Hand«, »meine zitternden Hände«, »mein hämmerndes Herz«) deutet Nabokov Humberts schreckliche Taten und Lolitas unsichere Zukunft bereits an.

Gewöhnliche Objekte werden in dieser scheinbar rein beschreibenden Szene durch Gefühle, die Humberts schuldbewusstes Geheimnis offenbaren, in ein ungewohntes Licht gerückt. Von nun an werden Humberts Zittern und Bangen auf jede Einzelheit seiner Geschichte abfärben und Landschaften, Zeitablauf und Episoden mit Gefühlen verknüpfen, auch wenn es scheinbar nur am Rande oder ganz unauffällig geschieht. Haben Sie, wie meine Mädchen, gemerkt, dass das Böse in Humberts Handlungen und Gefühlen gerade deswegen so erschreckend ist, weil er sich als normaler Ehemann, Stiefvater, als normales menschliches Wesen gibt?

Dann ist da dieser Schmetterling – oder ist es ein Nachtfalter? Humberts Unfähigkeit, Tag- und Nachtfalter zu unterscheiden, seine Indifferenz, verweist auf seine moralische Fahrlässigkeit auch in anderen Dingen. Diese blinde Gleichgültigkeit schließt seine Gefühlskälte ein, wenn es um den toten Sohn von Charlotte oder das nächtliche Weinen von Lolita geht. All jene, die behaupten, Lolita sei ein kleines Luder, das bekomme, was es verdiene, sollten an ihr nächtliches Weinen in den Armen ihres Vergewaltigers und Kerkermeisters denken, denn, wie Humbert in einer Mischung aus Genugtuung und Pathos feststellt: »… sie hatte sonst ja auch niemanden, zu dem sie hätte gehen können.«

All das kam uns in den Sinn, als wir in unserem Seminar diskutierten, auf welche Weise Humbert vom Leben Lolitas Besitz ergreift. Als erstes fiel uns auf – tatsächlich schon auf der allerersten Seite –, wie sehr uns Lolita als das Geschöpf Humberts präsentiert wird. Wir erleben sie nur für ein paar flüchtige Augenblicke. »Was ich so rasend besessen hatte«, berichtet er uns, »war gar nicht sie gewesen, sondern meine eigene Schöpfung, eine andere, eine Phantasie-Lolita – vielleicht wirklicher als die echte … willenlos, unbewusst –, die gar kein eigenes Leben hatte.« Humbert legt Lolita auf etwas fest, schon durch den Namen, den er ihr gibt, einen Namen, der seine Begierden widerspiegelt. Hier, auf der ersten Seite, verkündet er ihre verschiedenen Namen, Namen für unterschiedliche Anlässe, Lo, Lola und in seinen Armen immer: Lolita. Wir erfahren auch ihren »wirklichen« Namen, Dolores, das spanische Wort für *Schmerz*.

Um Lolita neu zu erfinden, muss Humbert ihr ihre eigene Geschichte rauben und sie durch seine ersetzen, wobei er Lolita zu einer Reinkarnation seiner verlorenen, unerfüllten Jugendliebe Annabel Leigh macht. Was wir über Lolita und ihre Vergangenheit wissen, erfahren wir nicht direkt, sondern aus dem Mund von Humbert. Auch ihre Vergangenheit sehen wir nur im Licht der (imaginären) Vergangenheit dessen, der von ihr erzählt/sie missbraucht. Das ist es, was Humbert, eine Reihe von Rezensenten und tatsächlich auch Nima, eine meiner Studenten, Humberts solipsistische Aneignung von Lolita nannten.

Und doch hat sie eine Vergangenheit. Obwohl Humbert Lolita in die absolute Hilflosigkeit zu treiben versucht, indem er ihr ihre Geschichte raubt, blitzt diese Vergangenheit flüchtig doch immer wieder auf. Nabokovs Kunst gestaltet diese kurzen Momente umso ergreifender, ganz im Gegensatz zu Humberts zwanghafter Beschäftigung mit seiner eigenen Vergangenheit. Lolita hat mit einem toten Vater und einem Bruder, der mit zwei Jahren starb, eine tragische Vergangenheit. Und jetzt auch noch eine tote Mutter. Wie bei meinen Studentinnen erzeugt die Vergangenheit in Lolita nicht so sehr das Gefühl eines Verlustes, sondern das eines Mangels, und wie meine Studentinnen auch, wird sie zu einer Wunschphantasie einer fremden Macht.

Irgendwann wurde die Wahrheit über die Vergangenheit des Iran für die, die sich ihrer bemächtigt hatten, genauso belanglos wie die Wahrheit über Lolitas Vergangenheit für Humbert. Lolitas Wahrheit, ihre Wünsche und ihr Leben hatten keine Bedeutung mehr angesichts Humberts einziger Leidenschaft – seinem Wunsch, ein zwölfjähriges, widerspenstiges Kind zu seiner Geliebten zu machen.

Wenn ich an Lolita denke, denke ich an diesen halblebendigen, an der Wand aufgespießten Schmetterling. Der Schmetterling ist kein eindeutiges Symbol, aber immerhin deutet er an, dass Humbert Lolita auf ähnliche Weise fixiert. Er möchte, dass sie, ein lebendiges, atmendes menschliches Wesen, sich nicht mehr verändert und ihr Leben aufgibt für das Stillleben, das er ihr dafür bietet. Das Bild von Lolita wird in der Vorstellung der Leser für immer verbunden sein mit dem ihres Kerkermeisters. Lolita an sich hat keine Bedeutung, nur durch die Gitterstäbe ihres Gefängnisses erwacht sie zum Leben.

So zumindest habe ich *Lolita* gelesen. Als wir *Lolita* in unserem Seminar besprachen, spielten die geheimen Sorgen und Freuden meiner Studentinnen immer wieder in unsere Diskussionen hinein. Diese Streifzüge in das Verborgene und Private zeichneten wie Spuren von Tränen auf einem Brief all unsere Diskussionen über Nabokov. Und immer häufiger musste ich an diesen Schmetterling denken – was uns so eng mit ihm verband, war diese perverse enge Vertrautheit von Opfer und Kerkermeister.

11

Für meine Seminaraufzeichnungen benutzte ich große Taschen-
kalender. Die Seiten dieser Notizbücher waren fast alle leer, außer
an den Donnerstagen, wobei die Einträge sich dann manchmal
auch auf die Freitage, Samstage und Sonntage ausdehnten. Als
ich den Iran verließ, waren die Kalender zu schwer zum Mitnehmen, und so riss ich die entscheidenden Seiten heraus, die jetzt
vor mir liegen: abgerissene, fleckige Seiten aus unvergessenen
Zeiten. Einige der hingekritzelten Zeilen und Anmerkungen
kann ich nicht mehr entziffern, aber die Notizen, die ich in den
ersten paar Monaten gemacht habe, sind ordentlich und tadellos.
Meist beziehen sie sich auf Erkenntnisse, auf die ich durch unsere
Diskussion gekommen bin.

In den ersten Wochen unseres Seminars lasen und diskutierten
wir die Bücher, für deren Lektüre ich eine Art Lehrplan erstellt
hatte. Eine Freundin hatte mir aus ihrem Women's-Studies-Stu-
diengang eine Reihe von Fragen geschickt, die meine Studentinnen aus der Reserve locken sollten. Pflichtbewusst beantworteten
sie diese Fragen: Was halten Sie von Ihrer Mutter? Nennen Sie die
sechs Persönlichkeiten, die Sie am meisten bewundern, und
sechs, die Sie überhaupt nicht leiden können. Mit welchen beiden
Wörtern würden Sie sich selbst beschreiben? ... Die Antworten
auf diese langweiligen Fragen waren entsprechend langweilig, sie
schrieben, was von ihnen erwartet wurde. Ich erinnere mich, dass
Manna versuchte, ihren Antworten eine persönliche Note zu geben. Als Antwort auf die Frage »Welches Bild haben Sie von sich
selbst?« schrieb sie: »Diese Frage kommt für mich etwas zu früh.«
Auf solche Fragen waren sie nicht gefasst – noch nicht.

Von Anfang an machte ich mir Notizen, wie bei einem Experiment. Schon im November, gerade einen Monat nach Beginn unserer Treffen, schrieb ich: »Mitra: andere Frauen sagen, Kinder zu haben sei ihr Schicksal, als ob sie dazu verurteilt wären.« Ich notierte dazu: »Einige meiner Mädchen sind in ihrer Wut auf die Männer radikaler als ich. Sie alle wollen unabhängig sein. Sie glauben, es ist unmöglich, einen Mann zu finden, der ihnen gewachsen ist. Sie sind der Meinung, sie seien erwachsen und reif, im Gegensatz zu den Männern, die sich nicht die Mühe machen, selbstständig zu denken.« 23. November: »Manna: Ich habe Angst vor mir selbst, nichts, was ich tue oder habe, ist so wie bei anderen Menschen, die ich kenne. Andere machen mir Angst. Ich mache mir selbst Angst.« Immer wieder beobachtete ich, dass sie kein klares Bild von sich selbst hatten. Sie vermochten sich nur mit Hilfe der Wahrnehmung anderer zu sehen und zu entwickeln – ironischerweise mit Hilfe genau der Menschen, die sie verachteten. Unterstrichen sind die Worte *Liebe dich selbst, Selbstvertrauen*.

In der Diskussion über literarische Werke begannen sie sich zu öffnen und Feuer zu fangen. Die Romane waren insofern eine Flucht aus der Realität, als wir uns ganz in die Bewunderung ihrer Schönheit und Perfektion vertiefen und dabei wenigstens für kurze Zeit unsere Geschichten über die Institutsleiter, die Universität und die bewaffneten Sittenwächter in den Straßen vergessen konnten. Wir lasen diese Bücher mit einer gewissen Naivität, wir lasen sie ohne direkten Bezug zu unserer eigenen Geschichte und zu unseren Hoffnungen, wie Alice, die hinter dem weißen Kaninchen herläuft und dabei im Loch landet. Diese Naivität zahlte sich aus: Ich glaube nicht, dass wir ohne sie begriffen hätten, wie weit wir davon entfernt waren, unsere eigene Sprache zu finden. Merkwürdigerweise verhalfen uns die Romane, bei denen wir Zuflucht gesucht hatten, schließlich dazu, unsere eigene Realität, der gegenüber wir uns ohnmächtig und sprachlos fühlten, zu hinterfragen und zu verändern.

Anders als die Generation von Schriftstellern und Intellektuellen, mit der ich aufgewachsen und mittlerweile befreundet war, zeigte diese neue Generation, zu der meine Mädchen gehörten, kein Interesse an Ideologien oder politischen Positionen. Sie waren wirklich neugierig, sie dürsteten förmlich nach den Werken jener großen Schriftsteller, die vom Regime und den revolutionären Intellektuellen meist geächtet oder verboten waren. Im Gegensatz zu den vorrevolutionären Zeiten waren es nun die »nichtrevolutionären Schriftsteller«, die Klassiker, die von der Jugend gefeiert wurden: James, Nabokov, Woolf, Bellow, Austen und Joyce waren die Namen, die man verehrte, Botschafter einer verbotenen Welt, die wir uns so rein und schön vorstellten, wie sie niemals war und sein wird.

In gewisser Hinsicht trieb die Sehnsucht nach Schönheit, der instinktive Drang, gegen die »falsche Beschaffenheit der Dinge« anzukämpfen, um Vadim, den Erzähler in Nabokovs letztem Roman, *Sieh doch die Harlekine!*, zu zitieren, viele Menschen weg von ideologischen Positionen und hin zu dem, was wir generell als Kultur bezeichnen. Denn das war ein Bereich, in dem Ideologie kaum eine Rolle spielte.

Ich würde gerne glauben, dass all diese Begeisterung wirklich etwas bedeutete, dass in Teheran vielleicht nicht gleich eine Art Frühling in der Luft lag, aber immerhin ein frischer Wind wehte, und dieser eine Atmosphäre erzeugte, die die Hoffnung auf den bevorstehenden Frühling nährte. Daran klammere ich mich, an den leichten Hauch einer anhaltenden, zurückgehaltenen Begeisterung, wenn ich mich daran erinnere, wie es war, ein Buch wie *Lolita* in Teheran zu lesen. Ich finde sie noch in den Briefen meiner ehemaligen Studentinnen, wenn sie darin, trotz all ihrer Ängste und Sorgen angesichts einer Zukunft ohne Jobs und ohne Sicherheit und trotz einer gefährdeten, unberechenbaren Gegenwart, von ihrer Suche nach Schönheit schreiben.

12

Können Sie sich ein Bild von uns machen? Wir sitzen an einem bewölkten Novembertag um den Glastisch; die vom Esszimmerspiegel reflektierten gelben und roten Blätter sind von Nebel umhüllt. Drei von uns haben *Lolita* als Buch auf dem Schoß, der Rest hat einen Stapel von Fotokopien. Diese Bücher sind nur schwer zu bekommen, denn in Buchhandlungen werden sie nicht mehr geführt. Zuerst waren sie von der Zensur verboten worden, dann stoppte die Regierung ihren Verkauf: Die meisten Buchhandlungen mit fremdsprachiger Literatur wurde geschlossen oder mussten auf ihre alten Bestände aus vorrevolutionären Zeiten zurückgreifen. Einige dieser Bücher waren noch in Antiquariaten aufzutreiben und ganz wenige auch auf der jährlichen internationalen Buchmesse in Teheran. Ein Buch wie *Lolita* war schwer zu finden, besonders die kommentierte Ausgabe, die meine Mädchen haben wollten. Und so kopierten wir für die, die kein Exemplar auftreiben konnten, alle 300 Seiten. In einer Stunde, wenn wir eine Pause machen, gibt es Tee oder Kaffee und Kuchen. Ich weiß nicht mehr, wer mit dem Kuchen dran ist. Wir wechseln uns ab, jede Woche bringt eine andere Kuchen mit.

13

»Püppchen«, »kleines Ungeheuer«, »verdorben«, »oberflächlich«, »Gör« – das sind nur einige der Namen, mit denen Lolita von der Literaturkritik belegt wurde. Verglichen mit diesen Beleidigungen wirken Humberts Angriffe auf Lolita und ihre Mutter beinahe harmlos. Andere – darunter kein Geringerer als Lionel Trilling – lesen die Geschichte als eine große Liebesaffäre, und wieder andere verurteilen das Buch, weil sie meinen, Nabokov habe aus der Vergewaltigung einer Zwölfjährigen ein ästhetisches Experiment gemacht.

Wir in unserem Seminar waren mit keiner dieser Interpretationen einverstanden. Einhellig vertraten wir (und darauf bin ich ziemlich stolz) dieselbe Meinung wie Véra Nabokov und ergriffen Partei für Lolita. »Lolita wird in der Presse unter allen möglichen Gesichtspunkten erörtert, nur nicht unter dem, was an dem Buch so schön und ergreifend ist«, schrieb Véra in ihrem Tagebuch. »Die Kritiker suchen lieber nach moralischen Symbolen, nach Gründen für die Rechtfertigung, Verurteilung oder Erläuterung der Zwangslage von HH. … Ich wünschte mir aber, jemand würde einmal die zarte Beschreibung der Hilflosigkeit des Kindes, sein jämmerliches Angewiesensein auf den monströsen HH und seinen herzergreifenden Mut zur Kenntnis nehmen, die schließlich in der elenden, aber im Grunde reinen und gesunden Ehe, in Lolitas Brief und auch in ihrem Hund zum Ausdruck kommen. Und den schrecklichen Ausdruck auf ihrem Gesicht, als sie von HH um eine versprochene kleine Freude gebracht wird. Sie alle gehen an der Tatsache vorbei, dass ›das scheußliche kleine Gör‹ Lolita letzten Endes ein gutes Kind ist – sonst hätte sie sich nicht wieder aufgerappelt, nachdem sie so furchtbar erniedrigt worden war, und zu einem anständigen Leben mit dem armen Dick gefunden, das ihr offenbar lieber war als das vorherige.«

Humberts Geschichte ist ein Geständnis. Es ist tatsächlich eine Art Beichte, die er schreibt, während er im Gefängnis auf den Prozess wegen des Mordes an dem Dramatiker Claire Quilty wartet, mit dem Lolita davonlief, um Humbert zu entkommen, und der ihr den Laufpass gab, nachdem sie sich geweigert hatte, an seinen grausamen Sexspielen teilzunehmen. Wir erleben Humbert zugleich als Erzähler und Verführer – der nicht nur Lolita verführt, sondern auch uns, seine Leserinnen und Leser, an die er sich das ganze Buch hindurch als »Meine Damen und Herren Geschworene« (manchmal auch »O geflügelte Herren Geschworene!«) wendet. Im Verlauf der Geschichte wird sichtbar, dass hinter dem Mord an Quilty noch ein größeres, schrecklicheres Verbrechen steckt: die Entführung und Vergewaltigung von Lolita (auffällig, dass die Lolita-Szenen voller Leidenschaft und Zärtlichkeit sind, während die Ermordung Quiltys wie eine Farce daherkommt). Humberts Prosa, die manchmal ins schamlos Überhitzte kippt, zielt darauf ab, den Leser zu verführen, und zwar insbesondere den hochgeistigen Leser, der sich von einer so gelehrten Gehirnakrobatik einwickeln lässt. Lolita gehört zu der Gruppe von Opfern, die keine Möglichkeit bekommen, sich zu verteidigen und ihre eigene Geschichte darzustellen. So wird sie ein Opfer in doppelter Hinsicht: Man raubt ihr nicht nur das Leben, sondern auch noch ihre Geschichte. Wir sagten uns: Wir halten diesen Kurs ab, um zu verhindern, dass wir selbst zu Opfern dieser zweiten Art von Verbrechen werden.

Lolita und ihre Mutter sind schon verloren, bevor wir sie überhaupt sehen: das »Hazesche Haus«, wie Humbert es nennt, mehr grau als weiß, ist »die Art Behausung, in der man anstatt der Dusche mit Sicherheit einen am Badewannenhahn befestigten

Gummischlauch vorfindet«. Wenn wir in der Diele stehen (geschmückt mit einem Türglockenspiel und dem »banale(n) Schoßkind des kunstliebenden Mittelstandes, van Goghs *Arlésienne*«) ist unser Lächeln bereits süffisant und spöttisch. Wir blicken die Treppe hinauf und hören die »Altstimme« von Mrs. Haze, bevor Charlotte (die »man als dünnen Aufguss von Marlene Dietrich bezeichnen könnte«) zu uns herunterkommt. Satz für Satz, Wort für Wort wird Charlotte von Humbert niedergemacht, auch dort, wo er sie nur beschreibt: »Sie war offenbar eine jener Frauen, deren gewählte Sprache ihren Buchclub oder Bridgeclub oder eine andere todlangweilige konventionelle Einrichtung reflektiert, niemals aber ihre Seele.«

Die arme Frau hat überhaupt keine Chance, und auch bei näherer Bekanntschaft wird das Bild von ihr nicht besser, wenn die Leser unterhalten werden mit Beschreibungen ihrer Oberflächlichkeit, ihrer sentimentalen und eifersüchtigen Leidenschaft für Humbert oder ihrer Bosheiten gegenüber der Tochter. Durch seine schöne Sprache (»Bei einem Mörder können Sie immer auf einen extravaganten Prosastil zählen«) lenkt Humbert die Aufmerksamkeit der Leser auf die Banalitäten und kleinen Grausamkeiten der amerikanischen Konsumgesellschaft und erzeugt dabei ein Gefühl von Anteilnahme und Komplizenschaft beim Leser, der darin bestärkt werden soll, es durchaus verständlich zu finden, dass Humbert skrupellos eine einsame Witwe verführt und schließlich heiratet, nur um ihre Tochter verführen zu können.

Nabokovs Kunst zeigt sich darin, dass es ihm gelingt, unser Mitgefühl für die Opfer von Humbert zu wecken – zumindest für dessen zwei Frauen, Valeria und Charlotte –, ohne dass wir sie besonders schätzen. Wir verurteilen Humberts grausames Verhalten ihnen gegenüber, auch wenn wir sein Urteil über ihre Banalität teilen. Hier haben wir die erste Lektion in Demokratie: Alle Menschen, ganz gleich, wie verachtenswert sie auch sein mögen, haben ein Recht auf Leben, Freiheit und das Streben nach Glück. In *Einladung zur Enthauptung* und *Das Bastardzeichen* sind Nabokovs Schurken vulgäre und brutale totalitäre Machthaber, die phantasievolle Köpfe beherrschen und kontrollieren möchten. In *Lolita* dagegen ist der Schurke selbst der Phantasievolle. Monsieur Pierre könnte die Leser nie in Verwirrung stürzen, aber was soll man von Monsieur Humbert halten?

Humbert zieht alle Register seiner Kunst und Erfindungsgabe, um die Leser auf sein abscheulichstes Verbrechen einzustimmen: seinen ersten Versuch, Lolita zu besitzen. Er bereitet uns mit der gleichen makellosen Präzision auf die entscheidende Verführungsszene vor, mit der er auch die Betäubung Lolitas vorbereitet, bevor er ihren apathischen Körper missbraucht. Er versucht uns auf seine Seite zu ziehen, indem er uns in dieselbe Kategorie einordnet, der auch er angehört – in die der leidenschaftlichen Kritiker der Konsumgesellschaft. Er beschreibt Lolita als vulgäres Weib – »ein ekelhaft konventionelles kleines Mädchen«, nennt er sie. »Und auch ist sie nicht die zarte kleine Heldin eines Frauenromans.«

Wie die besten Strafverteidiger, die mit ihrer Rhetorik blenden und an unser Moralempfinden appellieren, spricht Humbert sich selbst von Schuld frei, indem er sein Opfer belastet – eine Methode, mit der wir in der Islamischen Republik Iran bestens vertraut waren. (»Wir sind nicht gegen das Kino«, hatte Ajatollah Khomeini erklärt, als seine Handlanger die Kinosäle in Brand steckten, »wir sind gegen Prostitution!«) Und indem er sich an die »Frigide(n) Damen Geschworene(n)« wendet, teilt Humbert uns Folgendes mit: »Ich werde Ihnen etwas sehr Sonderbares verraten. Es war sie, die mich verführte.« »Es genügt zu sagen«, so erzählt er uns ganz im Vertrauen, »dass ich in diesem schönen, eben erst reifenden jungen Mädchen, das von der modernen Koedukation, den jugendlichen Sitten, dem Lagerfeuerschwindel und so fort total und unrettbar verdorben war, keine Spur von

Schamhaftigkeit entdeckte. Sie betrachtete den schlichten Akt als festen Bestandteil der heimlichen Jugendwelt, von der Erwachsene nichts wissen.«

Bis hierher könnte man den Eindruck bekommen, als sei es Humbert, dem Verbrecher, mit Hilfe von Humbert, dem Poeten, gelungen, Lolita und den Leser zu verführen. Und doch scheitert er hier wie dort. Nicht ein einziges Mal gelingt es ihm, Lolita mit ihrer Zustimmung zu besitzen, sodass jeder Liebesakt von da an ein immer grausamerer Akt von Vergewaltigung wird, dem sie sich jedes Mal zu entziehen versucht. Und es gelingt ihm auch nicht ganz, den Leser zu verführen, zumindest nicht jeden. Ironischerweise ist es gerade sein schriftstellerisches Können, sein extravaganter Prosastil, der verrät, wer er wirklich ist.

Sie sehen also, dass Nabokovs Prosa für den nichtsahnenden Leser einige Fallen bereithält: Die Glaubwürdigkeit jeder einzelnen von Humberts Behauptungen wird durch die verborgene Wahrheit, die in seinen Schilderungen steckt, in Frage gestellt und bestätigt zugleich. Und so kommt allmählich eine andere Lolita zum Vorschein, die sich jenseits der Karikatur eines vulgären, unsensiblen kleinen Biests bewegt, das sie allerdings auch ist: ein verletztes, einsames Mädchen, seiner Kindheit beraubt, verwaist und ohne Zuflucht. Humberts seltene Momente der Einsicht gestatten einen kleinen Einblick in Lolitas Charakter, ihre Verletzlichkeit und Einsamkeit. Hätte er die Wände in den »Verzauberten Jägern«, dem Motel, in dem er sie zum ersten Mal vergewaltigte, neu dekorieren müssen, dann, so erzählt er uns, hätte er einen See gemalt, einen Obstgarten in flammender Blüte, und schließlich hätte es »einen feurigen Opal gegeben, der sich in den ringförmigen Wellchen einer Teichoberfläche auflöst, ein letztes Erbeben, einen letzten Schuss Farbe, stechend rot, schmerzend rosa, ein Seufzen, ein zusammenzuckendes Kind«. (Kind! Bitte denken Sie daran, meine Damen und Herren Geschworene, auch wenn dieses Kind, hätte es in der Islamischen Republik gelebt, schon lange als reif genug betrachtet werden würde für die Heirat mit einem Mann, der älter als Humbert ist.)

Im Lauf der Zeit häufen sich Humberts Klagen. Er nennt sie »die gemeine, geliebte Schlampe« und spricht von ihren »obszönen jungen Beine(n)«, aber bald entdecken wir, was das Genörgel bedeutet: Sie sitzt auf seinem Schoß, bohrt in der Nase, während sie »in die leichteren Zeitungsbeilagen vertieft ist, und zwar so gleichgültig gegen meine Ekstase, als wäre diese etwas, auf das sie sich versehentlich gesetzt hatte – ein Schuh, eine Puppe, der Griff eines Tennisschlägers«. Natürlich beklagen sich Mörder und Unterdrücker gerne und ausgiebig über ihre Opfer, nur sind die meisten nicht so eloquent wie Humbert Humbert.

Er ist keineswegs immer der zärtliche Liebhaber. Lolitas kleinster Versuch, unabhängig zu sein, verleitet ihn zu den heftigsten Wutausbrüchen: »Wortlos versetzte ich ihr mit dem Handrücken eine wuchtige Ohrfeige, die klatschend ihren harten, heißen kleinen Backenknochen traf. Und dann die Reue, die schmerzliche Süße schluchzender Buße, die Speichelleckerei der Liebe, die Hoffnungslosigkeit der sinnlichen Versöhnung. Im samtenen Dunkel der Nacht, im Mirana-Motel (Mirana!) küsste ich die gelblichen Sohlen ihrer langzehigen Füße, ging ich bis zu den letzten Erniedrigungen und Opfern – aber es half alles nichts. Beide waren wir verdammt. Und bald sollte ich in einen neuen Zyklus der Verfolgung geraten.«

Kein Umstand ist ergreifender als Lolitas völlige Hilflosigkeit. Am ersten Morgen nach ihrer schmerzhaften (für Lo, die das tapfer überspielt) und ekstatischen (für Humbert) sexuellen Begegnung, fragt sie nach etwas Geld, um ihre Mutter anzurufen. »Wieso kann ich meine Mutter nicht anrufen, wenn ich will?« »Weil«, antwortet Humbert, »deine Mutter tot ist.« In dieser Nacht schlafen Lo und Humbert im Hotel in getrennten Zimmern, aber »mitten in der Nacht kam sie schluchzend zu mir herüber, und sehr sanft machten wir es wieder gut. Verstehen Sie,

sie hatte sonst ja auch niemanden, zu dem sie hätte gehen können.«

Und das war natürlich die Crux an der ganzen Sache: Sie hatte
sonst niemanden, zu dem sie hätte gehen können, und so zwingt
er sie zwei Jahre lang in schmuddeligen Motels, auf Nebenstra-
ßen, in seinem Haus oder sogar in der Schule dazu, ihm gefügig
zu sein. Er hält sie davon ab, sich mit Kindern ihres Alters zu treffen, überwacht sie, damit sie sich keinen Freund zulegt, schüch-
tert sie ein, damit sie schweigt, besticht sie mit Geld für ihre Lie-
besdienste, das er jedoch zurückverlangt, sobald er seinen Willen
durchgesetzt hat.

Bevor Sie als Leser Ihr Urteil über Humbert oder unseren eige-
nen blinden Zensor fällen, muss ich Sie daran erinnern, dass sich
Humbert an einer Stelle mit den Worten »Leser! *Bruder!*« an
seine Leserschaft wendet – eine Anspielung auf eine berühmte
Zeile von Baudelaire, auf das Vorwort zu seinem Gedichtband
Die Blumen des Bösen:

»– *Scheinheiliger Leser, – Meinesgleichen, – mein Bruder!*«

14

Während sie nach einem Stück Gebäck greift, erklärt Mitra, dass es sie schon seit einiger Zeit beschäftige, warum uns Geschichten wie *Lolita* oder *Madame Bovary* – so traurige, so tragische Geschichten – so glücklich machen? Ist es nicht verwerflich, Vergnügen zu empfinden, wenn man über etwas so Schreckliches liest? Würden wir genauso empfinden, wenn wir in der Zeitung darüber lesen würden oder es uns selbst zustieße? Wenn wir über unser Leben hier in der Islamischen Republik Iran schrieben, würden wir unsere Leser glücklich machen?

In dieser Nacht, wie in vielen vorangegangenen, konnte ich die Gedanken an den Kurs auch im Bett nicht abschütteln. Ich hatte das Gefühl, dass ich Mitras Frage nicht angemessen beantwortet hatte, und war versucht, meinen Zauberer anzurufen und mit ihm über unsere Diskussion zu sprechen. Es war eine der seltenen Nächte, in denen mich nicht Alpträume und Ängste vom Schlaf abhielten, sondern etwas Aufregendes und Belebendes. Die meisten Nächte, die ich wach lag, wartete ich auf irgendein unvorhergesehenes Desaster, das über unser Haus hereinbrechen würde, oder auf einen Anruf, der uns schlechte Nachrichten von einem Freund oder Verwandten brächte. Ich glaube, irgendwie hatte ich das Gefühl, solange ich bei Bewusstsein war, könne nichts Schlimmes passieren, Schlimmes könne nur passieren, solange ich tief schlief und träumte.

Ich kann meine nächtlichen Angstgefühle weit zurückverfolgen, bis zu der Geschichtsstunde eines strengen amerikanischen Lehrers an einer schrecklichen Schule in der Schweiz, während der ich plötzlich in das Büro des Direktors gerufen wurde. Dort erklärte man mir, sie hätten gerade im Radio gehört, dass mein Vater, der jüngste Bürgermeister in der Geschichte Teherans, verhaftet worden sei. Erst drei Wochen vorher hatte ich in *Paris Match* ein großes Farbfoto von ihm entdeckt, an der Seite von General de Gaulle. Er stand da nicht zusammen mit dem Schah oder einem anderen Würdenträger – nur mein Vater und der General. Mein Vater war nach alter Familientradition ein Kultur-Snob, der in die Politik ging, obwohl er die Politiker verachtete und sie bei jeder Gelegenheit brüskierte. Er war überheblich gegenüber seinen Vorgesetzten, dabei populär und offenherzig und verstand sich gut mit den Journalisten. Er schrieb Gedichte und hielt das Schreiben für seine wahre Berufung. Ich erfuhr später, dass der General ihn ins Herz geschlossen hatte, nachdem mein Vater die Begrüßungsrede auf Französisch gehalten hatte, voller Anspielungen auf große französische Schriftsteller wie Chateaubriand und Victor Hugo. De Gaulle wollte ihm den Orden der Ehrenlegion verleihen. Das kam nicht gut an bei der iranischen Elite, die sich zuvor über das aufsässige Verhalten meines Vaters geärgert hatte und nun auf die ihm zuteil gewordene besondere Aufmerksamkeit eifersüchtig war.

Als kleine Kompensation für die schlechte Nachricht musste ich wenigstens meine Ausbildung in der Schweiz nicht mehr fortsetzen. Als ich an Weihnachten diesen Jahres nach Hause fuhr, hatte ich einen speziellen Geleitschutz, der mich zum Flughafen brachte. Wirklich klar wurde mir die Tatsache, dass mein Vater in Haft war, erst, als ich am Teheraner Flughafen landete und er dort nicht wie sonst auf mich wartete. In den vier Jahren, die sie ihn »vorübergehend« im Gefängnis behielten – in der Gefängnisbibliothek, die direkt an das Leichenschauhaus grenzte –, hörten wir abwechselnd, er werde umgebracht oder in Kürze freigelassen. Schließlich wurde er in allen Anklagepunkten freigesprochen, außer einem: Ungehorsam. Das werde ich nie vergessen: Ungehorsam. Auch für mich wurde dies von nun an zu einer Lebenshaltung. Viel später, als ich einen Satz von Nabokov las – »Neugier ist Ungehorsam in seiner reinsten Form« – musste ich wieder an das Urteil gegen meinen Vater denken.

Nie habe ich den Schock jenes Moments überwunden, als ich aus der Sicherheit des dunklen Klassenzimmers von Mr. Holmes – ich glaube, so hieß er – herausgerissen wurde und man mir sagte, dass mein Vater, der Bürgermeister, jetzt im Gefängnis saß. Später hat mir die Islamische Revolution jedes Gefühl von Sicherheit genommen, das ich nach der Freilassung meines Vaters aus dem Gefängnis wieder aufbauen konnte.

Einige Monate nach Beginn des Kurses entdeckten meine Mädchen und ich, dass wir beinahe alle zumindest einmal eine Art Alptraum gehabt hatten, in dem wir entweder vergessen hatten, den Schleier zu tragen, oder ihn aus einem anderen Grund nicht trugen; in diesem Traum liefen wir alle immer davon. In einem, vielleicht sogar meinem eigenen, wollte die Person weglaufen, konnte aber nicht: Sie stand wie angewurzelt direkt vor ihrer Haustür. Sie konnte sich nicht umdrehen, die Tür öffnen und sich im Haus verstecken. Die einzige unter uns, die behauptete, sie habe diese Angst nie verspürt, war Nassrin. »Ich hatte immer Angst, lügen zu müssen. Ihr wisst ja, was man sagt: Belüg dich nicht selbst und solches Zeug. Ich habe daran geglaubt«, sagte sie achselzuckend. »Aber ich habe mich gebessert.«

Irgendwann später erzählte uns Nima, dass der zehnjährige Sohn eines Freundes einmal seine Eltern voller Angst aufgeweckt habe: Er habe einen »verbotenen Traum« gehabt, hatte er ihnen gesagt. Er habe geträumt, er sei am Meer zusammen mit einigen Männern und Frauen, die sich küssten, und er habe nicht gewusst, was er tun solle. Immer wieder erzählte er seinen Eltern, er habe verbotene Träume.

In *Einladung zur Enthauptung* befinden sich an den Wänden des Gefängnisses von Cincinnatus C., das wie ein drittklassiges Hotel eingerichtet ist, bestimmte Anweisungen für die Gefangenen, wie zum Beispiel: »Des Häftlings Demut ist des Gefängnisses Stolz.« Regel Nummer Sechs, die im Zentrum des Romans steht, lautet: »Es ist wünschenswert, dass der Insasse keine nächtlichen Träume hat – beziehungsweise diese sofort unterdrückt –, deren Inhalt mit der Situation und dem Status eines Häftlings unvereinbar ist, wie zum Beispiel: leuchtende Landschaften, Ausflüge mit Freunden, Familienmahlzeiten sowie Geschlechtsverkehr mit Personen, die im wirklichen Leben und im wachen Zustand besagtes Individuum nicht an sich herankommen ließen, welches Individuum vor dem Gesetz folglich der Notzucht schuldig wird.«

Tagsüber ging es mir besser, ich kam mir mutig vor. Ich ließ mir von den Revolutionären Garden nichts gefallen, ich diskutierte mit ihnen, und ich hatte auch keine Angst, ihnen zu den Revolutionskomitees zu folgen. Ich hatte gar keine Zeit, über all die toten Verwandten und Freunde nachzudenken, oder wie knapp und mit wie viel Glück wir oft selbst davongekommen waren. Die Quittung dafür bekam ich nachts, immer nachts, wenn ich nach Hause kam. Was wird jetzt passieren? Wer wird ermordet werden? Wann werden sie kommen? Ich hatte die Angst so weit verinnerlicht, dass sie mir oft gar nicht bewusst war, aber ich litt unter Schlaflosigkeit: Ich irrte durchs Haus, las und schlief ein, ohne die Brille abzusetzen, oft noch mit dem Buch in der Hand. Mit der Angst kommen die Lügen und die Rechtfertigungen, und sie untergraben, auch wenn sie noch so überzeugend sind, unser Selbstwertgefühl, was uns Nassrin schmerzhaft in Erinnerung gerufen hatte.

Zu meiner Rettung wurden meine Familie und eine kleine Gruppe von Freunden, dann die Ideen, Gedanken und Bücher, über die ich mit meinem Freund aus dem Untergrund diskutierte, wenn wir nachmittags unsere Spaziergänge machten. Er machte sich fortwährend Sorgen – wenn wir nun angehalten würden, welche Entschuldigung könnten wir vorbringen? Wir waren nicht verheiratet, wir waren nicht Bruder und Schwester ... Er sorgte sich um mich und meine Familie, und je mehr er sich sorgte, desto kühner wurde ich, ließ mein Kopftuch ein wenig nach hinten rutschen und lachte dabei laut. Ich konnte gegen »sie« nicht viel ausrichten, aber ich konnte aufgebracht werden gegen ihn oder meinen Mann, gegen all die Männer, die so vorsichtig waren, so besorgt um mich, »meinetwegen«.

Nach unserem ersten Gespräch über *Lolita* ging ich aufgewühlt zu Bett und dachte über Mitras Frage nach. Warum erfüllte uns *Lolita* oder *Madame Bovary* mit so viel Freude? War mit diesen Romanen oder mit uns irgendetwas nicht in Ordnung? Waren Flaubert und Nabokov gefühllose Scheusale? Am darauffolgenden Donnerstag hatte ich meine Überlegungen zu Papier gebracht und konnte es kaum erwarten, mit meinen Studentinnen darüber zu sprechen.

Nabokov bezeichnet jeden großen Roman als Märchen, sagte ich. Nun, das finde ich auch. Zuerst möchte ich daran erinnern, dass Märchen nur so wimmeln von furchterregenden Hexen, die Kinder auffressen, von bösen Stiefmüttern, die ihre schönen Stieftöchter vergiften, und schwachen Vätern, die ihre Kinder in den Wäldern zurücklassen. Aber der Zauber darin geht von der Macht des Guten aus, jener Macht, die uns versichert, dass wir uns nicht abfinden müssen mit den Grenzen und Beschränkungen, die das Schicksal, oder McFate, wie Nabokov sagt, uns auferlegt.

Jedes Märchen zeigt die Möglichkeit auf, vorhandene Grenzen zu überschreiten, das Märchen bietet also in gewissem Sinne Freiheiten, die uns die Wirklichkeit vorenthält. Alle großen Werke der Literatur, auch wenn sie eine noch so grausige Welt darstellen, enthalten ein Bekenntnis zum Leben, einen grundlegenden Widerstand. Dieses positive Bekenntnis liegt in der Art, in der der Autor die Realität ordnet, indem er sie auf seine ganz eigene Weise erzählt und so eine neue Welt schafft. Jedes große

Kunstwerk, dozierte ich etwas pathetisch, ist ein Fest, ein Akt des Ungehorsams angesichts des Verrats, des Schreckens und der Enttäuschungen des Lebens. Die Vollkommenheit und Schönheit der Form rebellieren gegen die Hässlichkeit und Schäbigkeit des Stoffs. Das ist der Grund, warum wir *Madame Bovary* lieben und wegen Emma weinen, warum wir *Lolita* so begierig lesen, obwohl es uns das Herz bricht, wenn wir die kleine, vulgäre, poetische und trotzige, verwaiste Heldin des Romans erleben.

15

Manna und Yassi waren früh dran. Irgendwie kamen wir auf die Namen zu sprechen, die wir uns für die Teilnehmerinnen des Kurses ausgedacht hatten. Ich erzählte ihnen, dass ich Nassrin meine Grinsekatze nannte, weil sie die Angewohnheit hatte, völlig unerwartet aufzutauchen und wieder zu verschwinden. Als Nassrin mit Mahshid hereinkam, erzählten wir ihr, worüber wir gesprochen hatten. Manna meinte: »Wenn ich eine passende Beschreibung für Nassrin finden müsste, dann würde ich sie einen Widerspruch in sich selbst nennen.« Das machte Nassrin aus irgendeinem Grund wütend. Beinahe vorwurfsvoll wandte sie sich an Manna: »Du bist die Dichterin, Mitra die Malerin, und was bin ich – ein Widerspruch in sich selbst?«

An Mannas halb ironischer Beschreibung war ein Quäntchen Wahrheit. Die Hochs und Tiefs in Nassrins ungeheuren Stimmungsschwankungen lagen zu eng beieinander, waren praktisch nicht voneinander zu trennen. Sie war eine Meisterin überraschender Kommentare, mit denen sie äußerst ungeschickt herausplatzte. Alle meine Mädchen überraschten mich dann und wann, aber sie schoss den Vogel ab.

Eines Tages blieb Nassrin nach dem Kurs noch ein wenig, um mir beim Sortieren und Ordnen meiner Seminarnotizen zu helfen. Wir redeten drauf los, über die Universität und die Scheinheiligkeit mancher Funktionäre und Aktivisten in verschiedenen muslimischen Vereinigungen. Schließlich erzählte sie mir, während sie in aller Ruhe einzelne Blätter in blauen Aktenordnern abheftete und sie mit Datum und Thema versah, dass ihr jüngster Onkel, ein überaus frommer Mann, sie sexuell missbraucht hatte, als sie gerade elf Jahre alt war. Er hatte ständig gesagt, erzählte Nassrin, er wolle keusch und rein bleiben für seine zukünftige Frau und lehne deshalb Freundschaften mit Frauen ab. *Keusch und rein*, wiederholte sie spöttisch. Über ein Jahr lang gab er Nassrin – einem unruhigen und widerspenstigen Kind – dreimal wöchentlich Privatunterricht. Er half ihr mit Arabisch und manchmal in Mathematik. Während dieser Stunden saßen sie nebeneinander am Schreibtisch, und seine Hände wanderten über ihre Beine, ihren ganzen Körper. Dabei wiederholte er die arabischen Zeitformen.

Das war in vielerlei Hinsicht ein denkwürdiger Tag. Im Kurs diskutierten wir gerade den Begriff des Bösewichts im Roman. Ich hatte erwähnt, dass Humbert ein Bösewicht sei, weil er keinerlei Neugier auf andere Menschen und deren Leben besitze, nicht einmal bei Lolita, der Person, die er am meisten liebte. Humbert war wie die meisten Diktatoren nur an seinen eigenen Ansichten über andere interessiert. Er hatte sich die Lolita, die er begehrte, geschaffen, und wollte sich von diesem Götzenbild nicht mehr lösen. Ich erinnerte sie an Humberts Satz, er wolle die Zeit anhalten und Lolita für immer auf »eine Insel der verzauberten Zeit« schicken, eine Gabe, die Göttern und Dichtern vorbehalten ist.

Ich versuchte zu erklären, inwiefern *Lolita* ein komplexerer Roman sei als alle anderen, die wir bisher von Nabokov gelesen hatten. An der Oberfläche ist *Lolita* natürlich realistischer, aber das Buch hat auch seine Tücken und unerwarteten Wendungen. Ich zeigte ihnen ein kleines Foto des Gemäldes *Tage der Unschuld* von Joshua Reynolds, das ich zufällig in einer alten Abschlussarbeit gefunden hatte. Wir besprachen gerade die Szene, in der Humbert Lolita bei einem Besuch ihrer Schule im Klassenzimmer aufspürt. Über der Tafel hängt ein Druck des Bildes von Reynolds mit einem jungen, weiß gekleideten Mädchen mit braunen Locken. Lolita sitzt hinter einem anderen »Nymphchen«, einer exquisiten Blondine mit »sehr entblößtem, porzellanweißem Hals« und »wunderbarem Platinhaar«. Humbert setzt sich neben Lolita, »unmittelbar hinter diesen Hals und dieses Haar«, knöpft seinen Mantel auf und bringt Lolita gegen eine kleine Bestechung dazu, ihre »tintenfleckige, kreidige, rotknöchelige Hand« unter das Pult zu stecken, um das zu befriedigen, was man in der Alltagssprache seine Lust nennt.

Bleiben wir für einen Moment bei dieser beiläufigen Beschreibung von Lolitas Schulmädchenhänden. Die Naivität der Beschreibung täuscht darüber hinweg, zu welcher Handlung Lolita gezwungen wird. Die Worte »tintenfleckig, kreidig, rotknöchelig« reichen aus, um uns die Tränen in die Augen zu treiben. Einen Augenblick lang ist es still … Oder phantasiere ich das heute nur hinzu? War es wirklich so lange still, nachdem wir über diese Szene gesprochen hatten?

»Was uns natürlich am meisten beunruhigt«, sagte ich, »ist nicht nur Lolitas völlige Hilflosigkeit, sondern die Tatsache, dass Humbert ihr die Kindheit raubt.« Sanaz nahm ihre Fotokopie des Romans zur Hand und las: »Und während ich meine Wattebeine wie ein Automat vorwärtsbewegte, durchfuhr es mich, dass ich von dem, was im Kopf meiner Liebsten vor sich ging, nicht die geringste Ahnung hatte und dass es hinter den schrecklichen jugendlichen Klischees sehr wahrscheinlich einen Garten in ihr gab und ein Zwielicht und ein Palasttor – dämmrige, anbetungswürdige Regionen, zu denen mir, in meinen besudelten Lumpen und mit meinen elenden Zuckungen, der Zugang klarsichtig und unwiderruflich verwehrt war …«

Ich versuchte die bedeutungsvollen Blicke, die sie wechselten, zu ignorieren.

»Es fällt mir schwer«, bemerkte Mahshid schließlich, »die Stellen zu lesen, die sich um Lolitas Gefühle drehen. Sie will doch nur ein ganz normales Mädchen sein. Erinnert ihr euch an die Szene, in der der Vater von Avis sie abholt und Lolita bemerkt, wie die dicke kleine Tochter und ihr Vater sich umarmen? Sie will nichts als ein ganz normales Leben führen.«

»Interessant«, erwiderte Nassrin, »dass Nabokov, der sich so entschieden gegen *poschlost* wendet, bei uns Mitleid mit jemandem erregen will, der kein konventionelles Leben führen darf.«

»Glaubt ihr, Humbert macht am Schluss noch eine Wandlung durch«, schaltete sich Yassi ein, »als Lolita gebrochen, schwanger und verarmt vor ihm steht?«

Wir waren so in unsere Diskussion vertieft, dass wir gar nicht an die längst fällige Pause dachten. Manna, die offenbar ganz in eine bestimmte Passage des Buches vertieft war, hob den Kopf: »Merkwürdig«, sagte sie, »aber einige Kritiker gehen mit dem Text anscheinend genau so um wie Humbert mit Lolita: Sie sehen nur sich selbst und das, was sie sehen wollen.« Sie wandte sich mir zu und fuhr fort: »Ich meine, die Zensur oder einige unserer politikhörigen Kritiker tun doch eigentlich das Gleiche, wenn sie Bücher zusammenstreichen und nach eigenen Vorstellungen neu zusammenstellen, oder? Was Ajatollah Khomeini mit unserem Leben machen wollte, nämlich, wie Sie schon gesagt haben, uns in ein Produkt seiner Wunschphantasien zu verwandeln, das hat er auch mit unserer Literatur gemacht. Zum Beispiel im Fall von Salman Rushdie.«

Sanaz, die mit einer Strähne ihres langen Haars spielte und sie um ihren Finger wickelte, sah auf und sagte: »Viele Menschen haben das Gefühl, dass Rushdie ihre Religion auf eine verzerrte und respektlose Weise dargestellt hat. Ich meine, sie haben nichts dagegen, dass er Romane schreibt, aber sie mögen es nicht, dass er sie damit beleidigt.«

»Ist es überhaupt möglich«, wandte Nassrin ein, »einen respektvollen und doch guten Roman zu schreiben? Der Pakt mit dem Leser lautet doch, dass es nicht die Realität, sondern eine erfundene Welt ist. Es muss doch, um Himmels willen, irgendeinen verdammten Platz in unserem Leben geben, wo wir auch mal anstößig sein können.«

Sanaz war etwas erschrocken über Nassrins Vehemenz. Während der Diskussion hatte Nassrin die meiste Zeit über wild in ihrem Notizbuch herumgemalt, und nachdem sie ihre Statement abgegeben hatte, machte sie weiter.

»Das Problem mit den Zensoren ist ihre mangelnde Anpassungsfähigkeit.« Alle schauten Yassi an. Sie zuckte mit den Schultern, als wolle sie sagen, das Wort gefiele ihr nun mal. »Erinnert ihr euch noch, wie sie im Fernsehen Ophelia aus der russischen Fassung von *Hamlet* herausgestrichen haben?«

»Das wäre ein guter Titel für einen Aufsatz«, bemerkte ich. »›Trauer um Ophelia‹«. Seitdem ich zu Gesprächsrunden und Konferenzen ins Ausland, vorwiegend nach Großbritannien und in die USA, eingeladen werde, also seit 1991, verwandelt sich jedes Thema sofort in einen Titel für einen Aufsatz oder Vortrag.

»Für sie ist alles anstößig«, meinte Manna. »Es ist entweder politisch oder sexuell nicht korrekt.« Als ich sie mit ihrer kurzen, aber eleganten Frisur, in blauem Sweatshirt und Jeans so vor mir sitzen sah, dachte ich, wie sehr sie der dicke Umhang, der sie sonst verhüllte, doch entstellte.

Mahshid, die bis dahin still gewesen war, meldete sich plötzlich zu Wort. »Ich habe ein Problem mit alldem«, sagte sie. »Wir sprechen die ganze Zeit davon, was Humbert alles falsch macht, und ich bin damit völlig einverstanden, aber wir sprechen eigentlich nicht über Moral. Manche Dinge sind für manche Menschen eben anstößig.« Sie machte eine Pause, überrascht von ihrer eigenen Heftigkeit. »Meine Eltern zum Beispiel sind sehr religiös – ist das ein Verbrechen?«, fragte sie und richtete ihren Blick auf mich. »Haben sie nicht das Recht, das auch von mir zu erwarten? Warum soll ich Humbert verurteilen, aber nicht das Mädchen in *Vorsätzlich Herumlungern* von Muriel Spark, oder sagen, es sei in Ordnung, eine ehebrecherische Beziehung zu haben? Das sind ernste Fragen, und sie werden sehr problematisch, wenn wir sie auf unser eigenes Leben beziehen.« Sie senkte den Blick, als ob sie im Muster des Teppichs eine Antwort zu finden hoffte.

»Ich denke«, erwiderte Azin energisch, »dass eine ehebrecherische Frau immer noch viel besser ist als eine scheinheilige.« Azin war sehr nervös an diesem Tag. Sie hatte ihre drei Jahre alte Tochter dabei (der Kindergarten war geschlossen, und es gab sonst niemanden, der auf sie aufpassen konnte), und nur mit Mühe hatten wir die Kleine dazu bringen können, dass sie ihre Mutter für einige Zeit allein ließ und sich zusammen mit Tahereh Khanoom, die uns bei der Hausarbeit half, im Flur Comics ansah.

Mahshid wandte sich Azin zu und sagte mit leiser Verachtung: »Niemand behauptet, dass man sich zwischen Ehebruch und Heuchelei entscheiden muss. Das Entscheidende ist doch, ob wir überhaupt noch irgendeine Moral haben. Glauben wir, dass alles erlaubt ist, dass wir für andere keine Verantwortung tragen, sondern nur für die Befriedigung unserer eigenen Bedürfnisse?«

»Das ist der springende Punkt bei großen Romanen«, fügte Manna hinzu, »bei *Madame Bovary* oder *Anna Karenina* oder auch bei den Romanen von James – die Frage, ob wir das tun, was richtig ist, oder das, was wir tun wollen.«

»Und was ist, wenn wir sagen, dass es richtig ist, das zu tun, was wir tun wollen, und nicht das, was uns die Gesellschaft oder eine Autoritätsperson einreden will?«, warf Nassrin ein, dieses Mal sogar ohne auch nur den Blick von ihrem Notizbuch zu heben. An diesem Tag lag etwas in der Luft, das mit den Büchern, die wir lasen, unmittelbar gar nichts zu tun hatte. Unsere Diskussion hatte uns auf ein persönlicheres und privateres Terrain geführt, und meine Mädchen merkten, dass sie ihre eigenen Konflikte nicht so einfach lösen konnten wie die von Emma Bovary oder Lolita.

Azin saß nach vorne gebeugt, wobei ihre langen goldenen Ohrringe immer wieder in ihren Locken verschwanden. »Wir müssen uns selbst gegenüber ehrlich sein«, sagte sie. »Das ist die Grundvoraussetzung, finde ich. Haben wir als Frauen das gleiche Recht wie die Männer, Sex zu genießen? Wie viele von uns würden denn mit Ja antworten? Ja, wir haben das Recht dazu, wir haben das gleiche Recht, Sex zu genießen, und wenn unsere Ehemänner uns nicht befriedigen, dann haben wir das Recht, diese Befriedigung anderswo zu suchen.« Sie versuchte ihr Argument so locker wie möglich vorzubringen, aber sie hatte uns alle verblüfft.

Azin war die Größte in unserer Gruppe, sie hatte blonde Haare und eine milchweiße Haut. Sie biss sich oft auf die Unterlippe und ließ Tiraden los über Liebe, Sex und die Männer – wie ein Kind, das einen großen Stein in einen Teich wirft, nicht einfach nur, damit das Wasser spritzt, sondern auch, damit die Erwachsenen nass werden. Azin hatte dreimal geheiratet, zuletzt einen gutaussehenden, reichen Kaufmann, der aus einer traditionellen kleinstädtischen Händlerfamilie stammte. Ich hatte ihren Ehemann auf vielen meiner Konferenzen und Tagungen gesehen, an denen gewöhnlich auch meine Mädchen teilnahmen. Er schien sehr stolz auf sie zu sein und behandelte mich immer mit übertriebener Hochachtung. Bei jeder Veranstaltung sorgte er dafür, dass ich mich wohl fühlte: Wenn es kein Wasser auf dem Podium gab, kümmerte er sich darum, dass dieser Mangel behoben wurde. Wenn noch Stühle benötigt wurden, gab er dem Personal dementsprechende Anweisungen. Irgendwie wirkte er bei diesen Veranstaltungen wie ein großzügiger Gastgeber, der uns Raum und Zeit zur Verfügung stellte, weil das alles war, was er uns geben konnte.

Ich war sicher, dass sich Azins Angriff teilweise gegen Mahshid gerichtet hatte und indirekt vielleicht auch gegen Manna. Ihre Auseinandersetzungen rührten nicht nur aus ihrer unterschiedlichen Herkunft. Azins Ausbrüche, ihre scheinbare Offenherzigkeit, was ihr persönliches Leben und ihre Sehnsüchte anging, behagten Manna und Mahshid, die beide vom Temperament her eher zurückhaltend waren, nicht. Sie missbilligten sie, und Azin spürte das. Ihre Bemühungen um eine freundschaftliche Beziehung wurden von ihnen als Heuchelei zurückgewiesen.

Mahshids Antwort bestand, wie üblich, aus Schweigen. Sie zog sich in sich selbst zurück und weigerte sich, die Leere zu füllen, die nach Azins Frage entstanden war. Ihr Schweigen übertrug sich auch auf die anderen, bis Yassi es mit einem Kichern brach. Ich hielt das für einen guten Zeitpunkt für die Pause und ging in die Küche, um Tee zu holen.

Als ich zurückkam, hörte ich Yassi lachen. Um die Stimmung aufzuheitern, sagte sie: »Wie konnte Gott so grausam sein und eine Muslimin mit so viel Fleisch und so wenig Sexappeal erschaffen?« Mit gespieltem Entsetzen schaute sie Mahshid an.

Mahshid blickte zu Boden. Dann hob sie schüchtern und zugleich stolz den Kopf, wobei sich ihre schrägen Augen zu einem sanften Lächeln weiteten. »Man braucht gar keinen Sexappeal«, sagte sie zu Yassi.

Aber Yassi wollte sich damit nicht zufrieden geben. »Lach doch, bitte, lach«, flehte sie Mahshid an. »Dr. Nafisi, bitte fordern Sie sie auf zu lachen.« Mahshids Versuch zu lachen wurde von der weniger zurückhaltenden Ausgelassenheit der anderen übertönt.

Als ich das Tablett mit dem Tee auf den Tisch stellte, war es einen Augenblick lang still. Plötzlich sagte Nassrin: »Ich weiß, was es heißt, zwischen Tradition und Wandel gefangen zu sein. Ich stand mein ganzes Leben lang dazwischen.«

Sie ließ sich auf der Armlehne von Mahshids Stuhl nieder, während Mahshid so gut wie möglich versuchte, ihren Tee zu trinken, ohne dabei mit Nassrin zusammenzustoßen, die ausdrucksvolle Gesten in alle Richtungen vollführte und dabei mehrfach Mahshids Tasse gefährlich nahe kam.

»Ich weiß es aus erster Hand«, erklärte Nassrin. »Meine Mutter stammt aus einer reichen, weltlichen, modernen Familie. Sie war

die einzige Tochter und hatte zwei Brüder, die beide die Diplomatenlaufbahn einschlugen. Mein Großvater war sehr liberal und
wollte, dass sie nach der Schule aufs College ging. Er schickte sie
auf die amerikanische Schule.« »Die amerikanische Schule?«,
wiederholte Sanaz, die sich dabei sanft durch die Haare strich.
»Ja, damals haben die meisten Mädchen nicht einmal die höhere
Schule abgeschlossen, geschweige denn die amerikanische Schule
besucht, aber meine Mutter konnte Englisch und Französisch.«
Nassrin war offensichtlich sehr stolz darauf.

»Und was hat sie dann gemacht? Sie hat sich in meinen Vater
verliebt, ihren Privatlehrer. Sie war sehr schwach in Mathematik
und Naturwissenschaften. Es ist schon komisch«, sagte Nassrin,
und wieder fuhr ihre linke Hand knapp an Mahshids Tasse vorbei, »sie glaubten, meinem Vater, der aus einem religiösen Milieu
kam, könne ein junges Mädchen wie meine Mutter nicht gefährlich werden, und wer hätte außerdem gedacht, dass eine moderne
junge Frau wie sie sich für einen gestrengen jungen Mann interessieren würde, der selten lächelte, ihr niemals in die Augen
schaute und dessen Mutter und Schwestern alle den Tschador
trugen? Aber er hatte es ihr angetan, vielleicht weil er so anders
war, vielleicht weil es ihr romantischer schien, den Tschador zu
tragen und für ihn zu sorgen, als auf irgendein College zu gehen
und Ärztin oder was auch immer zu werden.

Angeblich hat sie sie nie bereut, ihre Ehe, aber sie hat immer
über ihre amerikanische Schule geredet und über die alten Freundinnen aus der höheren Schule, die sie nach ihrer Heirat nie
mehr wiedergesehen hat. Und sie hat mir Englisch beigebracht.
Schon als kleines Kind habe ich mit ihr das ABC gelernt, und
dann hat sie mir englische Bücher gekauft. Dank ihrer hatte ich
nie Schwierigkeiten mit Englisch. Genauso wenig wie meine
Schwester, die viel älter ist als ich, fast neun Jahre. Schon ziemlich
seltsam für eine Muslimin – ich meine, sie hätte uns eigentlich
Arabisch beibringen sollen, aber sie hat diese Sprache nie gelernt.

Meine Schwester hat einen sogenannten« – Nassrin malte mit den Händen große Anführungszeichen in die Luft – »›modernen‹ Mann geheiratet und ist nach England gezogen. Wir sehen sie nur, wenn sie im Urlaub nach Hause kommen.« Die Pause war vorbei, aber Nassrins Geschichte hatte uns alle in ihren Bann gezogen, und sogar Azin und Mahshid waren offenbar vorübergehend einen Waffenstillstand eingegangen. Als Mahshid nach einem Windbeutel langte, reichte ihr Azin den Teller mit einem freundlichen Lächeln, was Mahshid zu einem gnädigen »Danke« zwang.

»Meine Mutter war meinem Vater immer treu. Sie hat ihr ganzes Leben für ihn umgemodelt und hat sich nie wirklich beschwert«, fuhr Nassrin fort. »Sein einziges Entgegenkommen bestand darin, dass er sie ausgefallenes Essen kochen ließ, feines französisches Essen nannte mein Vater das – jedes feine Essen war für ihn französisch. Wir wurden zwar nach den Regeln meines Vaters erzogen, aber die Familie und die Vergangenheit meiner Mutter waren immer im Hintergrund präsent, als eine mögliche andere Art zu leben. Das Problem war nicht nur, dass meine Mutter sich nie mit der Familie meines Vaters verstand. Sie hielten sie für hochnäsig und behandelten sie als Außenseiterin. Sie ist sehr einsam, meine Mutter. Manchmal wünsche ich mir fast, sie würde Ehebruch oder etwas Ähnliches begehen.«

Mahshid starrte sie erschrocken an. Nassrin stand auf und lachte. »Na ja«, meinte sie, »oder etwas in der Art.«

Durch Nassrins Geschichte und die Konfrontation zwischen Azin und Mahshid war unsere Stimmung umgeschlagen, sodass wir die Diskussion von vorher nicht wieder aufnehmen konnten. Wir machten nur noch oberflächlich Konversation, vor allem über unsere Erfahrungen an der Universität, bis wir schließlich auseinandergingen.

Als die Mädchen an diesem Nachmittag aufbrachen, ließen sie ihre ungelösten Probleme und Konflikte im Raum zurück. Ich war erschöpft und griff zu dem einzigen Mittel, das ich kannte, um mit Problemen fertig zu werden: Ich ging zum Kühlschrank, holte mir eine Portion Mokkaeis, goss etwas kalten Kaffee darüber, suchte nach Walnüssen, merkte, dass wir keine mehr hatten, machte mich auf die Suche nach Mandeln, zermalmte sie mit den Zähnen und streute sie über meine Kreation.

Mir war klar, dass Azins Aggressivität zum Teil ein Schutzmechanismus war, ihre Art, mit der Zurückweisung von Mahshid und Manna zurechtzukommen. Mahshid glaubte, Azin würde ihre traditionelle Herkunft, ihr dickes dunkles Kopftuch und ihre altjüngferliche Art ablehnen. Sie wusste nicht, wie wirkungsvoll ihr verächtliches Schweigen sein konnte. Die kleine, zierliche Mahshid mit ihren Kamee-Broschen – sie trug tatsächlich Kamee-Broschen –, ihren kleinen Ohrringen, ihren hellblauen Blusen, die bis zum Hals zugeknöpft waren, und ihrem blassen Lächeln war eine durchaus ernstzunehmende Feindin. Wussten sie und Manna, dass ihr hartnäckiges Schweigen, ihre kalte, reine Ablehnung Azin trafen und schutzlos machten?

Bei einer ihrer Auseinandersetzungen während der Pause hatte ich gehört, wie Mahshid zu Azin sagte: »Ja, du hast deine sexuellen Erfahrungen und deine Verehrer. Du bist keine alte Jungfer wie ich. Ja, eine alte Jungfer – ich habe keinen reichen Ehemann, und ich fahre nicht mit einem Auto durch die Gegend, aber trotzdem hast du kein Recht, mich respektlos zu behandeln.« Als Azin sich beschwerte: »Was meinst du damit? Inwiefern war ich denn respektlos?«, drehte sich Mahshid um und ließ sie kalt lächelnd stehen. Keine der klärenden Aussprachen im Kurs oder in Einzelgesprächen auf meine Initiative hin hatte dazu beigetragen, die Situation zwischen ihnen zu bessern. Sie hatten sich lediglich bereit erklärt, sich im Kurs in Ruhe zu lassen. Nicht besonders anpassungsfähig, hätte Yassi gesagt.

16

Hatte so alles begonnen? War das der Tag, an dem wir an seinem Esszimmertisch saßen und gierig in unsere verbotenen Schinken-Käse-Sandwiches bissen, die wir *Croque Monsieur* nannten? Irgendwann müssen wir wohl in den Augen des anderen denselben Heißhunger entdeckt haben, denn wir fingen gleichzeitig zu lachen an. Ich prostete ihm mit meinem Glas Wasser zu und meinte: »Wer hätte gedacht, dass ein so einfaches Essen uns wie ein königliches Festmahl vorkommen würde?« Und er antwortete: »Wir müssen der Islamischen Republik dafür danken, dass wir all die Dinge, die wir für selbstverständlich gehalten haben, wieder neu entdecken und sogar begehren. Man könnte eine Abhandlung schreiben über die Lust, ein Schinkensandwich zu essen.« Darauf ich: »Oh, wofür wir alles dankbar sein müssen!« An diesem denkwürdigen Tag begannen wir damit, eine lange Liste von Dingen zusammenzustellen, für die wir der Islamischen Republik zu Dank verpflichtet waren: Partys, in der Öffentlichkeit Eis essen, sich verlieben, Händchen halten, Lippenstift tragen, öffentlich lachen oder auch *Lolita* in Teheran lesen.

Wir trafen uns zu unseren Nachmittagsspaziergängen manchmal an einer Kreuzung des breiten, schattigen Boulevards, der in die Berge führte. Ich habe mich oft gefragt, was die Revolutionskomitees von diesen Treffen hielten. Hatten sie uns im Verdacht, eine politische Verschwörung anzuzetteln, oder hielten sie uns für ein Liebespaar? Es hatte einen eigenartigen Reiz für mich, dass sie den wahren Grund unserer Treffen vielleicht nie erraten würden. War das Leben nicht aufregend, wenn jede einfache Handlung die Komplexität einer gefährlichen Geheimmission annahm? Wir hatten immer etwas mit, das wir tauschen konnten – Bücher, Zeitungsartikel, Tonbänder oder Schokolade, die er aus der Schweiz bekommen hatte, denn Schokolade war teuer, besonders die aus der Schweiz. Er brachte mir Videos von seltenen Filmen mit, die ich mir mit meinen Kindern und später mit meinen Studentinnen ansah: *Die Marx Brothers in der Oper, Casablanca, Der Pirat, Wenn Frauen hassen.*

Mein Zauberer behauptete immer, er könne aus Fotos eine Menge über Menschen herauslesen, vor allem aus der Form ihrer Nase. Nach einigem Zögern brachte ich ihm ein paar Fotos meiner Mädchen mit und wartete gespannt auf sein Urteil. Er hielt sie in der Hand, betrachtete sie sorgfältig aus verschiedenen Perspektiven und gab zu jedem einen kurzen Kommentar ab.

Ich wollte, dass er sich auch gleich ihre Aufsätze und Zeichnungen ansah. Ich wollte wissen, was er von ihnen hielt. Das sind alles nette Menschen, sagte er und sah mich mit dem ironischen Lächeln eines nachsichtigen Vaters an. Nett? Nette Menschen? Ich wollte von ihm hören, dass sie Genies waren, obwohl ich über das »nett« auch schon froh war. Zwei von ihnen, glaubte er, könnten es beim Schreiben zu etwas bringen. »Soll ich mit ihnen zu dir kommen? Möchtest du sie kennenlernen?« Nein, er versuchte doch gerade, Leute loszuwerden, und konnte keine neuen gebrauchen.

Cincinnatus C., der Held von *Einladung zur Enthauptung*, spricht über die »seltene Art von Zeit ... die Pause, de(r)n Hiatus, wenn das Herz wie eine Feder ist ... wie sich ein Teil meiner Gedanken immer um die unsichtbare Nabelschnur drängt, die diese Welt ... ich werde noch nicht sagen, womit verbindet.« Die Befreiung von seinen Gefängniswärtern hängt für Cincinnatus von der Entdeckung dieser unsichtbaren Schnur tief in seinem Inneren ab, die ihn mit einer anderen Welt verbindet, sodass er schließlich der inszenierten Scheinwelt seiner Henker entkommen kann. In seinem Vorwort zu *Das Bastardzeichen* beschreibt Nabokov eine ähnliche Verbindung zu einer anderen Welt, einer Regenpfütze, die Krug, dem Helden des Romans, an verschiedenen Stellen der Handlung begegnet: »ein Riss in seiner Welt, durch den es in eine andere Welt der Zärtlichkeit, der Helle und Schönheit geht«.

In gewisser Hinsicht, glaube ich, war das Lesen und Diskutieren der Romane in unserem Seminar unser Moment einer solchen Pause, unsere Verbindung zu dieser anderen Welt der »Zärtlichkeit, der Helle und der Schönheit«. Nur dass wir schließlich immer dazu gezwungen waren zurückzukehren.

Eines Morgens, als wir uns in der Pause genüsslich über Kaffee und Kuchen hermachten, erzählte uns Mitra, wie sie sich fühlte, wenn sie jeden Donnerstagvormittag die Treppe hochstieg. Sie könne spüren, sagte sie, wie sie mit jeder Stufe, Schritt für Schritt, die Realität abstreifte, die dunkle, nasskalte Zelle, in der sie lebte, hinter sich ließ und für einige Stunden an die frische Luft, zur Sonne emporstieg. Dann, wenn das Seminar vorbei war, kehrte sie in ihre Zelle zurück. Damals wertete ich das als Vorwurf gegen den Kurs, als müsse er auch außerhalb für frische Luft und Sonnenschein sorgen. Mitras Geständnis löste eine Debatte darüber aus, inwieweit wir diese Atempause vom wirklichen Leben brauchten, um uns dann erholt diesem Leben wieder zu stellen. Aber Mitras Schilderung ließ mich nicht los: Was geschieht nach dieser Pause? Ob wir es wollten oder nicht, unser Leben außerhalb dieses Wohnzimmers forderte seinen Tribut.

Aber gerade die märchenhafte Atmosphäre, auf die Mitra angespielt hatte, ermöglichte es uns acht Frauen, einander so viele Geheimnisse aus unserem Leben mitzuteilen und anzuvertrauen. In dieser Atmosphäre einer magischen Seelenverwandtschaft konnten auch Mahshid und Manna für einige Stunden am Donnerstagmorgen zu einem friedlichen Zusammensein mit Azin finden. Und so konnten wir uns über die repressive Realität außerhalb dieses Zimmers hinwegsetzen – ja, nicht nur das, wir rächten uns damit auch an jenen, die unser Leben beherrschten. In diesen wenigen kostbaren Stunden besaßen wir die Freiheit, über Freud und Leid zu sprechen, über unsere Probleme und Schwächen. In dieser Zeit legten wir die Verantwortung für unsere Eltern, Verwandten und Freunde und für die Islamische Republik vorübergehend ab. Hier endlich konnten wir alles, was uns zustieß, in unseren eigenen Worten ausdrücken und sahen uns selbst mit unseren eigenen Augen.

Unsere Diskussion über *Madame Bovary* zog sich in die Länge. So etwas hatte es auch früher schon gegeben, aber dieses Mal wollte niemand nach Hause gehen. Die Beschreibung des Esstisches, des Windes in Emmas Haar, des Gesichts, das sie sieht, ehe sie stirbt – diese Details beschäftigten uns stundenlang. Ursprünglich sollte unser Kurs von neun bis zwölf dauern, aber mit der Zeit dehnte er sich bis in den Nachmittag hinein aus. An diesem Tag schlug ich vor, gemeinsam zu Mittag zu essen und danach die Diskussion weiterzuführen. Dabei blieb es dann auch in Zukunft.

Wir hatten nur noch Eier und Tomaten im Kühlschrank und machten deshalb ein Tomatenomelette. Zwei Wochen später gab es bereits ein Festmahl: Jedes der Mädchen hatte etwas ganz Spezielles gekocht – Reis und Lamm, Kartoffelsalat, Dolmeh – mit pikantem Hackfleisch gefüllte Weinblätter und Auberginen –, Safranreis und einen großen runden Kuchen. Meine Familie setzte sich zu uns an den Tisch, und wir hatten viel Spaß. *Madame Bovary* hatte geschafft, was uns in zwei Jahren Unterricht an der Universität nicht gelungen war: Eine echte Vertrautheit war entstanden.

Im Lauf der Jahre lernten sie meine Familie kennen, meine Küche, mein Schlafzimmer, die Art, wie ich mich zu Hause kleidete, wie ich ging und redete. Ich hatte nie einen Fuß in ihr Heim gesetzt, ich habe nie die traumatisierte Mutter, den straffällig gewordenen Bruder oder die schüchterne Schwester kennengelernt. Ich konnte nie ihre intimen Geschichten in einen Kontext stellen oder einem bestimmten Ort zuordnen. Und doch waren sie alle einmal im magischen Raum meines Wohnzimmers. Sie kamen in mein Haus, auch wenn sie körperlich nicht anwesend waren, und trugen ihre Geheimnisse, ihr Leid und ihre Geschenke in mein Wohnzimmer.

Allmählich wurden mein Privatleben und meine Familie, die in den Pausen ein und aus ging, zu einem Teil des Ganzen. Tahereh Khanoom gesellte sich manchmal zu uns und erzählte uns Geschichten über ihren Teil der Stadt, wie sie gerne sagte. Eines Tages stürzte meine Tochter Negar aufgelöst herein. Sie könne *dort* nicht weinen, schluchzte sie, sie wolle nicht vor *ihnen* weinen. Manna ging in die Küche und kam mit Tahereh Khanoom und einem Glas Wasser zurück. Ich ging zu Negar, nahm sie in den Arm und versuchte sie zu beruhigen. Vorsichtig löste ich ihr marineblaues Kopftuch und den Umhang. Ihre Haare waren unter dem dicken Kopftuch nass vor Schweiß. Ich knöpfte ihre Uniform auf und ließ mir erzählen, was vorgefallen war.

An diesem Tag waren in der letzten Unterrichtsstunde – Naturwissenschaft – die Direktorin und die Ethiklehrerin hereingeplatzt und hatten den Mädchen befohlen, die Hände auf den Tisch zu legen. Die ganze Klasse musste das Zimmer verlassen, und anschließend wurden ihre Schultaschen ohne jede Erklärung nach Waffen und verbotener Schmuggelware durchsucht: Tonbänder, Romane, Freundschaftsbändchen. Sie wurden abgetastet, ihre Fingernägel kontrolliert. Eine Schülerin, die ein Jahr zuvor mit ihrer Familie aus den Vereinigten Staaten zurückgekehrt war, brachte man in das Büro der Direktorin: Ihre Nägel waren zu lang. Dort schnitt die Direktorin dem Mädchen höchstpersönlich die Nägel so kurz, dass die Finger bluteten. Danach hatte Negar gesehen, wie ihre Mitschülerin im Schulhof darauf wartete, nach Hause gehen zu dürfen, und sich ihre schmerzenden schuldigen Finger hielt. Die Ethiklehrerin stand neben ihr und hielt die anderen Schülerinnen davon ab, sich ihr zu nähern. Für Negar war der Umstand, dass sie nicht zu ihrer Freundin hingehen und sie trösten konnte, genauso schlimm wie das Trauma der Durchsuchung. Immer wieder sagte sie: »Mama, sie kennt unsere Gesetze und Vorschriften nicht, weißt du, sie ist ja gerade erst aus Amerika zurückgekommen – was glaubst du, wie sie sich fühlt, wenn sie uns zwingen, auf der amerikanischen Fahne herumzutrampeln und dabei ›Nieder mit Amerika‹ zu schreien? Ich hasse mich, ich hasse mich selbst«, sagte sie immer wieder, während ich sie in meinen Armen wiegte und Schweiß und Tränen aus ihrem Gesicht wischte.

Natürlich waren alle abgelenkt. Die Mädchen versuchten, Negar mit Späßen aufzuheitern, und erzählten Geschichten, die sie selbst erlebt hatten. Nassrin zum Beispiel war einmal zum Disziplinarausschuss geschickt worden, wo sie ihre Augenwimpern kontrollieren lassen musste. Ihre Wimpern waren lang, und man hatte sie verdächtigt, Wimperntusche zu verwenden. Das ist noch gar nichts, meinte Manna, im Vergleich zu dem, was den

Freundinnen meiner Schwester an der Technischen Universität Amir Kabir passiert ist. Eines Mittags standen drei der Mädchen im Innenhof und aßen ihre Äpfel, als sie von Aufsehern einen Verweis erhielten, weil sie zu verführerisch hineingebissen hätten! Es dauerte ein Weilchen, bis Negar in ihr Gelächter einstimmen konnte, und schließlich ging sie mit Tahereh Khanoom Mittag essen.

18

Stellen Sie sich vor, Sie spazieren einen von Bäumen gesäumten Weg entlang. Es ist Frühlingsanfang, ungefähr sechs Uhr abends, Dämmerung. Die Sonne geht langsam unter, Sie sind allein, umgeben von dem angenehmen klaren Licht eines Spätnachmittags. Mit einem Mal spüren Sie einen großen Tropfen auf dem rechten Arm. Regnet es? Sie sehen nach oben. Der Himmel ist immer noch trügerisch sonnig, nur hier und da ein paar Wolken im Blau. Sekunden später noch ein Tropfen. Im nächsten Moment bricht, obwohl die Sonne immer noch am Himmel steht, ein Regenschauer los, und Sie werden klatschnass. Genauso stürzen die Erinnerungen auf mich ein, urplötzlich und unerwartet: Klatschnass stehe ich plötzlich wieder alleine auf diesem sonnigen Weg und denke an den Regen.

Wir waren also zusammen in diesem Zimmer, um uns vor der Realität draußen zu schützen. Ich habe auch schon erwähnt, dass diese Realität immer auf uns lastete, wie ein bockiges Kind, das seinen frustrierten Eltern nicht einen freien Augenblick lässt. Sie prägte und formte unsere Beziehungen und brachte uns in Situationen, in denen wir unerwartet zu Komplizen wurden. Wir standen uns auf unterschiedliche Art und Weise sehr nahe. Die gewöhnlichsten Aktivitäten bekamen im Licht unserer Geheimnisse einen besonderen Glanz, aber auch das Alltagsleben nahm manchmal die Beschaffenheit einer fiktionalen Scheinwelt an. Wir mussten einander Seiten von uns enthüllen, von denen wir gar nicht wussten, dass es sie gab. Ich hatte andauernd das Gefühl, vor vollkommen fremden Menschen ausgezogen zu werden.

19

Vor einigen Wochen, als wir die Allee zum George Washington Memorial entlang fuhren, schwelgten meine Kinder und ich in Erinnerungen an den Iran. Ich bemerkte mit einem plötzlichen Unbehagen, dass sie begonnen hatten, wie Fremde über ihr eigenes Land zu reden. Sie sprachen immer wieder von »denen«, oder »denen dort drüben«. Dort drüben? Wo ihr mit eurem Großvater euren toten Kanarienvogel unter einem Rosenstrauch begraben habt? Wo eure Großmutter euch Schokolade mitbrachte, die wir euch verboten hatten? An vieles erinnerten sie sich nicht mehr. Manche Erinnerungen machten sie traurig und nostalgisch, andere hatten sie aus ihrem Gedächtnis verbannt. Aber die Namen meiner Eltern, der Tante und des Onkels von Bijan und die unserer engsten Freunde beschworen sie fröhlich wie magische Mantras: Jedes Mal, wenn sie fielen, nahmen sie auf wunderbare Weise Gestalt an, um sich danach wieder aufzulösen.

Was war der Auslöser unserer Erinnerungen? War es die Doors-CD, die meine Kinder im Iran so oft gehört hatten? Sie hatten sie mir zum Muttertag geschenkt, und wir hörten sie im Auto. Jim Morrisons lässige Stimme gurrte verführerisch aus der Stereoanlage: »I'd like to have another kiss …« Seine Stimme dehnte, bog und wand sich um unser Geplauder und Gelächter. »She's a twentieth-century fox«, sang er … Einige Erinnerungen langweilen sie, andere wieder machen ihnen großen Spaß, zum Beispiel, wie sie sich immer über ihre Mutter lustig gemacht haben, wenn sie durch den Flur ins Wohnzimmer tanzte und dabei »C'mon baby light my fire …« sang. Sie hätten schon viel vergessen, sagen sie, so viele Gesichter hätten sie nur mehr vage vor

Augen. Wenn ich sie frage, erinnert ihr euch noch an dies oder jenes, ist die Antwort meist »nein«. Jim Morrison ist jetzt bei einem Text von Brecht angelangt. »Oh show me the way to the next whiskey bar«, singt er, und wir stimmen in die nächste Zeile ein: »Oh, don't ask why …« Wie die meisten Kinder aus ihrem Umfeld konnten auch meine damals wie heute mit persischer Musik nicht viel anfangen. Persische Musik hieß für sie politische Lieder und Militärmärsche – wenn sie Spaß haben wollten, dann suchten sie sich etwas anderes. Ich war schockiert, als ich merkte, dass die Musik und die Filme ihrer iranischen Kindheit aus den Doors, den Marx Brothers und Michael Jackson bestanden.

Sie rufen in mir eine Erinnerung wach, die überraschend klar ist. Sie füllen die Lücken mit Details, die ich vergessen hatte. Während diese Erinnerung zurückkommt und die Bilder sich in meinem Kopf zusammensetzen, wechseln sich ihre Stimmen ab, und Jim Morrison rückt in den Hintergrund. Ja, richtig, Yassi war an diesem Tag da, oder? Meine Kinder erinnern sich an alle Teilnehmerinnen, aber an Yassi erinnern sie sich am besten, weil sie ab einem gewissen Zeitpunkt praktisch zur Familie gehörte. Wie die anderen ja auch: Azin, Nima, Manna, Mahshid und Nassrin kamen oft zu Besuch. Sie verwöhnten meine Kinder und brachten ihnen gegen meinen Willen Geschenke mit. Meine Familie hatte diese Eindringlinge mit Toleranz und Neugier als eine meiner Überspanntheiten akzeptiert.

Es geschah im Sommer 1996, als meine beiden Kinder bereits Ferien hatten. Wir hatten den Vormittag hindurch gefaulenzt, im Haus herumgewerkelt und spät gefrühstückt. Yassi hatte bei uns übernachtet, was sie jetzt so regelmäßig tat, dass wir schon mit ihr rechneten. Sie schlief in einem Gästezimmer gleich neben dem Wohnzimmer, das ursprünglich mein Arbeitszimmer werden sollte, mir aber zu laut war.

Das Zimmer war voller Krimskrams: ein Schreibtisch, ein sehr alter Laptop, einige Bücher, meine Winterkleider, eine Lampe und das provisorische Bett für Yassi. Manchmal verbrachte sie wegen ihrer Kopfschmerzen Stunden in diesem Zimmer, das dann abgedunkelt war. Fast immer, wenn sie von einem Besuch in ihrer Heimatstadt zurückkam, hatte sie diese Kopfschmerzen. Ich weiß noch, wie sie an diesem Morgen strahlte. So sehe ich sie: in der Küche oder im Flur, im Stehen oder im Sitzen. Ich sehe sie vor mir, wie sie irgendeinen komischen Professor nachahmt und sich vor Lachen krümmt.

In diesem Sommer gab es viele Tage, an denen Yassi mit mir durchs Haus ging und mir Geschichten erzählte. Wir hielten uns vor allem in der Küche und im Flur auf, und ich genoss es, dass sie im Gegensatz zu den Erwachsenen tatsächlich gerne aß, was ich kochte. Wie meine Kinder liebte sie meine sogenannten Pfannkuchen und meinen Toast mit Ei sowie meine Kreationen aus Eiern, Tomaten und anderem Gemüse. Und niemals lächelte sie dabei milde wie meine erwachsenen Freunde, was ich als »Wann wirst du's endlich lernen?« interpretierte. Während ich kochte oder das Gemüse klein schnitt, blieb sie in meiner Nähe und erzählte mir Geschichten, meist von ihren Seminaren. Negar, die damals elf war, kam oft dazu, und wir unterhielten uns stundenlang zu dritt.

An diesem Tag ließ sich Yassi wieder einmal über eines ihrer Lieblingsthemen aus: ihre Onkel. Sie hatte fünf Onkel und drei Tanten. Ein Onkel war von der Islamischen Republik getötet worden, die anderen lebten in den Vereinigten Staaten oder in Europa. Die Frauen waren das Rückgrat der Familie, alle waren auf sie angewiesen. Sie erledigten die Hausarbeit und waren außerdem berufstätig. Ihre Ehen mit viel älteren Männern waren in ganz jungen Jahren arrangiert worden, und mit Ausnahme einer Schwester – der Mutter von Yassi – mussten sie sich alle mit verwöhnten, nörgelnden Ehemännern abfinden, die ihnen intellektuell und auch sonst in jeder Hinsicht unterlegen waren.

Aber für Yassi verkörperten die Männer, die Onkel, die Hoffnung auf die Zukunft. Sie waren wie Peter Pan, der hin und wieder aus einer Traumwelt hereinschwebte. Wenn sie in ihre Heimatstadt zu Besuch kamen, gab es zahllose Familientreffen und Festlichkeiten. Alles, was die Onkel zu sagen hatten, war aufregend. Sie hatten Dinge gesehen, die sonst niemand gesehen hatte, und Unerhörtes erlebt. Und sie beugten sich zu ihr hinunter, strichen ihr übers Haar und sagten: »Na, meine Kleine, was hast du denn die ganze Zeit gemacht?«

Es war ein ruhiger und friedlicher Vormittag. Ich hatte mich in meinem langen Hauskleid in einen Sessel im Wohnzimmer gekuschelt, während mir Yassi von einem Gedicht erzählte, das ein Onkel ihr geschickt hatte. Tahereh Khanoom war in der Küche. Durch die offene Tür zum Esszimmer vernahmen wir verschiedene Geräusche, rinnendes Leitungswasser, das leise Klappern von Töpfen und Pfannen, einen Halbsatz, an die Kinder gerichtet, die sich im Flur vor der Küche aufhielten und abwechselnd lachten und stritten. Ich erinnere mich auch noch an gelbe und weiße Narzissen, das ganze Wohnzimmer war geschmückt mit Vasen voller Narzissen. Ich hatte die Vasen nicht nur auf den Tischen platziert, sondern auch auf dem Boden, neben einem Gemälde mit gelben Blumen in zwei blauen Vasen, das ebenfalls auf dem Boden stand.

Wir warteten auf den türkischen Kaffee meiner Mutter. Meine Mutter kochte fabelhaften türkischen Kaffee, stark und bittersüß, der ihr als Vorwand diente, immer wieder mal vorbeizukommen. Mehrmals am Tag hörten wir, wie sie durch die Verbindungstür zu unserer Wohnung nach uns rief. »Tahereh, Tahereh ...«, und sie hörte gar nicht mehr auf zu rufen, auch wenn Tahereh und ich ihr gleichzeitig antworteten. Nachdem wir ihr versichert hatten, dass wir tatsächlich Kaffee wollten, verschwand sie wieder, manchmal für über eine Stunde.

Das war, so lange ich denken kann, die Art meiner Mutter zu kommunizieren. Neugierig auf meinen Donnerstagskurs und zu stolz, um einfach hereinzuplatzen, benutzte sie den Kaffee als

Vorwand, um sich Zutritt zu unserem Heiligtum zu verschaffen. Eines Morgens kam sie »zufällig« die Treppe herauf und rief aus der Küche nach mir. »Möchten deine Gäste Kaffee?«, fragte sie und warf durch die offene Tür einen verstohlenen Blick auf meine neugierigen, lächelnden Studentinnen. Und so bürgerte sich an unseren Donnerstagen jetzt noch ein weiteres Ritual ein: die Kaffeepause mit meiner Mutter. Sie hatte bald ihre Lieblinge unter meinen Studentinnen und versuchte zu jeder einzelnen eine ganz spezielle Beziehung aufzubauen.

Seit ich denken kann, hatte sie immer wieder vollkommen fremde Leute zum Kaffeetrinken in unser Haus eingeladen. Eines Tages mussten wir einen beängstigend kräftigen Mann von Ende dreißig wegschicken, der irrtümlich an unserer Wohnungstür geklingelt hatte und nach der Dame fragte, die ihn aufgefordert hatte, doch einfach bei ihr auf einen Kaffee vorbeizukommen, wenn er in der Nähe wäre. Die Pfleger im Krankenhaus uns gegenüber waren regelmäßig ihre »Kunden«. Zuerst blieben sie mit ihren Kaffeetassen in der Hand respektvoll stehen, und dann, wenn meine Mutter darauf bestand, dass sie Platz nahmen, setzten sie sich ängstlich auf die Stuhlkante und gaben allen möglichen Klatsch über die Nachbarn und die neuesten Vorfälle im Krankenhaus zum Besten. Auf diese Weise erfuhren wir später auch, was an diesem Tag wirklich vorgefallen war.

Yassi und ich warteten gerade auf unseren Kaffee und genossen unser Nichtstun, als es läutete. Es klang lauter als sonst, weil es auf der Straße so ruhig war. Während die Klingel in meiner Erinnerung noch einmal ertönt, höre ich, wie Tahereh Khanoom in Pantoffeln über den Flur zur Wohnungstür schlurft. Ihre Schritte werden leiser, als sie langsam die Treppe zur vorderen Haustür hinuntergeht. Wir hören, wie sie ein paar Worte mit einem Mann wechselt.

Erschrocken kam sie zurück. Zwei Beamte in Zivil seien an der Tür, Männer vom Revolutionskomitee. Sie wollten die Wohnung des Mieters von Mr. Colonel durchsuchen. Mr. Colonel war ein neuer Nachbar, den meine Mutter wegen seines neureichen Gehabes konsequent ignorierte. Er hatte einen schönen, ungenutzten Garten direkt neben unserem Haus zerstört und ein hässliches graues, dreigeschossiges Apartmenthaus errichtet. Er selbst wohnte im ersten Stock, seine Tochter im zweiten, das Erdgeschoss wurde vermietet. Tahereh Khanoom erklärte, dass »sie« Mr. Colonels Mieter verhaften wollten, ihnen aber der Zutritt zum Haus verwehrt worden war. Daher wollten sie von unserem Garten aus über die Mauer klettern und so ins Haus des Nachbarn gelangen. Wir wollten ihnen die Erlaubnis natürlich – oder vielleicht gar nicht so natürlich – verweigern. Wie formulierte es Tahereh Khanoom so klug: »Was für ein Komiteebeamter soll das sein, der keinen Durchsuchungsbefehl bei sich hat und sich Zutritt zu den Häusern der Menschen nur über die Gärten der Nachbarn verschaffen kann?« Sie brauchte schließlich keinen Durchsuchungsbefehl, wenn sie zu jeder beliebigen Tages- und Nachtzeit in die Häuser anständiger Leute einbrachen, warum also stellten sie sich gerade bei diesem Gauner so an? Wir hatten Differenzen mit unserem Nachbarn, aber wir würden ihn nicht dem Revolutionskomitee ausliefern.

Während uns Tahereh Khanoom das alles berichtete, kam es unten auf der Straße zu einem Tumult. Wir hörten, wie Männer hastig miteinander sprachen, jemand davonlief und ein Auto gestartet wurde. Wir waren noch gar nicht richtig fertig mit unserer Kritik am Revolutionskomitee, als es noch einmal an der Tür klingelte. Dieses Mal mit noch größerem Nachdruck. Einige Minuten später kam Tahereh Khanoom zurück, begleitet von zwei jungen Männern in khakifarbener Kleidung, die damals bei den Revolutionären Garden gerade modern war. Sie bräuchten nicht mehr über unsere Gartenmauer ins Haus des Nachbarn vorzudringen, erklärten sie. Der bewaffnete Übeltäter sei in unseren Garten geflohen und würde sich dort verstecken. Sie wollten unseren Balkon und den Balkon im zweiten Stock nutzen, um ihn mit Schüssen abzulenken, während ihre Kollegen ihn zu fangen versuchten. Unsere Erlaubnis bräuchten sie eigentlich gar nicht, aber sie wollten Rücksicht nehmen auf »Frauen und Mütter anderer Menschen«, und so fragten sie lieber. Durch Andeutungen und Gesten ließen sie uns wissen, dass der Gejagte gefährlich sei: Er sei nicht nur ein bewaffneter Drogenhändler, sondern auch für viele andere Verbrechen verantwortlich.

Drei weitere Männer stießen zu den beiden Eindringlingen und gingen nach oben. Später habe ich erfahren, dass Tahereh Khanoom und mir damals genau das Gleiche durch den Kopf ging. Oben in einer Ecke der großen Terrasse hatten wir unsere große, verbotene Satellitenschüssel versteckt. Später fragten wir uns, warum wir uns nicht mehr Sorgen um unser Leben machten, oder um die Tatsache, dass fünf bewaffnete Fremde unser Haus für eine Schießerei mit einem Nachbarn nutzten, der ebenfalls bewaffnet war und sich in unserem Garten versteckte. Wir fühlten uns, wie alle normalen iranischen Bürger, schuldig und hatten etwas zu verbergen: Unsere Sorge galt der Satellitenschüssel. Tahereh Khanoom, die gewöhnlich einen kühlen Kopf behielt, begleitete sie nach oben. Yassi sollte auf meine beiden erschrockenen Kinder aufpassen, und ich ging mit den beiden Männern auf den auch von unserem Schlafzimmer aus zugänglichen Balkon, von dem aus man den Garten einsehen konnte. Ich weiß noch, wie ich inmitten der ganzen Aufregung auf einmal dachte: Was für eine gute Geschichte für die Onkel von Yassi. Da können selbst die nicht mithalten.

Die Ereignisse dieses Tages sind selbst nachdem meine Kinder und ich jedes Detail noch einmal sorgfältig durchgegangen sind, noch etwas verworren. In meiner Erinnerung bin ich überall gleichzeitig: Wie der Geist in *Aladin und die Wunderlampe* stehe ich noch auf dem Balkon, während Schüsse fallen, und höre, wie die Männer des Revolutionskomitees dem Flüchtigen drohen, mir seine kriminelle Laufbahn schildern und dabei andeuten, dass er von »hochgestellten Persönlichkeiten« unterstützt werde. Das erkläre auch, warum sie keinen offiziellen Hausdurchsuchungsbefehl haben. Dann wieder stehe ich oben neben Tahereh Khanoom, die mir versichert, die Mitglieder der Garde seien zu beschäftigt, um auf unsere Satellitenschüssel acht zu geben. Später erzählte Tahereh Khanoom mir, die Männer hätten versucht, sie als Schutzschild zu benutzen, unter dem Vorwand, auf sie würde der Flüchtige nicht schießen.

Inmitten der Schießerei eröffneten mir die Männer, dass unser Nachbar, selbst wenn sie bei dieser Aktion Erfolg haben sollten, durch den Einfluss seiner mächtigen Gönner wahrscheinlich wieder freikommen werde. Sie warnten mich eindringlich vor dem üblen Charakter dieses Kriminellen, der jetzt im äußersten Winkel unseres Gartens, im breiten Schatten meiner Lieblingsweide, Schutz gesucht hatte. Mit geradezu komischer Verzweiflung beklagten sie sich bei uns über die Aussichtslosigkeit ihrer Mission – bei uns, die wir beide Seiten für gleichermaßen kriminell und aggressiv hielten und so schnell wie möglich loswerden wollten.

Das Drama verlagerte sich nun auf das Grundstück des anderen Nachbarn, und seine beiden verängstigten Kinder flüchteten zusammen mit dem Babysitter auf die Straße. Eines der Fenster zerbarst unter dem Gewehrfeuer. Der Flüchtige versteckte sich kurzfristig in einem kleinen Werkzeugschuppen am Ende ihres Gartens neben dem Swimmingpool. Doch jetzt näherten sich ihm die Männer der Garde von mehreren Seiten. Er warf sein Gewehr in den Pool – warum, weiß ich nicht –, und die Szene verlagerte sich auf die Straße. Wir brachten die beiden Söhne unserer Nachbarn in unser Haus. Wir alle, die Kinder, Yassi und ich, lehnten uns aus dem Fenster und beobachteten, wie die Männer des Revolutionskomitees ihre Beute auf den Rücksitz eines weißen Toyota-Streifenwagens zerrten. Der Mann schrie die ganze

Zeit über, rief nach seiner Frau und seinem Sohn und warnte seine Frau, sie solle unter gar keinen Umständen die Tür öffnen.

Schließlich bekamen wir an diesem Tag doch noch unseren Kaffee, als alle – Yassi, Tahereh Khanoom, die Kinder und ich – und auch die Wachen vom Krankenhaus sich im Salon meiner Mutter versammelten. Sie versorgten uns mit Insiderinformationen über den Mieter von Mr. Colonel. Er sei Anfang dreißig, und sein arrogantes und ungehobeltes Auftreten habe dafür gesorgt, dass die Mitarbeiter des Krankenhauses ihn hassten und fürchteten. In den letzten sechs Wochen sei unsere Straße von den Mitgliedern des Revolutionskomitees, die gerade zugeschlagen hatten, überwacht worden.

Wir waren uns einig, dass ein interner Machtkampf dahinter steckte und der Gefangene wahrscheinlich für irgendwelche hohen Beamten arbeitete. Das erklärte auch, wie er sich in so jungen Jahren die exorbitant hohe Miete, das Opium und die Oldtimer in seiner Garage leisten konnte. Der Krankenhauswache hatte man erzählt, er sei einer der Terroristen, die in den letzten zehn Jahren in Paris Anschläge verübt hatten. Unser ad hoc gebildetes Untersuchungskomitee war sich einig, dass er bald wieder freikommen würde. Und wie sich herausstellte, traf diese Vorhersage auch ein: Er wurde nicht nur freigelassen, sondern klingelte sogar bald nach seiner Rückkehr an unserer Tür und wollte Tahereh Khanoom dazu überreden, Beschwerde gegen die Mitglieder des Revolutionskomitees einzulegen, die in unser Haus gestürmt waren, um ihn zu verhaften. Aber das lehnten wir natürlich ab.

Als mein Mann und ich an jenem Abend mit anderen im Nachbarhaus zum Teetrinken versammelt waren, beschlossen die Kinder, fasziniert von den Ereignissen des Tages, alle Szenen des Gefechts exakt nachzuspielen. Dabei entdeckten sie im Werkzeugschuppen in der schwarzen Lederjacke des Verhafteten, die er dort versteckt hatte, ein kleines Tonbandgerät. Wir waren gesetzestreue Bürger und übergaben es, nachdem wir darauf nur unverständliches Gerede über Lastwagen hören konnten, zusammen mit der Jacke gegen den Protest der Kinder dem Revolutionskomitee.

Diese Geschichte wurde immer wieder zum Besten gegeben, so auch am darauffolgenden Donnerstag. Tahereh Khanoom und meine Kinder hatten inzwischen ihre Scheu und damit auch die Zurückhaltung verloren, die sie früher während des Kurses vom Wohnzimmer ferngehalten hatten, und spielten die dramatischen Szenen vor einem gespannt lächelnden Publikum nach. Es war interessant mitzuerleben, wie hilflos, stümperhaft und unprofessionell »sie«, die Männer des Revolutionskomitees, doch waren. Yassi bemerkte dazu, wir hätten schon bessere Action-Filme gesehen. Aber es tröstete uns nicht gerade, dass unser Leben in den Händen stümperhafter Idioten lag. Auch wenn wir uns über sie lustig machten und eine gewisse Kraft daraus schöpften – das Haus war danach kein ganz so sicherer Hafen mehr, und noch lange danach fuhren wir bei jedem Klingeln zusammen.

Tatsächlich wurde dieses Klingeln zu einer Art Warnung vor dieser anderen Welt, die wir gerne ins Lächerliche gezogen hätten. Nur einige Monate später brachte es wieder zwei Mitglieder des Revolutionskomitees in unser Haus. Sie durchkämmten das Haus und nahmen unsere Satellitenschüssel mit. Dieses Mal gab es keine Heldentaten; als sie abzogen, war in unserem Haus Staatstrauer angesagt. Als ich meine Tochter ermahnte, sie solle sich nicht wie ein verwöhntes Kind aufführen, fragte sie mich mit bitterer Verachtung, ob ich ihren Kummer denn nicht verstehen könne. War ich in ihrem Alter etwa bestraft worden, fragte sie, weil ich bunte Schnürsenkel getragen hatte, im Schulhof gerannt war oder in aller Öffentlichkeit an einem Eis gelutscht hatte?

Über all das wurde am darauffolgenden Donnerstag detailliert in meinem Kurs gesprochen. Und wieder sprangen wir hin und her zwischen Realität und Literatur: Wen wundert es noch, dass wir *Einladung zur Enthauptung* so schätzten? Wir alle waren Opfer der Willkür eines totalitären Regimes, das fortwährend in die geheimsten Winkel unseres Lebens eindrang und uns seine unbarmherzigen Erfindungen aufzwang. War dieses Gesetz wirklich das Gesetz des Islam? Welche Erinnerungen würden wir unseren Kindern hinterlassen können? Die dauernden Übergriffe und das Fehlen jeglicher Freundlichkeit machten uns am meisten Angst.

20

Einige Monate zuvor waren Manna und ihr Mann Nima zu mir gekommen, weil sie mich um Rat fragen wollten. Sie hatten etwas Geld gespart und mussten sich jetzt entscheiden, ob sie es für »lebensnotwendige Kleinigkeiten«, wie sie das nannten, ausgeben oder sich eine Satellitenschüssel kaufen sollten. Sie hatten nicht viel Geld und das wenige, was sie besaßen, durch Privatunterricht verdient. Nach vier Jahren Ehe konnten sie es sich, wie viele andere junge Paare, noch nicht leisten, alleine zu leben. Sie wohnten bei Mannas Mutter, bei der auch Mannas jüngere Schwester lebte. Ich weiß nicht mehr, welchen Rat ich ihnen damals gab, aber ich weiß, dass sie sich kurz darauf eine Satellitenschüssel kauften. Sie waren ganz begeistert von ihrer Satellitenschüssel, und ich hörte von da an jeden Tag, dass sie sich am Abend zuvor schon wieder einen amerikanischen Filmklassiker angesehen hatten.

Satellitenschüsseln kamen im ganzen Iran gerade groß in Mode. Nicht nur Leute wie ich und nicht nur Gebildete wollten unbedingt eine haben. Tahereh Khanoom berichtete uns, dass in den ärmeren, religiöseren Vierteln von Teheran Familien mit Satellitenschüsseln bei bestimmten Sendungen von ihren Nachbarn Eintritt verlangten. Als ich mich 1996 zu einem Besuch in den Vereinigten Staaten aufhielt, brüstete sich David Hasselhoff, der Star von *Baywatch*, damit, dass diese Serie die erfolgreichste im Iran sei.

Manna und Nima waren genau genommen nie meine Studenten. Beide arbeiteten auf ihren Magisterabschluss in Englischer Literatur an der Universität Teheran hin. Sie hatten meine

Aufsätze gelesen und durch Freunde von meinen Seminaren gehört, und eines Tages waren sie einfach in einem Seminar aufgetaucht. Im Anschluss daran hatten sie mich gefragt, ob sie als Gasthörer an meinen Kursen teilnehmen könnten. Von da an kamen sie regelmäßig zu allen meinen Seminaren, jeder Gesprächsrunde und jeder öffentlichen Vorlesung. Während der Vorlesungen standen sie meistens lächelnd an der Tür. Ich hatte das Gefühl, als wollten sie mich mit diesem Lächeln dazu ermuntern, weiter über Nabokov, Bellow und Fielding zu sprechen, als wollten sie mir damit sagen, wie wichtig es für sie und für mich war, dass ich um jeden Preis damit weitermachte.

Sie hatten sich an der Universität von Schiraz kennengelernt und sich verliebt, weil sie sich beide für Literatur interessierten und dem universitären Leben im Großen und Ganzen fern standen. Manna erzählte später, dass ihre Beziehung mehr als alles andere auf Worten basierte. Während der Verlobungszeit schrieben sie einander Briefe und lasen einander Gedichte vor. Sie wurden geradezu süchtig nach der Sicherheit einer Welt, die sie mit Worten erschufen, einer konspirativen Welt, in der alles, was feindselig und unkontrollierbar war, freundlich und klar verständlich wurde. Sie schrieb ihre Abschlussarbeit über Virginia Woolf und die Impressionisten, er über Henry James.

Wenn Manna über irgendetwas in Erregung geriet, dann geschah das meist im Stillen. Wenn sie glücklich war, schien das ganz tief aus ihrem Inneren zu kommen. Ich erinnere mich noch an den ersten Tag, an dem ich sie und Nima in meinem Seminar sah. Sie erinnerten mich an meine beiden Kinder, wenn sie gemeinsam etwas aussheckten, um mir eine Freude zu machen. Zu Beginn war Nima gesprächiger. Er ging oft neben mir her, und Manna folgte ihm mit etwas Abstand. Nima redete und erzählte Geschichten, und ich merkte, wie Manna an Nima vorbeischaute, um zu sehen, wie ich reagierte. Nur selten ergriff sie von sich aus das Wort. Erst nach einigen Monaten, als sie mir auf mein Drängen hin endlich ihre Gedichte zeigte, war sie dazu gezwungen, direkt mit mir und nicht über Nima zu kommunizieren.

Ich habe mich entschlossen, ihnen Namen zu geben, die sich reimen, obwohl ihre echten Namen völlig unterschiedlich klingen. Aber ich war so daran gewöhnt, dass sie gemeinsam auftraten und die gleichen Gedanken und Gefühle äußerten, dass sie mir wie zwei Geschwister erschienen, die gerade etwas Wunderbares in ihrem Garten hinterm Haus entdeckt hatten, die Tür in ein magisches Königreich. Ich war die gute Fee, die Verrückte, der sie sich anvertrauen konnten.

Während wir Unterlagen ordneten und mein Arbeitszimmer zu Hause umgestalteten, die Romane nebeneinander stellten und meine Notizen in verschiedenen Mappen abhefteten, ließen sie mich am Klatsch der Universität Teheran teilhaben, an der ich Jahre zuvor eine Stelle gehabt hatte. Ich kannte viele Leute, die sie mit Namen erwähnten, unter anderem unseren Lieblingsfeind, Professor X, der ausgeprägte, fortwährende Hassgefühle gegen Nima und Manna hegte. Er war einer der ganz wenigen Professoren, die nicht zurückgetreten oder entlassen worden waren, seitdem ich die Universität verlassen hatte. Inzwischen fand er allerdings, er werde zu wenig respektiert. Er hatte eine wirkungsvolle Methode entwickelt, alle komplizierten Probleme der Literaturkritik zu lösen: Er ließ über alles abstimmen. Da er die Abstimmungen per Handzeichen durchführte, endeten die Debatten meist ganz nach seinem Geschmack.

Der heftigste Streit mit Manna und Nima entzündete sich an einem Aufsatz, den Manna über Robert Frost geschrieben hatte. In der nächsten Stunde zählte er im Seminar in allen Einzelheiten auf, womit er nicht einverstanden war, und ließ die Teilnehmer darüber abstimmen. Alle Studenten außer Manna, Nima und einem anderen stimmten der Ansicht des Professors zu. Nach der Abstimmung wandte sich der Professor an Nima und fragte ihn, warum er sich so opportunistisch verhalte. Ob ihn seine Frau vielleicht einer Gehirnwäsche unterzogen hätte? Je mehr er die beiden angriff und ihre Gedanken zur Diskussion stellte, desto halsstarriger wurden sie. Sie brachten ihm Bücher von prominenten Kritikern, die ihre Argumente stützten, woraufhin er sie in einem Ausbruch von Zorn aus seinem Seminar warf.

Einer seiner Studenten hatte sich entschieden, seine Abschlussarbeit über *Lolita* zu schreiben. Er benutzte keine Quellen, er hatte Nabokov nicht gelesen, aber der Professor, der eine Vorliebe für junge Mädchen hatte, die das Leben von Intellektuellen zugrunde richten, war von seiner Arbeit fasziniert. Dieser Student wollte darüber schreiben, wie Lolita Humbert, den »intellektuellen Poeten«, verführt und sein Leben ruiniert hatte. Professor X fragte den Studenten mit äußerst nachdenklichem Blick, ob er über Nabokovs sexuelle Perversionen Bescheid wisse. Nima ahmte mit abgrundtiefer Verachtung in der Stimme den Professor nach, der traurig den Kopf schüttelnd beklagt hatte: »In einem Roman nach dem anderen können wir beobachten, wie das Leben von Intellektuellen durch leichtsinnige Frauen zerstört wird.« Manna schwor, dass er ihr andauernd giftige Blicke zugeworfen hatte, als er nun endlich bei seinem Lieblingsthema angelangt war. Aber trotz seiner Ansichten über Nabokovs leichtsinnige junge Flittchen hatte sich dieser Mann, als er sich nach einer neuen Frau »umsah«, darauf bestanden, sie dürfe keinesfalls älter als 23 Jahre alt sein. Die junge Frau, die ihm schließlich als Zweitfrau zugeführt wurde, war dann auch mindestens zwanzig Jahre jünger als er.

21

An einem Donnerstagmorgen, der so warm war, dass selbst die Klimaanlage in unserem Haus nichts mehr gegen die Hitze ausrichten konnte, plauderten wir vor dem Kurs noch etwas. Wir waren zu siebt und sprachen über Sanaz. Sie war, ohne sich telefonisch abzumelden, in der Woche zuvor nicht zum Seminar erschienen, und wir wussten auch nicht, ob sie diesmal kommen würde. Niemand, nicht einmal Mitra, hatte etwas von ihr gehört. Wir spekulierten darüber, ob vielleicht der schreckliche Bruder wieder eine neue Intrige ausgeheckt hatte. Sanaz' Bruder war ständig Gesprächsthema, einer in einer ganzen Reihe männlicher Schufte, die jede Woche von neuem aufs Tapet kamen.

»Nima meint, wir würden die Schwierigkeiten, denen sich Männer in diesem Land gegenüber sehen, nicht verstehen«, sagte Manna mit einem Anflug von Sarkasmus. »Sie wissen nicht, wie sie sich verhalten sollen. Manchmal führen sie sich auch nur wie Machos auf, weil sie sich angegriffen fühlen.«

»Also, bis zu einem gewissen Grad stimmt das«, sagte ich. »Immerhin gehören zwei dazu, um eine Beziehung aufzubauen, und wenn du die Hälfte der Bevölkerung dazu verdammst, unsichtbar zu sein, dann leidet die andere Hälfte ebenso.«

»Könnt ihr euch einen Mann vorstellen, der bloß vom Anblick einer meiner Haarsträhnen sexuell erregt wird?«, warf Nassrin ein. »Jemand, der verrückt danach ist, die Zehen einer Frau zu sehen ... wow!«, fuhr sie fort, »meine Zehen als tödliche Waffen!«

»Frauen, die sich selbst verhüllen, tragen mit zum Fortbestand des Regimes bei«, erklärte Azin frech.

Mahshid schwieg, ihr Blick war auf die eisernen Füße des Tisches geheftet.

»Und was ist mit denen, deren Markenzeichen es ist, ihre Lippen knallrot anzumalen und mit den männlichen Professoren zu flirten?«, sagte Manna eisig. »Die machen das wahrscheinlich nur im Namen des Fortschritts?« Azin wurde rot und schwieg.

»Was haltet ihr davon, die Genitalien der Männer zu verstümmeln«, schlug Nassrin ganz ruhig vor, »um damit ihren Sexualtrieb ein wenig zu zügeln?« Sie hatte das Buch von Nawal al-Sadawi über die Gewalt gegen Frauen in einigen muslimischen Gesellschaften gelesen. Sadawi, eine Ärztin, hatte ausführlich die schrecklichen Auswirkungen der Verstümmelung von Geschlechtsteilen bei jungen Mädchen beschrieben, die deren Sexualtrieb eindämmen sollte. »Ich habe an diesem Text für mein Übersetzungsprojekt gearbeitet –«

»Dein Übersetzungsprojekt?«

»Ja, erinnert ihr euch nicht daran? Ich habe meinem Vater erzählt, ich würde islamische Texte ins Englische übersetzen, um Mahshid zu helfen.«

»Aber ich dachte, das war nur eine Ausrede, damit du hierher kommen kannst«, sagte ich.

»War es ja auch, aber ich habe mich entschlossen, mindestens drei Stunden pro Woche an dieser Übersetzung zu arbeiten. Als Wiedergutmachung für besonders schwere Lügen. Ich habe einen Kompromiss mit meinem Gewissen geschlossen«, sagte sie mit einem Lächeln.

»Ich muss euch übrigens sagen, dass der Ajatollah selbst, was Sexualität angeht, kein unbeschriebenes Blatt war«, meinte Nassrin weiter. »Ich habe sein Hauptwerk *Die politischen, philosophischen, sozialen und religiösen Prinzipien des Ajatollah Khomeini* übersetzt, und er bringt da einige interessante Argumente vor.«

»Aber das ist doch schon übersetzt worden«, sagte Manna. »Was ist so interessant dran?«

»Ja«, erwiderte Nassrin, »Teile davon sind übersetzt worden, aber nachdem es auf Partys zur Zielscheibe des Spotts wurde, und seitdem die Botschaften im Ausland gemerkt hatten, dass das Buch nicht zur Erbauung, sondern zur Belustigung gelesen wurde, war die Übersetzung kaum noch aufzutreiben. Und außerdem, meine Übersetzung ist genauer, sie besitzt Verweise und Querverweise zu Werken anderer großer Persönlichkeiten. Wusstet ihr, dass der Sexualtrieb des Mannes unter anderem dadurch kuriert werden kann, dass er Sex mit Tieren hat? Und dann gibt es da noch Sex mit Hühnern, aber das ist ein Problem. Ihr werdet euch wahrscheinlich fragen, ob ein Mann, der Sex mit einem Huhn hatte, dieses Huhn dann nachher essen kann. Unser geistiger Führer hat uns die Antwort darauf gegeben: *Nein*, weder er noch seine nächsten Angehörigen noch die direkten Nachbarn dürfen das Fleisch dieses Huhns verzehren, aber für einen Nachbarn, der zwei Häuser weiter wohnt, ist es okay. Mein Vater wollte doch, dass ich mich lieber mit solchen Texten beschäftige statt mit Jane Austen oder Nabokov.« Sie grinste.

Nassrins gelehrte Anspielungen auf die Werke von Ajatollah Khomeini überraschten uns nicht. Sie bezog sich auf einen berühmten Text von Khomeini, der ungefähr einer Dissertation entsprach – alle, die den Rang eines Ajatollah erreichten, mussten etwas Derartiges verfassen. Darin sollten Fragen beantwortet werden, die ihnen von ihren Schülern gestellt werden könnten. Viele Ajatollahs vor Khomeini hatten fast identische Texte geschrieben. Beunruhigend war, dass diese Schriften von den Menschen, die uns regierten und in deren Händen unser Schicksal und das unseres Landes lag, ernst genommen wurden. Diese Hüter über Moral und Kultur diskutierten jeden Tag im staatlichen Fernsehen und Radio über solche Machwerke, als ginge es darin um überaus wichtige und nachdenkenswerte Themen.

Mitten in dieser gelehrten Diskussion, die von Azins Lachsalven und Mahshids zunehmender Verdrießlichkeit begleitet wurde, hörten wir das Geräusch kreischender Bremsen, und ich wusste, dass Sanaz von ihrem Bruder abgesetzt wurde. Stille. Eine Autotür wurde zugeschlagen, dann klingelte es, und Sekunden später stand Sanaz in der Tür, eine Entschuldigung auf den Lippen. Sie war so bekümmert darüber, dass sie zu spät kam und vielleicht schon etwas verpasst hatte, dass sie fast in Tränen ausbrach.

Ich versuchte sie zu beruhigen, und Yassi ging in die Küche, um ihr Tee zu holen. Sanaz hielt eine große Schachtel mit Kuchen in den Händen. Wofür ist das, Sanaz? Ich war doch letzte Woche dran, sagte sie matt, und so habe ich ihn dafür diese Woche mitgebracht. Ich nahm ihr den Kuchen aus den schweißnassen Händen, und sie legte ihren schwarzen Umhang und das Kopftuch ab. Sie hatte das Haar mit einem Gummiband streng im Nacken zusammengebunden. Sie machte ein trauriges Gesicht.

Schließlich setzte sie sich an ihren gewohnten Platz neben Mitra. In der Hand hielt sie ein großes Glas Eiswasser, der Tee stand vor ihr auf dem Tisch, und wir alle warteten schweigend darauf, was sie zu sagen hatte. Azin wollte die Stille mit einem Scherz beenden. Wir haben alle gedacht, du bist zu deiner Verlobungsfeier in die Türkei gefahren und hast vergessen, uns einzuladen. Sanaz versuchte zu lächeln, aber statt zu antworten, nippte sie nur an ihrem Wasser. Es war, als ob sie uns etwas mitteilen und doch nichts verraten wollte. Ihre Stimme verriet die Tränen, bevor man sie in ihren Augen sah.

Es war die übliche Geschichte. Vor zwei Wochen war Sanaz mit fünf Freundinnen zu einem Kurzurlaub am Kaspischen Meer aufgebrochen. Am ersten Tag besuchten sie den Verlobten ihrer Freundin in einer benachbarten Villa. Sanaz betonte immer wieder, dass sie alle ordentlich angezogen waren, Kopftücher und Umhänge trugen. Sie saßen alle draußen im Garten: sechs Mädchen und ein Junge. Es gab keine alkoholischen Getränke im Haus, keine unerwünschten Musikkassetten oder CDs. Damit schien sie sagen zu wollen, wenn es anders gewesen wäre, hätten wir es vielleicht ja verdient gehabt, so von den Revolutionären Garden behandelt zu werden.

Und dann erschienen »sie« mit ihren Gewehren. Völlig überraschend sprangen Mitglieder der Sittenpolizei über die kleine Mauer. Sie behaupteten, sie hätten von illegalen Aktivitäten gehört und wollten alle Räumlichkeiten durchsuchen. Da er an ihrem Äußeren nichts aussetzen konnte, sagte einer der Männer sarkastisch, wenn er sie so ansähe, mit ihrem westlichen Gehabe ... »Was ist denn ein westliches Gehabe«, unterbrach Nassrin. Sanaz sah sie an und lächelte. Ich frage ihn, wenn ich ihn wieder treffe. Ihre Suche nach alkoholischen Getränken, Musikkassetten und CDs war erfolglos verlaufen, aber da sie nun einmal bereits einen Durchsuchungsbefehl hatten, wollten sie ihn nicht einfach verfallen lassen. Die Revolutionären Garden nahmen sie alle mit und brachten sie ins Gefängnis, weil sie gegen die Moral verstoßen hatten. Dort wurden die Mädchen, trotz ihrer Proteste, in einem kleinen, dunklen Raum gefangengehalten, den sie in der ersten Nacht mit Prostituierten und Drogenabhängigen teilen mussten. Die Gefängniswärter kamen mehrmals mitten in der Nacht, um die aufzuwecken, die kurz davor waren einzuschlafen, und warfen ihnen Beleidigungen an den Kopf.

In diesem Raum hatte man sie 48 Stunden lang zusammengepfercht. Obwohl sie mehrmals darum baten, verweigerte man ihnen das Recht, ihre Eltern anzurufen. Abgesehen von der Möglichkeit, zu festgesetzten Zeiten auf die Toilette zu gehen, verließen sie den Raum nur zweimal – das erste Mal, als man sie in ein Krankenhaus brachte, wo sie einem Jungfräulichkeitstest unterzogen wurden. Durchgeführt wurde er von einer Gynäkologin, die ihre Studenten gleich mitgebracht hatte. Die Garden waren mit dem Ergebnis jedoch nicht zufrieden, und so wurden sie zu einem zweiten Test auch noch in eine Privatklinik geschleppt.

Am dritten Tag wurde den besorgten Eltern in Teheran, die vergeblich nach ihnen suchten, von der Concierge ihrer Villa mitgeteilt, dass ihre Kinder möglicherweise bei einem Autounfall ums Leben gekommen waren. Sie machten sich sofort auf, um ihre Töchter am Urlaubsort zu suchen, und fanden sie schließlich. Mit den Mädchen machte man kurzen Prozess: Sie wurden gezwungen, ein Dokument zu unterzeichnen, in dem sie Sünden gestanden, die sie nie begangen hatten, und erhielten 25 Peitschenhiebe.

Sanaz, die sehr dünn ist, trug ein T-Shirt unter ihrem Umhang. Ihre Gefängniswärter meinten, da sie ja ein zusätzliches Kleidungsstück trage, würde sie die Schmerzen vielleicht gar nicht so richtig spüren, und verabreichten ihr daher noch mehr Schläge. Für Sanaz war der körperliche Schmerz leichter zu ertragen als die demütigenden Jungfräulichkeitstests und ihr Selbstekel, nachdem sie das erzwungene Geständnis unterschrieben hatte. Die körperliche Bestrafung war auf perverse Art sogar eine Quelle der Befriedigung für sie, eine Kompensation dafür, dass sie den anderen Erniedrigungen erlegen war.

Als sie endlich wieder frei waren und von ihren Eltern nach Hause gebracht wurden, musste Sanaz eine weitere Demütigung über sich ergehen lassen: die Vorwürfe ihres Bruders. Was hätten sie denn erwartet? Wie konnte man nur sechs unbelehrbare Mädchen ohne männliche Aufsicht eine Reise machen lassen? Warum wollte niemand auf ihn hören, nur weil er ein paar Jahre jünger war als seine schusselige Schwester, die schon längst verheiratet sein sollte? Die Eltern hatten zwar durchaus Mitgefühl für Sanaz und das was sie durchgemacht hatte, mussten aber doch zugeben, dass es vielleicht keine so gute Idee gewesen war, sie diese Reise machen zu lassen. Nicht, dass sie ihr nicht vertrauten, aber die Verhältnisse in diesem Land ließen solche Unüberlegtheiten eben nicht zu. Abgesehen von allem anderen, sagte Sanaz, bin ich jetzt auch noch selbst schuld. Ich darf nicht mehr mit meinem Auto fahren und werde von nun an von meinem klugen kleinen Bruder beaufsichtigt.

Sanaz und ihre Geschichte gehen mir nicht aus dem Kopf. Bis heute taucht sie immer wieder in meiner Erinnerung auf, und ich führe sie mir Stück für Stück vor Augen: der Gartenzaun, die sechs Mädchen und der Junge, wie sie auf der Veranda sitzen, sich unterhalten und lachen. Und dann kommen »sie«. Ich erinnere mich an diesen Vorfall genauso gut wie an viele andere Ereignisse aus meinem eigenen Leben im Iran, ich erinnere mich sogar an Ereignisse, die mir Menschen geschrieben oder erzählt haben, nachdem ich wegzog. Merkwürdig – auch sie sind ein Teil meiner Erinnerungen geworden.

Vielleicht kann ich diese Erfahrungen erst jetzt und aus der Entfernung, da ich offen und furchtlos über sie sprechen kann, langsam verstehen und dabei mein eigenes schreckliches Gefühl der Hilflosigkeit überwinden. Im Iran war unser Verhältnis zu diesen täglichen Erfahrungen der Gewalt und Erniedrigung seltsam distanziert. Dort redeten wir davon, als ob die Ereignisse nichts mit uns zu tun hätten. Als seien wir alle an Schizophrenie erkrankt, versuchten wir, dieses andere Ich, das zugleich so vertraut und doch fremd war, von uns fernzuhalten.

22

In seiner Autobiographie *Erinnerung, sprich* beschreibt Nabokov ein Aquarell, das über seinem Bett hing, als er noch sehr klein war: eine Landschaft mit einem schmalen Pfad, der in einen dichten Wald führt. Seine Mutter las ihm die Geschichte über einen kleinen Jungen vor, der eines Tages in dem Bild über seinem Bett verschwand, und genau das wünschte sich der kleine Vladimir auch, während er jeden Abend sein Gebet sprach. Wenn Sie sich uns in unserem Wohnzimmer vorstellen, dann müssen Sie auch verstehen, wie sehr wir uns nach diesem gefährlichen Trick sehnten – unsichtbar zu werden, einfach zu verschwinden. Je mehr wir uns in unser Heiligtum zurückzogen, desto stärker entfremdeten wir uns von unserem Alltag. Wenn ich durch die Straßen ging, fragte ich mich: Ist das mein Volk, ist das meine Heimatstadt, bin ich, was ich bin?

Weder Humbert noch der blinde Zensor beherrschen ihre Opfer je vollständig. Sie entgleiten ihnen, genauso wie die Objekte der Phantasie immer zugleich zum Greifen nah und unerreichbar sind. Ganz gleich, wie gebrochen sie auch sein mögen, ihre Opfer werden sich auch mit Gewalt nie ganz unterwerfen lassen.

All das ging mir durch den Kopf, als ich an einem Donnerstagabend nach dem Seminar die Kurstagebücher durchsah, die meine Mädchen mir dagelassen hatte; sie enthielten ihre letzten Essays und Gedichte. Am Beginn unseres Kurses hatte ich sie gebeten, zu beschreiben, welches Bild sie von sich selbst hatten. Damals waren sie noch nicht so weit gewesen, aber ich kam immer wieder mal darauf zurück. Als ich jetzt mit untergeschlagenen

Beinen auf dem Sofa saß, hatte ich Dutzende von Seiten vor mir mit ihren neuesten Erkenntnissen.

Eines dieser Tagebücher liegt vor mir. Es gehört Sanaz, die es mir kurz nach ihren Erlebnissen im Gefängnis ihres Urlaubsortes gegeben hat. Es ist die einfache Schwarzweißzeichnung eines nackten Mädchens, das Weiß ihres Körpers ist in einer schwarz ausgemalten Blase gefangen. Sie liegt zusammengekauert da, fast in Embryonalstellung, ein Knie fest an sich gedrückt, das andere Bein nach hinten ausgestreckt. Ihre langen, glatten Haare folgen der Rundung ihres Rückens, aber ihr Gesicht ist nicht zu sehen. Die Blase wird von einem riesigen Vogel mit langen schwarzen Krallen in die Luft gehoben. Was mich interessiert, ist ein kleines Detail, das im Gegensatz zu der eingängigen Bildsprache der Körperdarstellung steht: die Blase und die Hand des Mädchens, die aus der Blase hinausgreift und sich an den Krallen festhält. Ihre unterwürfige Nacktheit ist angewiesen auf diese Krallen, und sie greift nach ihnen.

Die Zeichnung rief mir sofort eine Bemerkung Nabokovs in seinem berühmtem Nachwort zu *Lolita* ins Gedächtnis. Der »erste leise Pulsschlag von Lolita« habe ihn, so schreibt er, 1939 oder Anfang 1940 durchzittert, als er mit einem schweren Anfall von Interkostalneuralgie darniederlag. Er erinnert sich daran, dass »der anfängliche Inspirationsschauer von einem Zeitungsartikel über einen Menschenaffen im Jardin des Plantes ausgelöst wurde, der, nachdem ihn ein Wissenschaftler monatelang getriezt hatte, die erste je von einem Tier angefertigte Kohlezeichnung hervorbrachte: Die Skizze zeigte die Gitterstäbe des Käfigs der armen Kreatur.«

Die beiden Bilder, das eine aus einem Roman, das andere aus der Wirklichkeit, enthüllten eine schreckliche Wahrheit. Natürlich liegt in beiden Fällen ein Akt der Gewalt vor. Natürlich verraten die Gitterstäbe die Nähe und Vertrautheit des Opfers mit seinem Kerkermeister. Doch am meisten interessiert mich an den beiden Bildern der winzige Punkt, an dem der Gefangene die Gitterstäbe berührt, der unsichtbare Kontakt zwischen Fleisch und kaltem Metall.

Die anderen Mädchen drückten sich eher in Worten aus. Manna sah sich selbst als Nebel, der über konkrete Objekte hinwegzieht und dabei ihre Form annimmt, selbst aber nie feste Gestalt gewinnt. Yassi beschrieb sich als Phantasiegeschöpf. Nassrin gab auf meine Bitte hin die Definition des Wortes *Paradoxon* aus dem *Oxford English Dictionary* wieder. In fast allen ihren Beschreibungen wurde sichtbar, wie sie sich selbst im Kontext einer äußeren Realität sahen, die sie daran hinderte, sich selbst in ihren Eigenheiten klar zu definieren.

Manna hatte einmal etwas über rosa Söckchen geschrieben, für die sie von der Muslimischen Studentenvereinigung gerügt worden war. Als sie sich bei einem ihrer Lieblingsprofessoren darüber beschwerte, zog er sie damit auf, dass sie ja bereits ihren Mann, Nima, umgarnt und in die Falle gelockt habe und keine rosa Söckchen mehr brauche, um ihn noch weiter zu verführen.

Diese Studentinnen und ihre Altersgenossinnen unterschieden sich von den Studentinnen meiner Generation in einem zentralen Punkt: Meine Generation beklagte einen Verlust, die Leere in unserem Leben, die entstanden war, als man uns unsere Vergangenheit geraubt und uns zu Exilanten im eigenen Land gemacht hatte. Aber wir hatten immerhin eine Vergangenheit, die wir mit der Gegenwart vergleichen konnten, wir hatten Erinnerungen und eine Vorstellung von dem, was uns genommen worden war. Meine Mädchen dagegen sprachen ständig von gestohlenen Küssen, von Filmen, die sie nie gesehen hatten, und dem Wind, den sie nie auf ihrer Haut gespürt hatten. Diese Generation hatte keine Vergangenheit. Ihre Erinnerung bestand aus einer vagen Sehnsucht, aus etwas, das sie nie gehabt hatten. Und dieser Mangel, diese Sehnsucht nach den ganz normalen, selbstverständlichen Dingen des Lebens, gab ihren Worten eine bestimmte, fast schon poetische Strahlkraft.

Ich frage mich, wie die Menschen hier im Café, so fern vom Iran, reagieren würden, wenn ich sie ansprechen und ihnen vom Leben in Teheran erzählen würde. Würden sie die Folter, die Hinrichtungen und die extreme Aggression verurteilen? Ich denke schon. Aber was würden sie zu den Übergriffen in unserem Alltagsleben sagen, zum Beispiel zu dem Verbot, rosa Söckchen zu tragen?

Ich hatte meine Studentinnen gefragt, ob sie sich an die Tanzszene in *Einladung zur Enthauptung* erinnern könnten: Der Gefängniswärter lädt Cincinnatus ein, mit ihm zu tanzen. Sie beginnen einen Walzer zu tanzen und bewegen sich dabei auf den Gang hinaus. An einer Ecke stoßen sie mit einem anderen Wärter zusammen: »Sie beschrieben in seiner Nähe einen Kreis und glitten in die Zelle zurück, und jetzt bedauerte Cincinnatus, dass die freundliche Umarmung der Ohnmacht nur so kurz gewährt hatte.« Dieses Kreisen ist die entscheidende Bewegung des Romans. So lange Cincinnatus die Scheinwelt akzeptiert, die die Wärter ihm aufzwingen, so lange wird er ihr Gefangener bleiben und sich im Kreis der von ihnen geschaffenen Welt drehen. Das schlimmste Verbrechen totalitärer Systeme ist, dass sie ihre Bürger, ja sogar ihre Opfer, dazu zwingen, zu Komplizen ihrer Verbrechen zu werden. Mit deinem Kerkermeister zu tanzen, an deiner eigenen Hinrichtung mitzuwirken, das ist ein Akt äußerster Brutalität. Meine Studenten mussten sie in Schauprozessen im Fernsehen miterleben – und gleichzeitig wirkten sie jedes Mal an ihrer Inszenierung mit, wenn sie sich in der Öffentlichkeit genau so anzogen, wie man es von ihnen verlangte. Sie waren zwar nicht Teil der Menge, die den Exekutionen beiwohnte, aber sie hatten auch nicht die Kraft, dagegen zu protestieren.

Die einzige Methode, diesen Kreislauf zu durchbrechen, den Tanz mit dem Kerkermeister zu beenden, besteht darin, einen

Weg zu finden, mit dem man seine Individualität bewahren kann – die einzige Eigenschaft, die sich der Beschreibung entzieht und doch ein menschliches Wesen vom anderen unterscheidet. Das ist auch der Grund, warum in der Welt der Kerkermeister und Henker Rituale – leere Rituale – so wichtig sind. Es gab keinen großen Unterschied zwischen unseren Kerkermeistern und den Henkern von Cincinnatus. Sie drangen in jede Privatsphäre ein und versuchten, uns dazu zu zwingen, eine von ihnen zu werden, und das allein war schon eine Form von Hinrichtung.

Am Schluss, als Cincinnatus zum Schafott geführt wird und als Vorbereitung für seine Hinrichtung den Kopf auf das Gerüst legt, spricht er immer wieder die Zauberformel: »Allein.« Diese ständige Erinnerung an seine Einzigartigkeit und sein Versuch, eine Sprache zu erfinden, zu schreiben und zu sprechen, die anders ist als die ihm von seinen Wächtern aufgezwungene, retten ihn im letzten Moment. Er nimmt seinen Kopf in die Hand und geht, hin zu den Stimmen, die ihn aus einer anderen Welt zu sich rufen, während das Schafott und die ganze Scheinwelt um ihn herum mit seinem Henker in sich zusammenbrechen.

TEIL II

Gatsby

1

Eine junge Frau steht allein inmitten einer Menschenmenge auf dem Flughafen von Teheran, einen Rucksack auf dem Rücken, eine große Tasche über der Schulter, und schiebt ihr überdimensionales Handgepäck mit den Zehenspitzen vor sich her. Sie weiß, dass der Mann, mit dem sie seit zwei Jahren verheiratet ist, und ihr Vater irgendwo da draußen mit den Koffern warten. Sie steht am Zoll und sieht sich verzweifelt und mit Tränen in den Augen nach einem sympathischen Gesicht um, nach jemandem, an dem sie sich festhalten, dem sie sagen könnte: »Oh wie glücklich, wie überglücklich bin ich, wieder zu Hause zu sein. Endlich wieder, und für immer.« Aber niemand lächelt auch nur. Die Wände des Flughafens, die mit riesigen Plakaten gepflastert sind, von denen ein Ajatollah vorwurfsvoll herabblickt, verschwimmen zu einem fremdartigen Schauspiel. Dazu passen auch die schwarzen und blutroten Slogans: TOD AMERIKA! NIEDER MIT IMPERIALISMUS UND ZIONISMUS! AMERIKA IST UNSER FEIND NUMMER EINS!

Noch ohne zu begreifen, dass die Heimat, die sie vor siebzehn Jahren im Alter von dreizehn verlassen hat, nicht mehr dieselbe ist, steht sie allein da. Ihre Gefühle wirbeln durcheinander und könnten sich beim geringsten Anlass Bahn brechen. Ich versuche, sie nicht zu sehen, sie nicht anzustoßen, mich unbemerkt an ihr vorbeizuschleichen. Aber ich kann ihr nicht ausweichen.

Dieser Flughafen, der Flughafen von Teheran ist mit sehr widersprüchlichen Eindrücken verbunden. Als ich zum ersten Mal fortging, war es ein gastlicher und magischer Ort mit einem guten Restaurant, wo Freitag abends getanzt wurde, und einem

Café mit großen Glastüren, die auf eine Veranda führten. Als Kinder standen mein Bruder und ich wie gebannt an diesen Fenstern und aßen Eis, während wir die Flugzeuge zählten. Saßen wir selbst darin, gab es bei der Landung immer einen kurzen Moment der Seligkeit, wenn uns plötzlich ein Lichtermeer signalisierte, dass wir da waren, dass Teheran dort unten auf uns wartete. Siebzehn Jahre lang hatte ich von diesen verführerisch lockenden Lichtern geträumt. Ich träumte davon, von ihnen aufgesogen zu werden und nie wieder weggehen zu müssen.

Endlich war der Traum Wirklichkeit geworden. Ich war zu Hause, aber die Atmosphäre im Flughafen hieß mich nicht willkommen. Sie war düster und vage bedrohlich wie die grimmigen Porträts des Ajatollah Khomeini und seines designierten Nachfolgers, des Ajatollah Montazeri, die die Wände bedeckten. Es schien, als sei eine böse Hexe auf ihrem Besen über die Gebäude hinweg geflogen und habe auf einen Streich alle Restaurants, Kinder und bunt gekleideten Frauen aus meiner Erinnerung hinweggefegt. Dieser Eindruck verstärkte sich, als ich die versteckte Angst in den Augen meiner Mutter und Freunde sah, die zum Flughafen gekommen waren, um uns zu begrüßen.

Hinter dem Zoll hielt uns ein mürrischer junger Mann an: Er wolle mich kontrollieren. Wir sind schon kontrolliert worden, erklärte ich ihm. Nicht das Handgepäck, erwiderte er schroff. Aber warum? Das hier ist meine Heimat, wollte ich sagen, als ob mich das vor Misstrauen und prüfenden Blicken bewahrt hätte. Er müsse mich nach alkoholischen Getränken durchsuchen. Man führte mich in eine Ecke. Bijan, mein Mann, beobachtete mich nervös. Er wusste nicht, vor wem er mehr Angst haben sollte, dem mürrischen Sicherheitsbeamten oder mir. Er lächelte auf eine Weise, die mir später sehr vertraut werden sollte – komplizenhaft, versöhnlich, zynisch. Diskutierst du denn mit einem tollwütigen Hund? fragte mich später einmal jemand.

Erst leerte der Mann meine Handtasche: Lippenstift, Kugel-schreiber und Bleistifte, mein Tagebuch und das Brillenetui. Dann machte er sich an meinen Rucksack, aus dem er mein Di-plom, meinen Trauschein, meine Bücher zog – *Ada, Juden ohne Geld, Der große Gatsby* … Der Mann nahm sie verächtlich in die Hand, als fasse er schmutzige Wäsche an. Aber er konfiszierte sie nicht – damals noch nicht. Das geschah erst später.

2

In den ersten Jahren meines Auslandsaufenthalts – auf englischen und Schweizer Schulen und später in Amerika – versuchte ich, andere Orte nach meiner Vorstellung vom Iran zu formen. Ich versuchte, die Landschaft zu »persianisieren«, und studierte ein Semester lang sogar an einem kleinen College in Neu-Mexiko, weil ich mich dort an meine Heimat erinnert fühlte. *Da, seht ihr, Frank und Nancy, dieser kleine Fluss mit den Bäumen, der sich durch ausgetrocknetes Gelände schlängelt, sieht genau aus wie im Iran. Genau wie im Iran, wie zu Hause.* Was mich an Teheran am meisten beeindruckte, erklärte ich allen, die es hören wollten, waren die Berge und das trockene, aber angenehme Klima, die Bäume und Blumen, die auf dem ausgedörrten Boden üppig blühten und das Sonnenlicht geradezu aufzusaugen schienen.

Als mein Vater ins Gefängnis kam, flog ich nach Hause und durfte ein Jahr lang bleiben. Später war ich so verunsichert, dass ich mich aus einer Laune heraus noch vor meinem achtzehnten Geburtstag in die Ehe stürzte. Ich heiratete einen Mann, dessen größter Vorzug es war, dass er nicht so war wie wir – sein Lebensstil war im Vergleich zu unserem pragmatisch und unkompliziert; und er war ungeheuer selbstsicher. Bücher mochte er nicht (»das Problem mit dir und deiner Familie ist, dass ihr mehr in den Büchern lebt als in der Realität«), war entsetzlich eifersüchtig – Eifersucht gehörte zu dem Bild, das er von sich hatte (ein Mann, der sein Schicksal und seinen Besitz unter Kontrolle hatte) –, war erfolgsorientiert (»Wenn ich mein eigenes Büro habe, wird mein Stuhl etwas höher sein als die Stühle meiner Gäste, damit sie sich in meiner Gegenwart immer eingeschüchtert fühlen«), und verehrte Frank Sinatra. Schon an dem Tag, an dem ich »Ja« sagte, wusste ich, dass ich mich irgendwann von ihm trennen würde. Mein Hang zur Selbstzerstörung und zu lebensbedrohlichen Risiken war offenbar grenzenlos.

Ich zog mit ihm nach Norman, Oklahoma, wo er sein Diplom in Maschinenbau machte, und kam innerhalb von sechs Monaten zu dem Entschluss, dass ich die Scheidung einreichen würde, sobald mein Vater aus dem Gefängnis entlassen worden war. Das sollte noch drei Jahre dauern. Mein Mann willigte nicht in die Scheidung ein (»Eine Frau betritt das Haus ihres Mannes in ihrem Hochzeitsgewand und verlässt es im Leichentuch«). Aber er hatte mich unterschätzt. Er wollte, dass sich seine Frau elegant kleidete, die Nägel lackierte, jede Woche zum Friseur ging. Mit meinen langen Röcken und zerschlissenen Jeans setzte ich mich darüber hinweg, trug die Haare lang und saß mit meinen amerikanischen Freunden auf dem Campusrasen, während seine Freunde uns im Vorübergehen verstohlene Blicke zuwarfen.

Mein Vater befürwortete die Scheidung und drohte, meinen Mann auf Unterhalt zu verklagen – der einzige Schutz für Frauen unter dem islamischen Gesetz. Er willigte erst ein, als ich mich bereit erklärte, nicht zu prozessieren, und ihm das Guthaben auf unserem Konto, das Auto und die Teppiche überließ. Er kehrte nach Hause zurück, während ich als einzige ausländische Studentin am Seminar für Englische Literatur in Norman blieb. Ich hielt mich von den anderen Iranern fern, besonders von den Männern, die sich zahlreichen Illusionen über die Verfügbarkeit einer jungen geschiedenen Frau hingaben.

So sehen meine Erinnerungen an Norman aus: rote Erde und Glühwürmchen; Singen und Demonstrieren auf dem Oval; an warmen Frühlingsvormittagen Melville, Poe, Lenin, Mao Tse-Tung, Ovid und Shakespeare bei einem meiner Lieblingsprofessoren, einem Konservativen; revolutionäre Lieder zur Gitarre bei einem anderen. Nachts neue Filme von Bergman, Fellini, Godard und Pasolini. Wenn ich mich an jene Tage erinnere, fließen höchst disparate Bilder und Klänge ineinander: Traurige Fotos von Bergmans Frauen mischen sich mit den beruhigenden Tönen der Gitarre, mit der David, der linke Professor, sich selbst begleitet:

> »Long haired preachers come out every night
> And tell you what's wrong and what's right And when you ask them for something to eat They tell you in voices so sweet:
> You will eat by and by, in that glorious place in the sky
> Work and pray, live on hay, you will get pie in the sky when you die. *That's* a lie!«

Vormittags demonstrierten wir, besetzten die Verwaltungsgebäude, sangen auf der Grünfläche vor dem Englischen Seminar, genannt South Oval, und sahen immer mal einen Flitzer, der nackt über den Rasen auf das rote Backsteingebäude zurannte, in dem die Bibliothek untergebracht war. Ich marschierte auf Demonstrationen, während die armen studierenden Offiziersanwärter, die in jenen Zeiten des Protests gegen den Vietnamkrieg junge Männer zu rekrutieren versuchten, unsere Anwesenheit auf dem Rasen demonstrativ ignorierten. Später ging ich auf Partys zusammen mit meiner großen Liebe Ted, der mich mit Nabokov bekannt machte, als er mir den Roman *Ada* schenkte, auf dessen Vorsatzblatt er geschrieben hatte:

Für Azar, meine Ada, Ted.

In meiner Familie hatte man immer schon mit einer gewissen Herablassung über Politik die Nase gerümpft. Man brüstete sich mit der Tatsache, dass die Nafisis seit achthundert Jahren – vierzehn Generationen, wie meine Mutter stolz betonte – ihren Beitrag zu Literatur und Wissenschaft geleistet hatten. Die Männer wurden *hakim* genannt, Gelehrte, und zu einer Zeit, als Frauen üblicherweise das Haus hüteten, hatten die Nafisi-Frauen bereits Universitäten besucht und gelehrt. Als mein Vater Bürgermeister von Teheran wurde, breitete sich statt Feierlaune ein vages Unbehagen in der Familie aus. Meine jüngeren Onkel, die damals noch studierten, wollten meinen Vater nicht mehr Bruder nennen. Als mein Vater später in Ungnade fiel, brachten es meine Eltern fertig, dass wir auf seine Gefängnisstrafe stolzer waren als auf sein Bürgermeisteramt.

Ich schloss mich der iranischen Studentenbewegung nur zögerlich an. Die Gefängnishaft meines Vaters und das unbestimmte Nationalgefühl meiner Familie hatten mich für die Politik sensibilisiert, aber ich war eher eine Rebellin als eine politische Aktivistin – obwohl in dieser Zeit zwischen beidem kein großer Unterschied bestand. Einen Reiz hatte die Sache allerdings: Die Männer in der Bewegung versuchten nicht, mich anzugreifen oder zu verführen. Stattdessen organisierten sie Studiengruppen, in denen wir Engels' *Der Ursprung der Familie, des Privateigentums und des Staats* und Marx' *Der Achtzehnte Brumaire von Louis Bonaparte* lasen. In den Siebzigern herrschte – nicht nur unter Iranern, sondern auch unter europäischen und amerikanischen Studenten – eine prorevolutionäre Stimmung. Man hatte Kuba vor Augen und natürlich China. Die revolutionären Phrasen und die romantische Atmosphäre waren ansteckend, und die iranischen Studenten standen an vorderster Front des Kampfes. Sie waren aktiv und streitlustig und wanderten sogar ins Gefängnis, nachdem sie das iranische Konsulat in San Francisco besetzt hatten.

Die iranische Studentengruppe an der University of Oklahoma war Teil der *World Confederation of Iranian Students,* die Mitglieder und Gruppen in den meisten wichtigen europäischen und amerikanischen Städten hatte. In Oklahoma war sie dafür verantwortlich, auf dem Campus die RSB, den militanten Zweig der

Revolutionären Kommunistischen Partei, einzuführen und ein Dritte-Welt-Komitee gegen Imperialismus zu gründen, das aus linken Studenten verschiedener Nationalitäten bestand. Der nach dem Muster von Lenins demokratischem Zentralismus gebildete Zusammenschluss übte einen starken Einfluss auf den Lebenswandel und die gesellschaftlichen Aktivitäten seiner Mitglieder aus. Mit der Zeit dominierten die militanteren und marxistischen Elemente die Gruppe immer stärker und vertrieben oder isolierten die Gemäßigteren und die eher national gesonnenen Mitglieder. Die jungen Männer liefen in der Regel mit Che-Guevara-Sportjacken und Stiefeln herum, die Frauen hatten kurze Haare, schminkten sich kaum und trugen Mao-Jacken und Khakihosen.

Für mich begann damit eine schizophrene Phase meines Lebens, in der ich versuchte, meine revolutionären Bestrebungen mit dem Lebensstil in Einklang zu bringen, der mir am besten gefiel. Ich war nie ganz in die Bewegung integriert. Während der langen, kontroversen Treffen zwischen rivalisierenden Splittergruppen verließ ich oft unter den verschiedensten Vorwänden fluchtartig den Raum und schloss mich manchmal sogar auf der Toilette ein.

Außerhalb der Treffen beharrte ich auf meiner Vorliebe für lange Kleider und weigerte mich, mir die Haare kurz schneiden zu lassen. Ich las und liebte weiterhin »konterrevolutionäre« Schriftsteller – T. S. Eliot, Austen, Plath, Nabokov, Fitzgerald –, aber ich hielt auch leidenschaftliche Reden bei Demonstrationen. Inspiriert von Formulierungen, die ich in Romanen und Gedichten gelesen hatte, verfasste ich revolutionäre Texte. Meine drückende Sehnsucht nach der Heimat äußerte sich in erregten Aufrufen gegen die Tyrannen zu Hause und ihre amerikanischen Gönner, und obwohl ich mich in der Bewegung selbst fremd und zu keinem Zeitpunkt zu Hause fühlte, hatte ich einen ideologischen Rahmen gefunden, innerhalb dessen ich diese hemmungslose, unreflektierte Leidenschaft ausleben konnte.

Der Herbst 1977 war in zweierlei Hinsicht denkwürdig: Im September fand meine Hochzeit statt und im November der letzte offizielle und dramatischste Schah-Besuch in den USA. Ich hatte Bijan Naderi zwei Jahre zuvor bei einer Zusammenkunft in Berkeley kennengelernt. Er war der Kopf der Gruppierung, die mir am sympathischsten war. Ich verliebte mich aus allen möglichen falschen Gründen in ihn: nicht etwa wegen seiner revolutionären Rhetorik, sondern weil er an sich selbst und seine Überzeugungen glaubte, die über die der Bewegung hinausgingen. Er war loyal, widmete sich allem mit Leidenschaft, sei es der Familie, dem Beruf oder der Bewegung, aber diese Loyalität machte ihn nie blind. Dafür bewunderte ich ihn ebenso sehr wie später für seine Weigerung, den revolutionären Verfügungen Folge zu leisten.

Während der vielen Demonstrationen, auf denen wir Slogans gegen die Einmischung der USA im Iran skandierten, bei den Protestkundgebungen, auf denen wir bis spät in die Nacht diskutierten und glaubten, wir sprächen über den Iran, während wir uns im Grunde mehr mit den Ereignissen in China befassten, tauchte immer wieder das Bild der Heimat vor meinen Augen auf. Es war in mir, und ich konnte es jederzeit heraufbeschwören und meine Umwelt wie durch einen Dunstschleier betrachten.

Meine Vorstellung von »Heimat« war widersprüchlich, um nicht zu sagen paradox. Es gab einen vertrauten Iran, nach dem ich mich sehnte, das Land meiner Eltern und Freunde und der Sommernächte am Kaspischen Meer. Doch ebenso real war dieser andere, rekonstruierte Iran, über den wir auf zahllosen Versammlungen diskutierten, uneins darüber, was die Massen im Iran wollten. Als die Bewegung sich in den siebziger Jahren radikalisierte, forderten die Massen offenbar von uns, dass wir bei unseren Feiern keinen Alkohol tranken, nicht tanzten und keine »dekadente« Musik hörten. Nur Folksongs und

Revolutionslieder waren erlaubt. Sie wollten, dass die jungen Frauen das Haar kurz trugen oder zu Pferdeschwänzen banden. Sie wollten, dass wir die bürgerliche Gewohnheit ablegten zu studieren.

3

Etwas mehr als einen Monat nach unserer Ankunft auf dem Flughafen von Teheran stand ich eines Morgens im Englischen Seminar der Universität Teheran. Beim Betreten des Gebäudes war ich fast mit einem jungen Mann im grauen Anzug, mit lockigen Haaren und einem freundlichem Gesicht zusammengestoßen. Später stellte ich fest, dass er, wie ich, ein Neuzugang aus den USA war und voller neuer, aufregender Ideen steckte. Die Sekretärin, die trotz ihrer fülligen Schönheit eine gewisse Heiligkeit ausstrahlte, lächelte mir zu und schlurfte in das Büro des Institutsleiters. Kurz darauf kam sie zurück und forderte mich durch ein Nicken zum Eintreten auf. Ich ging durch die offene Tür und stolperte über eine niedrige Holzschwelle, verlor das Gleichgewicht und landete fast auf dem Schreibtisch des Institutsleiters.

Er begrüßte mich mit einem amüsierten Lächeln und bot mir einen Stuhl an. Zwei Wochen zuvor war ich schon einmal in diesem Büro interviewt worden, von einem anderen Institutsleiter, einem großen, freundlichen Mann, der mich nach prominenten Schriftstellern und Akademikern aus meiner Verwandtschaft gefragt hatte. Ich war ihm dankbar gewesen für seinen Versuch, es mir leicht zu machen, aber gleichzeitig hatte sich die Befürchtung geregt, dass ich mich mein Leben lang an den prominenten Größen meiner Familie würde messen müssen.

Dieser neue Mann, Dr. A, war anders. Sein Lächeln war freundlich, aber nicht herzlich, sondern eher taxierend. Er lud mich für denselben Abend zu einer Party zu sich nach Hause ein, aber sein Verhalten war distanziert. Wir sprachen über Literatur, nicht über Verwandte. Ich versuchte ihm zu erklären, warum ich mein Dissertationsthema geändert hatte. Sehen Sie, sagte ich, ich wollte eine vergleichende Studie über die Literatur der zwanziger und dreißiger Jahre machen, über die proletarische und die nicht-proletarische. Der geeignetste Autor dafür war Fitzgerald – für die zwanziger Jahre, meine ich. Das schien ihm einzuleuchten. Doch dann hatte ich Mühe gehabt, seinen Gegenpart auszusuchen – Steinbeck oder lieber Farrell oder Dos Passos? – Sie dachten doch nicht, dass einer von ihnen auch nur annähernd das Format von Fitzgerald hat? – Nein, nicht in literarischer Hinsicht. – In welcher Hinsicht dann? – Nun, ich habe die echten Proletarier entdeckt, deren Gesinnung am besten von Mike Gold eingefangen wird. – Von wem? – Mike Gold. Er war der Herausgeber der linken Literaturzeitschrift *New Masses*. Es mag Ihnen seltsam vorkommen, aber damals war er eine Berühmtheit. Er war der erste, der in den USA den Begriff der proletarischen Kunst formuliert hat. Sogar Schriftsteller wie Hemingway hörten auf das, was er zu sagen hatte – er nannte Hemingway einen »bürgerlichen Autor« und Thornton Wilder »die Emily Post der Kultur«.

Zuletzt entschloss ich mich dann, Fitzgerald ganz beiseite zu lassen. Ich war neugierig auf Gold und warum er sich durchgesetzt hat – denn er hat sich durchgesetzt. In den dreißiger Jahren wurden Leute wie Fitzgerald von diesem neuen Typus von Autor verdrängt, und ich wollte wissen warum. Außerdem war ich selbst für die Revolution; ich wollte die Leidenschaft verstehen, die Mike Gold und seinesgleichen antrieb. – Sie wollten Leidenschaft, fragte er, und Sie haben Fitzgerald durch diesen anderen ersetzt? – Unsere Diskussion war interessant, und ich nahm seine Einladung zur Party an.

Der andere, der große, freundliche Institutsleiter, den ich bei meinem ersten Besuch angetroffen hatte, saß, wie ich nun hörte, im Gefängnis. Niemand wusste, wann er entlassen würde und ob überhaupt. Vielen Professoren war inzwischen gekündigt wor-

den, und weitere sollten folgen. So lagen die Dinge in jenen ersten Tagen der Revolution, als ich naiv und mit einer der Situation
ganz und gar nicht angemessenen Hochstimmung meine Laufbahn als jüngste Dozentin am Englischen Seminar der Fakultät
für Persisch und Fremdsprachen an der Universität Teheran
begann. Wäre mir eine ähnliche Position in Oxford oder Harvard
angeboten worden, hätte ich mich kaum geschmeichelter oder
beklommener gefühlt.

Der Blick, mit dem mich Dr. A begrüßte, als ich durch die Tür
in sein Zimmer stolperte, war ein Blick, dem ich im Lauf der
Jahre noch bei vielen anderen, ganz unterschiedlichen Menschen
begegnen sollte. Er drückte Überraschung und eine Spur Nachsicht aus. Ein drolliges Kind, schien er zu besagen, das angeleitet
und manchmal in seine Schranken gewiesen werden muss. Später stellte sich dann noch ein anderer Blick ein, ein Blick, aus dem
Enttäuschung sprach, als hätte ich dieses erste Abkommen miss-
achtet: Ich war ein widerspenstiges und aufsässiges Kind geworden und ließ mich nicht beherrschen.

4

Alle meine Erinnerungen aus diesen ersten Jahren kreisen um die Universität Teheran. Sie war der Nabel, das unbewegliche Zentrum, an das alle politischen und sozialen Aktivitäten geknüpft waren. Wenn wir in den USA von Unruhen im Iran gehört oder gelesen hatten, war immer die Universität der Schauplatz der entscheidenden Kämpfe.

Alle Gruppen nutzten die Universität für ihre Verlautbarungen.

So überraschte es nicht, dass die neue Islamische Regierung ihre wöchentlichen Freitagsgebete in der Universität abhielt. Dies war um so bedeutungsvoller, als zu allen Zeiten, sogar nach der Revolution, die muslimischen Studenten, vor allem die fanatischeren, eine Minderheit darstellten, die von den linken und weltlichen Studentengruppen zahlenmäßig in den Schatten gestellt wurde. Durch diesen Akt schien die islamische Splittergruppe ihren Sieg über andere politische Gruppierungen zu proklamieren: Wie eine siegreiche Armee bezog sie Posten an dem Ort, der dem besetzten Land am teuersten ist, im Herzen des eroberten Territoriums. Jede Woche stand ein prominenter Geistlicher auf dem Podium und sprach zu den Tausenden, die, nach Geschlechtern getrennt, auf dem Universitätsgelände versammelt waren. Mit dem Gewehr in der Hand hielt er die Predigt der Woche, in der er die wichtigsten aktuellen politischen Themen abhandelte. Doch es schien, als wehre sich der Erdboden selbst gegen diese Okkupation.

In jenen Tagen spielte sich meiner Meinung nach ein Kompetenzgerangel zwischen verschiedenen politischen Gruppierungen ab, und dieses Gefecht fand hauptsächlich in der Universität statt. Damals wusste ich noch nicht, dass mir selbst ebenfalls ein Kampf bevorstand. Rückblickend bin ich froh, dass ich mir nicht bewusst war, wie angreifbar ich eigentlich war: Mit meinem kleinen Bücherstapel und einer Fülle von Träumen war ich, wie eine Gesandte aus einem nicht existierenden Land, hergekommen, um dieses Land wieder als meine Heimat zu beanspruchen. Während des Geredes über Verrat und Regierungsumbildung, das ich zeitlich nicht mehr einordnen kann, saß ich, wann immer ich konnte, inmitten von Büchern und Notizen und bereitete meine Seminare vor. Im ersten Semester hielt ich vor sehr vielen Studenten ein Seminar zum Thema Literaturrecherche, in dem wir uns mit den *Abenteuern von Huckleberry Finn* beschäftigten, und gab einen Abriss über die Erzählliteratur des 20. Jahrhunderts.

Ich versuchte, politisch ausgewogen vorzugehen. Neben *Der große Gatsby* und *In einem andern Land* behandelte ich Werke von Maxim Gorki und Mike Gold. Die meiste Zeit verbrachte ich in den Buchhandlungen gegenüber der Universität. In dieser Straße, die gerade erst in »Straße der Revolution« umbenannt worden war, befanden sich die wichtigsten Buchhandlungen und Verlage von Teheran. Es machte mir ungeheure Freude, von einem Laden zum nächsten zu schlendern und hin und wieder auf einen Verkäufer oder Kunden zu treffen, der mich auf ein unerwartetes Juwel aufmerksam machte oder mich mit seinem Wissen über einen obskuren englischen Schriftsteller namens Henry Green verblüffte.

Immer wieder wurde ich in meinen fieberhaften Vorbereitungen gestört und wegen Angelegenheiten, die nichts mit meinen Seminaren und Büchern zu tun hatten, an die Universität gerufen. Fast jede Woche, manchmal täglich, fanden Demonstrationen oder Versammlungen statt, von denen wir fast willenlos und wie magnetisch angezogen wurden.

5

Bevor im September 1979 das neue Semester begann, verbrachte ich die meiste Zeit mit der Suche nach den Büchern, die auf meinem Lehrplan standen. Als ich eines Tages in einer Buchhandlung in *Der große Gatsby* und *In einem andern Land* blätterte, kam der Besitzer auf mich zu. »Wenn Sie sich für die interessieren, sollten Sie sie lieber gleich kaufen«, sagte er mit einem traurigen Kopfschütteln. Ich sah ihn mitfühlend an und sagte süffisant: »Sie sind einfach zu begehrt. Dagegen können die nichts unternehmen – oder?«

Aber er behielt recht. Wenige Monate später waren Bücher von Fitzgerald und Hemingway kaum noch aufzutreiben. Die Regierung konnte nicht alle aus dem Verkehr ziehen, aber sie schloss nach und nach die wichtigsten Buchhandlungen mit fremdsprachiger Literatur und sorgte dafür, dass solche Bücher nicht mehr im Iran vertrieben wurde.

Am Abend vor meinem ersten Seminar war ich nervös wie ein Kind vor dem ersten Schultag. Ich hatte mir sorgfältiger als sonst überlegt, was ich anziehen würde, und begutachtete noch einmal meinen mageren Bücherstapel. Ich hatte die meisten meiner Bücher bei meiner Schwägerin in den USA gelassen und vorgehabt, sie später zu holen – ohne zu ahnen, dass ich die USA erst elf Jahre später wieder betreten würde. Bis dahin hatte meine Schwägerin die meisten meiner Bücher weggegeben.

Am ersten Tag ging ich mit meinem getreuen *Gatsby* gewappnet zur Universität. Er war schon leicht zerfleddert; je mehr mir ein Buch am Herzen lag, desto zerlesener und schäbiger sah es aus. *Huckleberry Finn* gab es noch zu kaufen, und ich erstand voller Vorfreude ein neues Exemplar. Auch *Ada* kaufte ich, obwohl das Buch nicht auf dem Lehrplan stand, und nahm es als eine Art Rettungsanker auch noch mit.

Die Universität war in der Regierungszeit von Reza Schah in den dreißiger Jahren gebaut worden. Die Hauptgebäude hatten sehr hohe Decken, die von dicken Zementsäulen gestützt wurden. Die Räume waren im Winter immer etwas kalt und im Sommer feucht. Die Erinnerung verleiht ihnen gigantische Proportionen, die sie vermutlich nicht hatten, aber die Atmosphäre in diesen weitläufigen Gebäuden war in der Tat seltsam. Sie waren für große Menschenmengen gemacht; man wurde nie recht heimisch.

Auf dem Weg ins Englische Seminar registrierte ich im Foyer am Fuß des sehr breiten Treppenaufgangs Stände. Auf mehr als zehn langen Tischen lagen die Schriften der verschiedenen revolutionären Gruppen aus. Studenten standen diskutierend und manchmal heftig streitend beieinander, jederzeit bereit, ihr Territorium zu verteidigen. Sie waren nicht direkt als Feinde erkennbar, aber es herrschte stets eine latent bedrohliche Stimmung.

Es war ein entscheidender Moment in der Geschichte des Iran. Auf allen Ebenen tobte der Kampf um die Form der Verfassung und die Seele dieses neuen Regimes. Die Mehrheit des Volkes war für eine weltliche Verfassung. Mehrere einflussreiche Geistliche unterstützten dies. Aus Protest gegen die autokratischen Tendenzen innerhalb der herrschenden Eliten bildeten sich mächtige weltliche wie religiöse Oppositionsgruppen. Die stärksten oppositionellen Kräfte waren Ajatollah Shariatmadaris Muslimisch-Republikanische Volkspartei und die säkular-progressive Nationaldemokratische Front, die an vorderster Front für die Wahrung demokratischer Rechte, unter anderem die Rechte der Frau und die Pressefreiheit, kämpfte. Sie war damals sehr populär.

Das Verbot der populärsten und progressivsten Zeitung *Ayandegan* hatte zu einer Reihe lautstarker Demonstrationen geführt, bei denen die Demonstranten von regierungstreuen Schläger-trupps angegriffen wurden. In jenen Tagen waren die Schläger mit ihren schwarzen Flaggen und Bannern und ihren Motor-rädern ein ganz normaler Anblick. Manchmal wurden sie von einem Geistlichen in einem kugelsicheren Mercedes angeführt. Trotz dieser alarmierenden Anzeichen unterstützten die kom-munistische Tudeh-Partei und die marxistische Feddayin-Orga-nisation die radikalen Reaktionäre gegen die sogenannten Libe-ralen und setzten Premierminister Bazargan zunehmend unter Druck, weil sie ihn pro-amerikanischer Sympathien verdächtig-ten.

Die Opposition traf auf brutale Gewalt. »Die Holzschuhträger und die Turbanträger haben euch eure Chance gegeben«, warnte Khomeini. »Nach jeder Revolution werden Tausende korrupter Elemente öffentlich exekutiert und verbrannt, und die Sache ist ausgestanden. Sie dürfen keine Zeitungen drucken.« Mit einem Hinweis auf die Oktoberrevolution und die Tatsache, dass der Staat die Presse nach wie vor kontrollierte, fuhr er fort: »Wir wer-den alle Parteien verbieten außer der einen oder einigen wenigen, die sich angemessen verhalten ... wir alle haben Fehler gemacht. Wir dachten, wir hätten es mit Menschen zu tun. Wir haben es mit wilden Tieren zu tun. Wir werden sie nicht länger tolerie-ren.«

Wenn ich jetzt von den Ereignissen jener Jahre erzähle, wun-dere ich mich, wie sehr ich auf meine Arbeit konzentriert war. Denn die Frage, wie meine Studenten mich aufnehmen würden, beschäftigte mich ebenso sehr wie die politischen Turbulenzen.

Mein erstes Seminar fand in einem länglichen Raum mit Sei-tenfenstern statt. Der Raum war voll, als ich ihn betrat, aber sobald ich mich hinter meinem Schreibtisch Platz genommen hatte, war meine Nervosität wie weggeblasen. Die Studenten ver-hielten sich ungewöhnlich still. Ich war beladen mit Büchern und Fotokopien, einer bunten Mischung aus revolutionären Schriftstellern, deren Werke ins Persische übersetzt worden waren, und »Eliteautoren« wie Fitzgerald, Faulkner und Woolf.

Die erste Stunde verlief gut, und danach wurde es leichter. Ich war enthusiastisch, naiv und idealistisch und liebte meine Bücher. Die Studenten waren neugierig auf mich und auf Dr. K., den gelockten jungen Mann, mit dem ich in Dr. A's Büro zusammengestoßen war. Wir waren zwei kuriose Erscheinungen in dieser Zeit, in der die meisten Studenten sich einen Sport daraus machten, ihre Professoren hinauszuwerfen: Sie waren alle »antirevolutionär«, ein Begriff, der ein breites Spektrum abdeckte – von der Kollaboration mit dem früheren Regime bis zur Verwendung obszöner Ausdrücke im Unterricht.

An jenem ersten Tag fragte ich meine Studenten, was erzählende Literatur ihrer Meinung nach leisten konnte, warum man sie überhaupt lesen sollte. Das war ein ungewöhnlicher Beginn, aber immerhin hatte ich ihr Interesse geweckt. Ich erklärte, wir würden im Lauf des Semesters viele verschiedene Autoren lesen und besprechen, aber eines hätten sie alle gemeinsam: sie waren subversiv. Einige, wie Gorki oder Gold, waren in ihrer politischen Zielsetzung offen subversiv; andere, wie Fitzgerald und Mark Twain, waren meines Erachtens noch subversiver, auch wenn es weniger offensichtlich war. Wir würden, erklärte ich, auf diesen Begriff noch häufiger zurückkommen, da ich ihn etwas anders interpretierte als üblich. Dann schrieb ich eines meiner Lieblingszitate von Theodor W. Adorno an die Tafel: »Es gehört zur Moral, nicht bei sich selber zu Hause zu sein.« Die meisten großen Kunstwerke, sagte ich, zielten darauf ab, dass man sich bei sich selbst fremd fühlt. Die besten Romane konfrontierten uns immer mit der Frage, was wir als selbstverständlich hinnähmen. Sie stellten Traditionen und Erwartungen um so mehr in Frage, je unveränderlicher sie schienen. Ich wünschte mir, sagte ich zu meinen Studenten, dass sie bei ihrer Lektüre darauf achteten, was an diesen Werken sie irritierte, was ihnen Unbehagen einflößte,

was sie dazu veranlasste, sich wie Alice im Wunderland umzu-
schauen und die Welt mit anderen Augen zu sehen.

Zu jener Zeit unterschieden sich Mitglieder der Fakultät und
Studenten vor allem durch ihre Zugehörigkeit zu politischen
Gruppierungen. Allmählich lernte ich die Namen Gesichtern zu-
zuordnen, in ihnen zu lesen, zu unterscheiden, wer mit wem gegen wen war und wer welcher Gruppe angehörte. Heute er-
schreckt es mich fast, wenn diese Gesichter wie aus dem Nichts
auftauchen, wie die Gesichter von Toten, die ins Leben zurückkehren, um eine begonnene Aufgabe zu Ende zu bringen.

Ich sehe Mr. Bahri in der mittleren Reihe, wie er, den Kopf gesenkt, mit seinem Bleistift spielt und Notizen macht. Schreibt er
mit, frage ich mich, oder tut er nur so? Hin und wieder hebt er
den Kopf und schaut mich an, als wolle er ein Rätsel lösen, dann
sinkt er wieder in sich zusammen und schreibt.

In der zweiten Reihe am Fenster sitzt ein Mann, an dessen Gesicht ich mich gut erinnere. Er hat die Arme über der Brust ge-
kreuzt und hört trotzig zu; nicht ein Wort entgeht ihm, aber
nicht, weil er lernen will oder muss, sondern weil er aus irgend-
welchen Gründen beschlossen hat, nicht das Geringste zu ver-
passen. Ich will ihn Mr. Nyazi nennen.

Meine radikalsten Studentinnen und Studenten sitzen ganz
hinten und lächeln zynisch. An ein Gesicht erinnere ich mich besonders gut – das von Mahtab. Sie ist verlegen, blickt starr geradeaus auf die Tafel und nimmt genau wahr, wer rechts und links
von ihr sitzt. Sie hat dunkle Haut, ein schlichtes, noch kindlich-
rundes Gesicht und resignierte, traurige Augen. Später erfuhr
ich, dass sie aus Abadan, einer Erdölstadt im Süden des Iran
stammt.

Dann sind da natürlich noch Zarrin und ihre Freundin Vida.
Sie waren mir schon am ersten Tag aufgefallen, weil sie so anders aussahen, so, als hätten sie kein Recht, im Seminar oder
überhaupt auf der Universität zu sein. Sie passten in keine der

Kategorien, in die sich die Studenten damals so klar einordnen ließen: Die Schnurrbärte der linken jungen Männer bedeckten die Oberlippe, womit sie sich von den Muslimen unterschieden, die zwischen Oberlippe und Bärtchen eine rasiermesserdünne Linie freiließen. Einige Muslime ließen sich Vollbärte wachsen oder wenigstens Stoppeln stehen, so gut es ging. Die Frauen der Linken trugen khaki oder mattgrün – lange, weite Hemden über weiten Hosen – und die Muslimmädchen Kopftücher oder Tschadors. Zwischen diesen beiden unbeweglichen Fronten standen die unpolitischen Studenten, die automatisch als Monarchisten gebrandmarkt wurden. Aber nicht einmal die echten Monarchisten fielen so sehr ins Auge wie Zarrin und Vida.

Zarrin hatte helle, zarte Haut, Augen wie schmelzender Honig und hellbraune Haare, die sie hinter die Ohren gesteckt hatte. Sie und Vida saßen in der ersten Reihe ganz rechts neben der Tür. Beide lächelten. Wie sie da so pastellfarben und heiter auf ihren Plätzen saßen, wirkten sie geradezu fehl am Platz. Sogar ich, die inzwischen alle Erwartungen an die Revolution begraben hatte, war von ihrem Erscheinungsbild überrascht.

Vida war die Nüchternere, die konventionelle Akademikerin, bei Zarrin dagegen bestand immer die Gefahr, dass sie abschweifte, die Kontrolle verlor. Im Gegensatz zu vielen anderen machten sie aus ihrem mangelnden revolutionären Elan keinen Hehl; sie schienen auch nicht das Bedürfnis zu haben, sich zu rechtfertigen. Zu jener Zeit ließen die Studenten beim geringsten Anlass Seminare ausfallen. Fast jeden Tag gab es neue Debatten, neue Versammlungen, und inmitten des Aufruhrs erschienen Zarrin und ihre Freundin – freiwillig, nicht aus Pflichtgefühl, wie es schien – unweigerlich zu jeder Veranstaltung und sahen immer frisch, adrett und gepflegt aus.

Ich erinnere mich an einen Tag, an dem meine linken Studenten aus Protest gegen den Mord an drei Revolutionären ihre Seminare ausfallen ließen. Ich ging gerade die Treppe hinunter, als

Zarrin und Vida mich einholten. Im Seminar hatte ich erwähnt, dass sie vielleicht Schwierigkeiten haben würden, die Bücher zu finden, die auf meiner Leseliste standen. Sie wollten mir von einer Buchhandlung mit der größten Auswahl an englischsprachiger Literatur in Teheran erzählen und verrieten mir eifrig, dass man dort auch noch *Der große Gatsby* und *Herzog* bekam.

Gatsby hatten sie schon gelesen. Waren alle Bücher von Fitzgerald so ähnlich? Ins Gespräch vertieft gingen wir die breite Treppe hinunter, an den Tischen mit ihren Politbroschüren und der Menschenmenge vorbei, die sich vor einer mit Zeitungen gepflasterten Wand eingefunden hatte. Wir traten auf den heißen Asphalt und setzten uns auf eine der Bänke am Fluss, der durch den Campus führte, und redeten und redeten wie Kinder, die sich eine Handvoll süßer, stibitzter Kirschen teilen. Ich fühlte mich sehr jung, und wir lachten viel. Dann gingen wir auseinander. Näher als in diesem Moment kamen wir uns nie mehr.

6

»Kriminelle sollten nicht vor Gericht gestellt werden. Der Prozess gegen Kriminelle verstößt gegen die Menschenrechte. Die Menschenrechte verlangen, dass wir sie gleich hätten töten sollen, als bekannt wurde, dass sie kriminell sind«, verkündete Ajatollah Khomeini und reagierte damit auf die Proteste internationaler Menschenrechtsorganisationen gegen die auf die Revolution folgende Exekutionswelle. »Sie kritisieren uns, weil wir die Bestien exekutieren.« Die euphorische Stimmung und die Hoffnung auf Freiheit, die auf den Sturz des Schahs gefolgt waren, machten bald Anspannung und Angst Platz, als das Regime immer mehr »Revolutionsgegner« exekutierte und ermorden ließ und militante Schlägertrupps das Recht in die Hand nahmen und die Straßen terrorisierten.

NAME: Omid Gharib

GESCHLECHT: männlich

DATUM DER VERHAFTUNG: 9. Juni 1980

ORT DER VERHAFTUNG: Teheran

ORT DER INHAFTIERUNG: Teheran, Qasr-Gefängnis

ANSCHULDIGUNG: Verwestlichung, aufgewachsen in einer westlich orientierten Familie; zu langer Studienaufenthalt in Europa; raucht Winston-Zigaretten; politisch links orientiert.

URTEIL: drei Jahre Gefängnis; Tod

PROZESSINFORMATION: Der Prozess gegen den Beschuldigten wurde hinter verschlossenen Türen geführt. Er wurde verhaftet, nachdem die Behörden einen Brief abgefangen hatten, den er an seinen Freund in Frankreich geschrieben hatte. Er wurde 1980 zu drei Jahren Gefängnis verurteilt. Am 2. Februar 1982, während Omid Gharib seine Haftstrafe verbüßte, erfuhren seine Eltern, dass er hingerichtet worden war. Die Umstände seiner Hinrichtung sind nicht bekannt.

ZUSATZINFORMATION:

DATUM DER HINRICHTUNG: 31. Januar 1982

ORT DER HINRICHTUNG: Teheran

QUELLE: Amnesty International Newsletter, Juli 1982, Band XII, Nummer 7

In jenen Tagen glichen wir alle Passanten im Gewimmel der Großstadt, die, die Gesichter tief im Mantelkragen vergraben, jeder mit seinen eigenen Problemen beschäftigt, durch die Straßen eilen. Ich empfand eine gewisse Distanz zu den meisten meiner Studenten. Wenn wir in den Vereinigten Staaten diesem oder jenem lauthals den Tod gewünscht hatten, dann waren diese Tode symbolischer, abstrakter Natur; dass unsere Parolen so irreal klangen, machte uns nur noch emphatischer. Aber 1979 in Teheran verwandelten sich diese Slogans mit makabrer Präzision in Realität. Ich fühlte mich hilflos: Alle Träume und Parolen wurden wahr, man konnte ihnen nicht entkommen.

Mitte Oktober lief der Lehrbetrieb schon seit drei Wochen, und ich gewöhnte mich langsam an den unregelmäßigen Rhythmus meiner Tage an der Universität. Kaum ein Tag verging, ohne dass der normale Ablauf von einem Todesfall oder Mord unterbrochen wurde. Ständig wurden an der Universität Kundgebungen und Demonstrationen angesetzt; fast jede Woche fielen beim geringsten Anlass Seminare aus. Die einzige Art, wie ich meinem Leben einen Rhythmus geben konnte, war, meine Bücher zu lesen und meine Seminare vorzubereiten, die trotz des Tohuwabohus erstaunlich regelmäßig stattfanden und von der Mehrheit der Studentinnen und Studenten besucht wurden.

An einem milden Oktobertag versuchte ich, mir einen Weg

durch die Menschenmenge zu bahnen, die sich um eine bekannte linke Professorin aus der Historischen Fakultät gebildet hatte. Spontan blieb ich stehen und hörte ihr zu. An vieles erinnere ich mich nicht mehr, aber etwas blieb mir im Gedächtnis, verwahrt in einer sicheren Ecke. Sie erklärte ihren Zuhörern, sie wäre um der Unabhängigkeit willen bereit, den Schleier zu tragen. Sie würde sich verschleiern, um die US-Imperialisten zu bekämpfen, um ihnen zu zeigen ... Um ihnen was zu zeigen?

Hastig lief ich die Treppe hoch in den Konferenzraum des Englischen Seminars, wo ich mit Mr. Bahri, einem meiner Studenten, verabredet war. Wir hatten eine förmliche Beziehung – ich war so daran gewöhnt, ihn laut und auch in Gedanken beim Nachnamen zu nennen, dass ich seinen Vornamen völlig vergessen habe. Geblieben sind sein heller Teint und seine dunklen Haare, das hartnäckige Schweigen, das selbst dann mitschwang, wenn er sprach, und sein ständiges schiefes Grinsen. Dieses Grinsen prägte alles, was er sagte, und erweckte den Eindruck, als würde das, was er nicht sagte, was er so unverfroren verbarg und seinen Zuhörern vorenthielt, ihm eine überlegene Position verschaffen.

Mr. Bahri schrieb eine der besten Hausarbeiten über *Huckleberry Finn*, die ich je gelesen habe, und seitdem tauchte er während meiner gesamten Zeit an der Universität Teheran während all der aufgeregten Versammlungen immer irgendwie neben oder hinter mir auf. Er wurde buchstäblich mein Schatten, und sein einseitiges Schweigen schwebte über mir wie eine Zentnerlast.

Er wollte mir mitteilen, dass ihm mein Unterricht gefiel und dass »sie« meine Lehrmethoden billigten. Als ich den Studenten zu viel zu lesen aufgegeben hatte, hatten sie zunächst überlegt, ob sie den Kurs boykottieren sollten, aber später hatten sie es sich anders überlegt. Er war gekommen, um mich zu bitten – oder zu beauftragen –, mehr revolutionäres Material zu verwenden, mehr revolutionäre Schriftsteller zu behandeln. Darauf folgte eine anregende Diskussion über die Bedeutung von Worten wie *Literatur, links, bourgeois* und *revolutionär,* die wir, wenn ich mich recht entsinne, engagiert und intensiv führten, obwohl wir uns kaum auf eine Definition einigen konnten. Während der gesamten hitzigen Diskussion standen wir, von leeren Stühlen umgeben, am Kopfende eines langen Tisches.

Am Ende des Gesprächs war ich so aufgewühlt, dass ich ihm in einer Geste des guten Willens und der Freundschaft die Hände entgegenstreckte. Schweigend, mit Bedacht, verschränkte er die Hände hinter dem Rücken, als wolle er sich sogar einem möglichen Händedruck entziehen. Ich war zu verwirrt, mir waren die neuen, revolutionären Sitten noch zu fremd, um auf diese Geste souverän zu reagieren. Später erzählte ich einem Kollegen davon, der mich mit mokantem Lächeln darauf hinwies, dass kein muslimischer Mann eine *namahram* Frau – eine andere Frau als die Ehefrau, Schwester oder Mutter – berühren durfte. Ungläubig sah er mich an: »Haben Sie das wirklich nicht gewusst?«

Meine Erfahrungen, insbesondere meine Unterrichtserfahrungen im Iran stehen im Zeichen dieses verweigerten Händedrucks, aber auch jener ersten Annäherung und dem Enthusiasmus unserer naiven, lebhaften Unterhaltung. Das schiefe Grinsen dieses Studenten ist mir als Bild geblieben, strahlend, aber undurchdringlich, während der Raum, die Wände, die Stühle und der lange Konferenztisch Schicht für Schicht von etwas überlagert worden sind, was man in der Literatur gewöhnlich Staub nennt.

7

In den ersten Semesterwochen jagte eine Sitzung die andere. Wir hatten Fachbereichssitzungen und Fakultätssitzungen und Sitzungen mit Studenten; wir nahmen an Sitzungen teil zur Unterstützung von Frauen, Arbeitern, militanten kurdischen oder turkmenischen Minderheiten. In jenen Tagen schloss ich Freundschaft mit dem Institutsleiter, meiner brillanten linken Kollegin Farideh und anderen aus den Fachbereichen Psychologie, Germanistik und Linguistik. Wir gingen zusammen Mittagessen in unserem Lieblingsrestaurant nahe der Universität und erzählten uns die aktuellsten Neuigkeiten und Witze. Unsere Unbekümmertheit wirkte schon damals etwas deplatziert, aber wir hatten die Hoffnung noch nicht aufgegeben.

Bei diesen Mittagessen war besonders ein Kollege, der um seine Stelle fürchtete, die Zielscheibe unseres Spotts: Die muslimischen Studenten hatten gedroht, ihn wegen seiner »obszönen Äußerungen« im Hörsaal der Universität zu verweisen. In Wahrheit machte sich dieser Mann einfach zu viele Sorgen. Er hatte sich gerade von seiner Frau getrennt und musste für sie, sein Haus und den Swimmingpool Unterhalt zahlen. Dieser Swimmingpool war ein Dauerthema. Völlig unpassend verglich er sich gerne mit Gatsby und nannte sich »Kleiner Großer Gatsby«. Die einzige Ähnlichkeit, die ich entdecken konnte, war der Swimmingpool. Seine Eitelkeit färbte auf sein Verständnis aller großen literarischen Werke ab. Wie sich herausstellte, behielt er seine Stelle. Er blieb länger als wir alle und wurde mit der Zeit seinen intelligentesten Studenten gegenüber intolerant, wie ich entdeckte, als zwei von ihnen, Nima und Manna, einen hohen Preis

dafür bezahlten, dass sie mit seinen Ansichten nicht übereinstimmten. Soweit ich weiß, unterrichtet er noch immer und kaut
dasselbe Material Jahr für Jahr aufs Neue durch. Es hat sich nichts
geändert, außer dass er eine viel jüngere Frau geheiratet hat.

Gemeinsam gingen wir auch in den Filmclub, der noch nicht
geschlossen worden war, und sahen uns Filme von Mel Brooks
und Antonioni an, besuchten eine Ausstellung nach der anderen
und glaubten immer noch, dass die Khomeini-Clique nicht halten würde, dass der Krieg noch nicht vorüber war. Dr. A nahm
uns zu einer Foto-Ausstellung über Protestmärsche und Demonstrationen während der Regierungszeit des Schahs mit. Er
ging voran und deutete auf mehrere Bilder aus dem ersten Jahr:
»Zeigt mir, wie viele Mullahs ihr bei den Demonstrationen seht,
wie viele von diesen verf … Kerlen auf die Straße gingen und
nach einer Islamischen Republik riefen!« In der Zwischenzeit
wurden Verschwörungen angezettelt und Morde verübt, manche
durch die neue Methode des Selbstmordattentats. Die weltlichen
und liberalen Gruppierungen wurden verdrängt, und Ajatollah
Khomeinis Ausfälle gegen den Großen Satan und seine einheimischen Helfershelfer wurden von Tag zu Tag erbitterter.

Es ist erstaunlich, wie alles zur Routine werden kann. Die unerwarteten Ereignisse und die Anspannung des Alltags, die jede
Form von Stabilität Lügen straffe, kamen mir gar nicht zu Bewusstsein. Nach einer Weile fand sogar die Revolution ihren
Rhythmus: die Gewalt, die Hinrichtungen, öffentliche Geständ-
nisse von Verbrechen, die nie begangen worden waren, Richter,
die ungerührt davon sprachen, einem Dieb Hand oder Fuß abha-
cken zu lassen, und politische Gefangene hinrichten ließen, weil
in den Gefängnissen kein Platz mehr war. Eines Tages saß ich wie
gebannt vor dem Fernsehschirm, auf dem eine Mutter und ihr
Sohn zu sehen waren. Der Sohn gehörte einer der marxistischen
Organisationen an. Seine Mutter erklärte ihm, er verdiene den
Tod, weil er die Revolution und seinen Glauben verraten habe,

und er stimmte ihr zu. Sie saßen einander auf zwei Stühlen auf einer ansonsten leeren Bühne gegenüber und unterhielten sich, als handele es sich um die Ausrichtung seiner Hochzeit. Dabei waren sie sich gerade wie nebenbei einig geworden, dass seine Verbrechen so abscheulich waren, dass er nur durch den Tod für sie sühnen und die Ehre seiner Familie wiederherstellen konnte.

Vormittags lief ich mit *Huckleberry Finn* unter dem Arm durch die breiten, baumbestandenen Straßen zur Universität. Je näher ich dem Campus kam, desto mehr häuften sich die Parolen an den Wänden, die immer mehr Gewalt forderten. Gegen die Morde protestierte niemand, man schrie immer nur nach noch mehr. Ich selbst ging, wie andere, meinen eigenen Geschäften nach. Nur nachts und in meinem Tagebuch brachen sich meine zunehmende Verzweiflung und meine Alpträume ungehindert Bahn.

Beim Blättern in meinem Tagebuch, einem Notizbuch mit schwarzem Plastikeinband, dessen Seiten mit verschiedenfarbiger Tinte beschrieben sind, finde ich die Verzweiflung, die nie an die Oberfläche meines Lebens drang. In das Tagebuch trug ich die Todesfälle ein, über die wir selten sprachen, obwohl sie die Zeitungen und das Fernsehen beherrschten.

Als ich mir eines Abends in der Küche ein Glas Wasser holte, erblickte ich auf dem Fernsehschirm das grün und blau geschlagene Gesicht des ehemaligen Leiters des gefürchteten Sicherheitsministeriums, einem für seine Gewalttätigkeit bekannten General. Er war an der ungerechten Verfolgung und Verhaftung meines Vaters beteiligt gewesen. Offenbar war die Ausstrahlung seines Geständnisses eine Wiederholung, denn er war schon einige Monate zuvor umgekommen. Ich weiß noch, wie oft meine Mutter, als mein Vater im Gefängnis saß, diesen General und seine Mitverschwörer verflucht hat. Und nun saß er da, in Zivil, und bat die Richter, deren rigorose Brutalität selbst er nicht ermessen konnte, um Vergebung. Sein Gesicht zeigte keine menschliche Regung. Es war, als sei er gezwungen worden, sein früheres Ich auszulöschen, und habe dabei seinen Platz in der Gemeinschaft der Menschen verwirkt. Ich fühlte mich ihm auf seltsame Weise verbunden, als habe der vollständige Verlust seiner Würde auch meinen Wert gemindert. Wie viele Male hatte ich davon geträumt, mich an diesem Mann zu rächen? Gingen Träume so in Erfüllung?

Die täglichen Regierungsbulletins veröffentlichten sein Bild und nach der nächsten Exekutionsrunde noch andere. Diese Fotos erschienen auch auf billigem, gelblichem Papier gedruckt in einem Pamphlet, das die Straßenverkäufer neben Broschüren mit Gesundheits- und Schönheitsgeheimnissen anpriesen. Ich kaufte eine dieser Schmähschriften, ich wollte mich an alles erinnern. Auf ihren Gesichtern lag trotz der Schrecken, die sie in ihren letzten Stunden empfunden haben mussten, die friedliche Gleichgültigkeit des Todes. Aber welche Hilflosigkeit und Verzweiflung lösten diese entsetzlich ruhigen Gesichter in uns, den Überlebenden aus?

In den Monaten und Jahren danach waren Bijan und ich immer wieder schockiert, wenn wir in den USA die Schauprozesse gegen unsere ehemaligen Weggefährten verfolgten. Geflissentlich sagten sie sich von ihren früheren Taten, ihren früheren Freunden, ihrem früheren Ich los und entlarvten sich selbst als Feinde des Islam. Bei solchen Szenen verschlug es uns die Sprache. Bijan war ruhiger als ich und zeigte selten seine Gefühle. Er saß auf dem Sofa, den Blick starr auf den Bildschirm geheftet, und regte sich nicht, während ich nervös zappelte, aufstand, mir ein Glas Wasser holte oder den Platz wechselte. Ich musste mich an etwas festhalten und vergrub mich tief in meinem Sessel. Wenn ich den Kopf wandte und Bijan anschaute, sah ich nur seine ungerührte Miene. Manchmal stieg dann Ärger in mir hoch. Wie konnte er nur so gefasst sein? Einmal setzte ich mich auf den Boden neben das Sofa. Ich glaube, ich habe mich nie so einsam gefühlt wie in diesem Moment. Nach ein paar Minuten legte er mir die Hand auf die Schulter.

Ich drehte mich um und fragte: »Bijan, hast du je geahnt, dass uns so etwas passieren könnte?« – »Nein«, erwiderte er, »aber das hätte ich müssen. Wir haben schließlich alle unseren Teil zu diesem Chaos beigetragen, die Islamische Republik war kein unabwendbares Schicksal.« Und in gewissem Sinn hatte er recht. In der kurzen Zeitspanne zwischen dem 16. Januar 1979, als der Schah das Land verließ, und Khomeinis Rückkehr am 1. Februar, war Dr. Schahpur Bakhtiar Premierminister der »Regierung der nationalen Versöhnung«. Bakhtiar war vielleicht der demokratischste und weitsichtigste der Oppositionsführer jener Zeit; doch sie bekämpften ihn, statt ihn zu unterstützen, und schlossen sich Khomeini an. Khomeini hatte als Erstes die iranische Geheimpolizei aufgelöst und die politischen Häftlinge freigelassen. Indem sie Bakhtiar ablehnten und mithalfen, die Pahlevi-Dynastie durch ein viel reaktionäreres und despotischeres Regime zu ersetzen, hatten das iranische Volk und seine intellektuellen Eliten sich zumindest einer schwerwiegenden Fehleinschätzung schuldig gemacht. Ich erinnere mich an die Zeit, in der sich Bijan allein auf weiter Flur für Bakhtiar eingesetzt hatte, während alle anderen, ich eingeschlossen, die Zerstörung alles Alten verlangt hatten, ohne groß an die Folgen zu denken.

Mr. Bahri, der sich anfangs zurückhielt und im Seminar kaum etwas sagte, begann nach unserem Gespräch, intelligente Bemerkungen zu machen. Er sprach langsam, als forme er seine Ideen beim Sprechen, und machte Pausen zwischen den Wörtern und Sätzen. Manchmal kam er mir wie ein Kind vor, das gerade Laufen lernt, den Boden abtastet und unbekanntes Potential in sich entdeckt. Gleichzeitig engagierte er sich mehr und mehr in der Politik. Er hatte sich der Studentengruppe angeschlossen, die von der Regierung unterstützt wurde – die Muslimische Studentenvereinigung –, und ich sah ihn immer häufiger in Diskussionen verwickelt im Foyer. Seine Bewegungen wurden gezielter, sein Blick fester und entschlossener.

Als ich ihn besser kennenlernte, merkte ich, dass er gar nicht so arrogant war, wie ich gedacht hatte. Vielleicht gewöhnte ich mich aber auch nur an seine spezielle Art von Arroganz, den Hochmut eines von Natur aus schüchternen und reservierten jungen Mannes, der im Islam unumschränkt Zuflucht gefunden hatte. Es war seine Entschlossenheit, seine neu gewonnene Gewissheit, die ihm diese Arroganz verliehen. Manchmal konnte er sehr sanft sein, und wenn er sprach, blickte er seinem Gegenüber nicht in die Augen – nicht nur, weil ein muslimischer Mann einer Frau nicht in die Augen schauen soll, sondern aus Schüchternheit. Es war diese Mischung aus Arroganz und Schüchternheit, die meine Neugier weckte.

Unsere Gespräche erschienen mir immer wie eine Art Privatkonferenz. Wir waren uns fast nie einig, aber es schien notwendig, dass wir unsere Differenzen ausdiskutierten und uns gegenseitig von unseren Positionen überzeugten. Je mehr ich an Bedeutung verlor, desto mächtiger wurde er, und langsam, fast unmerklich, verkehrten sich unsere Rollen. Er war kein Agitator – er hielt keine klugen, leidenschaftlichen Reden –, aber er arbeitete sich hartnäckig, geduldig und hingebungsvoll an die Spitze vor. Als ich schließlich der Universität verwiesen wurde, stand er der Muslimischen Studentenvereinigung vor.

Als die linken Studenten Veranstaltungen ausfallen ließen, war er einer der wenigen, die sich offenkundig darüber ärgerten und dennoch auftauchten. Während dieser Stunden sprachen wir gewöhnlich über das, was sich an der Universität abspielte oder über das politische Tagesgeschehen. Er versuchte mir vorsichtig zu erläutern, was politischer Islam bedeutete, und ich erteilte ihm eine Abfuhr, weil es genau dieser politische Islam war, den ich ablehnte. Ich erzählte ihm von meiner Großmutter, der frömmsten Muslimin, die ich kannte, »noch frommer als Sie, Mr. Bahri!«, und die dennoch mit Politik nichts zu tun haben wollte. Sie war zornig, dass der Schleier, der für sie ein Symbol ihrer heiligen Beziehung zu Gott war, zu einem Instrument der Macht verkommen war, und die Frauen, die ihn trugen, in politische Zeichen und Symbole verwandelte. »Wem gegenüber sind Sie loyal, Mr. Bahri, gegenüber dem Islam oder dem Staat?«

Ich weiß nicht mehr, wo ich war oder was ich gerade tat, als ich an jenem Sonntag erfuhr, dass die amerikanische Botschaft von einer bunt zusammengewürfelten Gruppe von Studenten besetzt worden war. Ich weiß nur noch, dass es ein sonniger, milder Tag war, und ich erst am nächsten Tag wirklich begriff, was geschehen war, als Ahmad, Khomeinis Sohn, bekanntgab, sein Vater unterstütze die Studenten, und die trotzige Botschaft verkündete: »Wenn sie uns die Kriminellen nicht ausliefern« – damit meinte er den Schah und Bakhtiar –, »werden wir tun, was zu tun ist.« Zwei Tage später, am 6. November, trat Premierminister Bazargan, der von den religiösen Hardlinern und den Linken immer stärker als liberal und pro-westlich attackiert wurde, zurück.

Bald darauf waren die Wände der Botschaft mit neuen Slogans bedeckt: AMERIKA KANN NICHT DAS GERINGSTE GEGEN UNS TUN! DAS IST KEIN KAMPF ZWISCHEN DEN USA UND DEM IRAN, SONDERN ZWISCHEN ISLAM UND BLASPHEMIE. JE MEHR VON UNS STERBEN, DESTO STÄRKER WERDEN WIR. Auf dem Gehweg hatte man ein Zelt aufgestellt, in dem antiamerikanisches Propagandamaterial auslag, das Amerikas Verbrechen in der ganzen Welt anprangerte und auf die Notwendigkeit verwies, die Revolution zu exportieren. An der Universität war die Atmosphäre euphorisch und angespannt zugleich. Einige meiner Studenten, darunter Mr. Bahri und Nyazi, waren verschwunden und vermutlich an der Front dieses neuen Kampfes aktiv. Heiße Diskussionen und erregtes Geflüster ersetzten die regulären Veranstaltungen.

Sowohl die Religiösen als auch die Linken, vor allem die Mudschaheddin und die marxistischen Fedayyin unterstützten die Geiselnahme. Ich erinnere mich an eine stürmische Debatte, in der einer der Studenten, der als Liberaler verspottet wurde, immer wieder ausrief: »Wozu soll man sie als Geiseln nehmen? Haben wir sie nicht schon hinausgeworfen?« Und einer meiner Studenten entgegnete unvernünftig, nein, das habe man noch nicht, der amerikanische Einfluss sei überall spürbar. Wir würden erst frei sein, wenn wir die *Stimme Amerikas* zum Schweigen gebracht hätten.

Inzwischen bezeichnete man die amerikanische Botschaft nur noch als »Spionagenest«. Wenn Taxifahrer uns fragten, wo wir hinwollten, sagten wir: »Fahren Sie uns bitte zum Spionagenest.« Täglich wurden Busladungen von Menschen aus den Provinzen und Dörfern in die Stadt gebracht; sie wussten nicht einmal, wo Amerika lag, und manche glaubten, sie würden jetzt nach Amerika gebracht. Man gab ihnen Essen und Geld, sie konnten bleiben und sich amüsieren und mit ihren Familien vor dem Spionagenest picknicken. Als Gegenleistung mussten sie demonstrieren, »Tod Amerika« schreien und ab und zu eine amerikanische Flagge verbrennen.

Drei Männer sitzen im Halbkreis und unterhalten sich angeregt, während etwas weiter entfernt zwei Frauen in schwarzen Tschadors mit drei oder vier kleinen Kindern Sandwiches zubereiten und sie den Männern reichen. Ein Fest? Ein Picknick? Ein islamisches Woodstock? Rückt man ein wenig näher an dieses Grüppchen heran, kann man ihrer Unterhaltung folgen. Ihr Akzent lässt erkennen, dass sie aus der Provinz Isfahan kommen. Einer von ihnen hat gehört, dass die Amerikaner zu Tausenden zum Islam übertreten und Jimmy Carter große Angst hat. »Das sollte er auch«, erwidert ein anderer, bevor er in sein Sandwich beißt. »Ich habe gehört, die amerikanische Polizei konfisziert alle Bilder des Imam«, sagt ein anderer. Wahrheit und wilde Gerüchte mischen sich, Geschichten über die schlechte Behandlung, die der Schah von seinen ehemaligen westlichen Verbündeten über sich ergehen lassen muss, über die kurz bevorstehende islamische Revolution in Amerika. Wird Amerika ihn ausliefern?

Weiter hinten vernimmt man schärfere Töne. »Aber das ist kein demokratischer Zentralismus ... religiöse Tyrannei ... langjährige Verbündete ...« und immer wieder das Wort »Liberale«. Vier oder fünf Studenten mit Büchern und Pamphleten unter dem Arm sind in ein Gespräch vertieft. Ich erkenne einen meiner linken Studenten, der mich ebenfalls bemerkt, lächelt und auf mich zukommt. Hallo, Professorin. Ich sehe, Sie haben sich uns angeschlossen. Wem *uns*? frage ich. Den Massen, den echten Menschen, sagt er ganz ernst. Aber das ist nicht eure Demonstration, sage ich. Ihr irrt euch. Er antwortet: Wir müssen jeden Tag präsent sein, das Feuer schüren, damit die Liberalen sich auf keinen faulen Kompromiss einlassen.

Der Lautsprecher unterbricht uns. »Weder Osten noch Westen, wir wollen die Islamische Republik!« »Amerika kann nichts dagegen tun!« »Wir werden kämpfen, wir werden sterben, wir werden keine Zugeständnisse machen!«

Ich konnte den Menschen ihre Festtagsstimmung, diese joviale Überheblichkeit vor der Botschaft nie ganz abnehmen. Schon zwei Straßen weiter sah alles ganz anders aus. Manchmal kam es mir so vor, als operiere die Regierung in ihrem eigenen, separaten Universum: Sie veranstaltete ein Riesenspektakel, zog eine große Schau ab, während gleichzeitig die Menschen ihrem Alltag nachgingen.

Amerika, das Land, das ich kannte und in dem ich so viele Jahre gelebt hatte, war von der Islamischen Revolution plötzlich in eine Phantasiewelt verwandelt worden. »Mein« Amerika wurde immer blasser, wurde überlagert vom Tumult der neuen Definitionen. Das war der Punkt, an dem der Mythos Amerika den Iran in Besitz nahm. Selbst diejenigen, die Amerika den Tod wünschten, waren fasziniert von diesem Land. Amerika war nun das Land des Satans und zugleich das verlorene Paradies. Eine verstohlene Neugier auf Amerika kam auf, die mit der Zeit die Geiselnehmer selbst zu Geiseln machen sollte.

10

In meinem Tagebuch aus dem Jahr 1980 findet sich der kleine Eintrag: »*Gatsby* von Jeff«. Jeff war ein amerikanischer Reporter aus New York, mit dem ich ein paar Monate lang durch die Straßen von Teheran zog. Damals verstand ich nicht, warum ich so süchtig nach diesen Streifzügen war. Manche Leute greifen in Stresszeiten zu Alkohol, ich hielt mich an Jeff. Ich musste dem anderen Teil der Welt, die ich, scheinbar für immer, hinter mir gelassen hatte, unbedingt mitteilen, was ich erlebt hatte. Ich begann, meinen amerikanischen Freunden Briefe zu schreiben, in denen ich das Leben im Iran bis in seine winzigsten Details ausführlich beschrieb. Die meisten dieser Briefe wurden jedoch nie abgeschickt.

Es war offensichtlich, dass Jeff einsam war. Trotz seiner obsessiven Liebe zu seinem Beruf, der ihm viel Anerkennung eingebracht hatte, brauchte er den Kontakt zu jemandem, der seine Sprache sprach und ein paar Erinnerungen teilte. Zu meiner Überraschung entdeckte ich, dass mich ein ganz ähnliches Problem plagte. Ich war gerade in meine Heimat zurückgekehrt, in der ich endlich wieder meine Muttersprache sprechen konnte, und stellte plötzlich fest, dass ich mich nach einer Unterhaltung mit jemandem sehnte, der Englisch sprach, am besten mit einem New Yorker Akzent, einem intelligenten Menschen, der *Gatsby* mochte und Häagen-Dazs und Mike Golds Lower East Side kannte.

Immer wieder hatte ich Alpträume und wachte sogar manchmal schreiend auf, weil ich glaubte, ich würde dieses Land nie wieder verlassen können. Tatsächlich war ich die ersten beiden

Male, die ich es versucht hatte, am Flughafen abgewiesen und einmal sogar anschließend ins Hauptquartier des Revolutionsgerichts eskortiert worden. Am Ende verließ ich den Iran elf Jahre lang nicht mehr. Selbst als ich mir sicher war, dass ich die Erlaubnis erhalten würde, brachte ich es nicht über mich, einen Pass zu beantragen. Ich fühlte mich hilflos und wie gelähmt.

11

*Die Kunst ist nicht länger snobistisch oder feige. Sie lehrt die Bau-
ern Traktor fahren, widmet jungen Soldaten Lyrik, entwirft Stoffe
für die Kleider von Fabrikarbeiterinnen, schreibt Burlesken für Fa-
briktheater, verrichtet hundert nützliche Aufgaben. Kunst ist so
nützlich wie Brot.*

Diese Sätze, die aus einem Essay von Mike Gold mit dem Titel
»Toward Proletarian Art« stammen, erschienen 1929 in der linken Zeitschrift *New Masses*. Der Essay erregte zu seiner Zeit einige Aufmerksamkeit und war die Geburtsstunde eines neuen
Begriffs der amerikanischen Literaturgeschichte: der *proletarische Schriftsteller*. Dass er sich als einflussreich erwies und von
anderen Autoren ernst genommen wurde, war ein Zeichen dafür,
dass sich die Zeiten änderten. *Der große Gatsby* wurde 1926 veröffentlicht, *Zärtlich ist die Nacht* 1934. Zwischen diesen beiden
großen Romanen ereignete sich in den USA und in Europa vieles – die Wirtschaftskrise, die wachsende Bedrohung durch den
Faschismus und der steigende Einfluss des sowjetischen Marxis-
mus –, was Gold eine Zeit lang einen großen Einfluss verschaffte
und Fitzgeralds Bedeutung schmälerte, bis er in der Gesellschaft
und in der Literatur kaum noch eine Rolle spielte.

Vor *Gatsby* hatten wir im Seminar einige Kurzgeschichten von
Maxim Gorki und Mike Gold besprochen. Gorki war damals
sehr populär – viele seiner Erzählungen und sein Roman *Die
Mutter* waren ins Persische übersetzt worden, und er wurde von
alten wie von jungen Revolutionären gerne gelesen. Dadurch geriet *Gatsby* ins Hintertreffen und erschien als ungewöhnliche

Lektüre an dieser Universität, an der die meisten Studenten von revolutionärem Eifer entflammt waren. Heute, im Nachhinein, sehe ich, dass *Gatsby* genau die richtige Wahl war. Erst später begriff ich, dass die Werte, die den Roman ausmachten, denen der Revolution diametral entgegengesetzt waren. Im Laufe der Zeit sollten sich – Ironie des Schicksals – die Werte aus *Gatsby* durchsetzen, aber damals hatten wir noch nicht erkannt, wie gründlich wir unsere Träume verraten hatten.

Wir begannen im November mit *Gatsby*, konnten das Buch aber wegen der ständigen Unterbrechungen erst im Januar abschließen. Ich ging mit diesem Roman einige Risiken ein, denn mehrere Bücher waren bereits aus dem Unterricht verbannt worden, weil sie als moralisch verwerflich galten. Die meisten revolutionären Gruppen waren sich mit der Regierung in puncto individuelle Freiheiten einig; sie bezeichneten sie verächtlich als »bourgeois« und »dekadent«. Das machte es der neuen herrschenden Elite leichter, einige der reaktionärsten Gesetze durchzubringen, durch die sogar bestimmte Gesten und Gefühlsäußerungen gesetzwidrig wurden, einschließlich die der Liebe. Noch bevor es eine neue Verfassung in Kraft gesetzt oder ein Parlament gebildet hatte, hatte das neue Regime das Eheschutzgesetz annulliert.

Es verbot Ballett und Tanz und ließ Ballerinas nur die Wahl zwischen Schauspiel und Gesang. Später war es Frauen auch nicht mehr erlaubt, als Sängerinnen aufzutreten, weil die Stimme einer Frau, wie ihr Haar, als sexuell aufreizend galt und versteckt werden musste.

Meine Entscheidung für *Gatsby* hatte nichts mit dem politischen Klima der Zeit zu tun, sondern mit der Tatsache, dass es sich um einen großen Roman handelte. Ich war eingestellt worden, um die Literatur des 20. Jahrhunderts zu unterrichten, und demnach sprach nichts dagegen. Außerdem würden meine Studentinnen und Studenten einen Einblick in jene andere Welt erhalten, die uns gerade entglitt und lauthals verunglimpft wurde. Würden meine Studenten für Gatsbys fatale Liebe zu der schönen, treulosen Daisy Fay dasselbe Mitgefühl wie Nick empfinden? Ich hatte den *Gatsby* immer wieder verschlungen. Ich konnte es kaum erwarten, meine Klasse an dem Buch teilhaben zu lassen, und doch beschlich mich das Gefühl, dass ich es am liebsten mit niemandem geteilt hätte.

Meine Studenten waren von *Gatsby* leicht irritiert. Der Geschichte von dem idealistischen jungen Mann, der so schrecklich in dieses schöne, reiche Mädchen verliebt ist, das ihn betrügt, konnten junge Leute, für die »Opfer« durch Worte wie *Massen*, *Revolution* und *Islam* definiert war, nichts abgewinnen. Leidenschaft und Verrat waren für sie politische Emotionen und Liebe weit entfernt von den Empfindungen eines Jay Gatsby für Mrs. Tom Buchanan. Ehebruch war in Teheran ein kriminelles Delikt, und das Gesetz hatte nur eine Antwort: öffentliche Steinigung.

Ich erklärte ihnen, der Roman sei ein amerikanischer Klassiker, in vielerlei Hinsicht *der* amerikanische Roman. Es gab andere Anwärter auf den Titel: *Huckleberry Finn*, *Moby Dick*, *Der scharlachrote Buchstabe*. Manche Literaturwissenschaftler verweisen auf sein Thema, den amerikanischen Traum, um seine Sonderstellung zu rechtfertigen. Wir in den Ländern der alten Welt haben unsere Vergangenheit – sind geradezu besessen von ihr. Sie, die Amerikaner, haben einen Traum: ihre Sehnsucht richtet sich auf die Verheißungen der Zukunft.

Obwohl der Roman von Gatsby und dem amerikanischen Traum handele, sagte ich, wollte der Autor über seine eigene Zeit und seinen Ort hinaus weisen. Ich las ihnen Fitzgeralds Lieblingsstelle aus Conrads Vorwort zu *Der Nigger von der ›Narzissus‹* vor: »Er [der Künstler] spricht unser Begeisterungsvermögen und unseren Sinn für die Wunder und Geheimnisse an, die unser Leben umgeben; er appelliert an unser Mitgefühl, an unser Verständnis für Schönheit und Leid und weckt das in jedem vorhandene Gefühl für die Zusammengehörigkeit aller Geschöpfe dieser Welt, die zarte, doch unbesiegbare Gewissheit, die zahllose einsame Herzen verbindet – in ihren Träumen, in Freud und Leid, in ihren Sehnsüchten, Hoffnungen und Ängsten, die Mensch mit Mensch, die die ganze Menschheit vereinigt: die Toten mit den Lebenden, und die Lebenden mit den noch ungeborenen.«

Ich versuchte ihnen zu erklären, das Mike Gold und F. Scott Fitzgerald über dieselben Themen geschrieben hatten: über Träume, oder, genauer gesagt, über den amerikanischen Traum. Wovon Gold nur geträumt hatte, war hier in diesem fernen Land realisiert worden, das jetzt einen fremd anmutenden Namen trug – die Islamische Republik Iran. »Die alten Ideale müssen sterben …«, hatte er geschrieben. »Schleudern wir alles, was wir sind, in den großen Schmelztiegel der Revolution. Denn aus unserem Tod wird Herrliches erstehen.« Solche Sätze hätten in jeder iranischen Zeitung stehen können. Die Revolution, die Gold sich wünschte, war eine marxistische, und unsere war islamisch, aber sie hatten vieles gemeinsam, denn beide waren ideologisch und totalitär. Wie sich herausstellte, fügte die Islamische Revolution dem Islam mehr Schaden zu, indem sie ihn als Instrument der Unterdrückung benutzte, als jeder Einfluss von außen.

Jagen Sie nicht dem großen Thema hinterher, der Idee, sagte ich meinen Studenten, als sei sie von der Geschichte selbst losgelöst. Die Idee oder die Ideen hinter der Geschichte müssen sich Ihnen durch die Lektüre des Romans erschließen, nicht durch etwas, was von außen kommt. Sehen wir uns das anhand einer Szene an. Bitte schlagen Sie Seite 125 auf. Sie erinnern sich, dass Gatsby zum ersten Mal Daisy und Tom Buchanan in ihrem Haus besucht. Mr. Bahri, würden sie bitte die Zeilen lesen, die mit »Wer fährt mit in die Stadt« beginnen?

»Wer fährt mit in die Stadt«, fragte Daisy eigensinnig. Gatsbys Blick schweifte zu ihr hin. »Ah!« rief sie aus, »wie kühl Sie aussehen!«

Ihre Augen trafen sich. Sie starrten einander an, als seien nur sie beide vorhanden. Dann riss sie sich los und blickte vor sich auf den Tisch.

»Immer blicken Sie so kühl«, wiederholte sie.

Sie hatte ihm zu verstehen gegeben, dass sie ihn liebte, und Tom Buchanan sah es. Er war sprachlos vor Staunen. Sein Mund öffnete sich ein wenig. Er blickte zu Gatsby hin und dann wieder zurück zu Daisy, als habe er in ihr soeben einen Menschen wiedergefunden, den er vor langer Zeit gekannt hatte.

Auf einer Ebene lässt Daisy Gatsby einfach nur wissen, dass sein Blick kühl ist, und Fitzgerald gibt uns zu verstehen, dass sie ihn noch liebt, ohne es uns so direkt zu sagen. Er möchte uns an diesen Ort versetzen. Sehen wir uns an, wie er es angestellt hat, dass diese Szene die Dichte einer echten Erfahrung bekommen hat. Zuerst baut er zwischen Gatsby und Daisy eine Spannung auf, dann verkompliziert er die Dinge dadurch, dass Tom plötzlich die Beziehung durchschaut. Dieser sozusagen frei schwebende Augenblick ist viel wirkungsvoller, als hätte Nick einfach nur berichtet, dass Daisy Gatsby ihre Liebe zeigen wollte.

»Ja«, unterbrach Mr. Farzan, »weil er in das Geld verliebt ist und nicht in Daisy. Sie ist nur ein Symbol.«

Nein, sie ist Daisy, und er ist in sie verliebt. Das Geld spielte auch eine Rolle, aber das ist nicht alles; und das ist auch nicht der Punkt. Fitzgerald berichtet nicht – er nimmt uns mit an diesen Ort und lässt uns die sinnliche Erfahrung jenes heißen Sommertags vor so vielen Jahrzehnten nacherleben, und wir halten mit Tom den Atem an, als wir merken, was sich zwischen Gatsby und Daisy gerade abgespielt hat.

»Aber wozu nützt die Liebe in dieser Welt, in der wir leben?«
fragte eine Stimme aus dem Hintergrund.

»Wie muss die Welt denn Ihrer Meinung nach beschaffen sein
für Liebe?« fragte ich zurück.

Mr. Nyazis Hand schoss in die Höhe. »Wir haben jetzt gerade
keine Zeit für Liebe«, sagte er. »Wir sind einer höheren, heilige-
ren Liebe verpflichtet.«

Zarrin drehte sich um und sagte höhnisch: »Warum kämpft
ihr wohl sonst für die Revolution?«

Mr. Nyazi wurde knallrot, senkte den Kopf, nahm nach einer
kurzen Pause seinen Stift zur Hand und begann wie wild zu krit-
zeln.

Erst jetzt, beim Schreiben, kommt mir das Merkwürdige an
der Situation zu Bewusstsein: Während ich im Seminarraum
stand und über den amerikanischen Traum sprach, dröhnten
draußen vor dem Fenster aus den Lautsprechern Lieder mit dem
Refrain »Marg bar Amerika!« – Tod Amerika!

Ein Roman ist keine Allegorie, sagte ich, als die Stunde schon
fast zu Ende war. Er ist die sinnliche Erfahrung einer anderen
Welt.

Wenn Sie sich auf diese Welt nicht einlassen, nicht mit den
Figuren atmen und sich nicht in deren Schicksal verwickeln lassen, werden Sie nicht zu Empathie fähig sein – und Empathie ist
das Herz des Romans. So nämlich liest man einen Roman: Man
atmet die Erfahrung ein. Beginnen Sie also zu atmen. Denken Sie
bitte daran. Das ist alles, die Stunde ist vorbei.

12

Zwischen Herbst 1979 und Sommer 1980 ereigneten sich viele Dinge, die den Verlauf der Revolution und unser Leben veränderten. Schlachten wurden geschlagen und verloren. Eine der wichtigsten betraf die Rechte der Frau. Von Anfang an hatte die Regierung Krieg gegen die Frauen geführt, und die wichtigsten Auseinandersetzungen fanden zu jener Zeit statt.

Eines Tages, es war Anfang November, glaube ich, verkündete ich meinen Studentinnen und Studenten, nachdem die letzten eingetrudelt waren, sie selbst hätten viele Seminare ausfallen lassen und damit sei ich im Prinzip nicht einverstanden gewesen, aber heute würde ich gegen meine Prinzipien verstoßen und selbst das Seminar absagen. Ich wollte zu einer Versammlung, um gegen die Politik der Regierung zu protestieren, die den Frauen den Schleier aufzwingen und die Rechte der Frauen beschneiden wollte. Ich hatte schon einige der großen Demonstrationen gegen die Frauenpolitik der Revolutionsregierung verpasst und war nicht willens, noch mehr zu versäumen.

Unbewusst lebte ich mittlerweile zwei verschiedene Leben. In der Öffentlichkeit engagierte ich mich für das, was ich die Verteidigung meiner Persönlichkeitsrechte nannte. Das war etwas ganz anderes als die politischen Aktivitäten in meiner Studentenzeit, die einer unbekannten Größe namens »die unterdrückten Massen« zugutekommen sollten. Diesmal war ich als Person involviert. Gleichzeitig begann sich eine private Rebellion zu manifestieren; sie zeigte sich an bestimmten Neigungen wie meinem unablässigen Lesen und den Bergen von Briefen, die ich an amerikanische Freunde schrieb und nie abschickte. Es war ein stilles

Aufbegehren, das wohl auch meinem Wunsch zugrunde lag, das vage, amorphe Gebilde, das ich mein »Ich« nannte, öffentlich zu verteidigen.

Seit Beginn der Revolution war der Versuch, den Frauen den Schleier aufzuzwingen, mehrfach gescheitert – im Wesentlichen aufgrund des hartnäckigen und massiven Widerstands iranischer Frauen. In vieler Hinsicht hatte der Schleier für das Regime eine symbolische Bedeutung angenommen. Seine Wiedereinführung würde den vollständigen Sieg des islamischen Aspekts der Revolution symbolisieren, der in diesen ersten Jahren durchaus noch keine beschlossene Sache war. Die Entschleierung der Frauen, die Reza Schah 1936 angeordnet hatte, war ein umstrittenes Symbol für die Modernisierung gewesen und ein eindrückliches Symbol für die Beschränkung der Macht des Klerus. Es war für die herrschende Geistlichkeit deshalb wichtig, dieses Machtsymbol wieder einzuführen. All das kann ich jetzt aus der Rückschau erklären, damals war es alles andere als offensichtlich.

Als Mr. Bahri meine Worte hörte, erstarrte er. Zarrin lächelte ihr übliches Lächeln, und Vida flüsterte ihr verschwörerisch etwas zu. Ich achtete nicht besonders auf ihre Reaktionen. Ich war sehr wütend und dieses Gefühl neu für mich.

Mr. Bahri drückte sich noch ein Weilchen in der Nähe der anderen Studenten herum, die sich um mich drängten, aber er kam nicht näher. Ich hatte meine Bücher und Notizen wieder eingesteckt, außer *Gatsby*, den ich zerstreut in der Hand hielt.

Ich wollte keine Diskussion mit Mahtab und ihren Freunden anfangen, deren marxistische Organisation sich stillschweigend auf die Seite der Regierung gestellt hatte und die Protestierenden als Abweichler und Handlanger der Imperialisten verunglimpfte. Und doch debattierte ich unversehens nicht mit Mr. Bahri, sondern mit ihnen, den scheinbar fortschrittlicheren. Sie behaupteten, es gäbe Wichtigeres zu tun, zuerst müsse man sich um die Imperialisten und ihre Lakaien kümmern. Die Beschäftigung mit den Rechten der Frau sei individualistisch und bourgeois und spiele ihnen in die Hände. Welche Imperialisten, welche Lakaien? Meinen Sie diese grün und blau geschlagenen Gesichter, die abends im Fernsehen ihre Sünden gestehen? Meinen Sie die Prostituierten, die kürzlich zu Tode gesteinigt wurden, oder meine ehemalige Schulleiterin, Mrs. Parsa, die Bildungsministerin geworden war und der deshalb »Verderbenstiften auf Erden«, »sexuelle Vergehen« und die »Verletzung von Anstand und Sitte« vorgeworfen worden waren? Für welche dieser Anschuldigungen hatte man sie in einen Sack gesteckt und zu Tode gesteinigt oder erschossen? Sind das die Lakaien, von denen Sie reden, und ist es richtig, diese Leute zu eliminieren? Sollen wir uns beugen und nicht protestieren? Ich kenne solche Argumente, gab ich zurück – schließlich war ich vor nicht langer Zeit auch noch in diesem Geschäft.

Während ich mit meinen linken Studenten stritt, hatte ich das merkwürdige Gefühl, mit einer jüngeren Version meiner selbst zu reden, und das Leuchten in ihren vertraut-fremden Gesichtern ängstigte mich. Meine Studenten waren respektvoller, weniger aggressiv als ich damals – sie sprachen schließlich mit ihrer Professorin, mit der sie irgendwie auch sympathisierten, mit einer Weggefährtin, die vielleicht noch gerettet werden konnte.

Während ich über sie schreibe, verschwimmt Mahtabs Gesicht langsam im milchigen Dunst der Vergangenheit, und ein anderes junges Mädchen aus Norman, Oklahoma, taucht auf.

13

Als ich in Oklahoma lebte, organisierte eine der rivalisierenden Gruppen innerhalb der Studentenbewegung, die am linken Rand der Iranischen Studentenvereinigung angesiedelt war, in Oklahoma City eine Konferenz. Ich verpasste sie, weil ich zu einer anderen nach Texas gefahren war. Als ich zurückkam, nahm ich sowohl bei »unseren« wie bei »ihren« Leuten eine ungewöhnliche Aufregung wahr.

Offenbar verdächtigte man eines ihrer Mitglieder, einen ehemaligen Kurzstrecken-Champion, ein Agent der iranischen Geheimpolizei SAVAK zu sein. Einige ganz Eifrige hatten beschlossen, ihm die Wahrheit zu »entreißen«. Sie hatten ihn in ein Zimmer im Holiday Inn gelockt und versucht, ihn durch Folter zu einem Geständnis zu zwingen; unter anderem hatten sie seine Finger mit einer Zigarette versengt. Als sie kurz zum Parkplatz gegangen waren, hatte ihr Opfer entkommen können.

Am nächsten Tag war plötzlich die Tür des Konferenzsaals aufgeflogen und hatte mehrere FBI-Agenten mit ihren Hunden und dem »Schuldigen« freigegeben, der seine Angreifer identifizieren sollte. Eine unserer Freundinnen, die mich früher wegen meiner antirevolutionären Kleidung getadelt hatte, erzählte mir stolz und mit vor Erregung heiserer Stimme, was dann geschehen war und wie die »Macht der Massen« gewirkt hatte. Mit »Massen« meinte sie die Konferenzteilnehmer, die eine Gasse gebildet hatten, um die Agenten, ihre Hunde und den unseligen Schuldigen durchzulassen. Während er an ihnen vorbeiging, stießen die Studenten auf Persisch gemurmelte Drohungen aus. Als er schließlich vor einem der Anführer jener Gruppe stand, dem beliebtesten, einem kleinen Mann mit stechendem Blick, der wie die meisten das College abgebrochen hatte, um Vollzeit-Revolutionär zu werden, und gerne mit Mütze und Mantel Lenin imitierte, brach er zusammen, begann zu weinen und fragte ihn auf Persisch, warum er ihn so grausam behandelt habe. Der selbsternannte Lenin der iranischen Revolution blickte ihn triumphierend an, siegessicher, dass er es nicht wagen würde, vor den Agenten »auszupacken«. Er hatte es nicht über sich gebracht, seine Peiniger zu entlarven und war mit den Agenten abgezogen – ein Beweis für die Gerechtigkeit der unterdrückten Massen.

Am folgenden Tag hatte der *Oklahoma Daily* einen kurzen Bericht gebracht. Mehr als der Bericht erschreckte mich die Reaktion einer großen Zahl von Studenten. In den Cafeterias, in den Räumlichkeiten des Studentenwerks, sogar in den sonnigen Straßen von Norman – überall, wo sich iranische Studenten trafen, wurde hitzig debattiert.

Viele zitierten zustimmend den Genossen Stalin und deklamierten hochtrabend Absätze aus dessen Anmerkungen zur Geschichte des Bolschewismus oder einem ähnlichen Werk über die Notwendigkeit, ein für allemal die Trotzkisten, Weißgardisten, Termiten und giftigen Ratten zu vernichten, die der Revolution schaden wollten.

Unsere Genossen saßen in den Fachschaftsräumen vor einem Becher Kaffee oder einer Cola und verteidigten aufgebracht das Recht der Massen, ihre Unterdrücker zu foltern und physisch zu eliminieren. Ich erinnere mich noch gut an einen von ihnen, einen pummeligen Jungen mit einem weichen, kindlichen Gesicht, über dessen rundem Bauch sich ein marineblauer Wollpullover spannte. Er wollte sich nicht setzen und belehrte stehend, mit einem fast überschwappenden Glas Cola in der Hand, die Leute am Tisch. Es gäbe zwei Arten von Folter, zwei Arten von Mord, erklärte er – die, die der Feind verübt, und die, die die Freunde des Volkes verüben. Feinde umbringen war okay.

Zu Mr. Bahri, der sich vor meinem inneren Auge stets zu mir neigt, könnte ich heute sagen: Überlegen Sie sich gut, was Sie sich wünschen. Seien Sie vorsichtig mit Ihren Träumen, eines Tages könnten sie wahr werden. Ich hätte ihn auffordern können, von Gatsby zu lernen, von dem einsamen, isolierten Gatsby, der auch versucht hat, seine Vergangenheit zurückzuholen und eine Phantasie in Fleisch und Blut zu verwandeln, einen Traum, der nie etwas anderes als ein Traum hätte sein dürfen. Er kam um und lag am Ende am Boden eines Swimmingpools, im Tod so einsam wie im Leben. Ich weiß, dass Sie das Buch höchst wahrscheinlich nicht zu Ende gelesen haben, Sie waren so beschäftigt mit Ihren politischen Aktivitäten, aber lassen Sie mich Ihnen das Ende verraten. Gatsby wird umgebracht. Er wird getötet für ein Verbrechen, das Daisy begangen hat, die Toms Geliebte mit Gatsbys gelbem Auto überfahren hat. Tom hat Gatsby bei dem trauernden Ehemann verpfiffen, der Gatsby umbrachte, als dieser in seinem Swimmingpool lag und auf Daisys Anruf wartete. Hätten meine früheren Genossen voraussehen können, dass sie eines Tages vor dem Revolutionsgericht stehen und als Verräter und Spione gefoltert und ermordet werden würden? Und Sie, Mr. Bahri? Ich kann Ihnen mit absoluter Sicherheit eines sagen: Sie konnten es nicht. Nicht in ihren schlimmsten Träumen.

14

Ich ließ Mahtab und ihre Freundinnen zurück, aber diese Erinnerungen ließen sich nicht so leicht abschütteln; sie verfolgten mich wie gewiefte Bettler bis zu der Protestversammlung. Unter den Protestierenden hatten sich zwei klar abgegrenzte, feindliche Gruppen gebildet, die sich mit misstrauischen Blicken maßen. Die erste, kleinere Gruppe bestand hauptsächlich aus Regierungsangestellten und Hausfrauen. Sie waren spontan gekommen, weil ihre Interessen auf dem Spiel standen. Ganz offensichtlich waren sie an Demonstrationen nicht gewöhnt; sie standen dicht beieinander, unsicher und missmutig. Dann waren da die Intellektuellen wie ich, die sich mit Demonstrationen auskannten, und die üblichen Störenfriede, die lauthals Obszönitäten von sich gaben und Spruchbänder schwenkten. Zwei von ihnen machten Fotos von der Menge und sprangen bedrohlich von einer Seite zur anderen. Wir verhüllten unsere Gesichter und schrien zurück.

Schon bald kamen immer mehr Schläger. Sie formierten sich zu Grüppchen und bewegten sich auf uns zu. Die Polizei gab halbherzig ein paar Schüsse in die Luft ab, während Männer mit Messern, Knüppeln und Steinen sich uns näherten. Statt die Frauen zu beschützen, begannen die Polizisten, uns auseinander zu drängen, indem sie einige mit ihren Gewehrkolben vor sich herstießen und den »Schwestern« befahlen, keinen Ärger zu machen und nach Hause zu gehen. Wut und Verzweiflung lagen in der Luft, Hohn und Spott hingen wie eine Wolke über uns. Trotz der Provokationen löste sich die Versammlung nicht auf.

Ein paar Tage später kam es am Polytechnikum zu weiteren Protesten. Als ich eintraf, hatte sich bereits eine riesige Menschenmenge im Auditorium eingefunden. Man lachte und unterhielt sich. Als eine der Rednerinnen, eine große, stattliche Frau, die einen langen, schweren Rock trug und die Haare im Nacken zusammengebunden hatte, das Podium betrat, wurde der Strom abgestellt. Daraufhin erhob sich Protestgemurmel, aber niemand rührte sich. Die Rednerin stand aufrecht und trotzig mit einem Blatt Papier in der Hand vorne, und zwei Helfer hielten ihr eine Kerze und eine Taschenlampe hin, damit sie lesen konnte. Wir sahen nicht viel mehr als ihr geisterhaftes Gesicht und das von hinten erleuchtete weiße Papier. Nur ihr Tonfall und dieses Licht sind mir noch in Erinnerung. Ihren Worten hörten wir nicht zu: Wir waren da, um ihr Tun zu unterstützen und zu bezeugen, um das Bild des flackernden Kerzenlichts auf ihrem Gesicht zu bewahren.

Von da an sollten diese Frau und ich uns immer wieder bei öffentlichen Veranstaltungen begegnen. Zum letzten Mal im Herbst 1999 in New York, als sie in ihrer Rolle als wichtigste feministische iranische Verlegerin zu einem Vortrag an die Columbia University eingeladen worden war. Nach dem Vortrag saßen wir beim Kaffee zusammen und schwelgten in Erinnerungen. Ich hatte sie seit der Teheraner Buchmesse von 1993 nicht mehr gesehen. Damals hatte sie mich eingeladen, über den modernen Roman zu sprechen. Die Veranstaltung hatte in der oberen Etage einer offenen Cafeteria auf dem Buchmessengelände stattgefunden. Während meines Vortrags hatte sich meine Begeisterung für das Thema noch gesteigert, und mein Kopftuch war andauernd verrutscht. Immer mehr Leute waren dazugekommen, bis es keine Stühle und auch keine Stehplätze mehr gab. Unmittelbar nach meinem Vortrag war diese Frau vor die Sicherheitspolizei zitiert und wegen meines anstößigen Kopftuchs und meiner aufwiegelnden Worte getadelt worden. Dass ich über Literatur gesprochen hatte, war nicht von Belang. Danach war ihre Vortragsreihe verboten worden.

Wir saßen in unserer dunklen Restaurantecke, geborgen in der geschäftigen Gleichgültigkeit eines milden New Yorker Abends, und lächelten über diese Ereignisse. Einen Moment lang hatte ich das Gefühl, als habe sie sich seit jenem Tag im Polytechnikum überhaupt nicht verändert. Immer noch trug sie einen langen Rock aus festem Stoff und hatte die Haare im Nacken zusammengebunden. Nur ihr Lächeln hatte sich verändert: Es war jetzt ein Lächeln der Verzweiflung. Ein paar Monate später wurde sie zusammen mit einigen prominenten Aktivisten, Journalisten, Schriftstellern und Studentenführern verhaftet. Diese Verhaftungen waren Teil einer neuen Welle der Unterdrückung, bei der mehr als fünfundzwanzig Zeitungen und Verlage verboten und viele Regierungsgegner verhaftet oder ins Gefängnis gesteckt wurden. Als ich in meinem Büro in Washington, D.C. die Nachricht hörte, überkam mich ein Gefühl, das ich lange nicht mehr gehabt hatte – völlige Hilflosigkeit und sprachloser Zorn, begleitet von unbestimmten, aber nagenden Schuldgefühlen.

15

Etwa um diese Zeit im Herbst führte ich wieder ein Gespräch mit Mr. Bahri. Er sagte: »Nun ja, Frau Professorin, sie haben es wahrscheinlich verdient.« Damit meinte er drei Fakultätsmitglieder, die vom Ausschluss bedroht waren. Einem von ihnen warf man im Grunde vor, dass er Armenier war. Der zweite war mein Kollege, der sich als Kleiner Großer Gatsby charakterisiert hatte. Beide wurden beschuldigt, sie hätten vor Studenten obszöne Ausdrücke gebraucht. Der dritte war angeblich ein CIA-Agent. Dr. A, der immer noch Institutsleiter war, hatte sich gegen ihren Ausschluss ausgesprochen.

Dr. A selbst fiel aber auch zunehmend in Ungnade. In den ersten Tagen der Revolution war ihm von den Studenten der Universität Teheran der Prozess gemacht worden, weil er einen Gefängniswärter verteidigt hatte. Das entnahm ich achtzehn Jahre später einer Hommage, die eine seiner ehemaligen Studentinnen, eine bekannte Übersetzerin, ihm gewidmet hatte. Sie beschrieb, wie sie eines Tages im Fernsehen den Prozess gegen einen Agenten der Geheimpolizei verfolgt hatte. Plötzlich hatte sie die vertraute Stimme von Dr. A aufhorchen lassen. Er machte eine Aussage zugunsten eines ehemaligen Studenten, den er für einen mitfühlenden Menschen hielt, für einen Mann, der seinen weniger begünstigten Kommilitonen geholfen hatte. Dr. A hatte vor dem Revolutionsgericht erklärt: »Ich halte es für meine menschliche Pflicht, Sie mit dieser Facette der Persönlichkeit des Angeklagten vertraut zu machen.« Ein solches Auftreten war in der von Schwarzweißdenken geprägten Anfangszeit der Revolution unerhört und sehr gefährlich.

Der Angeklagte, der an der Universität Abendklassen besucht hatte, war Gefängniswärter. Man warf ihm vor, politische Gefangene geschlagen und gefoltert zu haben. Die Aussage von Dr. A trug angeblich erheblich dazu bei, dass er mit zwei Jahren Gefängnis davonkam. Keiner meiner Freunde und Bekannten wusste, was später aus ihm geworden war.

Dr. A's Studentin bedauert in ihrem Artikel, dass sie an diesem Prozess teilgenommen hatte, ohne zu protestieren. Zum Schluss folgert sie, dass Dr. A's Handeln den Prinzipien entsprach, die er in seinen Literaturseminaren lehrte. »Eine solche Tat«, erklärt sie, »kann nur von jemandem vollbracht werden, der sich ganz und gar der Literatur verschrieben hat, der gelernt hat, dass jedes Individuum mehrere Persönlichkeitsaspekte hat ... Diejenigen, die richten, müssen alle Aspekte einer Persönlichkeit berücksichtigen. Nur durch Literatur kann man sich in einen anderen Menschen hineinversetzen, dessen unterschiedliche und widersprüchliche Seiten verstehen und von zu großer Unbarmherzigkeit Abstand nehmen. Außerhalb der literarischen Sphäre enthüllt sich nur ein Aspekt des Individuums. Aber wenn man seine verschiedenen Dimensionen versteht, kann man ihn nicht so leicht umbringen ... Hätten wir diese Lektion von Dr. A gelernt, wäre unsere Gesellschaft heute in einem besseren Zustand.«

Die Ausschlussdrohungen waren ein Nebeneffekt der Säuberungen, die das ganze Jahr über anhielten und bis heute nicht wirklich aufgehört haben. Nach einer Besprechung mit Dr. A und zwei anderen Kollegen zu diesem Thema stürmte ich den langen Korridor entlang und traf auf Mr. Bahri. Er stand in einer Ecke und sprach mit dem Präsidenten des Islamischen Verbands der Universitätsangestellten. Die beiden hatten sich einander zugeneigt, wie man es tut, wenn man sehr ernsthafte Dinge zu bereden hat, wenn es um Leben und Tod geht. Ich rief Mr. Bahri beim Namen, und er kam respektvoll auf mich zu und unterdrückte taktvoll jeglichen Ärger, der durch meine Unterbrechung in ihm aufgekeimt sein mochte. Ich fragte ihn nach dem Prozess gegen die Fakultätsmitglieder und das illegale Ausschlussverfahren.

Sofort machte sich auf seinem Gesicht eine Mischung aus Erschrecken und Entschlossenheit breit. Ich müsse verstehen, sagte er, dass sich die Dinge geändert hätten. Was soll das heißen, fragte ich, was hat sich geändert? Es bedeutet, dass Moral für unsere Studenten wichtig ist; es bedeutet, dass die Fakultätsangehörigen den Studenten Rede und Antwort stehen müssen. Und das erreichte man, indem man verantwortungsvolle und verdiente Lehrer wie Dr. A vor Gericht stellte?

Er selbst habe nicht an dem Prozess teilgenommen, versicherte Mr. Bahri. Natürlich ist Dr. A in seiner Einstellung zu westlich orientiert. Er ist frivol and schamlos.

Aha, das ist also die neue Definition für »westlich«, gab ich zurück – lebten wir jetzt offiziell in der Sowjetunion oder China? Und sollte Dr. A sich wegen seiner Frivolität verantworten müssen? Nein, aber bestimmte Dinge müsse er verstehen. Mann kann nicht einfach einen Spion unterstützen, einen Lakaien, der für den Tod so vieler verantwortlich ist. Dann erklärte mir Mr. Bahri noch, es gäbe viel wichtigere Leute als Dr. A, denen man den Prozess machen müsse. CIA-Agenten zum Beispiel, wie unser Professor Z, die nach Belieben kommen und gehen konnten.

Er habe keinen Beweis, antwortete ich, dass der betreffende Herr wirklich ein CIA-Agent sei, und außerdem bezweifele ich, dass der CIA so dumm wäre, einen wie ihn zu beschäftigen. Aber sogar diejenigen, die er als Funktionäre des alten Regimes bezeichnete, dürften ungeachtet ihrer Schuld nicht auf diese Weise behandelt werden. Ich konnte nicht verstehen, warum die Islamische Regierung sich so am Tod dieser Menschen weiden und mit ihren Fotos herumfuchteln müsse, nachdem sie gefoltert und exekutiert worden waren. Wozu zeigten sie uns diese Bilder?

Warum riefen unsere Studenten jeden Tag ihre Parolen und forderten noch mehr Todesurteile?

Zuerst antwortete Mr. Bahri nicht. Er stand mit gesenktem Kopf und verschränkten Händen vor mir. Dann begann er zu reden, langsam und mit angespannter Präzision. Nun, sie müssen bezahlen, sagte er. Sie stehen vor Gericht wegen ihrer Untaten. Die iranische Nation toleriert ihre Verbrechen nicht. Und diese neuen Verbrechen? fragte ich, kaum dass er das letzte Wort gesprochen hatte. Sollten sie schweigend toleriert werden? Heutzutage ist jeder ein Feind Gottes – Ex-Minister und Lehrer, Prostituierte, linke Revolutionäre. Täglich werden weitere Menschen umgebracht. Was hatten diese Menschen getan, dass man sie so behandelte?

Sein Gesicht hatte sich verhärtet, und sein Blick verdüsterte sich. Die Leute müssten für ihre Verbrechen bezahlen, wiederholte er. Das ist kein Spiel, sagte er. Es ist eine Revolution. Ich fragte ihn, ob auch ich wegen meiner Vergangenheit vor Gericht stünde. Aber in gewisser Weise hatte er recht: Wir alle müssen am Ende bezahlen. Im Spiel des Lebens gab es keine Unschuldigen, so viel war sicher. Wir alle mussten bezahlen, aber nicht für die Verbrechen, derer wir beschuldigt wurden. Es waren andere Rechnungen, die zu begleichen waren. Ich wusste damals nicht, dass auch ich schon begonnen hatte zu bezahlen, und dass das, was geschah, ein Teil davon war. Erst viel später gewannen meine Gefühle an Klarheit.

16

Es war spät; ich hatte in der Bibliothek gesessen. Dort verbrachte ich gerade viel Zeit, denn es wurde immer schwieriger, in den Buchhandlungen »imperialistische« Romane zu bekommen. Als ich mit ein paar Büchern unter dem Arm aus der Bibliothek kam, sah ich ihn an der Tür stehen. Seine Hände hielt er auf eine Weise verschränkt, die Ehrerbietung für mich, seine Lehrerin, ausdrückte, aber aus seinem angespannten Gesicht sprach Machtbewusstsein. Mr. Nyazi trägt in meiner Erinnerung immer ein weißes, bis oben hin zugeknöpftes Hemd, das er nie in die Hose steckte. Er war untersetzt und hatte blaue Augen, sehr kurze, hellbraune Haare und einen dicken, rosigen Hals. Sein Hals schien aus weichem Lehm zu bestehen und quoll über den Hemdkragen. Mr. Nyazi war immer sehr höflich.

»Könnte ich Sie bitte einen Moment sprechen?« Obwohl das Semester schon zur Hälfte vorbei war, hatte ich noch kein Büro zugewiesen bekommen, deshalb blieben wir im Flur stehen, und ich hörte zu. Seine Beschwerde galt *Gatsby*. Er tue das zu meinem eigenen Besten, meinte er. Zu meinem Besten? Was für ein merkwürdiger Ausdruck. Ich wisse doch sicher, sagte er, wie sehr er mich respektiere, sonst würde er jetzt nicht mit mir reden. Er habe eine Beschwerde. Gegen wen, und warum ich? Sie richtete sich gegen *Gatsby*. Ich fragte ihn scherzhaft, ob er schon offiziell Klage gegen Mr. Gatsby eingereicht habe. Und erinnerte ihn daran, dass eine solche Handlungsweise zu nichts führen würde, da der betreffende Gentleman bereits tot sei.

Aber er meinte es ernst. Nein, Frau Professorin, nicht gegen Mr. Gatsby selbst, sondern gegen den Roman. Der Roman sei unmoralisch. Er lehre die Jugend das Falsche, er vergifte ihren Geist – das begreife ich doch sicher? Ich begriff nicht. Gatsby, erwiderte ich, sei ein fiktionales Werk und kein Ratgeber. Aber ich müsse doch begreifen, wiederholte er hartnäckig, dass diese Romane und ihre Figuren uns im realen Leben als Modell dienten? Vielleicht war Mr. Gatsby ja für die Amerikaner in Ordnung, aber nicht für unsere revolutionäre Jugend. Aus irgendeinem Grund fand ich die Vorstellung, dass dieser Mann in Versuchung geraten könne, wie Gatsby zu werden, sehr reizvoll.

Für Mr. Nyazi bestand kein Unterschied zwischen den Romanen eines Fitzgerald und seiner eigenen Lebenswirklichkeit. *Der große Gatsby* repräsentierte Amerika in Reinkultur, und Amerika war Gift für uns. Wir sollten iranische Studenten lehren, wie man die amerikanische Unmoral bekämpft. Er sah mich ernst an; er war tatsächlich mit guten Absichten zu mir gekommen.

Plötzlich kam mir eine boshafte Idee. Es war die Zeit öffentlicher Schauprozesse, und so schlug ich vor, wir könnten *Gatsby* doch vor Gericht stellen. Mr. Nyazi wäre der Staatsanwalt und sollte einen Aufsatz schreiben, in dem er seine Ansichten darlegte. Als Fitzgeralds Bücher in den Staaten erschienen, sagte ich ihm, hätten viele ähnlich reagiert wie er. Sie mochten sich anders ausgedrückt haben, aber sie hatten mehr oder weniger dieselben Einwände vorgebracht. Er stünde mit seiner Meinung also nicht allein.

Am nächsten Tag stellte ich mein Vorhaben im Seminar vor. Wir konnten natürlich kein reguläres Gerichtsverfahren anstrengen, hätten aber immerhin einen Staatsanwalt, einen Verteidiger und einen Angeklagten; die restlichen Studenten wären die Geschworenen. Mr. Nyazi wäre der Ankläger. Wir brauchten einen Richter, einen Angeklagten und einen Strafverteidiger.

Nach langen Diskussionen – niemand meldete sich freiwillig – konnten wir endlich einen der linken Studenten dazu überreden, Richter zu spielen. Mr. Nyazi und seine Freunde protestierten – dieser Student sei befangen. Nach längeren Diskussionen einigten wir uns auf Mr. Farzan, einen sanftmütigen, fleißigen, ziemlich selbstgefälligen und glücklicherweise schüchternen Studenten. Niemand wollte Verteidiger sein. Da ich das Buch ausgesucht hatte, hieß es, müsse ich es auch verteidigen. In diesem Fall, entgegnete ich, sei ich ja nicht Verteidiger, sondern Angeklagter. Ich versprach, eng mit meinem Anwalt zusammenzuarbeiten und mich selbst zu verteidigen. Endlich, und nach einigen aufmunternden Rippenstößen, meldete sich Zarrin, die sich lange flüsternd mit Vida beraten hatte. Zarrin wollte wissen, ob ich Fitzgerald oder das Buch sei. Lieber das Buch, beschlossen wir. Ob Fitzgerald die Eigenschaften, die wir im Buch entdeckten, besessen hatte oder nicht, war nicht zu klären. Der Rest der Klasse durfte an jedem Punkt die Verteidigung oder Anklage mit eigenen Kommentaren und Fragen unterbrechen.

Mir war nicht wohl bei meiner Rolle als Angeklagte, denn das brachte die Ankläger in einer unangenehme Position. Auf jeden Fall wäre es interessanter gewesen, wenn eine der Studenten diese Rolle übernommen hätte. Aber für *Gatsby* wollte niemand eintreten. Mr. Nyazi hatte etwas so Selbstherrliches und Unflexibles, dass ich mir am Ende schließlich sagte, ich brauchte sicher keine Angst haben, ihn einzuschüchtern.

17

In der Woche vor dem Prozess formulierte ich bei allem, was ich tat – ob ich mich mit Freunden und Familienangehörigen unterhielt oder mich auf Seminare vorbereitete – in Gedanken meine Argumente. Es ging schließlich nicht nur um die Verteidigung von *Gatsby*, sondern um die Einschätzung und Bewertung von Literatur überhaupt – und von Wirklichkeit. Bijan, den das alles köstlich amüsierte, bemerkte einmal, ich studiere *Gatsby* ja mit der gleichen Intensität wie ein Anwalt seinen Gesetzestext. Ich sagte zu ihm gewandt: Du nimmst das nicht ernst, oder? Natürlich nehme ich es ernst, entgegnete er. Du hast dich deinen Studenten gegenüber in eine heikle Situation manövriert. Du hast ihnen erlaubt – nein, nicht nur das, du hast sie *gezwungen*, deine Urteilsfähigkeit als Lehrerin in Frage zu stellen. Also musst du diesen Prozess gewinnen. Das ist im ersten Semester an der Uni sehr wichtig für ein neues Fakultätsmitglied. Aber wenn du nach Mitgefühl heischst – das wirst du von mir nicht bekommen. Du bist doch ganz wild darauf, gib's zu, du liebst diese Dramatik und Aufregung. Demnächst wirst du mir noch einreden wollen, das Wohl und Wehe der Revolution hinge davon ab.

Aber so ist es doch auch, verstehst du das nicht? beschwor ich ihn. Er zuckte die Achseln und sagte: Sag das nicht mir. Geh damit lieber zu Ajatollah Khomeini.

Am Tag des Prozesses verließ ich das Haus früher als sonst und spazierte noch etwas durch die schattigen Straßen. Als ich mich der Fakultät für Persisch und Fremdsprachen näherte, sah ich Mahtab mit einem anderen Mädchen vor dem Tor stehen. Sie grinste verschmitzt wie eine faule Schülerin, die gerade eine 1 bekommen hat. Ich wollte Sie fragen, sprach sie mich an, ob Sie etwas dagegen haben, wenn Nassrin heute mit in den Unterricht kommt. Mein Blick wanderte von ihr zu ihrer jungen Begleiterin, die nicht älter als 13 oder 14 sein konnte. Sie war sehr hübsch, obwohl sie sich alle Mühe gab, das zu verbergen. Ihr Aussehen passte nicht zu ihrem ernsten Gesichtsausdruck, der neutral und absolut undurchdringlich war. Nur ihr Körper verriet sie: Sie hüpfte abwechselnd vom linken auf das rechte Bein, während sie immer wieder Halt suchend nach dem dicken Schulterriemen ihrer schweren Schultasche griff.

Lebhafter als sonst erklärte mir Mahtab, Nassrins Englisch sei besser als das der meisten College-Schüler, und als sie ihr von dem Prozess gegen *Gatsby* erzählt hatte, sei sie so neugierig geworden, dass sie gleich das ganze Buch gelesen habe. Ich wandte mich an Nassrin und fragte: Und was hältst du von *Gatsby*? Sie zögerte einen Moment, dann sagte sie leise: Das kann ich nicht sagen. Meinst du, fragte ich weiter, dass du es nicht weißt oder dass du es mir nicht sagen kannst. Sie erwiderte: Ich weiß es nicht, aber vielleicht kann ich es Ihnen auch einfach nicht sagen.

Damit fing alles an. Nach dem Prozess bat Nassrin um die Erlaubnis, weiter meine Seminare besuchen zu dürfen, wenn sie konnte. Mahtab erzählte mir, Nassrin sei ihre Nachbarin. Sie gehöre einer Muslim-Organisation an, sei aber ein sehr interessantes Mädchen. Mahtab nahm sich ihrer an, was im Sprachgebrauch der Linken bedeutete, dass sie sie rekrutieren wollte.

Ich erklärte Nassrin, sie dürfe mein Seminar unter einer Bedingung besuchen: Am Ende des Semesters müsse sie einen 15-seitigen Aufsatz über *Gatsby* schreiben. Erst schwieg sie eine Weile, als fehlten ihr die Worte. Dann sagte sie: So gut bin ich nicht. Du brauchst nicht gut sein, antwortete ich. Und außerdem glaube ich, dass du es bist – schließlich verbringst du deine Freizeit hier. Ich will keinen wissenschaftlichen Aufsatz; du sollst deine eigenen Eindrücke wiedergeben. Beschreibe in deinen eigenen Worten, was *Gatsby* für dich bedeutet. Sie blickte auf ihre Zehenspitzen und murmelte, sie werde es versuchen.

Von da an hielt ich jedes Mal, wenn ich die Klasse betrat, nach Nassrin Ausschau, die sich gewöhnlich an Mahtab hielt und neben ihr saß. Sie machte sich während der ganzen Zeit eifrig Notizen und kam sogar ein paarmal ohne Mahtab. Dann tauchte sie plötzlich eine Weile nicht mehr auf, bis zur letzten Stunde, in der sie in einer Ecke saß und fleißig mitschrieb.

Nachdem ich meiner jungen Novizin erlaubte hatte zu kommen, ging ich weiter. Ich musste noch im Sekretariat vorbeischauen und ein Buch abholen, das Dr. A für mich hinterlegt hatte. Als ich den Hörsaal an jenem Nachmittag betrat, erwartete mich gespanntes Schweigen. Der Raum war voll. Nur ein oder zwei Studenten fehlten – und Mr. Bahri, dessen Pflicht oder Missbilligung ihn fernhielt. Zarrin lachte, sie und Vida schoben Notizen hin und her, und Mr. Nyazi stand in einer Ecke und sprach mit zwei anderen Muslim-Studenten, die sich auf ihre Plätze setzten, als sie mich bemerkten. Mahtab saß neben ihrer neuen Rekrutin und flüsterte ihr verschwörerisch etwas ins Ohr.

Ich sprach kurz über die Aufgaben für die nächste Woche und leitete dann das Verfahren ein. Zuerst rief ich Mr. Farzan, den Richter, auf, und bat ihn, auf meinem Stuhl hinter dem Schreibtisch Platz zu nehmen. Er schlenderte nach vorne und konnte seinen Stolz nur mühsam verbergen. Für die Zeugen wurde ein Stuhl neben den Richter gestellt. Ich setzte mich neben Zarrin an das große Fenster, auf die linke Seite des Raums, während Mr. Nyazi mit einigen seiner Freunde an der Wand gegenüber saß. Der Richter eröffnete die Sitzung. Und so begann der Prozess der Islamischen Republik Iran gegen *Den großen Gatsby*.

Mr. Nyazi wurde aufgerufen, die Anklage vorzubringen. Anstatt aufzustehen, rückte er seinen Stuhl in die Mitte des Raums und begann, mit monotoner Stimme seinen Text herunterzuleiern. Der Richter hockte verkrampft hinter meinem Schreibtisch und starrte gebannt auf Mr. Nyazi. Ab und zu blinzelte er heftig.

Vor ein paar Monaten habe ich endlich meine alten Aufzeichnungen weggeräumt und Mr. Nyazis Anklageschrift entdeckt, die in makelloser Schrift abgefasst war. Sie begann mit »Im Namen Gottes« – Worten, die später in allen offiziellen Schriftstücken und öffentlichen Reden Pflicht wurden. Mr. Nyazi nahm die Seiten einzeln in die Hand. Er hielt sie nicht nur fest, sondern umklammerte sie geradezu, als würden sie ihm sonst entschlüpfen. »Der Islam ist die einzige Religion auf Erden, die der Literatur eine spezielle heilige Rolle bei der Anleitung des Menschen zu einem gottgefälligen Leben zumisst«, las er. »Dies wird deutlich, wenn wir bedenken, dass der Koran, das Wort Gottes, das Wunder des Propheten ist. Durch das Wort kann man heilen oder zerstören. Man kann führen oder korrumpieren. Deshalb kann das Wort Satan oder Gott zugehören.

Imam Khomeini hat unseren Dichtern und Schriftstellern eine große Aufgabe gegeben«, dröhnte er triumphierend weiter. »Er hat ihnen eine heilige Mission aufgetragen, *viel* edler als die der materialistischen Schriftsteller im Westen. Wenn unser Imam der Hirte ist, der seine Herde auf die Weide führt, dann sind die Schriftsteller die treuen Wachhunde, die nach den Anweisungen des Hirten die Schafe treiben.«

Aus den hinteren Reihen war ein Kichern zu vernehmen. Ich warf einen Blick nach hinten und sah Zarrin und Vida miteinander tuscheln. Nassrin starrte Mr. Nyazi aufmerksam an und kaute geistesabwesend an ihrem Bleistift. Mr. Farzan schien mit einer unsichtbaren Fliege beschäftigt und blinzelte gelegentlich. Als ich meine Aufmerksamkeit wieder Mr. Nyazi zuwandte, sagte er gerade: »Fragt euch selbst, was euch lieber wäre: die Ausübung einer heiligen, hohen Pflicht oder der materialistische Lohn von

Geld und Ansehen, der zur Korrumpierung«, er machte eine Pause, ohne den Blick von seinen Aufzeichnungen zu lösen, und schien die saftlosen Worte an die Oberfläche zu zwingen – »der zur Korrumpierung der westlichen Schriftsteller führte und ihre Werke ihrer Spiritualität und Sinngebung beraubt hat. Aus diesem Grund sagt unser Imam, dass die Feder mächtiger ist als das Schwert.«

Das Geflüster und Gekicher im Hintergrund war lauter geworden. Dem inkompetenten Richter Farzan entging die Störung, aber einer von Mr. Nyazis Freunden rief laut: »Euer Ehren, könnten Sie bitte die Damen und Herren auf den hinteren Bänken instruieren, das Gericht und den Ankläger zu respektieren?« »So sei es«, erwiderte Mr. Farzan kraftlos.

»Unsere Dichter und Schriftsteller«, fuhr Nyazi fort, »spielen in diesem Kampf gegen den Großen Satan dieselbe Rolle wie unsere treuen Soldaten, und ihnen wird im Himmel derselbe Lohn zuteilwerden. Uns Studenten, als zukünftigen Wächtern der Kultur, steht eine schwere Aufgabe bevor. Heute haben wir das Siegesbanner des Islam in das Spionagenest auf unserem eigenen Grund und Boden gepflanzt. Unsere Aufgabe, wie uns der Imam erklärt hat, ist es, das Land von der dekadenten westlichen Kultur zu reinigen und …«

An diesem Punkt stand Zarrin auf: »Einspruch, Euer Ehren!« rief sie.

Mr. Farzan sah sie überrascht an. »Wogegen legen Sie Einspruch ein?«

»Hier wird *Der große Gatsby* verhandelt«, sagte Zarrin. »Der Staatsanwalt hat fünfzehn kostbare Minuten unserer Zeit beansprucht, ohne ein einziges Wort über den Angeklagten zu sagen. Worauf soll das hinauslaufen?«

Einen Moment sahen Mr. Farzan und Mr. Nyazi sie erstaunt an. Dann sagte Mr. Nyazi, ohne Zarrin anzublicken: »Dies ist ein islamisches Gericht, nicht *Perry Mason*. Ich kann meinen Fall darlegen, wie ich will, und ich stelle den Zusammenhang her. Ich will erläutern, dass ich als Muslim *Gatsby* nicht akzeptieren kann.«

In einem Versuch, seine Rolle auszufüllen, sagte Mr. Farzan: »Gut, dann tun Sie das bitte zügig.«

Zarrins Unterbrechung hatte Mr. Nyazi aus dem Konzept gebracht; nach einer kurzen Pause hob er den Kopf und stieß hervor: »Sie haben recht, es lohnt sich nicht …«

Es blieb uns überlassen herauszufinden, was sich nicht lohnte, bis er nach einer Weile fortfuhr. »Ich muss nicht von einem Blatt ablesen, und ich muss nicht über den Islam sprechen. Ich habe genügend Beweise – jede Seite, jede einzelne Seite dieses Buches«, rief er erregt, »verdammt sich selbst.« Er wandte sich Zarrin zu, und ein Blick in ihr gleichgültiges Gesicht nahm ihm den Wind aus den Segeln. »Während der gesamten Revolution haben wir über die Tatsache gesprochen, dass der Westen unser Feind ist; er ist der Große Satan, nicht wegen seiner militärischen Macht, nicht wegen seiner wirtschaftlichen Macht, sondern wegen, sondern wegen …« – wieder eine Pause – »wegen seiner finsteren Angriffe auf die Wurzeln unserer Kultur. Was unser Imam kulturelle Aggression nennt. Ich würde es Vergewaltigung unserer Kultur nennen.« Damit gebrauchte Mr. Nyazi einen Begriff, der später zum Erkennungszeichen für die Kritik der Islamischen Republik am Westen werden sollte. »Und wenn Sie diese kulturelle Vergewaltigung sehen wollen, müssen Sie nicht weiter schauen als bis zu diesem Buch.« Er holte *Gatsby* unter einem Stapel Papier hervor und schwenkte ihn in unsere Richtung.

Erneut stand Zarrin auf. »Euer Ehren«, sagte sie mit kaum verhohlenem Abscheu, »das alles sind haltlose Anschuldigungen, Falschaussagen …«

Der ehrenwerte Richter durfte nicht antworten, denn Mr. Nyazi erhob sich halb von seinem Stuhl und schrie: »Darf ich vielleicht ausreden? Sie kommen auch noch dran! Ich werde Ihnen sagen warum, ich werde Ihnen sagen warum …« Und dann drehte er sich zu mir um und sagte etwas gemäßigter: »Das ist nicht gegen Sie gerichtet.«

Ich hatte inzwischen Vergnügen an dem Spiel gefunden und sagte: »Nur weiter, bitte, und denken Sie daran, dass ich hier die Rolle des Buches spiele. Ich werde mich erst am Ende äußern.«

»Vielleicht«, fuhr Nyazi fort, »war ja während der Regierungszeit des korrupten Pahlavi-Regimes Ehebruch die Norm.«

Das ließ Zarrin ihm nicht durchgehen. »Einspruch!« rief sie. »Diese Behauptung entbehrt jeder Grundlage.«

»Okay«, gab er zu, »aber die Wertvorstellungen waren so, dass Ehebruch nicht bestraft wurde. Dieses Buch predigt außereheliche Beziehungen zwischen einem Mann und einer Frau. Zuerst haben wir Tom und seine Geliebte, die Szene in ihrem Apartment, an der sogar Nick, der Erzähler, beteiligt ist. Er mag ihre Lügen nicht, aber er hat nichts gegen ihre Unzucht und dass sie sich gegenseitig auf dem Schoß sitzen, und, und, diese Partys bei Gatsby … Sie erinnern sich, meine Damen und Herren, dieser Gatsby ist der Held des Buches – und wer ist er? Er ist ein Scharlatan, er ist ein Ehebrecher, er ist ein Lügner … das ist der Mann, den Nick glorifiziert und mit dem er Mitgefühl hat, dieser Familienzerstörer!« Nyazi konnte seine Empörung kaum zügeln, als er die Hurenböcke, Lügner und Ehebrecher heraufbeschwor, die sich frei in Fitzgeralds strahlender Welt bewegten, immun gegen seinen, Nyazis, Zorn und gegen Verfolgung. »Die einzige sympathische Person hier ist der betrogene Ehemann, Mr. Wilson«, dröhnte Mr. Nyazi. »Als er Gatsby tötet, ist er die Hand Gottes. Er ist das einzige Opfer. Er ist das wahre Symbol der Unterdrückten im Land des, des, des Großen Satan!«

Das Problem mit Mr. Nyazi war, dass er auch in höchster Aufregung, wenn er nicht ablas, seine monotone Redeweise beibehielt. Jetzt saß er halb, halb stand er, und schrie fast nur noch.

»Das einzig Gute an diesem Buch«, verkündete er und wedelte mit dem »Angeklagten«, »ist, dass es die Unmoral und Dekadenz der amerikanischen Gesellschaft bloßlegt, aber wir haben dafür gekämpft, uns von solchem Schund zu befreien, und es ist höchste Zeit, dass solche Bücher verboten werden.« Er nannte Gatsby nur »diesen Mr. Gatsby« und brachte es nicht über sich, Daisy beim Namen zu nennen, die er als »diese Frau« bezeichnete. Nach Nyazis Ansicht gab es keine einzige tugendhafte Frau im ganzen Roman. »Was für ein Beispiel geben wir unseren unschuldigen, anständigen Schwestern«, fragte er sein gebannt lauschendes Publikum, »wenn wir sie ein solches Buch lesen lassen?«

Während er weitersprach, erregte er sich immer mehr, ohne sich aber je von seinem Stuhl zu bewegen. »Gatsby ist unaufrichtig«, schrie er mit schriller Stimme. »Er verdient sein Geld mit unlauteren Mitteln und versucht, die Liebe einer verheirateten Frau zu kaufen. Dieses Buch soll vom amerikanischen Traum handeln, aber was für ein Traum ist das denn? Will der Autor, dass wir alle zu Ehebrechern und Banditen werden? Die Amerikaner sind dekadent und im Niedergang begriffen, weil das ihr Traum ist. Sie gehen zugrunde! Das sind die letzten Zuckungen einer toten Kultur!«, schloss er triumphierend und bewies, dass Zarrin nicht die einzige war, die *Perry Mason* kannte.

»Vielleicht sollte unser ehrenwerter Staatsanwalt nicht so hart urteilen«, sagte Vida, als klar war, dass Nyazi sein letztes Pulver verschossen hatte. »Gatsby stirbt schließlich, also könnte man sagen, dass er bekommt, was er verdient.«

Aber Mr. Nyazi war nicht überzeugt. »Verdient denn nur Gatsby den Tod?« fragte er verächtlich. »Nein! Die gesamte amerikanische Gesellschaft verdient dasselbe Schicksal. Was ist das denn für ein Traum, in dem man einem Mann seine Frau wegnimmt, Sex predigt, lügt und betrügt und … und dann behauptet dieser Kerl, dieser Erzähler Nick auch noch, die Moral zu vertreten!«

Auf diese Weise verbreitete sich Mr. Nyazi noch ein Weilchen, bis er auf einmal abrupt innehielt und schwieg, als brächte er kein Wort mehr heraus. Und auch da rührte er sich nicht von der Stelle. Irgendwie kam keiner von uns auf die Idee, ihn an seinen Platz zurückzuschicken, als der Prozess seinen Fortgang nahm.

18

Als nächstes wurde Zarrin aufgefordert, mit der Verteidigung zu beginnen. Sie stand auf und wandte sich dem Publikum zu, elegant und professionell in ihrem marineblauen Faltenrock und ihrer Wolljacke mit Goldknöpfen, aus deren Ärmeln weiße Manschetten hervorschauten. Ihre Haare waren zu einem tief sitzenden Pferdeschwanz gebunden, und als einzigen Schmuck trug sie ein Paar goldene Ohrringe. Sie ging langsam um Mr. Nyazi herum und machte nur hin und wieder eine abrupte Kehrtwendung, wenn sie einen Punkt besonders hervorheben wollte. Sie hatte nur wenige Notizen und machte kaum Gebrauch davon.

Beim Sprechen durchmaß sie den Raum, wobei ihr Pferdeschwanz harmonisch zu ihren Bewegungen mal nach rechts, mal nach links wippte. Bei jeder Drehung hatte sie wieder Mr. Nyazi vor sich, der stocksteif auf seinem Stuhl thronte. Zunächst bezog sie sich auf eine Passage, die ich aus einer von Fitzgeralds Kurzgeschichten vorgelesen hatte. »Unser lieber Staatsanwalt«, sagte sie, »ist irrtümlich zu nahe an einen Vergnügungspark geraten und kann nun Fiktion und Realität nicht mehr auseinanderhalten.«

Süß lächelnd drehte sie sich zu »unserem Staatsanwalt« um, der wie ein Gefangener auf seinem Stuhl saß. »Er lässt zwischen diesen beiden Welten keinen Platz, keinen Raum zum Atmen. Er hat seine eigene Schwäche preisgegeben: seine Unfähigkeit, einen Roman als eigenständiges Kunstwerk zu lesen. Alles was er kennt, sind Urteile, eine grobe, vereinfachende Zuspitzung von Richtig und Falsch.« Bei diesen Worten hob Mr. Nyazi den Kopf und wurde dunkelrot, aber er sagte nichts. »Aber ist ein Roman gut«, fragte Zarrin, an die Klasse gewandt, »nur weil die Heldin tugendhaft ist? Ist er schlecht, nur weil eine Figur von der Moral abweicht, die Mr. Nyazi nicht nur uns, sondern der gesamten Literatur auferlegen will?«

Plötzlich sprang Mr. Farzan auf. »Entschuldigung«, sagte er, an mich gewandt. »Wenn ich hier Richter bin, heißt das, ich kann nichts sagen?«

»Aber nein«, erwiderte ich, woraufhin er eine lange, nichtssagende Tirade über das Tal aus Asche und Gatsbys dekadente Partys abließ. Fitzgeralds Hauptschwäche, fasste er zusammen, sei die Unfähigkeit, seine Habgier abzulegen: Er schrieb billige Geschichten für Geld und lief den Reichen nach. »Wissen Sie«, sagte Farzan zuletzt, mittlerweile von seinen eigenen Anstrengungen erschöpft, »Fitzgerald hat gesagt, die Reichen seien anders.«

Mr. Nyazi nickte heftig. »Ja«, mischte er sich selbstgefällig ein, höchst zufrieden mit der Wirkung seines Auftritts. »Und unsere Revolution ist gegen den Materialismus, den Mr. Fitzgerald predigt. Wir brauchen den Materialismus des Westens nicht und auch nicht die amerikanischen Waren.« Er holte tief Luft. »Wenn überhaupt, dann könnten wir ihr technisches Know-how gebrauchen, aber ihre Moralvorstellungen *müssen* wir ablehnen.«

Zarrin sah sich das Ganze mit Fassung und Gleichmut an. Sie wartete nach Mr. Nyazis Ausbruch ein paar Sekunden ab und sagte dann ruhig: »Ich scheine hier zwei Staatsanwälte vor mir zu haben. Darf ich jetzt freundlicherweise fortfahren?« Sie warf Mr. Farzan einen verächtlichen Blick zu. »Ich möchte den Ankläger und die Geschworenen an das Zitat erinnern, das wir bei unserer ersten Diskussion über dieses Buch gehört haben. Es stammt aus Diderots *Jacques der Fatalist*: ›Die Freiheit seines [des Autors] Stils ist mir fast ein Bürge für die Reinheit seiner Sitten.‹ Wir haben zudem darüber diskutiert, dass ein Roman nicht im üblichen Sinne des Wortes moralisch ist. Er kann moralisch genannt werden, wenn er uns aus unserer Trägheit aufrüttelt und uns mit den Werten konfrontiert, an die wir glauben. Wenn das so ist, dann ist Gatsby ein brillantes Buch. Zum ersten Mal in diesem Seminar hat ein Buch eine solche Kontroverse ausgelöst.

Gatsby wird vor Gericht gestellt, weil er uns irritiert – zumindest einige von uns«, ergänzte sie und löste damit leises Gekicher aus. »Doch es ist nicht das erste Mal, dass ein Roman – ein unpolitischer Roman – von einem Staat vor Gericht gestellt wird.« Mit wippendem Pferdeschwanz drehte sie sich um. »Erinnern Sie sich an die berühmten Prozesse gegen *Madame Bovary*, *Ulysses*, *Lady Chatterley* und *Lolita*? In allen Fällen hat der Roman gewonnen. Aber lassen Sie mich einen Punkt aufgreifen, der den ehrenwerten Richter ebenso zu beunruhigen scheint wie den Staatsanwalt: die Verlockungen des Geldes und seine Rolle in dem Roman.

In der Tat erkennt Gatsby, dass Geld einer von Daisys Reizen ist. Er ist sogar derjenige, der Nicks Aufmerksamkeit auf die Tatsache richtet, dass im Charme ihrer Stimme das metallische Klingeln von Geld mitschwingt. Aber dieser Roman handelt *nicht* von der Liebe eines armen jungen Scharlatans zum Geld.« Sie machte eine bedeutungsvolle Pause. »Wer das behauptet, hat seine Hausaufgaben nicht gemacht.« Fast unmerklich wandte sie sich kurz nach links dem reglosen Ankläger zu, trat dann an ihren Tisch und nahm ihr *Gatsby*-Exemplar in die Hand. Das Buch hoch haltend, drehte sie Nyazi den Rücken zu und richtete ihre Worte an Mr. Farzan: »Nein, Euer Ehren, dieser Roman handelt nicht davon, dass ›die Reichen anders sind als du und ich‹, obwohl sie es in der Tat sind. Aber das sind die Armen auch, und auch Sie sind anders als ich. Er handelt von Reichtum, aber nicht von dem vulgären Materialismus, auf den Sie und Mr. Nyazi sich fixiert haben.«

»Geben Sie's ihnen!« ertönte eine Stimme von hinten. Ich drehte mich um. Kichern und Gemurmel. Zarrin schwieg lächelnd. Der Richter rief sehr irritiert: »Ruhe! Wer hat das gesagt?« Niemand erwartete eine Antwort.

»Mr. Nyazi, unser geschätzter Staatsanwalt«, sagte Zarrin spöttisch, »scheint keine Zeugen zu brauchen. Er ist offenbar Zeuge und Ankläger in einem, aber lassen Sie uns Zeugen aus dem Buch selbst aufrufen. Lassen Sie uns einige der Figuren in den Zeugenstand rufen. Ich werde jetzt unseren wichtigsten Zeugen aufrufen.

Mr. Nyazi hat sich uns als Richter über Fitzgeralds Figuren präsentiert, aber Fitzgerald hatte etwas anderes vor. Er hat uns selbst einen Richter gegeben. Vielleicht sollten wir also ihm zuhören. Welche Figur ist der geeignete Richter?« fragte Zarrin die Studenten. »Nick natürlich, und ihr erinnert euch, wie er sich selbst beschreibt: ›Ein jeder schreibt sich gern mindestens eine der Kardinaltugenden zu. Die meine ist: Ich bin einer der wenigen anständigen Menschen, die mir im Leben begegnet sind.‹ Wenn es einen Richter im Buch gibt, dann ist es Nick. In gewisser Hinsicht ist er die am wenigsten schillernde Figur, weil er als Spiegel dient.

Die anderen Figuren werden letztlich im Hinblick auf ihre Ehrlichkeit beurteilt. Und die Vertreter des Reichtums entpuppen sich als die unehrlichsten. Beweisstück A: Jordan Baker, mit der Nick eine Liebesbeziehung hat. Ihr hängt ein Skandal an, an den sich Nick zunächst nicht erinnern kann. Sie hat bei einem Golfturnier gelogen, so wie man sich mit einer Lüge aus der Affäre zieht, wenn man ein geliehenes Auto, mit offenem Dach, im Regen stehen lässt. ›Sie war eine chronische Betrügerin. Sie ertrug es nicht, im Nachteil zu sein, und ich vermute, dass sie bei dieser Veranlagung schon in früher Jugend krumme Wege einschlug, um der Welt jenes kühle impertinente Lächeln zu zeigen und dabei doch die gebieterischen Forderungen ihres harten lebenshungrigen Körpers zu befriedigen.‹

Beweisstück B ist Tom Buchanan. Seine Unehrlichkeit ist augenfälliger: Er betrügt seine Frau, er vertuscht ihr Verbrechen, und er empfindet keine Schuld. Daisys Fall ist komplizierter, weil ihre Unaufrichtigkeit, wie alles an ihr, einen gewissen Zauber ausübt. Sie gibt anderen das Gefühl, Komplizen ihrer Lügen zu sein, weil sie von ihnen verführt werden. Und dann gibt es natürlich noch Meyer Wolfsheim, Gatsbys windigen Geschäftspartner. Er manipuliert den World Cup. ›Es war mir nie in den Sinn gekommen, dass ein einzelner Mann sich erkühnt haben könnte, mit dem Vertrauen von fünfzig Millionen Leuten sein Spiel zu treiben – mit der Skrupellosigkeit eines Bankräubers, der einen Safe aufsprengt.‹ Die Frage nach Ehrlichkeit und Unehrlichkeit, die Art, wie Menschen sind und wie sie sich der Welt gegenüber darstellen, ist demnach ein Nebenthema, das alle wichtigen Ereignisse des Romans prägt. Und wer sind die unehrlichsten Menschen in diesem Roman?« fragte sie und nahm die Geschworenen wieder in den Blick. »Genau die Menschen,« und damit wandte sie sich neuerlich Mr. Nyazi zu, »von denen unser Ankläger behauptet, dass Fitzgerald sie schätzt.

Aber das ist noch nicht alles. Wir sind mit den Reichen noch nicht fertig.« Zarrin nahm ihr Buch und schlug es an einer markierten Seite auf. »Mit Mr. Carraways Erlaubnis«, sagte sie, »möchte ich ihn hinsichtlich der Reichen befragen.« Dann begann sie zu lesen: »Sie waren eben leichtfertige Menschen, Tom und Daisy – sie zerschlugen gedankenlos, was ihnen unter die Finger kam, totes und lebendiges Inventar, und zogen sich dann einfach zurück auf ihren Mammon oder ihre grenzenlose Nonchalance oder was immer das gemeinsame Band sein mochte, das sie so unverbrüchlich zusammenhielt, und überließen es anderen, den Aufwasch zu besorgen.«

»Sie sehen also«, sagte Zarrin, diesmal an Mr. Farzan gewandt, »dies ist das Urteil, das die vertrauenswürdigste Figur im Roman über die Reichen fällt. Die Reichen in diesem Buch, repräsentiert vor allem durch Tom und Daisy und zu einem geringeren Maß von Jordan Baker, sind leichtfertige Menschen. Schließlich ist es Daisy, die Myrtle überfährt und Gatsby die Schuld dafür auf sich nehmen lässt, ohne auch nur Blumen zu seinem Begräbnis zu schicken.« Zarrin schwieg und ging einmal um den Zeugenstuhl herum, scheinbar, ohne Richter, Ankläger und Geschworene wahrzunehmen.

»Das Wort ›leichtfertig‹ ist hier der Schlüssel«, sagte sie. »Erinnern Sie sich, wie Nick Jordan ihren leichtsinnigen Fahrstil vorhält und sie ungerührt antwortet, dass sie vielleicht leichtsinnig fährt, aber eben damit rechnet, dass andere vorsichtig sind? *Leichtfertig* ist das erste Adjektiv, das einem bei der Beschreibung der Reichen in diesem Roman in den Sinn kommt. Der Traum, den sie verkörpern, ist ein brüchiger Traum, der alle zerstört, die ihm nahe kommen wollen. Sehen Sie, Mr. Nyazi, deshalb enthält dieses Buch eine ebenso klare Verdammung der wohlhabenden Oberschicht wie jedes beliebige Revolutionsbuch, das wir gelesen haben.« Unvermittelt sah sie mich an und sagte lächelnd: »Ich weiß nicht recht, wie man ein Buch anredet. Würden Sie mir beipflichten, dass Ihr Ziel nicht die Verteidigung der Reichen ist?«

Ich war von Zarrins plötzlicher Frage überrumpelt, aber ich war froh über die Gelegenheit, auf einen Punkt abzuheben, der für meinen eigene Interpretation von Literatur zentral war. »Wenn die Kritik an der Leichtfertigkeit ein Fehler ist«, sagte ich etwas befangen, »dann bin ich wenigstens in guter Gesellschaft. Diese Leichtfertigkeit, ein Mangel an Empathie, erscheint auch in Jane Austens negativen Figuren, in Lady Catherine, in Mrs. Norris, in Mr. Collins oder den Crawfords. Das Thema kehrt wieder in Henry James' Geschichten und bei Nabokovs abscheulichen Helden, bei Humbert, Kinbote, Van und Ada Veen. Phantasie wird in diesen Werken mit Empathie gleichgesetzt; wir können nicht alles selbst erleben, was andere erlitten haben, aber wir können selbst die abscheulichsten Individuen in fiktionalen Werken verstehen. Ein guter Roman ist einer, der Individuen in ihrer Komplexität zeigt und all diesen Figuren genügend Raum verschafft, damit sie eine Stimme haben; einen solchen Roman kann man demokratisch nennen – nicht, weil er Demokratie predigt, sondern weil er von Natur aus so ist. *Gatsby*, wie so viele andere große Romane, ist im Kern von Empathie gekennzeichnet – die größte Sünde ist es, den Problemen und Leiden anderer gegenüber blind zu sein. Sie nicht zu sehen, bedeutet ihre Existenz zu leugnen.« Das alles stieß ich in einem Atemzug hervor, selbst überrascht von meiner Inbrunst.

»Ja«, unterbrach mich jetzt Zarrin. »Könnte man nicht sogar sagen, dass diese Blindheit oder diese Leichtfertigkeit uns anderen gegenüber an eine andere Sorte leichtfertiger Menschen erinnert?« Sie warf Nyazi einen kurzen Blick zu und ergänzte: »An diejenigen, die die Welt in Schwarzweiß malen, berauscht von der Selbstgerechtigkeit ihrer eigenen Fiktionen.«

»Und selbst wenn Fitzgerald«, fuhr sie lebhaft fort, »im wirklichen Leben tatsächlich von den Reichen und vom Reichtum besessen war, Mr. Farzan, in seinen Büchern zeigt er den korrumpierenden und zersetzenden Einfluss des Reichtums auf prinzipiell anständige Menschen, wie Gatsby, oder auf kreative und lebendige Personen, wie Dick Diver in *Zärtlich ist die Nacht*. Da Mr. Nyazi dies nicht versteht, entgeht ihm der Sinn des ganzen Romans.«

Nyazi, der seit einiger Zeit den Fußboden einer genauen Prüfung unterzogen hatte, sprang plötzlich auf und sagte: »Einspruch!«

»Wogegen genau erheben Sie Einspruch?« fragte Zarrin mit vorgetäuschter Höflichkeit.

»Leichtfertigkeit ist nicht genug!« rief er. »Das macht den Roman nicht moralischer. Ich habe gefragt: Was ist mit dem Ehebruch, den Lügen und Betrügereien, und Sie sprechen von Leichtfertigkeit!«

Zarrin schwieg und wandte sich mir zu. »Ich würde jetzt gerne den Angeklagten in den Zeugenstand rufen.« Dann sah sie Mr. Nyazi an und sagte mit einem listigen Funkeln in den Augen:

»Würden Sie den Angeklagten gerne befragen?« Nyazi murmelte ein trotziges Nein. »Gut.« Und zu mir: »Würden Sie bitte vortreten?« Ich stand auf und blickte mich um. Es gab keinen Stuhl. Mr. Farzan, ausnahmsweise einmal geistesgegenwärtig, sprang auf und bot mir seinen an. »Sie haben die Bemerkungen des Anklägers gehört«, sagte Zarrin zu mir. »Haben Sie etwas zu Ihrer Verteidigung vorzubringen?«

Ich fühlte mich unwohl, war sogar verlegen und wusste nicht recht, was ich sagen sollte. Zarrin hatte ihre Sache großartig gemacht, und weitere Ausführungen von meiner Seite kamen mir überflüssig vor. Aber die Studenten erwarteten das von mir, und ich konnte jetzt auf keinen Fall kneifen.

Befangen setzte ich mich auf Mr. Farzans Stuhl. Bei meinen Vorbereitungen auf den Prozess hatte ich festgestellt, dass ich die Gedanken und Gefühle, die mich so für *Gatsby* einnahmen, nicht in Worten auszudrücken vermochte, so sehr ich es auch versuchte. Ich kam immer wieder auf Fitzgeralds eigene Erklärung des Romans zurück: »Das eigentliche Dilemma dieses Romans«, hatte er gesagt, »ist der Verlust der Illusionen, die der Welt eine solche Farbigkeit verleihen, dass es einem gleichgültig ist, ob etwas richtig oder falsch ist, solange man nur an diesem wunderbaren Zauber teilhaben kann.« Ich wollte ihnen sagen, dass es in diesem Buch nicht um Ehebruch, sondern um den Verlust von Träumen ging. Mir war es ungeheuer wichtig geworden, dass meine Studenten *Gatsby* zu seinen eigenen Bedingungen akzeptierten und wegen seiner bezaubernden und peinigenden Schönheit lieben lernten, aber was ich jetzt vorbrachte, musste konkreter und pragmatischer sein.

»Man liest *Gatsby* nicht«, begann ich, »um zu erfahren, ob Ehebruch gut oder schlecht ist, sondern um zu verstehen, wie kompliziert Dinge wie Ehebruch, Treue und Ehe sind. Ein großer Roman schärft die Sinne und das Einfühlungsvermögen in die Komplexität des Lebens und der Menschen und befreit uns von unserer Selbstgerechtigkeit, durch die wir Moral in ein festes Schema von Gut und Böse pressen …«

»Aber«, unterbrach Nyazi verdrossen, »was ist kompliziert daran, wenn man eine Affäre mit der Frau eines anderen hat? Warum sucht sich Mr. Gatsby nicht eine eigene Ehefrau?«

»Und warum schreibst du nicht deinen eigenen Roman?« ertönte es gedämpft aus einer der mittleren Reihen. Mr. Nyazi war fassungslos. Von diesem Moment an kam ich kaum noch zu Wort. Plötzlich schienen alle gleichzeitig entdeckt zu haben, dass sie unbedingt etwas zur Diskussion beitragen mussten.

Auf meinen Vorschlag hin ordnete Mr. Farzan eine zehnminütige Pause an. Ich verließ den Raum und ging nach draußen, zusammen mit ein paar Studenten, die auch frische Luft brauchten. Im Foyer standen Mahtab und Nassrin und unterhielten sich. Ich stellte mich zu ihnen und fragte, was sie von dem Prozess hielten.

Nassrin war wütend, dass Nyazi zu glauben schien, er habe die Moral gepachtet. Sie wolle ja nicht behaupten, dass sie *Gatsby* gut fände, aber wenigstens sei er bereit, für seine Liebe zu sterben. Zu dritt gingen wir den Flur hinunter. Die meisten Studenten hatten sich um Zarrin und Nyazi geschart, die sich ein hitziges Redegefecht lieferten. Zarrin warf Nyazi vor, er bezeichne sie als Prostituierte. Er war fast violett vor Zorn und Empörung und nannte sie Lügnerin und Närrin.

»Was soll ich von deinen Sprüchen halten, in denen Frauen, die keinen Schleier tragen, als Prostituierte und Agentinnen des Satans bezeichnet werden? Das nennst du Moral?« rief sie. »Was ist mit den christlichen Frauen, die nichts von Verschleierung halten? Sind sie etwa alle miteinander dekadente Schlampen?«

»Aber das hier ist ein islamisches Land«, rief Nyazi aufgebracht. »Und so ist das Gesetz, und wer immer …«

»Das Gesetz?« unterbrach ihn Vida. »Ihr Typen seid gekommen und habt doch die Gesetze geändert. Das Gesetz, sagst du? Das war der Judenstern in Nazideutschland auch. Hätten alle

Juden den Stern tragen sollen, nur weil es das verdammte Gesetz vorschrieb?«

»Oh«, warf Zarrin spöttisch ein, »du brauchst gar nicht erst versuchen, ihm das auszureden. Er würde sie alle Zionisten nennen, die verdienten, was sie bekamen.« Mr. Nyazi schien drauf und dran, ihr eine Ohrfeige zu geben.

»Ich glaube, es ist an der Zeit, dass ich meine Autorität geltend mache«, flüsterte ich Nassrin zu, die mit offenem Mund zuschaute. Ich forderte alle auf, sich zu beruhigen und an ihre Plätze zurückzukehren. Als es wieder leiser geworden war und die Beschuldigungen und Gegenbeschuldigungen verebbt waren, schlug ich vor, die allgemeine Diskussion zu eröffnen. Die Geschworenen würden nicht abstimmen, aber sie konnten uns ihr Urteil in Form ihrer Meinung zukommen lassen.

Einige der linken Aktivisten verteidigten den Roman. Meines Erachtens taten sie das vor allem, weil die Muslim-Aktivisten ihn so vehement attackiert hatten. Im wesentlichen unterschied sich ihre Verteidigung nicht sehr von Mr. Nyazis Verurteilung des Romans. Sie meinten, wir sollten Bücher wie *Der große Gatsby* lesen, weil wir über die Unmoral der amerikanischen Kultur Bescheid wissen müssten. Wir sollten mehr revolutionäre Texte lesen, aber auch Bücher wie *Gatsby*, damit wir den Feind verstünden.

Einer von ihnen erwähnte eine berühmte Äußerung des Genossen Lenin darüber, wie ihn die »Mondscheinsonate« milde gestimmt habe. Diese Musik erwecke in ihm den Wunsch, Leuten auf die Schulter zu klopfen, während man sie doch eigentlich niederknüppeln müsse – oder so ähnlich. Der Haupteinwand meiner linken Studenten gegen den Roman lautete, dass er sie von ihren Pflichten als Revolutionäre ablenkte.

Trotz, oder vielleicht auch wegen der hitzigen Debatten waren viele meine Studentinnen und Studenten still, obwohl sich einige um Zarrin und Vida geschart hatten und sie leise aufmunterten und lobten. Später fand ich heraus, dass die meisten Studenten auf Zarrins Seite gestanden hatten; sie hatten sich nicht getraut, ihre Meinung zu vertreten, weil sie nicht genug Selbstvertrauen besaßen, ebenso »eloquent« zu argumentieren wie Verteidiger und Ankläger. Manche erklärten, dass ihnen persönlich das Buch gut gefallen habe. Warum hatten sie es dann nicht gesagt? Nun ja, die anderen konnten ihren Standpunkt so überzeugend darlegen, und sie selbst wussten eigentlich nicht so recht, warum er ihnen gefiel – es war eben so.

Kurz bevor die Glocke läutete, stand Zarrin, die seit der Pause geschwiegen hatte, plötzlich auf. Obwohl sie leise sprach, merkte man ihr die Empörung an. Manchmal frage sie sich, sagte sie, warum manche Leute sich überhaupt als Literaturstudenten bezeichneten. Bedeutete Literatur ihnen etwas? Und zur Verteidigung des Buches habe sie nichts weiter vorzubringen. Der Roman sei seine eigene Verteidigung. Vielleicht sollten wir von ihm lernen, von diesem Mr. Fitzgerald. Sie selbst hatte der Lektüre nicht entnommen, dass Ehebruch gut war oder wir alle Ganoven werden sollten. Traten denn alle Leute in Streik oder zogen sie gen Westen, nachdem sie Steinbeck gelesen hatten? Oder heuerten sie auf Walfangschiffen an nach der Lektüre eines Romans von Melville? Sind Menschen nicht ein bisschen komplexer? Und haben Revolutionäre keine privaten Gefühle? Verlieben sie sich nie, haben sie keinen Sinn für Schönheit? Dies ist ein erstaunliches Buch, sagte sie leise. Es lehrt uns, Träume wertzuschätzen, aber sich auch vor ihnen zu hüten, und Integrität an ungewöhnlichen Orten zu suchen. Auf jeden Fall habe sie es gerne gelesen, und das zähle doch auch. »Versteht ihr das denn nicht?«

In diesem »Versteht ihr das denn nicht?« schwang echte Besorgnis mit, die über ihre Verachtung und ihren Hass auf Mr. Nyazi hinausging – sowie der Wunsch, dass sogar *er* verstehen, wirklich verstehen möge. Sie schwieg einen Moment und blickte in die Runde. Niemand sagte etwas. Sogar Mr. Nyazi schwieg.

Mir ging es nach diesem Seminar ziemlich gut. Als die Glocke läutete, merkten es viele nicht einmal. Es war kein offizielles Urteil gesprochen worden, aber die innere Erregung, die sich der meisten Studenten bemächtigt hatte, war meines Erachtens das beste Urteil. Alle unterhielten sich angeregt vor dem Seminarraum, als ich ging, und diesmal nicht über die Geiseln oder die neuesten Demonstrationen oder Rajavi oder Khomeini, sondern über Gatsby und seinen brüchigen Traum.

19

Unsere Diskussionen über Gatsby erschienen mir für eine kurze Zeit ebenso spannend und bedeutsam wie die ideologischen Konflikte, die über das Land hinwegbrausten. Die öffentliche Debatte dominierte in verschiedenen Versionen die politische und ideologische Szene. Verlage und Buchhandlungen wurden in Brand gesteckt, weil sie angeblich unmoralische Literatur vertrieben hatten. Eine Schriftstellerin kam wegen ihrer Texte ins Gefängnis und wurde der Anstiftung zur Prostitution beschuldigt. Reporter wurden verhaftet, Zeitschriften und Zeitungen verboten und einige unserer besten klassischen Dichter wie Rumi und Omar Khayyam zensiert oder verboten.

Wie alle Ideologen vor ihnen schienen die islamischen Revolutionäre die Schriftsteller für Wächter der Moral zu halten. Durch diese absurde Ansicht erhielten Schriftsteller ironischerweise den Status von Heiligen, und gleichzeitig waren sie dadurch wie gelähmt. Der Preis, den sie für ihre neue Vorrangstellung zahlen mussten, war eine Art ästhetischer Impotenz.

Mir persönlich hatte der Gatsby-Prozess die Tür zu meinen Gefühlen und Wünschen geöffnet. Nie zuvor – auch nicht während meiner revolutionären Aktivitäten – hatte ich meine Arbeit und die Literaturvermittlung mit so viel innerem Feuer betrieben. Ich wollte dieses Wohlgefühl weitergeben, deshalb bat ich Zarrin am nächsten Tag, nach dem Seminar noch zu bleiben, und ließ sie wissen, wie sehr mir ihre Verteidigung gefallen hatte. Tja, leider ist sie wohl auf taube Ohren gestoßen, sagte sie etwas resigniert. Seien Sie sich da nicht so sicher, erwiderte ich.

Ein Kollege, dem ich zwei Tage später im Flur begegnete, sagte: Ich habe neulich lautes Gezeter aus deinem Hörsaal gehört. Was glaubst du, wie überrascht ich war, als es nicht um Lenin gegen den Imam ging, sondern um Fitzgerald gegen den Islam. Übrigens solltest du deinem jungen Protégé dankbar sein. Welchem? fragte ich lachend. Mr. Bahri – er scheint sich zu deinem Ritter in glänzender Rüstung aufzuschwingen. Ich habe gehört, er hat die entrüsteten Stimmen zum Schweigen gebracht und die Islamische Vereinigung irgendwie davon überzeugt, dass du Amerika vor Gericht gestellt hast.

Die Universität durchlief eine Phase vieler Veränderungen. Zusammenstöße zwischen linken und muslimischen Studenten waren an der Tagesordnung. »Wie kam es, dass ihr müßig zugesehen habt, wie eine Handvoll Kommunisten die Universität unter ihre Kontrolle gebracht hat?«, tadelte Khomeini eine Gruppe muslimischer Studenten. »Seid ihr weniger wert als sie? Fordert sie heraus, streitet euch mit ihnen, stellt euch hin und äußert euch!« Dann erzählte er eine Geschichte, was er häufig tat – eine Art Parabel. Khomeini hatte den führenden politischen Geistlichen Modaress um Rat gefragt, als ein Beamter aus seiner Stadt seine beiden Hunde Sheik und Seyyed genannt und damit den Klerus zutiefst beleidigt hatte. Modaress' Rat war laut Khomeini kurz und präzise gewesen: »Töte ihn.« Khomeini schloss mit einem weiteren Zitat von Modaress: »Schlag du zuerst zu und lass andere jammern. Sei nicht das Opfer und beklage dich nicht.«

20

Ein paar Tage nach dem Gatsby-Prozess raffte ich nach dem Seminar hastig meine Notizen und Bücher zusammen und verließ zerstreut den Raum. Der Nachhall des Prozesses war immer noch spürbar. Einige Studenten hatten mich auf dem Flur abgepasst, um über Gatsby zu sprechen und ihre Ansichten darzulegen. Es wurden sogar freiwillig zwei oder drei Hausarbeiten zum Thema verfasst. Kaum war ich ins milde Licht der Nachmittagssonne getreten, blieb ich auf der Treppe stehen; vor meinen Augen spielte sich ein heftiger Streit zwischen muslimischen Studenten und ihren marxistischen und weltlichen Gegnern ab. Sie gestikulierten und schrien sich an. Nassrin stand etwas abseits und hörte zu.

Bald gesellten sich Zarrin, Vida und eine ihrer Freundinnen aus einem anderen Seminar zu mir. Als sich die Menge verlief, winkte ich Nassrin, die allein stehen blieb, zu uns. Schüchtern trat sie näher. Es war ein warmer Nachmittag, die Bäume und ihre Schatten schienen sich wie im Tanz zu umwerben. Irgendwie brachten meine Studentinnen mich dazu, dass ich ihnen von meiner Studentenzeit erzählte. Die besten Erinnerungen, sagte ich, seien mit meinen Professoren verbunden; am liebsten waren mir der konservative Dr. Yoch, der revolutionäre Dr. Gross und die beiden Liberalen Dr. Veile und Dr. Elconin. »Oh, dann hätte Ihnen Dr. R gefallen, der bis vor Kurzem in unserem Institut unterrichtet hat«, sagte jemand.

Er war Professor an der Fakultät für Schöne Künste, ein bekannter und kontroverser Film- und Theaterkritiker und schrieb Kurzgeschichten. Man konnte ihn auch als Trendsetter bezeichnen: Mit einundzwanzig war er bereits Feuilletonredakteur einer

Zeitschrift gewesen, und kurz darauf hatten er und einige seiner Freunde die Literaturszene in Bewunderer und Feinde gespalten. Jetzt, mit Ende dreißig, hatte er erklärt, wolle er sich zurückziehen. Es ging das Gerücht um, er wolle einen Roman schreiben.

Seine Seminare hatten – der Legende nach – kein zeitliches Limit. Sie konnten um 15 Uhr anfangen und fünf, sechs Stunden dauern. Die Studenten mussten bleiben, bis sie zu Ende waren. Bald hatte er vor allem bei Filmfreunden einen sehr guten Ruf. Sogar Studenten anderer Universitäten schwänzten trotz Strafandrohung ihre Kurse, um seine zu besuchen. Seine Veranstaltungen waren immer überfüllt; manchmal musste man stundenlang anstehen.

Er behandelte Theater und Film – griechisches Drama, Shakespeare, Ibsen und Stoppard, aber auch Laurel und Hardy und die Marx Brothers. Er liebte Vincente Minnelli, John Ford und Howard Hawks. Jahre später, als er mir zum Geburtstag Videos von *Der Pirat*, *Wenn Frauen hassen* und *Die Marx Brothers in der Oper* schenkte, erinnerte ich mich wieder an jenen Tag auf den Stufen der Universität.

Vida fragte mich, ob ich von seinem letzten Coup vor seinem Ausschluss von der Universität gehört hatte. Das hatte ich nicht. Als ich ihn – meinen »Zauberer« – später persönlich kennenlernte, drängte ich ihn immer wieder, mir die Geschichte zu erzählen.

Eines Tages kamen die linken Studenten und Fakultätsmitglieder des Fachbereichs Theater zusammen, um den Lehrplan zu ändern. Ihrer Ansicht nach waren bestimmte Kurse zu bourgeois und wurden nicht mehr gebraucht. Sie wollten andere, revolutionäre Kurse einrichten. Es ging heiß her, denn die Studenten der Theaterwissenschaft verlangten, dass Aischylos, Shakespeare und Racine durch Brecht und Gorki, aber auch Marx und Engels ersetzt wurden – Revolutionstheorie sei wichtiger als Drama. Die

Dozenten saßen auf einem Podest in der Aula, nur dieser eine Professor stand hinten an der Tür.

Als rein formale Verbeugung vor der Demokratie fragte man, ob jemand etwas einzuwenden habe. Von hinten kam leise eine Stimme: »Ich bin nicht einverstanden.« Es wurde still im Saal. Derjenige, dem die Stimme gehörte, führte als Grund seiner Ablehnung seine Überzeugung an, dass niemand, und er meinte wirklich niemand, und schon gar kein Revolutionsführer oder politischer Held bedeutender sei als Racine. Was er lehren könne, sei Racine. Wenn sie nichts über Racine erfahren wollten, dann sei das ihre Sache. Falls sie irgendwann wieder den normalen Universitätsbetrieb führen und Racine in den Lehrplan aufnehmen wollten, sei er mit Freuden bereit, wiederzukommen und zu unterrichten. Ungläubig drehten sich alle Köpfe nach hinten. Es war der unverschämte Zauberer. Sogleich wurde er wegen seiner »formalistischen« und »dekadenten« Ansichten angegriffen. Sie hielten ihm vor, seine Ideen seien altmodisch, er solle mit der Zeit gehen. Ein Mädchen stand auf und versuchte, die Empörung zu dämpfen. Diesem Professor, sagte sie, sei das Wohl seiner Studenten immer am Herzen gelegen, und man solle ihm die Chance geben, sich zu verteidigen.

Als ich ihm später die Geschichte so erzählte, wie ich sie gehört hatte, korrigierte er mich: Er hatte zwar von hinten zu sprechen begonnen, war dann aber aufgefordert worden, aufs Podium zu kommen. Das Schweigen, das ihn auf seinem Gang nach vorne begleitet hatte, war einer Verurteilung gleichgekommen.

Als er wieder das Wort ergriff, sagte er, ein einziger Film von Laurel und Hardy sei mehr wert als alle revolutionären Traktate, einschließlich der von Marx und Lenin. Was sie Leidenschaft nannten, sei keine Leidenschaft, nicht einmal Raserei. Es sei irgendeine grobe Gefühlsregung, die wahrer Literatur nicht würdig sei. Wenn sie den Lehrplan änderten, sagte er, würde er nicht mehr unterrichten. Er hielt sein Wort und kam nie zurück, nahm jedoch an den Mahnwachen gegen die Schließung der Universitäten teil. Er wollte seine Studenten wissen lassen, dass sein Rückzug an jenem Tag nicht aus Furcht vor staatlichen Repressalien geschehen war.

Ich hörte, dass er sich eine Art Hausarrest auferlegt hatte und sich nur mit ausgewählten Freunden und Schülern traf. »Ich wette, Sie würde er empfangen«, sagte eine meiner Studentinnen eifrig. Ich war mir da nicht so sicher.

21

Zum letzten Mal widmeten wir uns *Gatsby* an einem Januartag; die Straßen lagen unter einer dichten Schneedecke. Zwei Bilder wollte ich meine Studenten diskutieren lassen. Ich habe meinen zerfledderten *Gatsby* nicht mehr, in dem am Rand und auf den letzten Seiten kryptische Bemerkungen stehen. Als ich den Iran verließ, musste ich meine kostbaren Bücher zurücklassen.

Ich möchte mit einem Zitat von Fitzgerald beginnen, das für unser Verständnis von *Gatsby*, aber auch von Fitzgeralds Gesamtwerk zentral ist, eröffnete ich die Stunde. Wir haben darüber gesprochen, wovon *Gatsby* handelt und einige Themen behandelt, aber der Roman hat eine Unterströmung, die, wie ich meine, seine Kernaussage bestimmt, und das ist das Thema Verlust – Verlust einer Illusion. Nick schätzt die Menschen nicht, mit denen Gatsby auf die eine oder andere Art zu tun hat, aber Gatsby selbst beurteilt er nicht so kritisch. Warum? Weil Gatsby etwas besitzt, das Fitzgerald in seiner Erzählung »Absolution« die »Ehrlichkeit der Phantasie« nennt.

An diesem Punkt schoss Mr. Nyazis Hand in die Höhe. »Aber Gatsby ist noch unehrlicher als die anderen«, beschwerte er sich. »Er verdient sein Geld auf unehrliche Weise und verkehrt mit Kriminellen.«

In einer Hinsicht haben Sie recht, sagte ich. Gatsby täuscht alles vor, sogar seinen eigenen Namen. Alle anderen Figuren in dem Roman haben sichere Stellungen und gefestigtere Identitäten. Gatsby wird von den anderen ständig neu erfunden. Auf all seinen Parties spekulieren die Gäste flüsternd darüber, wer er ist und welche fabelhaften oder schrecklichen Dinge er getan hat.

Tom macht sich daran, seine wahre Identität aufzudecken, und auch Nick ist neugierig auf den geheimnisvollen Jay Gatsby. Doch was Gatsby auslöst, ist Neugier, gepaart mit Bewunderung. Im realen Leben ist Gatsby ein Scharlatan. Aber in Wahrheit ist er ein romantischer und tragischer Träumer, der durch seinen Glauben an die eigene romantische Illusion zum Helden wird.

Gatsby kann die Schäbigkeit seines Lebens nicht ertragen. Er hat eine »ungewöhnliche Begabung, immer etwas zu erhoffen, eine romantische Bereitschaft« und »eine hochgradige Empfindlichkeit für die Verheißungen des Lebens«. Er kann die Welt nicht ändern, deshalb erschafft er sich selbst in Übereinstimmung mit seinem Traum. Hören wir, wie Nick das erklärt: »In Wahrheit war Jay Gatsby aus West Egg, Long Island, seinem eigenen Kopf entsprungen, eine Ausgeburt der platonischen Idee seiner selbst. Er war ein Sohn Gottes – nicht mehr und nicht weniger, wenn dieser Ausdruck überhaupt etwas besagt – und folgte nur dem Geheiß Seines Vaters, wenn er sich einem allumfassenden, banalen und verführerischen Schönheitskult weihte. So formte er sich einen Jay Gatsby, wie er der Wunschphantasie eines Siebzehnjährigen entsprach, und blieb diesem Bild bis ans Ende treu.«

Gatsbys Loyalität galt seinem neu erfundenen Ich, das seine Erfüllung in Daisys Stimme sah. Dieser Idee vom Ich blieb er treu, dem grünen Licht am Ende des Stegs, nicht einem schäbigen Traum von Wohlstand und Reichtum. So entsteht die »kolossale Illusion«, der er sein Leben opfert. Wie Fitzgerald es ausdrückt: »Alle Glut und alle lebendige Frische reichen nicht aus, es mit den himmelstürmenden Traumgebilden aufzunehmen, deren ein Männerherz fähig ist.«

Gatsbys Loyalität gegenüber Daisy ist verbunden mit der Loyalität gegenüber der imaginären Vorstellung von sich selbst. »Er sprach des längeren über die Vergangenheit, und ich ahnte, dass er etwas wiederfinden wollte, vielleicht eine Idee seiner selbst, die in seiner Liebe zu Daisy aufgegangen war. Sein Leben war seitdem in Unordnung geraten, doch wenn es ihm nur einmal gelänge, zu einem gewissen Ausgangspunkt zurückzukehren und alles noch einmal langsam zu überdenken, dann würde er schon herausfinden, was es war ...«

Der Traum jedoch bleibt unkorrumpierbar und geht über Gatsby und dessen persönliches Leben hinaus. Im weiteren Sinn lebt er auch in der Stadt, in New York, fort sowie im Osten, dem Hafen, der einst zum Traum Hunderttausender von Immigranten wurde und heutzutage das Mekka der Leute aus dem Mittleren Westen ist, die auf der Suche nach einem neuen Leben und neuen Reizen dorthin strömten. Zwar lockt die Stadt mit bezaubernden Träumen und Scheinversprechen, aber in Wirklichkeit birgt sie billige Affären wie die von Tom und Myrtle. Die Stadt gibt scheinbar, wie Daisy, ein Versprechen, aber es ist eine Fata Morgana, die, wenn man sie erreicht, schäbig und korrupt ist. Die Stadt ist die Verbindung zwischen Gatsbys Traum und dem amerikanischen Traum. Der Traum handelt nicht vom Geld, sondern davon, was er glaubt, erreichen zu können. Er zeigt Amerika nicht als materialistisches, sondern als idealistisches Land, das Geld zu einem Mittel gemacht hat, mit dem man Träume wiederfinden kann. Daran ist nichts Vulgäres, oder aber das Vulgäre ist so stark mit dem Traum verwoben, dass es sehr schwer wird, zwischen beidem zu unterscheiden. Am Ende verschmelzen die höchsten Ideale mit den schäbigsten Realitäten. Könnten Sie bitte die letzte Seite aufschlagen? Nick nimmt zum letzten Mal Abschied von Gatsbys Haus. Lesen Sie bitte ab der dritten Zeile der Passage, die mit »Die pompösen Villen längs der Küste ...« beginnt.

»Und indes der Mond höher und höher stieg, sanken die Häuser ins Wesenlose zurück, und vor mir zeichnete sich allmählich die alte Insel ab, die einst vor den Augen holländischer Seefahrer als blühendes Wunder aufgetaucht war – vorgewölbt wie eine schwellende grüne Brust der neuen Welt. Ihre längst versunkenen Bäume – dieselben Bäume, die auch Gatsbys Haus hatten weichen müssen – hatten einst mit lockendem Geflüster dem letzten und größten aller Träume der Menschheit Vorschub geleistet. Es muss wie ein flüchtiger Augenblick der Bezauberung gewesen sein und verschlug gewiss denen, die sich hier dem neuen Kontinent nahten, den Atem. Sie spürten wohl einen Drang zum reinen Genuss des Schönen, doch das begriffen sie nicht, noch trugen sie Verlangen danach. Zum letzten Mal in der Geschichte war ihnen vergönnt, von Angesicht zu Angesicht etwas zu schauen, das mit ihrem Wunderglauben in Einklang stand.«

Soll ich weiterlesen? Ja, bitte, bis zum Ende des nächsten Abschnitts.

»Während ich so dasaß und über die alte, nie gekannte Welt nachbrütete, musste ich daran denken, was für ein Wunder es für Gatsby bedeutet haben mochte, als er zum ersten Mal das grüne Licht an Daisys Landesteg erspähte. Er war weither an dieses blaue Gestade gekommen, und plötzlich schien ihm sein Traum so nahe gerückt, dass er nur zuzugreifen brauchte. Aber er wusste nicht, dass der Traum längst hinter ihm lag, weit zurück in dem unermesslichen Dunkel jenseits der großen Stadt, wo die schwarzen Gefilde der Staaten unter nächtlichem Himmel wogten.«

Er konnte unehrlich sein und Lügen über sich selbst in die Welt setzen, aber eines tat er nie: Er verriet nie seine eigene Phantasie. Gatsby wird letztendlich von der Ehrlichkeit seiner Phantasie zerstört. Er stirbt, denn im wirklichen Leben kann ein solcher Mensch nicht überleben.

Wir, die Leser, sind wie Nick für und gegen Gatsby eingenommen. Was wir nicht an ihm schätzen, ist uns klarer, denn wie Nick sind wir in der romantischen Atmosphäre seines Traums gefangen. In seiner Geschichte schwingen die Geschichten der Pioniere mit, die an der Küste Amerikas landeten, auf der Suche nach einem neuen Land und einer Zukunft und ihrem Traum, der bereits durch seine gewaltsame Umsetzung befleckt war.

Gatsby hätte nie versuchen dürfen, von seinem Traum Besitz zu ergreifen, erläuterte ich. Sogar Daisy weiß das; sie liebt ihn, so gut es ihr möglich ist, und doch kann sie nicht gegen ihre Natur handeln und ihn *nicht* verraten.

An einem Herbstabend halten sie an einer Stelle, an der der Gehsteig im weißen Mondlicht lag ... Aus einem Augenwinkel sah Gatsby, dass die Quadern der Häuserblocks eine Leiter bildeten, die zu einem geheimen Ort über den Bäumen emporstieg. Er konnte hinaufgelangen – er ganz allein – und konnte, einmal oben, an den Brüsten des Lebens saugen und die unvergleichliche wunderkräftige Milch in sich hineintrinken. Sein Herz schlug schneller und schneller, als Daisys weißes Gesicht dem seinen näherkam. Da wusste er: Wenn er dieses Mädchen jetzt küssen und seine unaussprechliche Vision mit ihrem vergänglichen Atemhauch vermählen würde, dann würde in seinen Geist für immer Ruhe einziehen, eine göttliche Ruhe.«

Gehen Sie jetzt bitte zurück zu Seite acht und lesen Sie von »Nein – Gatsby ...«

»Nein – Gatsby ging am Ende untadelig aus allem hervor. Aber was ihm auf den Fersen war, der widerliche Dunst, der seine Träume umspielte, stieß mich ab und lähmte zeitweise mein Interesse für die kümmerlichen Fehlschläge und kurzatmigen Aufschwünge der Menschen.«

Für Gatsby ist Zugang zu Reichtum ein Mittel zum Zweck, ein Mittel, um von seinem Traum Besitz zu ergreifen. Dieser Traum nimmt ihm die Fähigkeit, zwischen Phantasie und Wirklichkeit zu unterscheiden – er will aus »widerlichem Dunst« ein Märchenland erschaffen.

Fassen wir jetzt noch einmal alles zusammen, was wir besprochen haben. Ja, der Roman handelt von konkreten Beziehungen, von der Liebe eines Mannes zu einer Frau, von dem Verrat der

Frau an dieser Liebe. Aber er handelt auch vom Reichtum, dessen großem Reiz und dessen destruktiver Kraft, der Leichtfertigkeit, die damit einhergeht; und er handelt vom Amerikanischen Traum, einem Traum von Macht und Wohlstand, dem lockenden Licht von Daisys Haus und dem Hafen, dem Zugang zu Amerika. Es handelt auch von Verlust, davon, wie Träume vergehen, sobald sie in die harte Realität umgewandelt werden. Es ist die Sehnsucht, die Immaterialität, die den Traum rein macht.

Was wir im Iran mit Fitzgerald gemeinsam hatten, war dieser Traum, der zur Besessenheit wurde und unsere Wirklichkeit vereinnahmt hat, dieser schreckliche, schöne Traum, der unmöglich zu verwirklichen ist, für den jedes Maß an Gewalt gerechtfertigt oder vergebens sein könnte. Das hatten wir mit ihm gemeinsam, obwohl wir es damals nicht wussten.

Träume, Mr. Nyazi, sind in sich vollkommene Ideale. Wie kann man sie einer sich beständig wandelnden, unvollkommenen Realität aufzwingen? Sie, Mr. Nyazi, könnten ein Humbert werden, der das Objekt seiner Träume zerstört, oder ein Gatsby, der sich selbst zerstört.

Als ich an jenem Tag den Seminarraum verließ, sagte ich meinen Studenten nicht, was ich selbst gerade erst entdeckte – wie ähnlich unser eigenes Schicksal allmählich dem Gatsbys wurde. Er wollte seinen Traum verwirklichen, indem er die Vergangenheit wiederholte, und am Ende fand er heraus, dass die Vergangenheit tot war, die Gegenwart ein Trugbild und die Zukunft nicht vorhanden. Ähnelte das nicht unserer Revolution, die im Namen einer kollektiven Vergangenheit begonnen und unser Leben im Namen eines Traums zerstört hatte?

22

Nach dem Seminar war ich erschöpft. Ich machte mich rasch auf, unter dem Vorwand, ich hätte etwas Wichtiges zu tun. In Wahrheit hatte ich nichts vor. Ich zog Mantel, Mütze und Handschuhe an und ging hinaus. Ich hatte kein Ziel. Es schneite heftig an jenem Nachmittag, doch dann kam die Sonne heraus und legte sich über eine dicke Schicht sauberen, frisch gefallenen Schnee. In meiner Kindheit, bevor ich nach England geschickt worden war, hatte ich eine Freundin, die ich sehr liebte. Sie war älter als ich. Wir gingen manchmal lange im Schnee spazieren. Wir steuerten unsere Lieblingsbäckerei an, wo es wunderbare Windbeutel gab, die mit echter Sahne gefüllt waren. Wir kauften welche und traten wieder in den Schnee hinaus, in dessen schützendem Schimmer wir sie aßen, Unsinn redeten und liefen und liefen.

Ich verließ das Universitätsgebäude und ging die Straße mit den vielen Büchern entlang. Die Straßenverkäufer, die Musikkassetten anboten, hatten die Lautstärkeregler ihrer Rekorder aufgedreht und hüpften von einem Bein aufs andere, um sich warm zu halten, die Mützen tief über die Ohren gezogen. Ihr Atem entwich ihren Lippen in kleinen Wölkchen und schien mit der Musik in den blauen Himmel aufzusteigen. Ich ging weiter, bis die Buchhandlungen von anderen Geschäften abgelöst wurden, und noch weiter bis zu einem geschlossenen Kino, in das wir als Kinder oft gegangen waren. So viele Kinos waren in der ersten Euphorie der Revolution niedergebrannt worden! Schließlich gelangte ich an einen Platz, der nach dem großen Epiker Ferdausi benannt war, und blieb stehen. War das nicht die Stelle, an der

meine Freundin und ich damals mit unseren Windbeuteln gestanden und laut gelacht hatten?

Im Lauf der Jahre hatte die zunehmende Luftverschmutzung
in Teheran den Schnee grau gemacht; meine Freundin lebte jetzt
im Exil, und ich war zu Hause angekommen. Bis vor Kurzem war
dieses »zu Hause« etwas Ungreifbares und Gestaltloses gewesen:
Es blitzte manchmal in verlockenden Bildern auf, mit der unpersönlichen Vertrautheit alter Familienfotos. Aber all diese Gefühle
gehörten der Vergangenheit an. Mein Zuhause wandelte sich unablässig vor meinen Augen.

An jenem Tag hatte ich das Gefühl, als verlöre ich etwas, als
trauere ich über einen Tod, der noch nicht geschehen war. Alles
Persönliche, so schien mir, wurde niedergetrampelt wie kleine
Wiesenblumen, musste weichen, damit ein prunkvoller Garten
entstehen konnte, in dem alles zahm und durchorganisiert war.
Als Studentin in den Staaten hatte ich nie unter einem solchen
Verlustgefühl gelitten. In all der Zeit war meine Sehnsucht mit
der Sicherheit verbunden gewesen, dass mir mein Zuhause zur
Verfügung stand, dass ich jederzeit zurückkehren konnte. Erst
jetzt, als ich wieder zu Hause war, erkannte ich die wahre Bedeu-
tung von Exil. Als ich durch diese geliebten, so lange vermissten
Straßen ging, kam es mir vor, als zertrete ich die Erinnerungen
mit meinen Füßen.

23

Das Frühjahrssemester stand von Anfang an unter einem schlechten Stern. Nur wenige Seminare fanden statt. Seit einem Jahr hatte die Regierung aktiv oppositionelle Gruppen unterdrückt, progressive Zeitungen und Zeitschriften verboten, ehemalige Regierungsbeamte bestraft und einen Krieg gegen Minderheiten geführt, vor allem gegen die Kurden. Nun wandte sie ihre Aufmerksamkeit den Universitäten zu, Brutstätten des Widerstands, die die muslimischen Revolutionäre nicht unter Kontrolle hatten. Die Universitäten übernahmen die Funktion der jüngst verbotenen Zeitschriften, indem sie gegen die Unterdrückung progressiver Kräfte protestierten. Fast täglich fanden Protestkundgebungen, Reden oder Demonstrationen statt, vor allem an der Universität Teheran.

Eines Morgens spürte ich schon beim Betreten des Institutsgebäudes, dass etwas Ungutes im Gang war. Ein vergrößertes Foto von Haschemi Rafsanjani, damals Parlamentssprecher, klebte an der Wand gegenüber dem Eingang. Daneben hing ein Flugblatt, das die Studenten auf eine »Verschwörung« hinwies, die auf die Schließung der Universitäten abziele. Davor bildeten Studenten mehrere Halbkreise. Als ich näher kam, machten meine Studenten mir Platz und ließen mich durch. Mittendrin stand Mr. Nyazi in eine hitzige Diskussion mit einem der Führer der linken Studentenorganisation verwickelt.

Mr. Nyazi leugnete vehement, dass die Regierung beabsichtige, die Universitäten zu schließen. Sein Diskussionspartner wies auf Rafsanjanis Rede an der Mashad-Universität hin, in der er sich für die Notwendigkeit einer Säuberung des Bildungssystems und einer Kulturrevolution in den Universitäten ausgesprochen hatte. Ich wartete nicht das Ende des Streitgesprächs ab. Zu jener Zeit war für uns die Schließung der Universitäten so wenig vorstellbar wie die Möglichkeit, dass sich Frauen letzten Endes dem Verschleierungszwang beugen würden.

Es dauerte jedoch nicht lange, bis die Regierung ankündigte, Seminare zu streichen und ein Komitee für die Implementierung der Kulturrevolution zu bilden. Dieses Komitee erhielt die Befugnis, die Universitäten so umzugestalten, dass sie für die Führer der Islamischen Republik akzeptabel wurden. Was sie wollten, war nicht so klar, dafür wussten sie ganz genau, was sie nicht wollten. Sie hatten die Befugnis, unerwünschte Professoren, Dozenten, Angestellte und Studenten hinauszuwerfen, neue Regeln und einen neuen Lehrplan einzuführen. Es war der erste organisierte Versuch, den Iran von der sogenannten dekadenten westlichen Kultur zu säubern. Die Mehrheit der Studenten und Dozenten unterwarf sich diesem Diktat nicht, und wieder einmal wurde die Universität von Teheran zum Kampfschauplatz.

Mit jedem Tag wurde es schwieriger, Seminare abzuhalten. Wir hetzten alle atemlos von einer Sitzung zur anderen, als seien wir allein aufgrund der Bewegung in der Lage, die Entwicklung aufzuhalten. Das Lehrpersonal marschierte, und die Studenten marschierten. Zwischen den verschiedenen Studentenorganisationen gab es zahlreiche Auseinandersetzungen.

Die Studenten riefen zu Demonstrationen und Sit-ins auf. Ich ging hin, obwohl ich keiner speziellen Gruppierung nahe stand. Wären die Linken an die Macht gekommen, hätten sie sich nicht anders verhalten. Aber darum ging es natürlich nicht: Es ging darum, die Universität zu retten, deren Zerstörung wir – wie die des Iran – alle mit auf dem Gewissen hatten.

24

Uns so begann ein neuer Kreislauf gewalttätiger Demonstrationen. Gewöhnlich begannen sie vor der Universität Teheran; nach und nach schlossen sich uns dann immer mehr Menschen an. Wir marschierten auf die ärmeren Stadtteile zu, und dann, gewöhnlich in einer engen Straße oder an einer Kreuzung, tauchten »sie« auf und griffen uns mit Knüppeln an. Die Demonstranten liefen auseinander und formierten sich wieder unauffällig ein paar Straßen weiter. Wir marschierten durch gewundene Straßen und ungepflasterte Gassen, bis »sie« plötzlich an einer Kreuzung wieder vor uns standen und uns mit blanken Messern angriffen. Abermals rannten wir davon und sammelten uns ein paar Straßenzüge weiter.

An einen Tag erinnere ich mich besonders gut. Ich war früher als sonst mit Bijan von zu Hause aufgebrochen; er setzte mich auf dem Weg zu seiner Arbeitsstelle in der Nähe der Universität ab. Unterwegs bemerkte ich eine Gruppe hauptsächlich junger Leute, die Schilder trugen und in Richtung Campus gingen. Unter ihnen befand sich Nassrin, die ich seit Wochen nicht mehr gesehen hatte. Sie hielt Flugblätter in der Hand und marschierte in vorderster Reihe mit. An einer Straßenecke trennten sie und ein anderes Mädchen sich von der Gruppe und bogen ab. Plötzlich erinnerte ich mich daran, dass Nassrin mir nie ihren versprochenen Aufsatz über Gatsby abgeliefert hatte; sie war aus meinem Leben ebenso abrupt verschwunden wie sie darin aufgetaucht war. Ich fragte mich, ob ich sie wohl jemals wiedersehen würde.

Unversehens geriet ich in eine Gruppe von Studenten, die Parolen skandierten. Plötzlich hörten wir von irgendwoher Schüsse.

Die Kugeln waren echt. Einen Moment lang standen wir wie angewurzelt vor dem breiten Eisentor der Universität, im nächsten lief ich schon auf die Buchhandlungen zu, die wegen der Unruhen zum größten Teil geschlossen waren. Ich duckte mich unter das Vordach eines Geschäfts, das noch offen war. In der Nähe hatte ein Straßenverkäufer sein Tonbandgerät laufen lassen; die traurige Stimme eines Sängers klagte über den Treuebruch seiner Liebsten.

Der ganze Tag war ein einziger Alptraum. Ich hatte kein Gefühl für Zeit und Raum mehr und geriet bei meinem Herumirren durch die Straßen in verschiedene Gruppen, die sich früher oder später wieder zerstreuten. Am Nachmittag fand eine große Demonstration statt. Es war die blutigste Konfrontation zwischen Studenten und Regierung überhaupt. Die Regierung hatte zusätzlich zu ihren üblichen Schlägern und Milizen per Bus Arbeiter aus mehreren Fabriken herangeschafft, sie mit Stöcken und Messern bewaffnet und zu einer Gegendemonstration aufgestellt. Man hatte Arbeiter genommen, weil das der linken Idealisierung des Proletariats als ihren natürlichen Verbündeten entsprach.

Als die ersten Schüsse fielen, stoben wir in alle Richtungen auseinander. Ich weiß noch, dass ich irgendwann mit einer alten Klassenkameradin, meiner besten Freundin aus der Grundschule, zusammenstieß. Inmitten der Schüsse und Parolen fielen wir uns in die Arme und rekapitulierten die fast zwei Jahrzehnte seit unserer letzten Begegnung. Sie ließ mich wissen, dass alle zur Klinik in der Nähe der Universität gingen, in die man angeblich die ermordeten und verwundeten Studenten gebracht hatte.

In der Menge verlor ich sie wieder aus den Augen und gelangte allein auf das Gelände des großen Klinikums, das kürzlich von Pahlavi-Krankenhaus in Imam-Khomeini-Krankenhaus umbenannt worden war. Inzwischen ging das Gerücht um, Polizei und Wächter hätten die Leichname der ermordeten Studenten gestohlen, um zu verhindern, dass sich die Nachricht von ihrem

Tod herumsprach. Die Studenten wollten die Klinik stürmen, um die Verlegung der Leichname zu verhindern.

Ich ging auf das Hauptgebäude zu, und in meiner Erinnerung gehe ich immer nur, ohne es je zu erreichen. Ich lief wie in Trance, Menschen kamen mir entgegen und überholten mich. Alle schienen ein Ziel zu haben, eine Absicht – nur ich nicht; ich war allein. Und plötzlich sah ich ein bekanntes Gesicht: Mahtab.

Als ich sie wie gelähmt anstarrte, kam sie mir wie ein Tier in der Falle vor. Vielleicht war es der Schock, der dazu führte, dass sie fast mechanisch geradeaus ging, ohne sich nach rechts oder links zu wenden. Mahtab kommt also auf mich zu. Zwei Mädchen versperren mir die Sicht, und dann taucht sie auf, mit einer weiten, beigefarbenen Bluse über der Jeans: Sie gerät in mein Gesichtsfeld, und unsere Blicke treffen sich. Statt an mir vorbeizugehen, bleibt sie einen Augenblick stehen. Da stehen wir beide nun, vereint in diesem Moment des Grauens. Sie berichtet mir, dass »sie« die Leichname aus der Leichenhalle der Klinik gestohlen haben. Niemand wusste, wohin man sie gebracht hatte. Nach diesen Worten verschwand sie, und ich sah sie sieben Jahre lang nicht mehr.

Als ich danach allein, von hastenden Menschen umgeben, auf dem Klinikgelände stand, hatte ich ein seltsames Erlebnis: Mir war, als würde mir das Herz aus dem Körper gerissen, als sei es mit einem dumpfen Schlag im Nichts gelandet, in einem leeren Raum, von dessen Existenz ich vorher nichts geahnt hatte. Ich war müde und verängstigt. Die Angst bezog sich nicht auf die Schüsse: Sie waren zu unmittelbar. Ich hatte Angst, dass mir etwas abhandenkommen könnte. Die Zukunft schien vor mir zurückzuweichen.

25

Die Studenten hielten auf dem Campus Mahnwachen, damit die Universität nicht geschlossen würde. Sie blieben so lange, bis sie gewaltsam und unter Blutvergießen – obwohl nur die Regierungssoldaten bewaffnet waren – evakuiert wurden und die Milizen, die Revolutionsgarden und die Polizei das Gelände besetzten.

Bei einer dieser Mahnwachen entdeckte ich Mr. Bahri. Eine latente Bedrohung lag über der Nacht, aber auch die trügerische Behaglichkeit solcher Aktionen. Die Luft war angenehm warm, wir saßen dicht beieinander auf dem Boden, erzählten uns Witze, tauschten Informationen und Geschichten und zankten uns freundschaftlich. Er stand allein, an einen Baum gelehnt, in einer dunklen Ecke. Und was halten Sie davon? fragte ich ihn. Er lächelte altklug und sagte: Nein, sagen Sie mir lieber, was *Sie* davon halten. Mr. Bahri, erwiderte ich langsam, was ich davon halte, wird immer irrelevanter. So irrelevant, dass ich jetzt nach Hause gehen, mir ein Buch nehmen und versuchen werde, etwas zu schlafen.

Mir war klar, dass ich ihn, aber auch mich selbst verblüfft hatte. Plötzlich hatte ich das Gefühl, als sei dies nicht mein Kampf. Für die meisten Anwesenden waren dieser Kampf und die Erregung darüber das Wichtigste im Leben, aber ich war nicht aufgeregt, nicht auf diese Art. War es für mich wichtig, von wem die Universität geschlossen wurde, von den linken oder den islamischen Studenten? Sie sollte überhaupt nicht geschlossen werden, sondern als Universität dienen können und nicht zu einem Schlachtfeld politischer Kräfte verkommen. Aber es dauerte lange, noch siebzehn Jahre, bis ich diese Einsicht endlich verdauen und formulieren konnte. Vorläufig ging ich erst einmal nach Hause.

Bald darauf gelang es der Regierung, die Universität zu schließen. Sie »säuberten« Lehrkörper, Studenten und Angestellte. Manche Studenten wurden ermordet oder ins Gefängnis gesteckt, andere verschwanden einfach. Die Universität von Teheran war ein Ort der Enttäuschung, des Kummers und des Schmerzes geworden. Nie wieder konnte ich so unbekümmert, so freudig in ein Seminar eilen wie in jenen ersten Tagen am Beginn der Revolution.

26

An einem Frühlingstag im Jahre 1981 – ich spüre noch die Sonne und den Morgenwind auf meinen Wangen – wurde ich irrelevant. Knapp über ein Jahr nach meiner Rückkehr in mein Land, meine Stadt, mein Zuhause, entdeckte ich, dass dasselbe Dekret, das das Wort »Iran« in die Islamische Republik Iran verwandelt hatte, mich und alles, was ich hatte, irrelevant machte. Dass ich dieses Schicksal mit vielen anderen teilte, war nur ein schwacher Trost.

Im Grunde war ich schon einige Zeit vorher irrelevant geworden. Seit die sogenannte Kulturrevolution zur Schließung der Universitäten geführt hatte, war ich praktisch arbeitslos. Wir gingen zwar weiter an die Uni, aber es gab kaum etwas zu tun. Ich begann, Tagebuch zu führen und Agatha Christie zu lesen. Ich streifte mit meinem amerikanischen Reporter durch die Straßen, redete über Mike Golds Lower East Side und Fitzgeralds West Egg. Statt Seminare zu halten wurden wir zu endlosen Sitzungen zitiert. Die Verwaltung wollte, dass wir nicht mehr arbeiteten, und gleichzeitig sollten wir so tun, als hätte sich nichts geändert. Obwohl die Universitäten geschlossen waren, mussten die Unterrichtenden anwesend sein und dem Komitee für die Kulturrevolution Ideen liefern.

Die wichtigste Folge jener unausgefüllten Tage waren die langjährigen Freundschaften, die wir mit Kollegen aus unserem eigenen und anderen Fachbereichen schlossen. Ich war die Jüngste und der Neuling der Gruppe und musste viel lernen. Sie erzählten mir von den vorrevolutionären Zeiten, von Vorfreude und Hoffnung; sie sprachen über Kollegen, die nie wieder zurückgekehrt waren.

Eines Tages besuchte das neu gewählte Komitee für die Implementierung der Kulturrevolution die Fakultät für Jura und Politikwissenschaft und die Fakultät für Persisch, Fremdsprachen und Literatur. Trotz der offiziellen und inoffiziellen Instruktionen, dass die weiblichen Mitglieder des Lehrkörpers und die Angestellten den Schleier tragen sollten, hatten die meisten Frauen bis zu diesem Tag die neuen Regeln nicht befolgt. Diese Versammlung war nun die erste, bei der sich alle weiblichen Anwesenden verhüllten. Alle außer dreien – Farideh, Laleh und ich. Wir waren unabhängig und galten als exzentrisch, deshalb erschienen wir unverschleiert.

Die drei Mitglieder des Kulturrevolutionskomitees saßen mit einigem Unbehagen auf dem sehr hohen Podium des Auditoriums. Ihr Gesichtsausdruck wechselte zwischen Hochmut, Nervosität und Trotz. Diese Versammlung war die letzte, bei der Dozenten der Universität Teheran die Regierung und ihre bildungspolitischen Maßnahmen offen kritisierten. Die meisten wurden wegen ihrer Impertinenz entlassen.

Farideh, Laleh und ich saßen wie ungezogene Kinder dicht beieinander. Wir tuschelten, besprachen uns, hoben immer wieder die Hände, um uns zu Wort zu melden. Farideh warf dem Komitee vor, dass es auf dem Universitätsgelände zu Folterungen und Einschüchterungsversuchen von Studenten gekommen war. Ich erklärte dem Komitee, meine Integrität als Lehrerin und Frau sei dadurch kompromittiert, dass ich für ein paar Tausend Tumans im Monat unter Vorspiegelung falscher Tatsachen den Schleier tragen müsse. Das Problem sei nicht so sehr der Schleier als die freie Entscheidung, ihn zu tragen oder auch nicht. Meine Großmutter hatte sich drei Monate lang geweigert, das Haus zu verlassen, als man ihr den Schleier genommen hatte. Ich würde mich ebenso vehement widersetzen. Damals ahnte ich noch nicht, dass die Entscheidung bald schon lauten würde: den Schleier tragen *oder* ins Gefängnis kommen, ausgepeitscht und sogar getötet werden.

Nach dieser Versammlung sagte mir eine meiner pragmatischeren Kolleginnen, eine »moderne« Frau, die sich für den Schleier entschieden hatte und nach meinem Weggang noch siebzehn Jahre lang lehrte, mit einer Spur Sarkasmus in der Stimme: »Sie stehen auf verlorenem Posten. Warum wollen Sie wegen so etwas Ihre Stelle verlieren? In ein paar Wochen werden Sie gezwungen sein, beim Einkaufen den Schleier zu tragen.«

Die einfachste Antwort darauf lautete natürlich: Die Universität ist kein Supermarkt. Aber sie hatte recht. Bald waren wir gezwungen, uns überall zu verschleiern. Und die Sittenwächter patrouillierten schwer bewaffnet in ihren Toyotas durch die Straßen, um unser Betragen zu kontrollieren. Doch als meine Kolleginnen und ich an jenem sonnigen Tag unseren Protest öffentlich machten, schien das alles noch nicht vorgezeichnet. Zu viele hatten aufbegehrt, dass wir noch an einen Sieg glaubten.

Am Ende der Versammlung jubilierten wir. Das Komitee war besiegt; es hatte kaum reagiert und war im Verlauf der Versammlung immer konfuser und defensiver geworden. Am Ausgang des Auditoriums wartete Mr. Bahri in Begleitung eines Freundes. Er ignorierte meine Kolleginnen und richtete seine Worte ausschließlich an mich. Er verstand es nicht: Wie konnte ich so etwas tun? Waren wir nicht Freunde? Ja, wir waren Freunde, aber hier ging es nicht um private Dinge. Verstehen Sie denn nicht, dass Sie unbewusst dem Feind helfen, den Imperialisten? fragte er bekümmert. Ist es zu viel verlangt, dass Sie sich an ein paar Regeln halten, um die Revolution zu retten? Ich hätte fragen können, »welche Revolution«, aber das tat ich nicht. Farideh, Laleh und ich waren zu euphorisch und wollten bei einem gemeinsamen Mittagessen feiern.

Wenige Monate später wurden Komitees eingerichtet, die zum Ausschluss einiger der besten Professoren und Studenten führten. Dr. A kündigte und ging in die USA. Faridah wurde von der Universität verwiesen und ging später nach Europa. Der kluge junge Professor, den ich an meinem ersten Tag in Dr. A's Büro kennengelernt hatte, wurde nicht lange darauf ebenfalls entlassen. Ich traf ihn elf Jahre später bei einer Konferenz in Austin, Texas, wieder. Von der alten Gruppe blieben nur Laleh und ich, und bald traf der Ausschluss auch uns. Die Regierung führte die Verschleierungspflicht ein und stellte noch mehr Studenten und Dozenten vor Gericht. Ich nahm an einer weiteren Demonstration teil, die von den Mudschaheddin angesetzt, aber von allen oppositionellen Kräften außer der kommunistischen Tudeh-Partei und der Fedayyin-Organisation unterstützt wurde. Zu jener Zeit war der erste Präsident der Republik bereits untergetaucht und sollte bald aus dem Land fliehen. Über eine halbe Million Menschen nahm an diesem blutigsten Gefecht der Revolution teil. Über tausend Menschen wurden verhaftet, viele, auch Jugendliche, auf der Stelle hingerichtet. Acht Tage später, am 28. Juni, wurde das Hauptquartier der Islamisch-Republikanischen Partei bombardiert, und achtzig hochrangige Mitglieder und Politiker starben. Die Regierung nahm Rache, indem sie fast willkürlich einzelne exekutierte und verhaftete.

Als die Universitätsverwaltung meine Entlassung betrieb, waren es nicht die säkularen Kollegen, sondern Mr. Bahri und seine Freunde – ehemalige Studenten, die wegen ihres häufigen Fehlens fast alle schlechte Noten bekommen hatten –, die mich verteidigten und meinen Ausschluss so lange wie möglich hinauszuzögern versuchten.

Die Gefühle, die ich überwunden glaubte, kehrten zurück, als sich fast neunzehn Jahre später das Islamische Regime wieder gegen seine Studenten wandte. Diesmal eröffnete es das Feuer gegen jene, die es an den Universitäten zugelassen hatten, ihre eigenen Kinder, die Kinder der Revolution. Noch einmal gingen meine Studenten in die Krankenhäuser und suchten nach den Leichnamen der Ermordeten, die von den Wächtern und Schlägertrupps beseitigt worden waren, und versuchten diese daran zu hindern, dass sie auch die Verwundeten mitnahmen. Nur saß ich diesmal in meinem Büro in Washington, D.C. und konnte sie nur im Geiste begleiten, während ich ihre Faxe und E-Mails empfing und zwischen den Zeilen ihrer hysterischen Nachrichten zu lesen versuchte.

Ich wüsste gerne, wo Mr. Bahri heute, in diesem Moment, ist, und würde ihn gerne fragen: Wohin hat das alles geführt, Mr. Bahri? War das Ihr Traum, Ihr Traum von der Revolution? Wer wird für all diese Gespenster in meiner Erinnerung bezahlen? Wer wird für die Schnappschüsse von den Ermordeten und Hingerichteten bezahlen, die wir in unseren Schuhen und Schränken versteckten, während wir zur Tagesordnung übergingen? Sagen Sie mir, Mr. Bahri – oder, um Gatsbys typische Wendung zu benutzen – Sagen Sie mir, alter Junge, was sollen wir mit all den Leichen in unseren Händen anfangen?

TEIL III

James

1

Der Krieg begann eines Morgens, plötzlich und unerwartet. Die Nachricht erreichte uns am 23. September 1980, einen Tag, bevor Schulen und Universitäten wieder ihren Betrieb aufnahmen. Wir saßen im Auto auf der Rückfahrt vom Kaspischen Meer nach Teheran, als wir vom Angriff der Iraker erfuhren. Am Anfang war alles ganz einfach. Der Nachrichtensprecher verlas die Meldung in seinem üblichen nüchternen Tonfall, und wir nahmen den Krieg als unausweichliche Tatsache hin. Bald durchdrang er all unsere Gedanken, und mit der Zeit sollte er unser gesamtes Leben beherrschen. Wie viel muss geschehen, bis man eines Morgens aufwacht und feststellt, dass sich das eigene Leben ein für allemal geändert hat, auf Grund von Einflüssen, über die man keine Kontrolle hat?

Was hatte den Krieg ausgelöst? Die Arroganz der neuen islamischen Revolutionäre, die die ihrer Meinung nach reaktionären und ketzerischen Regime des Nahen und Mittleren Ostens unablässig provoziert und die Bevölkerung jener Länder zu revolutionären Unruhen aufgestachelt hatten? Oder die spezielle Feindseligkeit, die das neue Regime gegenüber Saddam Hussein empfand, der den exilierten Ajatollah Khomeini nach einem angeblichen Deal mit dem Schah aus dem Irak ausgewiesen hatte? Oder die alte Feindschaft zwischen Irak und Iran und der Traum von einem raschen, süßen Sieg, den die Iraker, beflügelt von der in Aussicht gestellten Hilfestellung eines der iranischen Revolutionsregierung gegenüber feindlich eingestellten Westens träumten?

Sobald historische Ereignisse erfasst, analysiert und in Artikeln und Büchern kategorisiert sind, schwindet ihre Unübersichtlichkeit, und sie erhalten eine gewisse Logik und Klarheit, die nicht ersichtlich ist, solange sie sich ereignen. Für mich wie für Millionen gewöhnlicher Iraner kam der Krieg an einem milden Herbstmorgen aus heiterem Himmel – unerwartet, unwillkommen und ganz und gar sinnlos.

In diesem Herbst unternahm ich lange Spaziergänge in den breiten, baumbestandenen Alleen in der Nähe unseres Hauses, an duftenden Gärten und gewundenen Bächen vorbei und sann über meine eigene Ambivalenz gegenüber dem Krieg nach, denn in meinen Zorn mischten sich Liebe und der Wunsch, meine Heimat und mein Land zu schützen. An einem Septemberabend – es war jener unentschiedene Moment zwischen den Jahreszeiten, wenn für sehr kurze Zeit Sommer und Herbst in der Luft liegen – wurde ich durch das Farbenspiel eines wunderbaren Sonnenuntergangs von meinen Grübeleien abgelenkt. Das schwächer werdende Licht spielte mit dem zarten Blattwerk einer Kletterpflanze, die sich um eine Baumgruppe direkt vor mir wand. Ich blieb stehen und sah mir den Sonnenuntergang durch die Blätter hindurch an, bis mich zwei entgegenkommende Passanten aus meinen Gedanken rissen und ich meinen Weg fortsetzte.

Ein Stück weiter die abschüssige Straße entlang stand auf einer Mauer zu meiner Rechten in großen schwarzen Lettern ein Ausspruch von Ajatollah Khomeini: DIESER KRIEG IST EIN GROSSER SEGEN FÜR UNS! Ich fühlte Zorn in mir aufsteigen. Ein großer Segen für wen?

2

Der Krieg gegen den Irak begann in jenem September und endete erst Ende Juli 1988. Alles, was uns in diesen acht Kriegsjahren zustieß, und die Richtung, die unser Leben danach nahm, hing in gewisser Weise mit diesem Konflikt zusammen. Es war nicht der schlimmste Krieg aller Zeiten, auch wenn er über eine Million Tote und Verwundete kostete. Zuerst schien der Krieg das gespaltene Land zu einen: Wir waren alle Iraner, und der Feind hatte unser Heimatland angegriffen. Doch sogar dieses Gefühl blieb einigen versagt. Vom Standpunkt des Regimes aus hatte der Feind nicht einfach den Iran angegriffen, sondern die Islamische Republik und den Islam.

Die Polarisierung, zu der das Regime geführt hatte, brachte alle Bereiche unseres Lebens durcheinander. So kämpften nicht nur die Armeen Gottes gegen einen Abgesandten des Satans, Saddam Hussein, sondern es gab auch in unserem eigenen Land kämpfende Agenten Satans. Von den ersten Tagen der Revolution bis zum Krieg und darüber hinaus vergaß das Islamische Regime nie den heiligen Krieg gegen seine Feinde im Innern. Jegliche Art von Kritik galt jetzt als vom Irak inspiriert und damit als Gefahr für die nationale Sicherheit. All diejenigen, von denen keine Loyalität gegenüber der vom Regime vertretenen Spielart des Islam zu erwarten war, wurden von den Kriegsanstrengungen ausgeschlossen. Sie konnten getötet oder an die Front geschickt werden, aber ihre Ansichten über Politik und Gesellschaft durften sie nicht äußern. Nur zwei Kräfte existierten noch auf der Welt, die Armee Gottes und das Heer des Satans.

So erhielt jedes Ereignis, jede öffentliche Äußerung eine Art symbolischen Bekenntnischarakter. Das neue Regime ging weit über die in jedem politischen System mehr oder weniger ausgeprägte verklärende Symbolsprache hinaus und nahm das Reich des reinen Mythos für sich in Anspruch – mit verheerenden Konsequenzen. Die Islamische Republik hatte sich die Herrschaft des Propheten Mohammed über Arabien nicht nur zum Vorbild genommen – die Herrschaft des Propheten war Wirklichkeit geworden. Der Krieg des Iran gegen den Irak entsprach dem Krieg des dritten und militantesten Imam, Imam Hussein, gegen die Ungläubigen, und die Iraner würden Kerbala, die heilige Stadt im Irak erobern, in der sich Imam Husseins Schrein befand. Die iranischen Bataillone waren nach dem Propheten selbst oder den Zwölf Schiitischen Heiligen benannt; sie waren die Armeen von Ali, Hussein und Mahdi, des zwölften Imam, dessen Kommen die schiitischen Muslime erwarteten. Die Codenamen der militärischen Aktionen gegen den Irak orientierten sich alle an Mohammeds berühmten Schlachten. Ajatollah Khomeini war kein Religionsführer oder Politiker, sondern nun selbst Imam geworden.

In jenen Tagen entwickelte ich mich zur einer emsigen und unersättlichen Sammlerin. Ich bewahrte Bilder von Märtyrern auf, jungen Männern, fast noch Kindern, die in den Tageszeitungen abgedruckt wurden. Daneben die Testamente, die jeweils vor dem Einrücken an die Front gemacht worden waren. Ich schnitt Ajatollah Khomeinis Lobrede auf einen Dreizehnjährigen aus, der sich vor einen feindlichen Panzer geworfen hatte, und sammelte Berichte über junge Männer, die bei ihrem Abmarsch an die Front einen Schlüssel zum Himmelreich erhalten hatten, den sie um den Hals trugen: Man erzählte ihnen, wenn sie fielen, würden sie direkt in den Himmel kommen. Was als impulsiver Wunsch begonnen hatte, die Ereignisse in meinem Tagebuch festzuhalten, entwickelte sich zu einem gierigen, fieberhaften Horten, als könne ich dadurch die unkontrollierbaren Kräfte mit einem Bann belegen und ihnen einen neuen Sinn verleihen.

Wir brauchten eine Weile, bis wir verstanden, was der Krieg wirklich bedeutete, obwohl Radio, Fernsehen und Zeitungen voll davon waren. Sie ermahnten die Bevölkerung, die Verdunkelung ernst zu nehmen, und erklärten das Sirenenwarnsystem. Nach der roten Sirene ertönte eine Stimme: »Achtung! Achtung! Dies ist ein Alarm. Bitte suchen Sie die Schutzräume auf ...« Schutzräume? Welche Schutzräume? Nicht ein einziges Mal in all den Jahren entwickelte die Regierung ein konsequentes Programm für die Sicherheit ihrer Bürger. Mit Schutzräumen waren die Keller oder unteren Stockwerke von Wohnhäusern gemeint, in denen man unter Umständen verschüttet wurde. Wie verletzlich wir waren, begriffen die meisten von uns erst, als nach den anderen Städten auch Teheran getroffen wurde.

Unsere ambivalente Haltung gegenüber dem Krieg entsprang unserer Ambivalenz gegenüber dem Regime. Bei den ersten Luftangriffen auf Teheran wurde ein Haus im wohlhabenden Teil der Stadt getroffen. Es hieß, der Keller sei von regierungsfeindlichen Guerillas besetzt gewesen. Um die verängstigte Bevölkerung zu beschwichtigen, behauptete der damalige Regierungssprecher Haschemi Rafsanjani in einem Freitagsgebet, dass die Bomben bislang nur wenig Schaden angerichtet hätten, da die Opfer »arrogante Reiche und Subversive« gewesen seien, die vermutlich ohnehin früher oder später hingerichtet worden wären. Er empfahl den Frauen außerdem, sich anständig bekleidet schlafen zu legen, damit sie, falls ihre Häuser getroffen würden, »Fremden keinen unzüchtigen Anblick bieten würden«.

3

»Lass uns feiern!«, rief meine Freundin Laleh, noch ehe sie sich in unserem Lieblingsrestaurant zu mir gesetzt hatte. Unser Treffen fand einige Wochen nach unserer Begegnung mit dem Komitee der Kulturrevolution statt, und wir wussten, dass es nur noch eine Frage der Zeit war, bis wir uns entweder den Regeln beugen müssten oder entlassen würden. Da die Regierung vor Kurzem das Tragen des Schleiers am Arbeitsplatz zur Pflicht gemacht hatte, sah ich wenig Grund für ihren Überschwang. »Was denn feiern?«, wollte ich wissen. »Heute« – begann sie und holte aufgeregt tief Luft, – »nach neun Jahren, genauer gesagt, nach achteinhalb – wurde ich in aller Form von der Universität relegiert. Ich bin jetzt offiziell irrelevant geworden, wie du es nennen würdest, deshalb lade ich dich heute zum Essen ein. Da wir nicht öffentlich auf meinen neu gewonnenen Status anstoßen können, lass uns essen, bis wir platzen.« Es war ein tapferer Versuch, eine Entwicklung herunterzuspielen, die sie mittellos machte und vor allem zwang, den Beruf aufzugeben, den sie liebte und beherrschte. Aber sie bewahrte Haltung. Und dieses Haltung bewahren hatte sich unter Freunden und Kollegen in letzter Zeit sehr verbreitet.

Sie war an jenem Tag zur Universität gegangen, um mit dem Leiter des Fachbereichs Psychologie, in dem sie seit ihrer Rückkehr aus Deutschland seit mehreren Jahren unterrichtete, über ihre Stelle zu sprechen, und sie hatte natürlich kein Kopftuch getragen. Natürlich nicht! Der Wächter am Eingangstor hatte sie aus seinem Verschlag heraus aufgefordert stehenzubleiben. Ich stelle mir heute den Wachposten gerne in einem echten Käfig hinter Gittern vor, aber es war wohl damals eher ein Häuschen, vielleicht aus Metall? Oder Zement? Mit einem Fenster und einer Tür an der Seite? Ich könnte zum Hörer greifen und Laleh anrufen, die vor zwei Jahren in die USA ging und nun in Los Angeles lebt. Ich könnte sie fragen, denn sie hat, im Gegensatz zu mir, ein sehr gutes Gedächtnis.

Hast du diesen neuen Wächter schon gesehen? fragte sie mich, während ein welkes Salatblatt von ihrer Gabel baumelte. Diesen Grobschlächtigen mit dem traurigen Gesicht? Der … Kräftige. Sie vermied das Wort »fett«. Nein, ich hatte noch nicht das Vergnügen. Wie auch immer, er hat einen Leibesumfang wie Oliver Hardy. Noch runder vielleicht. Sie kaute wild entschlossen auf ihrem Salatblatt herum. Aber da endete auch die Ähnlichkeit. Der Kerl war schwabbelig, aber überhaupt nicht jovial, er ist einer von diesen angesäuerten, übergewichtigen Männern, denen nicht mal ihr Essen schmeckt – ich kenne diesen Typ.

Könntest du bitte den Wächter mit der Leichenbittermiene beiseitelassen und die Geschichte weiter erzählen? bat ich sie. Sie attackierte eine kleine Kirschtomate, die ihr immer wieder unter der Gabel entschlüpfte, und schwieg konzentriert, bis sie sie aufgespießt hatte. Er ist aus seinem Verschlag rausgekommen fuhr sie endlich fort, und hat gesagt: Einen Moment mal, Ihren Ausweis, bitte. Ich habe also meinen Ausweis hervorgeholt, ihn hochgehalten und bin weitergegangen, aber er hat gleich noch mal gerufen: Halt, Sie wissen doch, dass sie so nicht da hineingehen können? Ich habe gesagt: Ich gehe seit acht Jahren *so* da hinein. Jetzt brauchen Sie aber eine Kopfbedeckung – neue Anweisung. Das ist mein Problem, habe ich gesagt, nicht Ihres. Aber er hat keine Ruhe gegeben. Ich bin befugt, jede beliebige Frau anzuhalten, die … – Da bin ich ihm ins Wort gefallen. Ich bin nicht *jede beliebige Frau*! habe ich mit aller Entschiedenheit geantwortet, die ich aufbringen konnte.

Aber hier steht es, hat er protestiert, in einem schriftlichen Erlass, vom Präsidenten selbst unterzeichnet, kein Mädchen – keine Frau – darf in Ihrem Zustand passieren.

Er hat wirklich gesagt, *in Ihrem Zustand*? fragte ich. Ja, genau das hat er gesagt. Ich gehe weiter, er versperrt mir den Weg. Ich mache einen Schritt nach rechts, er macht einen Schritt nach rechts. Ich bleibe stehen, er bleibt stehen. Ein paar Sekunden sehen wir uns in die Augen, und dann sagt er: Wenn Sie in diesem Zustand weitergehen, werde ich dafür verantwortlich gemacht. In *welchem* Zustand? frage ich ihn. Soviel ich weiß, bin ich immer noch die *einzige*, die für meinen Zustand verantwortlich ist, deshalb sollten Sie sich keine Verantwortung für mich anmaßen. Ich weiß nicht, was mich geritten hat, dass ich mit dem armen Kerl einen Streit anfing, sagte Laleh, deren Hand jetzt vor Aufregung zitterte, und ihm Dinge gesagt habe, die er sowieso nicht verstehen konnte. Ein paar Minuten standen wir nur da, und dann, einer plötzlichen Eingebung folgend, schaute ich über seine Schulter nach links, als sähe ich dort jemanden, und als er sich umdrehte, duckte ich mich und rannte los. Du bist gerannt? Ja.

Man brachte uns unsere Kalbsscaloppine mit Kartoffelpüree. Laleh schien in ihren Kartoffeln nach einem verborgenen Schatz zu suchen und zog mit der Gabel einen Kreis nach dem anderen. Ich habe gedacht, er würde aufgeben, fuhr sie schließlich fort. Er musste ja nur zu seinem blöden Telefon greifen und seinen Vorgesetzten anrufen. Aber nein, der nicht. Als ich mich kurz umgedreht habe, um zu sehen, ob er mich verfolgt, zog er gerade seine Hose hoch und schwenkte die Hüften. – Er schwenkte die Hüften? – Ja, ehrlich. – Sie schwenkte ihre Gabel in den Kartoffeln hin und her. Und dann rannte er mir nach.

Laleh und der fette Wächter waren durch die breiten, belaubten Alleen des Universitätsgeländes gesprintet. Ab und zu hatte Laleh einen Blick zurückgeworfen, um zu sehen, ob er noch da war, und jedes Mal, schwor sie, war er nicht weitergerannt, sondern ebenfalls stehengeblieben, als würde er eine unsichtbare

Bremse ziehen, hatte seinen Hüftschwung vollführt und die Jagd wieder aufgenommen. Er sah aus wie ein keuchender, plumper Riesenfisch, sagte sie. Laleh überholte drei verblüffte Studenten, erreichte die Stufen vor der Fakultät für Persisch und Fremdsprachen, fiel fast vornüber, als ihr Absatz in einem Loch stecken blieb, überquerte den offenen Platz vor dem Gebäude, rannte durch die offene Tür in das kühle, dunkle Foyer und die breite Treppe hinauf in den zweiten Stock, wo sie vor der Tür zum Fachbereich Psychologie zum Stehen kam und dem Institutsleiter fast in die Arme fiel, der mit einem Kollegen in der Tür stand. In dem Versuch, seine Verlegenheit zu überspielen, rief er: Was ist los, Professor Nassri, gab es einen Aufstand? Ein paar Sekunden später kam der pflichtgetreue Wächter schweißgebadet, mit der Mütze in der Hand vor der Tür zum Stehen. Dort gab er seine Erklärung ab, und der Institutsleiter, der nicht wusste, ob er lachen oder die Stirn runzeln sollte, schickte ihn wieder zurück und versprach, den Behörden Bericht zu erstatten. Eine Stunde später war Laleh durch die Tür des Instituts zum Eingangstor zurückgegangen und ohne dem Wächter auch nur einen Blick zuzuwerfen aufrecht hinausmarschiert – als freie Frau.

Als freie Frau? Ja, man hat mich vor die Wahl gestellt, entweder den Vorschriften zu genügen oder gefeuert zu werden. Ich habe mich gegen die Vorschriften entschieden, deshalb bin ich jetzt eine freie Frau. Und nun? fragte ich, als wäre ich nicht selbst in exakt derselben Situation. Ich weiß nicht. Sie zuckte die Achseln. Wahrscheinlich nähe ich jetzt wieder mehr oder backe Kuchen.

Das war das Erstaunliche an Laleh. Sie sah überhaupt nicht aus wie jemand, der Kuchen backt, aber sie war eine versierte Schneiderin und fantastische Köchin. Als ich sie kennenlernte, hatte ich in ihr all das gefunden, was ich nicht war. Sie schien mir ordentlich und eher nüchtern zu sein, ein korrekter Mensch eben. Ihre deutsche Ausbildung verstärkte diese Illusion noch. Ich neckte sie gerne damit, dass das Wort »untadelig« für sie erfunden worden sei. Als ich sie besser kannte, begriff ich, dass dieser Ordnungssinn die Tarnung für ein leidenschaftliches Naturell war, das unersättlich Wünsche hegte.

Ihr dickes Haar war nicht zu bändigen; es ließ sich weder nach Belieben kämmen, bürsten, gelen noch wellen. Doch sie zähmte es durch stundenlanges, mühseliges Glätten und Stylen, wodurch sie wie eine strenge, unheilverkündende Matrone wirkte. Entweder so, oder ich muss mir den Kopf rasieren, hatte sie mir aufgebracht erklärt. Nur ihre großen schwarzen Augen, aus denen Schalk blitzte, straften ihre konservative Erscheinung Lügen. Später, als sie mit meiner dreijährigen Tochter auf Bäume kletterte, erkannte ich, wie viel Mühe es sie gekostet haben musste, ihre eigensinnigen Sehnsüchte zu bezähmen.

Tatsächlich musste sie ihren Lebensunterhalt in den folgenden zwei Jahren mit Nähen bestreiten. Sie bekam keine Erlaubnis, ihr Spezialgebiet Kinderpsychologie zu unterrichten, und hatte sich geweigert, verschleiert zu lehren. Also nähte sie wieder, was ihr völlig widerstrebte, und eine Weile liefen ihre Freundinnen, ich inklusive, mit schön gemusterten Chintzröcken herum, bis eine befreundete Direktorin sie aufforderte, an ihrer Schule zu unterrichten.

An jenem Tag war unser Appetit schier unersättlich: Laleh bestellte Crème Caramel und ich zwei Kugeln Eiscreme, Vanille und Mokka, dazu türkischen Kaffee und Walnüsse. Ich streute meine Walnüsse gedankenverloren über das kaffeegetränkte Eis. Dabei erörterten wir, dass auch Farideh aus unserem Fachbereich gekündigt worden war und Dr. A jetzt in den Staaten lebte. Unsere vorsichtigeren Kollegen, die unbeschadet davongekommen waren, erklärten, Faridehs Ausschluss sei mehr ihrem starrsinnigen Widerstand, ihrem Dickkopf, wie einer es nannte, zuzuschreiben als der Behördenwillkür.

4

Ein paar Tage später ging ich zur Universität Teheran, um mich noch einmal mit Mr. Bahri zu treffen. Er hatte darum gebeten, weil er hoffte, mich vom Sinn der neuen Vorschriften überzeugen zu können. Am Tor machte ich mich auf einen Wettlauf gefasst, aber zu meiner Überraschung wurde mir nicht dieselbe Behandlung wie Laleh zuteil. Der mürrische Wächter war weder dünn noch dick und fragte nicht einmal nach meinem Ausweis. Er tat einfach so, als sähe er mich nicht. Ich hegte den Verdacht, dass Mr. Bahri ihm jegliches Eingreifen verboten hatte.

Das Konferenzzimmer sah immer noch so aus wie bei meinem ersten Streitgespräch mit Mr. Bahri über die Rolle von Literatur und Revolution: groß, kühl und karg möbliert. Es roch leicht staubig, obwohl es außer dem langen Tisch und den zwölf Stühlen keine Flächen gab, auf denen sich Staub ablagern konnte. Mr. Bahri und sein Freund saßen bereits an der Mitte des Tisches, der Tür gegenüber. Sie standen auf, als ich eintrat, und blieben stehen, bis ich mich gesetzt hatte. Ich nahm mir mit Absicht einen Stuhl ihnen gegenüber.

Mr. Bahri kam rasch auf den Punkt. Er erwähnte Lalehs Eskapade und die bewundernswerte Geduld der Verwaltung mit »einem solchen Benehmen«. Während des gesamten Gesprächs klebte sein Blick an einem schwarzen Füllhalter, den er wie ein faszinierend rätselhaftes Objekt unablässig zwischen den Händen drehte. Er und seine Freunde wüssten sehr gut, dass Professor Nassri vor der Revolution bei ihren Besuchen in den ärmeren, traditionelleren Stadtteilen einen Schleier getragen hatte. Ja, aus Respekt vor dem Glauben dieser Menschen, erwiderte ich kühl, und nicht, weil es Pflicht war. Mr. Bahris Freund hüllte sich fast durchgehend in Schweigen.

Mr. Bahri verstand nicht, warum wir wegen einem Stück Stoff ein solches Theater machten. Begriffen wir denn nicht, dass es wichtigere Themen gab, dass das Wohl und Wehe der Revolution auf dem Spiel stand? Was war wichtiger – der Kampf gegen die teuflischen Einflüsse der westlichen Imperialisten oder das starrsinnige Festhalten an einer persönlichen Vorliebe, die die Reihen der Revolutionäre spaltete? Vielleicht waren das nicht exakt seine Worte, aber tatsächlich drückten sich die Menschen damals so aus. In revolutionären und intellektuellen Kreisen redeten die Leute oft, als würden sie von einem Skript ablesen oder wären der islamisierten Version eines sowjetischen Romans entsprungen.

Es entbehrte nicht der Ironie, dass Mr. Bahri, der Verfechter des Glaubens, den Schleier als »ein Stück Stoff« bezeichnete. Ich musste ihn daran erinnern, dass wir mehr Achtung vor diesem »Stück Stoff« haben sollten, als es widerstrebenden Frauen aufzuzwingen. Was würden unsere Studentinnen und Studenten davon halten, fragte ich, wenn sie uns den Schleier tragen sahen, obwohl wir geschworen hatten, es nie zu tun? Würden sie nicht sagen, wir hätten für ein paar Tausend Tumans im Monat unsere Überzeugungen verraten? »Was würden Sie davon halten, Mr. Bahri?«

Was sollte er davon halten? Ein gestrenger Ajatollah, ein blinder, wunderlicher Philosophen-König hatte beschlossen, einem ganzen Land und einem Volk seinen Traum aufzuerlegen und uns als Abbild seiner eigenen kurzsichtigen Vision neu zu erschaffen. Und so hatte er ein Idealbild von mir als Muslimin, als muslimischer Lehrerin entworfen und wollte, dass ich wie dieses Ideal aussah, handelte – sprich, lebte. Durch unsere Weigerung, dieses Ideal zu akzeptieren, vertraten Laleh und ich nicht einen politischen Standpunkt, sondern einen existenziellen. Es war, so konnte ich Mr. Bahri versichern, nicht das Stück Stoff, das ich ablehnte, sondern die Verwandlung, die mir aufgezwungen wurde und die bewirkte, dass ich beim Blick in den Spiegel die fremde Frau hasste, zu der ich geworden war.

Ich glaube, an jenem Tag erkannte ich, wie sinnlos es war, meine Ansichten mit Mr. Bahri zu »diskutieren«. Wie konnte man mit dem Stellvertreter Gottes auf Erden streiten? Mr. Bahri bezog zumindest vorübergehend seine Energie aus der unleugbaren Tatsache, dass er auf der Seite des Rechts stand; ich war bestenfalls eine irregeleitete Sünderin. Ich hatte das seit Monaten kommen sehen, aber erst als ich mich an jenem Tag von Mr. Bahri und seinem Freund verabschiedete, war mir klar, wie irrelevant ich geworden war.

Als ich den Raum verließ, machte ich nicht den Fehler, ihm die Hand schütteln zu wollen. Mr. Bahri begleitete mich wie ein höflicher Gastgeber an die Tür, die Hände hinter dem Rücken verschränkt. Ich wiederholte immer wieder »Bitte machen Sie sich keine Mühe« und fiel bei meinem überstürzten Aufbruch fast die Treppe hinunter. Unten angekommen, schaute ich zurück. Er stand immer noch da, in seinem ausgefransten braunen Anzug, das Mao-Hemd bis oben zugeknöpft, die Hände hinter dem Rücken verschränkt, und sah bestürzt auf mich hinunter. Der Abschied eines liebenden Herzens, sagte Laleh später augenzwinkernd, als ich ihr bei einem Eis in ihrem kühlen Wohnzimmer die Geschichte erzählte.

Nach meinem Gespräch mit Mr. Bahri lief ich eine Dreiviertelstunde durch die Straßen und kam dabei an meiner Lieblingsbuchhandlung für englische Literatur vorbei. Eine Ahnung trieb mich hinein, die Befürchtung, dass ich in naher Zukunft nicht mehr dort würde einkaufen können. Und ich hatte recht: Nur wenige Monate später plünderten die Revolutionsgarden die Buchhandlung und schlossen sie. Das große Eisenschloss und die Kette, die sie anbrachten, symbolisierten die Endgültigkeit ihres Vorgehens.

Gierig griff ich nach den Büchern. Vor allem Taschenbücher holte ich aus den Regalen, fast alle Werke von Henry James und die sechs Romane von Jane Austen. Dazu kamen *Wiedersehen in Howards End* und *Zimmer mit Aussicht*. Dann ging ich über zu Büchern, die ich noch nicht gelesen hatte, vier Romane von Heinrich Böll, und einige, deren Lektüre schon lange zurück lag – *Jahrmarkt der Eitelkeiten* und *Die Abenteuer des Roderick Random*, *Humboldts Vermächtnis* und *Der Regenkönig*. Ich kaufte eine zweisprachige Auswahl von Rilkes Gedichten und Nabokovs *Sprich, Erinnerung, sprich*. Eine Weile überlegte ich sogar, ob ich die ungekürzte Ausgabe von *Fanny Hill* mitnehmen sollte. Dann kamen die Kriminalromane an die Reihe – mehrere von Dorothy Sayers, und zu meinem unaussprechlichen Entzücken fand ich auch *Trents letzter Fall*, zwei oder drei neue Titel von Agatha Christie, einige von Ross Macdonald, den gesamten Raymond Chandler und zwei Romane von Dashiell Hammett.

Ich hatte nicht genug Geld, um alle kaufen zu können. Was ich bezahlen konnte, nahm ich mit nach Hause und lehnte das sehr zuvorkommende Angebot des Buchhändlers ab, mir den Rest auf Kredit mitzugeben. Als ich die reservierten Bücher in zwei großen Papiertüten verstaute, lächelte er amüsiert und sagte: »Machen Sie sich keine Sorgen. Die nimmt Ihnen keiner weg. Es kennt sie sowieso niemand mehr. Und wer will sie heutzutage schon lesen?«

Ja, wer wohl? Leute wie ich waren so irrelevant wie Fitzgerald für Mike Gold oder Nabokov für Stalins Sowjetunion oder wie James für die *Fabian Society* oder Jane Austen für die Revolutionäre ihrer Zeit. Im Taxi holte ich die wenigen Bücher hervor, die ich mitgenommen hatte, und betrachtete ihre Umschläge, streichelte ihre glänzenden Hüllen. Sie fühlten sich so gut an. Ich wusste, was meine Begegnung mit Mr. Bahri bedeutete: Die Tage bis zu meiner Entlassung waren gezählt. Ich entschloss mich, bis dahin nicht mehr zur Universität zu gehen. Jetzt, da ich viel Zeit zur Verfügung hatte, konnte ich guten Gewissens lesen, so viel ich nur wollte.

5

Nicht lange danach erließ die Regierung eine neue Kleiderordnung für Frauen in der Öffentlichkeit und zwang uns, entweder den Tschador oder ein langes Übergewand mit Kopftuch zu tragen. Die Erfahrung hatte gezeigt, dass man die Einhaltung dieser Regeln nur mit Gewalt durchsetzen konnte. Weil die Frauen den Erlass in überwältigender Mehrheit ablehnten, führte die Regierung die Vorschrift erst am Arbeitsplatz und dann in den Geschäften ein, die von da an unverhüllten Frauen nichts mehr verkaufen durften. Ungehorsam wurde mit Geldstrafen, bis zu sechsundsiebzig Peitschenhieben und Gefängnis geahndet. Später setzte die Regierung die berüchtigten mobilen Sittenwächter ein – vier bewaffnete Männer und Frauen in weißen Toyota-Streifenwagen –, die durch die Straßen patrouillierten und die Befolgung der Gesetze überwachten.

Wenn ich heute die fragmentarischen, verworrenen Ereignisse jener Zeit zusammenzusetzen versuche, stelle ich fest, dass mein immer stärkeres Gefühl, in einen Abgrund abzugleiten, von zwei herausragenden Ereignissen unterbrochen wurde – dem Krieg und dem Verlust meiner Stelle an der Universität. Ich hatte vorher nicht gewusst, wie sehr die Routine des Alltags eine Illusion von Stabilität aufrecht erhält. Jetzt, da ich mich nicht mehr Dozentin oder Autorin nennen konnte, nicht mehr meine gewohnte Kleidung tragen, nicht mehr nach meinem eigenen Rhythmus durch die Straßen spazieren, nicht mehr einem männlichen Kollegen aus einem spontanen Impuls heraus auf den Rücken klopfen oder schreien konnte, wenn ich wollte, jetzt, da all das gesetzeswidrig war, fühlte ich mich leicht wie ein Phantasiegebilde, als wandle ich auf Luft, als sei ich ins Sein geschrieben und dann mit einer Handbewegung weggewischt worden.

Dieses neue Gefühl der Unwirklichkeit ließ mich neue Spiele erfinden, Überlebensspiele, wie ich sie heute nennen würde. Meine ständige Beschäftigung mit dem Schleier hatte dazu geführt, dass ich mir ein sehr weites, langes schwarzes Gewand zulegte, das bis zu den Knöcheln ging und weite, kimonoartige Ärmel hatte. Ich hatte mir angewöhnt, die Hände in den Ärmeln zu verstecken und so zu tun, als hätte ich keine Hände. Mit der Zeit bildete ich mir ein, dass mein Körper in diesem Gewand verschwand: Meine Arme, Brüste, mein Bauch und meine Beine lösten sich auf, und übrig blieb ein Stück Stoff in der Form meines Körpers, das sich hierhin und dorthin bewegte, gelenkt von einer unsichtbaren Macht.

Den Anfang dieses Spiels kann ich ziemlich genau bis zu dem Tag zurückverfolgen, an dem ich mit einer Freundin, die ihr Diplom anerkennen lassen wollte, zum Bildungsministerium ging. Man unterzog uns von Kopf bis Fuß einer Leibesvisitation, und von den vielen sexuellen Belästigungen, die ich in meinem Leben ertragen musste, war diese eine der schlimmsten. Die Wächterin wies mich an, die Hände hochzuheben, hoch, hoch, hoch, während sie mich gründlichst abtastete, keinen Teil meines Körpers aussparend. Sie bemängelte, dass ich unter dem Gewand fast nichts trug. Ich erklärte ihr, was ich unter dem Mantel trüge, ginge sie nichts an. Sie wollte mir ein Papiertaschentuch aufdrängen und forderte mich auf, mir den Schmutz von den Wangen zu wischen. Ich sagte, da sei kein Schmutz. Da nahm sie selbst das Taschentuch und rieb damit über meine Wangen, und da sie das gewünschte Ergebnis nicht erzielte, weil ich kein Make-up trug, rieb sie noch fester, bis ich dachte, sie würde mir die Haut abreiben.

Mein Gesicht brannte, und ich fühlte mich schmutzig – ich fühlte mich, als sei mein ganzer Körper ein dreckiges, verschwitz-

tes T-Shirt, dessen ich mich dringend entledigen musste. Da kam
mir die Idee dieses Spiels: Ich beschloss, meinen Körper unsichtbar zu machen. Die groben Hände der Frau waren wie umge-
kehrte Röntgenstrahlen, die durch die Haut drangen und das Innere unsichtbar machten. Als sie mit ihrer Leibesvisitation fertig
war, war ich leicht wie der Wind geworden, ein fleischloses, kno-
chenloses Wesen. Der Trick dabei war, dass ich, um unsichtbar zu
bleiben, nicht mit anderen festen Gegenständen in Kontakt kommen durfte, insbesondere nicht mit anderen Menschen: Meine
Unsichtbarkeit stand in direktem Verhältnis zu dem Grad, in dem
ich es schaffte, dass andere Menschen mich nicht bemerkten. Natürlich ließ ich von Zeit zu Zeit einen Teil von mir zurückkehren,
zum Beispiel, wenn ich mich einer rechthaberischen Autoritätsperson widersetzen wollte; dann ließ ich ein paar Haarsträhnen
hervorlugen und meine Augen wieder sichtbar werden, damit ich
sie unverwandt anstarren konnte.

Manchmal zog ich fast unbewusst meine Hände in die weiten
Ärmel zurück und tastete mit ihnen nach meinen Beinen und
meinem Bauch. Waren sie noch da? War ich noch da? Dieser
Bauch, diese Beine, diese Hände? Leider sahen die Revolutions-
und Sittenwächter die Welt nicht mit denselben Augen wie ich.
Sie sahen Hände, Gesichter und rosa Lippenstift; sie sahen Haarsträhnen und nicht richtig sitzende Socken, wo ich ein ätheri-
sches Wesen sah, das lautlos die Straße hinunter schwebte.

Das war die Zeit, in der ich mir und anderen immer wieder
verkündete, Menschen wie ich seien irrelevant geworden. Diese
pathologische Störung war nicht auf mich beschränkt; viele andere fühlten, dass es auf dieser Welt keinen Platz für sie gab. In
dramatischem Ton schrieb ich an einen amerikanischen Freund:
»Du fragst mich, was es bedeutet, irrelevant zu sein? Es ist ein
Gefühl, als würdest du wie ein Gespenst, das noch etwas zu erledigen hat, durch dein altes Haus irren. Stell dir vor: Das Gebäude
ist dir vertraut, aber die Tür ist jetzt aus Metall statt aus Holz, die

Wände sind in einem scheußlichen Pink gestrichen, der Lieblingssessel ist weg. Dein Arbeitszimmer ist jetzt das Wohnzimmer, und deine geliebten Bücherregale wurden durch ein brandneues Fernsehgerät ersetzt. Es ist dein Haus und auch wieder nicht. Und du bist für dieses Haus, seine Wände und Türen und Böden nicht länger relevant; du wirst nicht gesehen.«

Was tun Menschen, wenn man sie irrelevant werden lässt? Sie flüchten manchmal, ich meine physisch, und wenn das nicht möglich ist, versuchen sie einen Neuanfang, werden zum Teil des Spiels, indem sie die Merkmale ihrer Eroberer assimilieren. Oder sie flüchten sich nach innen und verwandeln wie Claire in *Der Amerikaner* ihren kleinen Winkel in ein Heiligtum; der wesentliche Teil ihres Lebens verschwindet.

Meine zunehmende Bedeutungslosigkeit, diese Leere in mir, führte dazu, dass ich voller Groll auf den Frieden und das Glück meines Mannes blickte, der offenbar nicht merkte, was ich als Frau und Akademikerin durchmachte. Gleichzeitig war ich von ihm abhängig, da er uns allen Sicherheit gab. Während alles um uns her zusammenbrach, ging er gelassen seiner Arbeit nach und versuchte, uns ein normales, ruhiges Leben zu ermöglichen. Als introvertierter Mensch richtete er seine Energien darauf, sein Privatleben zu schützen, und dazu gehörten Familie, Freunde und Beruf. Er war Partner in einem Architektur- und Ingenieurbüro. Er mochte seine Kollegen, die wie er ihren Beruf liebten. Da ihr Beruf nicht direkt mit Kultur oder Politik in Verbindung stand und die Firma privat geführt wurde, ließ man sie einigermaßen in Ruhe. Gute Architekten und arbeitsame Ingenieure bedrohten das Regime nicht, und Bijan freute sich über die großen Aufträge, die sie erhielten: einen Park in Isfahan, eine Fabrik in Borujerd, eine Universität in Ghazvin. Er fühlte sich gebraucht, konnte kreativ sein und dem Land im besten Sinne des Wortes dienen. Er war der Meinung, wir müssten unserem Land dienen, ganz gleich, wer darin herrschte. Das Problem für mich war, dass

Begriffe wie *Heimat, Dienst* und *Land* für mich keine Bedeutung
mehr hatten.

Ich wurde wieder zum Kind, das wahllos und beliebig nach
Büchern griff, sich in eine Ecke verzog und wie besessen las. Ich
las *Mord im Orient-Express, Sinn und Sinnlichkeit, Der Meister
und Margarita, Herzog, Die Gabe, Der Graf von Monte Christo,
Agent in eigener Sache* – jedes Buch, dessen ich habhaft werden
konnte, sei es in der Bibliothek meines Vaters, in Antiquariaten
oder in den noch ungeplünderten Bücherschränken meiner
Freunde. Und ich verschlang sie alle, wie eine Alkoholikerin, die
ihren unaussprechlichen Kummer ertränkt.

Wenn ich mich an Bücher hielt, dann weil sie die einzige Zuflucht waren, die ich kannte, die ich brauchte, um zu überleben und einen Teil meines Ichs zu bewahren, der nun ständig
auf dem Rückzug war. Meine andere Zuflucht, die mir half, bei
Verstand zu bleiben, und meinem Leben einen Sinn gab, war
persönlicherer Natur. Am 23. April 1982 kam meine Nichte als
Frühgeburt zur Welt. Von dem Augenblick an, als ich sie klein
und zusammengekauert unter der Maschine liegen sah, die sie
am Leben hielt, spürte ich eine Verbundenheit, eine Wärme: Ich
wusste, wir würden einander guttun, sie mir und ich ihr. Am
26. Januar 1984 wurde meine Tochter Negar geboren und am
15. September 1985 mein Sohn Dara. Ich muss Tag, Monat und
Jahr ihrer Geburt präzise angeben, denn diese Details tauchten
auf, wann immer ich an ihr segensreiches Erscheinen auf dieser
Welt denke. Doch wie alles auf der Welt hatte auch dies nicht nur
gute Seiten. Zum einen wurde ich ängstlicher. Bis dahin hatte
ich mir um meine Eltern, meinen Mann, meinen Bruder und
meine Freunde Sorgen gemacht, aber meine Sorge um die Kinder stellte alles in den Schatten. Die Geburt meiner Tochter war
für mich wie ein Geschenk, das mir auf geheimnisvolle Weise
meine geistige Gesundheit bewahrt hat. Ebenso war es bei der
Geburt meines Sohnes. Und doch bedauerte ich unendlich, dass

ihre Kindheitserinnerungen, anders als meine, so überschattet sein würden.

Meine Tochter Negar wird jedes Mal rot, wenn ich ihr sage, dass ihre Sturheit und ihr leidenschaftliches Eintreten für das, was sie unter Gerechtigkeit versteht, darauf zurückzuführen sind, dass ihre Mutter während der Schwangerschaft zu viele Romane aus dem 19. Jahrhundert gelesen hat. Negar hat so eine Art, den Kopf in einem Schwung nach rechts und in den Nacken zu werfen und die Lippen ein wenig zu schürzen, wenn ihr eine Autoritätsperson in die Quere kommt. Ich bringe sie in Verlegenheit und sie will wissen, warum ich solchen Unsinn verzapfe. Heißt es denn nicht, dass das, was eine Mutter während der Schwangerschaft isst, aber auch ihre Stimmungen und Gefühle sich auf das Kind auswirken? Als ich mit dir schwanger war, hab ich zu viel Jane Austen gelesen, zu viel von den Brontës, von George Eliot und Henry James. Sieh dir doch deine beiden Lieblingsbücher an: *Stolz und Vorurteil* und *Sturmhöhe*. Aber *du*, füge ich übermütig hinzu, du bist Daisy Miller in Reinkultur. Ich weiß nicht, wer diese Daisy oder Maisie oder sonst wer ist, entgegnet sie dann mit trotzig aufgeworfenen Lippen, und James wird mir erst recht nicht gefallen. Aber sie gleicht Daisy wirklich: diese Mischung aus Verletzlichkeit und Mut, die ihre trotzigen Gesten erklärt, ihre Art, den Kopf zurückzuwerfen, die mir schon auffiel, als sie knapp vier war, und zwar ausgerechnet im Wartezimmer eines Zahnarztes.

Und wenn Dara im Scherz fragt: Und ich? Was hast du gemacht, als du mit mir schwanger warst? Dann sage ich ihm, du bist genau so geworden, wie ich es mir nie hatte träumen lassen. Und kaum sage ich das, fange ich an, daran zu glauben. Schon in meinem Bauch übernahm er die Aufgabe, mir zu beweisen, dass meine alptraumartigen Sorgen unbegründet waren. Während der zweiten Schwangerschaft war Teheran das Ziel wiederholter Bombenangriffe, und ich reagierte hysterisch. Geschichten machten die Runde, dass schwangere Frauen verkrüppelte Kinder zur Welt gebracht hatten, dass die Angst der Mütter den Ungeborenen unheilbaren Schaden zugefügt hatte, und ich glaubte, von all diesen Übeln betroffen zu sein – falls wir überhaupt verschont würden und die Geburt dieses Kindes erleben würden. Wie konnte ich ahnen, dass nicht ich es beschützen würde, sondern dass es auf die Welt kam, um mich zu beschützen?

6

Lange Zeit suhlte ich mich im Bewusstsein meiner Bedeutungs-losigkeit. Dabei prüfte ich gleichzeitig unbewusst meine Mög-lichkeiten. Sollte ich vor dieser Nichtexistenz kapitulieren, die mir von einer Macht, die ich nicht respektierte, aufgezwungen worden war? Sollte ich mich scheinbar beugen und dann das Re-gime heimlich hintergehen? Sollte ich das Land verlassen wie so viele meiner Freunde? Sollte ich mich stillschweigend aus mei-nem Beruf zurückziehen wie so viele meiner ehrbaren Kollegen? Gab es andere Möglichkeiten?

Während dieser Zeit schloss ich mich einer kleinen Gruppe an, die gemeinsam klassische persische Literatur las und interpre-tierte. Einmal pro Woche, am Sonntagabend, kamen wir zusam-men und analysierten stundenlang Text um Text. Jahrelang trafen wir uns jeden Sonntag reihum bei den Teilnehmern zu Hause – manchmal bei Kerzenlicht wegen der Verdunkelung. Selbst wenn wir einander fremd wurden, aufgrund unserer persönlichen und politischen Differenzen, hielten uns die magischen Texte zu-sammen. Wie eine Gruppe von Verschwörern saßen wir um den Esstisch und lasen Gedichte und Prosa von Rumi, Hafis, Saadi, Khayyam, Nizami, Ferdausi, Attar, Beyhaghi.

Wir lasen abwechselnd Passagen laut vor, und die Worte stie-gen auf und sanken auf uns herab wie feiner Nebel, der alle Sinne umhüllt. Die Worte waren von humorvoller, spielerischer Leich-tigkeit, die Dichter genossen sichtlich die Macht der Sprache, zu begeistern und zu überraschen. Ich fragte mich staunend: Wann war uns diese Fähigkeit zu geistreichen Neckereien abhandenge-kommen? Diese Kunst, uns das Leben durch Poesie zu erhellen?

Wann genau hatten wir diese Dinge verloren? Was wir jetzt hatten, diese süßliche Rhetorik, diese übelriechende und irreführende Übertreibung, stank nach zu viel billigem Rosenwasser.

Ich erinnerte mich an eine Geschichte über die Eroberung Persiens durch die Araber, die ich schon häufig gehört hatte. Ihr zufolge gewannen die Araber bei ihrem Angriff auf den Iran deshalb, weil die Perser, möglicherweise ihrer Tyrannei müde, ihren eigenen König verraten und den Feinden Tür und Tor geöffnet hatten. Doch nachdem ihre Bücher verbrannt, ihre Kultstätten zerstört und ihre Sprache verdrängt worden war, rächten sich die Perser, indem sie ihre verbrannte und geplünderte Geschichte in Mythen und Worten neu erschufen. Unser großer epischer Dichter Ferdausi hat die konfiszierten Mythen der persischen Könige und Heroen in einer reinen, heiligen Sprache neu verfasst. Mein Vater, der mir in meiner Kindheit immer aus Ferdausi und Rumi vorgelesen hatte, sagte manchmal, unsere wahre Heimat, unsere wahre Geschichte sei unsere Dichtung. Das kam mir damals zu Bewusstsein, weil wir uns in gewissem Sinn wieder genauso verhalten hatten. Diesmal hatten wir die Tore nicht fremden Eroberern geöffnet, sondern heimischen, jenen, die im Namen unserer eigenen Vergangenheit zu uns gekommen waren, sie aber jetzt unbarmherzig verzerrt und uns Ferdausi und Hafis weggenommen hatten.

Nach einer Weile führten die Gruppentreffen zu eigenen Projekten. Ich nutzte Material aus meiner Dissertation über Mike Gold und die proletarischen Schriftsteller im Amerika der dreißiger Jahre für meinen ersten Artikel auf Persisch. Ich überredete einen Freund aus der Gruppe, ein kleines Buch von Richard Wright mit dem Titel *The American Hunger* zu übersetzen, und schrieb die Einleitung dazu. Es handelte von Wrights Erfahrungen mit der Kommunistischen Partei, seinen Kämpfen und Gewissensqualen und seinem Bruch mit der Partei. Später ermutigte ich meinen Freund, Nabokovs *Lectures on Russian Literature* zu übersetzen. Ich selbst übersetzte Gedichte von Langston Hughes. Ein Mitglied unserer Gruppe, ein bekannter iranischer Autor, machte mir Mut, für eine von ihm herausgegebene Literaturzeitschrift eine Reihe von Aufsätzen über moderne persische Literatur zu schreiben und später an wöchentlichen literarischen Diskussionen mit jungen iranischen Schriftstellern teilzunehmen.

Das war der Beginn meiner Laufbahn als Autorin, die seit fast zwei Jahrzehnten bis heute andauert. Ich erschuf eine Schutzhülle um mich und begann zu schreiben, und zwar hauptsächlich Literaturkritik. Ich warf meine Tagebücher in eine Ecke des Schranks und vergaß sie. Ich schrieb, ohne sie je zu konsultieren.

Meine Artikel brachten mir Anerkennung ein, aber ich war selten ganz zufrieden mit ihnen. Ich fand die meisten zu ordentlich, zu aufgeblasen und zu theoretisch. Die Themen, über die ich schrieb, lagen mir sehr am Herzen, aber es gab Konventionen und Regeln, an die man sich zu halten hatte, und mir fehlte die Spontaneität und Begeisterung, die ich in meine Seminare einbringen konnte. Im Unterricht führte ich einen spannenden Dialog mit meinen Studentinnen und Studenten; in meinen Artikeln klang ich nüchtern und schulmeisterlich. Meine Artikel kamen genau aus dem Grund an, aus dem ich sie nicht mochte, ihr wissenschaftlicher Anspruch brachte mir Achtung und Bewunderung ein.

7

Eigentlich müsste es einen klaren, logischen Grund geben, warum ich eines Tages aus heiterem Himmel zum Hörer griff und meinen Zauberer anrief. Natürlich grübelte ich neuerdings zu oft über die fehlenden intellektuellen Anregungen in meinem Leben nach, natürlich vermisste ich meine Seminare und war ruhelos und verzweifelt, aber ich weiß trotzdem nicht, warum ich gerade an jenem Tag, und nicht etwa am Tag danach, beschloss, ihn anzurufen.

Um seine Person rankten sich jede Menge Mythen – etwa dass er nur einige wenige Auserwählte zu sich ließ und man nur dann, wenn nachts eines seiner Zimmer zur Straße hin erleuchtet war, empfangen wurde und man ihn ansonsten nicht belästigen durfte. Diese Geschichten beeindruckten mich nicht – im Gegenteil, sie waren der Grund, warum ich zögerte, ihn anzurufen. Er hatte seine Beziehung zur Außenwelt mit einem so raffinierten Nimbus umgeben, dass sein angebliches Streben nach Distanz ihn nur noch stärker ins Zentrum der Aufmerksamkeit rückte. Der Mythos war sein Kokon; in unserem Land schufen sich Menschen mittels ausgefeilter Lügengeschichten häufig solche schützenden Kokons. Ähnlich dem Schleier.

Belassen wir es also dabei, dass ich ihn ohne triftigen Grund aus einem Impuls heraus anrief. Eines Nachmittags war ich allein zu Hause und las stundenlang, statt zu arbeiten. Ab und zu sah ich auf die Uhr und nahm mir vor: In einer halben Stunde fange ich an, nein, lieber in einer. Ich höre auf, sobald ich mit diesem Kapitel fertig bin. Dann ging ich zum Kühlschrank und machte mir ein Sandwich, das ich aß, während ich mich wieder meiner

Lektüre widmete. Ich glaube, als ich mit dem Sandwich fertig war, kam der Moment, in dem ich seine Nummer wählte.

Es klingelte zweimal, dann hörte ich eine Stimme: Hallo? – Mr. R? – Ja? – Hier ist Azar. Pause. Azar Nafisi. – O ja, ja. – Kann ich Sie sehen? – Aber natürlich. – Wann möchten Sie kommen? – Wann passt es Ihnen am besten? – Wie wäre es mit übermorgen, fünf Uhr? – Später erklärte er, seine Wohnung sei so klein, dass er von jedem Punkt aus spätestens beim dritten Läuten das Telefon erreichte. Hob er nicht ab, bedeutete das, er war entweder nicht da oder er hatte keine Lust zu telefonieren.

Ich habe immer noch unsere erste Begegnung vor Augen. Ich saß ihm gegenüber auf dem einzigen Stuhl und er auf dem harten braunen Sofa. Wir hatten beide die Hände auf die Knie gelegt, er, weil er das immer tat und ich, weil ich nervös war und unbewusst die Pose eines Schulmädchens angesichts eines strengen Lehrers angenommen hatte. Auf dem Tisch zwischen uns ein Tablett mit zwei dunkelgrünen Teebechern und einer Schachtel Pralinen, perfekte rote Quadrate mit der schwarzen Aufschrift »Lindt« – ein seltener Luxus, denn diese Sorte gab es nicht einmal in den Geschäften, die ausländische Schokolade zu Höchstpreisen verkauften. Die Pralinen waren der einzige Luxus, den er sich und seinen Besuchern gönnte. Es muss Tage gegeben haben, an denen er kaum etwas zu essen hatte, aber in seinem halbleeren Kühlschrank lag immer ein Vorrat an Pralinen, den er selbst kaum anrührte, sondern für Freunde und Besucher aufhob.

Im Gegensatz zu mir wirkte er sehr selbstsicher. Er verhielt sich, als wolle ich ihn um Hilfe bitten und mit ihm einen Rettungsplan aushecken. Und in gewissem Sinn stimmte das auch. Er redete, als würde er mich gut kennen, und zwar nicht nur die bekannten Fakten, sondern auch meine kleinen Geheimnisse, und schuf dadurch eine förmliche Nähe, eine intime Fremdheit zwischen uns. Vom ersten Treffen an kam es mir so vor, als würden wir, wie Tom Sawyer und Huck Finn, eine verschworene Gemeinschaft bilden, aber keine politisch motivierte, sondern eine Art Bündnis von Kindern gegen die Welt der Erwachsenen.

Er beendete meine Sätze für mich, artikulierte meine Wünsche und Forderungen, und als ich ging, hatten wir schon einen Plan. Das war das Gute an ihm: Wer ihn besuchte, hatte beim Gehen einen Plan in der Tasche – wie man sich einem Liebhaber gegenüber verhalten, ein Vorhaben in die Tat umsetzen oder einen Vortrag strukturieren sollte. Ich erinnere mich nicht mehr genau, mit welchem Plan ich nach Hause ging, aber er weiß es sicher noch, denn er vergisst selten etwas. Ich hatte meinen Tee nicht ausgetrunken und meine Praline nicht gegessen, aber ich fühlte mich beschwingt und gesättigt. Wir hatten ohne Punkt und Komma über mein gegenwärtiges Leben gesprochen, über die Intellektuellen, über Henry James und Rumi. Unversehens waren wir in eine lange, sinnlose Diskussion geraten, die ihn immer wieder an seine Bücherwand geführt hatte, und als ich seine Wohnung verließ, hatte ich einige Bücher unter dem Arm.

Diese erste Begegnung prägte, zumindest was mich betraf, unsere Beziehung bis zu dem Tag, an dem ich den Iran verließ. Ich war das Kind in dieser Beziehung, was mir recht war und sogar gefiel, weil es mir Verantwortung abnahm. Obwohl er die Illusion erweckte, als Lehrer und Meister immer alles unter Kontrolle zu haben, hielt er doch nicht immer alle Fäden in der Hand, und ich war nicht immer die hilflose Novizin.

Gewöhnlich besuchte ich ihn zweimal pro Woche, einmal zum Mittagessen und einmal am frühen Abend. Später kamen Abendspaziergänge dazu, in meiner Wohngegend oder seiner, bei denen wir Meinungen austauschten, Projekte diskutierten, Klatschgeschichten kolportierten. Manchmal gingen wir zusammen mit einem guten Freund von ihm in ein Café oder Restaurant. Abgesehen von diesem Freund hatten wir zwei weitere gemeinsame Freunde, die Inhaber einer Buchhandlung, die zu einer Anlaufstelle für Schriftsteller, Intellektuelle und junge Leute geworden war. Mit ihnen trafen wir uns gelegentlich zum Mittagessen oder machten Ausflüge in die Berge. Er kam nie zu mir nach Hause, aber er schickte meiner Familie oft kleine Aufmerksamkeiten – Pralinen, Videos, Bücher und manchmal Eis.

Er nannte mich »Frau Professor«, was im Iran nicht ungewöhnlich ist und häufig verwendet wird. Als ihn seine Freunde nach unserer ersten Begegnung gefragt hatten: »Und, wie ist diese Professorin?« hatte er – wie er mir später erzählte – geantwortet: »Sie ist okay. Sie ist sehr amerikanisch – wie eine amerikanische Version von Alice im Wunderland.« War das ein Kompliment? Eigentlich nicht, eher eine Tatsachenbeschreibung. Habe ich schon erwähnt, dass seine Lieblingsschauspielerin Jean Arthur war und dass er Jean Renoir und Vicente Minelli mochte? Und dass er einen Roman schreiben wollte?

8

Wendepunkte im Leben scheinen immer unvermittelt und wie zwangsläufig einzutreten, wie ein Blitz aus heiterem Himmel. Das stimmt natürlich nicht. Ihnen geht ein langsamer Prozess voraus. Zurückblickend kann ich nicht mehr genau nachzeichnen, welcher Weg mich wieder in einen Hörsaal führte, gegen meinen Willen und von einem Schleier verhüllt, den nie zu tragen ich gelobt hatte.

Die Zeichen mehrten sich, in Form diverser kleiner Ereignisse – unvermutete Anrufe von verschiedenen Universitäten, unter anderem der Universität Teheran, die mich einstellen wollten. Als ich ablehnte, hieß es immer: Aber wie wäre es mit ein, zwei Seminaren, damit Sie ein Gefühl dafür bekommen, wie die Dinge heute stehen? Viele wollten mir einreden, die Lage habe sich geändert, Leute wie ich seien gefragt, die Atmosphäre sei »entspannter« geworden. Ich gab ein paar Seminare an der Freien Islamischen Universität und der ehemaligen Nationaluniversität, aber ich wurde nie wieder Fakultätsmitglied mit vollem Lehrauftrag.

Mitte der achtziger Jahre tauchte eine neue Sorte von Islamisten auf. Sie glaubten, dass die Revolution in eine falsche Richtung führte, und beschlossen, es sei an der Zeit einzugreifen. Die Stagnation im Krieg gegen den Irak forderte ihren Tribut. Diejenigen, die zu Beginn glühende Anhänger der Revolution gewesen waren – inzwischen junge Erwachsene um die zwanzig – und die junge Generation, die gerade volljährig wurde, fanden heraus, wie zynisch und korrupt die neuen Machthaber waren. Die Universitäten stellten fest, dass sie nicht auf die Fachkräfte verzichten konnten, die sie so leichthin von den Universitäten verbannt hatten, um den immer lauter werdenden Forderungen der Studenten gerecht zu werden.

Regierungsmitglieder und ehemalige Revolutionäre erkannten endlich, dass ein islamisches Regime uns Intellektuelle nicht einfach aus dem Weg räumen konnte. Als es uns zwang unterzutauchen, waren wir interessanter, gefährlicher und auf paradoxe Weise sogar mächtiger geworden. Es hatte uns zu einer Rarität gemacht und so die Nachfrage erhöht. Folglich beschloss man, uns zurückzuholen, auch um uns besser unter Kontrolle zu haben, und nahm Kontakt zu Leuten wie mir auf, die früher als dekadent und verwestlicht gebrandmarkt worden waren. Mrs. Rezvan, eine ehrgeizige Dozentin im Englischen Seminar der Allameh-Tabatabai-Universität, war eine der Vermittlerinnen zwischen den progressiveren islamischen Revolutionären und den an den Rand gedrängten weltlichen Intellektuellen. Ihr Mann hatte zu Beginn der Revolution den radikalen Muslimen angehört, und sie unterhielt Kontakte zu beiden Seiten, den Insidern und Outsidern. Sie war fest dazu entschlossen, dies zu ihrem Vorteil zu nutzen.

Mrs. Rezvan tauchte wie aus dem Nichts auf und war offenbar darauf aus, durch reine Willenskraft mein Leben zu ändern. Ich erinnere mich gut an unsere erste Begegnung, unter anderem deshalb, weil sie sich zutrug, als der sogenannte »Krieg der Städte« tobte. Beide Seiten bombardierten von Zeit zu Zeit erbarmungslos bestimmte strategisch wichtige Städte des Gegners, wie Teheran, Isfahan und Tabris im Iran und Bagdad und Mosul im Irak. Gewöhnlich ließen die Kampfhandlungen anschließend eine Weile nach, bis zur nächsten massiven Angriffswelle, die bis zu einem Jahr dauern konnte.

Es war an einem Vormittag im Winter 1987. Meine mittlerweile dreijährige Tochter, mein anderthalbjähriger Sohn und ich waren allein zu Hause. Teheran war am frühen Morgen von zwei Bombenangriffen heimgesucht worden, und ich versuchte meine Kinder abzulenken, indem ich ihnen auf dem Kassettenrekorder eines ihrer Lieblingslieder vorspielte, in dem ein Hahn und ein Fuchs vorkommen. Unverdrossen ermunterte ich meine Tochter zum Mitsingen. Es klingt wie eine Szene aus einem schlechten Film: tapfere Mutter, tapfere Kinder. Ich kam mir damals aber überhaupt nicht tapfer vor; die scheinbare Ruhe rührte schlichtweg aus der lähmenden Angst, die uns gepackt hatte. Nach den Angriffen gingen wir in die Küche, und ich machte ihnen etwas zu essen. Dann setzten wir uns in den Flur, wo wir uns sicherer fühlten, weil er weniger Fenster hatte. Ich baute ihnen Kartenhäuser, die sie mit einer Berührung ihrer kleinen Hände zerstörten.

Kurz nach dem Essen klingelte das Telefon. Eine Freundin rief an, die nach ihrem Examen im vorigen Jahr bei mir weiterstudiert hatte. Sie wollte wissen, ob ich am Mittwoch Abend zu ihr kommen könne. Mrs. Rezvan, eine Kollegin von ihr, würde mich sehr gerne kennenlernen. Sie schätze mich, sie habe alle meine Artikel gelesen. Außerdem, fasste meine Freundin zusammen, ist Mrs. Rezvan ein Phänomen; wenn es sie nicht gäbe, müsste man sie erfinden. Ob ich nicht bitte kommen könnte?

Ein paar Tage später machte ich mich auf den Weg zu meiner Freundin. Als ich ankam, war es schon dunkel. Ich betrat den großen Flur und erblickte im flackernden Licht einer Kerosinlampe eine kleine, stämmige Frau in Blau. Ihre physische Erscheinung habe ich noch klar und lebhaft vor Augen. Ich sehe ihr unauffälliges Gesicht, die scharfe Nase, den kurzen Hals und das dunkle, kurze Haar. Aber das allein zeichnet noch kein zutreffendes Bild dieser Frau, die während unserer gesamten Bekanntschaft und obwohl wir uns gegenseitig zu Hause besuchten, unsere Kinder sich anfreundeten und unsere Männer sich kennenlernen, immer Mrs. Rezvan blieb. Was ich hier nicht beschreiben kann, ist die Energie, die in ihrem Körper brodelte. Sie war ständig in

Bewegung, wo immer sie war – in ihrem kleinen Büro, meinem Wohnzimmer oder auf den Fluren der Universität.

Auch ihre Entschlusskraft war bemerkenswert. Sie war nicht nur entschlossen, die Dinge selbst in die Hand zu nehmen, sondern konnte auch durch Willenskraft andere, die sie sorgfältig ins Visier genommen hatte, dazu bringen, bestimmte Aufgaben zu erledigen, die sie ihnen zugedacht hatte. Ich hatte bis dahin selten einen Menschen getroffen, dessen Willenskraft sich physisch so unmittelbar ausdrückte. Nicht die Klarheit ihrer Gesichtszüge blieb in Erinnerung, sondern diese Willenskraft und ihr halb ironischer Tonfall.

Manchmal kam sie unangemeldet zu mir und wirkte so aufgelöst, als habe sie etwas ganz Schreckliches erlebt. Doch sie wollte mich nur informieren, dass es meine Pflicht sei, an dieser oder jener Zusammenkunft teilzunehmen. Dabei tat sie jedes Mal so, als ginge es um Leben und Tod. Für manche dieser »Pflichten« bin ich dankbar; so nötigte sie mich beispielsweise, einige progressive religiöse Journalisten zu treffen – die jetzt modisch als »Reformer« bezeichnet wurden – und für ihre Publikationen zu schreiben. Sie waren fasziniert von der westlichen Literatur und Philosophie, und ich entdeckte zu meiner Überraschung, dass wir in vielen Punkten gedanklich übereinstimmten.

»Es ist eine solche Ehre, Sie kennenzulernen«, sagte sie an jenem Abend bei unserer ersten Begegnung. »Ich möchte Ihre Studentin werden.« Dazu machte sie ein völlig ernstes Gesicht und ließ keinerlei Humor oder Ironie erkennen. Das brachte mich so gründlich aus dem Gleichgewicht, dass sie mir auf Anhieb unsympathisch war. Ich wurde verlegen und schwieg.

An jenem Abend bestritt sie das Gespräch. Sie hatte meine Artikel gelesen; gewisse Freunde und Studenten hatten ihr von mir erzählt. Nein, das sei keine Schmeichelei, sie wolle wirklich lernen. Auf jeden Fall müsse ich unbedingt an ihrer Universität lehren, der einzigen liberalen Universität in Iran, die immer noch einige der klügsten Köpfe beherbergte. »Der Institutsleiter wird Ihnen gefallen«, sagte sie, »kein Mann der Literatur, aber ein ernsthafter Wissenschaftler. Der Zustand der Literatur in diesem Land könnte nicht schlimmer sein, und der Zustand der Anglistik ist ganz und gar hoffnungslos. Wir alle, die das bekümmert, müssen etwas dagegen unternehmen; wir sollten unsere Differenzen beilegen und zusammenarbeiten.«

Nach unserem ersten Treffen drängte sie mich durch verschiedene Vermittler, ihr Angebot, regelmäßig an der Allameh-TabatabaiUniversität zu unterrichten, doch unbedingt anzunehmen. Sie rief mich immer wieder an, beschwor Gott, die Studenten, meine Pflicht gegenüber dem Land und der Literatur. Es sei meine Lebensaufgabe, meinte sie, an dieser Universität zu unterrichten. Sie machte Versprechungen; sie bot an, mit dem Präsidenten der Universität zu reden, mit jeder beliebigen Person, die ich ihr nannte.

Ich betonte, dass ich mich im Hörsaal nicht verschleiern wolle. Trüge ich denn nie den Schleier, fragte sie, wenn ich ausging? Weder zum Einkaufen noch auf der Straße? Offenbar musste ich meine Umgebung immer aufs Neue daran erinnern, dass eine Universität kein Supermarkt ist. Was sei wichtiger, konterte sie, der Schleier oder Tausende lernbegieriger junger Menschen? – Und wie stand es mit der Freiheit zu lehren, was ich wollte? – »Was meinen Sie damit?« fragte sie verschwörerisch. – Nun, hatte man denn nicht jede Diskussion über die Beziehung zwischen Männern und Frauen, über Alkohol, Politik, Religion verboten – was blieb dann noch? wollte ich wissen. »Bei Ihnen«, behauptete sie, »würde man eine Ausnahme machen. Und schließlich geht es jetzt viel freier zu. Die jungen Leute haben alle die guten Dinge des Lebens kennengelernt, sie wollen nicht darauf verzichten.« Warum also nicht James oder Fielding oder wen auch immer mit ihnen lesen – warum denn nicht?

9

Die Begegnung mit Mrs. Rezvan hatte mich verunsichert. Sie agierte wie eine Vermittlerin, die für einen treulosen, aber unvergessenen Liebhaber ein gutes Wort einlegt und als Gegenleistung absolute Loyalität in Aussicht stellt. Bijan fand, ich solle wieder unterrichten; seiner Ansicht nach war es das, was ich wirklich wollte, wenn ich es mir nur eingestehen könnte. Die meisten meiner Freunde brachten mich noch mehr durcheinander, indem sie weitere Fragen aufwarfen: Was war besser – den jungen Leuten zu helfen, die sonst vielleicht keine Möglichkeit haben würden zu studieren, oder eine Zusammenarbeit mit dem Regime kategorisch abzulehnen? Beide Seiten waren in ihren Positionen kompromisslos. Manche warfen mir Verrat vor, wenn ich die Jugend vernachlässigte, andere beharrten darauf, ich würde alles verraten, wofür ich stand, wenn ich für ein Regime arbeitete, das das Leben so vieler unserer Kollegen und Studenten zerstört hatte. Beide Seiten hatten recht.

Eines Morgens rief ich in meiner Panik den Zauberer an. Eilig vereinbarten wir für den späten Nachmittag eine Krisensitzung in einem unserer Stammcafés. Es war winzig, vor der Revolution hatte es als Bar gedient. Der Inhaber war Armenier, und ich sehe noch auf der Glastür neben dem dezent geschriebenen Namen des Restaurants in großen schwarzen Buchstaben den obligatorischen Hinweis RELIGIÖSE MINDERHEIT vor mir. Alle von Nichtmuslimen geführten Restaurants mussten ein solches Schild an ihrer Tür anbringen, damit die frommen Muslime, die alle Nichtmuslime als schmutzig betrachteten und nicht aus demselben Geschirr aßen, rechtzeitig gewarnt waren.

Es war eng in dem bogenförmigen Café. An einer Seite der Theke standen aufgereiht sieben oder acht Stühle, auf der anderen neben einem vom Boden bis zur Decke reichenden Spiegel noch einmal einige. Er wartete am hinteren Ende der Theke auf mich. Als ich kam, stand er auf und sagte mit einer winzigen spöttischen Verbeugung: Hier bin ich, zu Ihren Diensten, Mylady. Dabei rückte er mir einen Stuhl zurecht.

Wir bestellten, und ich sagte aufgeregt: Dies ist ein Notfall. – Das dachte ich mir. – Ich bin gefragt worden, ob ich wieder unterrichten will. – Ist das neu? fragte er. – Nein, aber diesmal schwanke ich, ich weiß nicht, was ich tun soll.

Danach gelang es mir, die Krisensitzung in eine Diskussion über meine derzeitige Lektüre umzufunktionieren, Dashiell Hammetts *The Continental Op* und Steve Marcus' großartigen Essay über Hammett, in dem er einen Satz von Nietzsche zitierte, der mir auf unsere Situation zuzutreffen schien: »Jeder, der gegen Ungeheuer kämpft, sollte darauf achten, dass er bei diesem Vorgang nicht selbst zum Ungeheuer wird, und wenn jemand in einen Abgrund blickt, blickt der Abgrund seinerseits in ihn hinein.« Ich habe ein verblüffendes Talent, mein eigenes Programm durcheinanderzubringen, und wir vertieften uns so in unser Gespräch, dass ich den eigentlichen Grund des Treffens völlig vergaß.

Plötzlich fragte er: Wird es nicht zu spät für dich? – In der Tat, ich hätte an dem fahler werdenden Licht merken müssen, wie spät es war. Rasch rief ich Bijan an und informierte ihn schuldbewusst, dass ich später kommen würde. Als ich an den Tisch zurückkehrte, beglich mein Zauberer gerade die Rechnung. Aber wir sind doch noch nicht fertig, protestierte ich schwach. Wir müssen noch über das eigentliche Thema reden, weswegen wir hier sind. – Ich dachte, wir hätten die ganze Zeit über das eigentliche Thema geredet – deine neu entdeckte Liebe zu Mr. Hammett und Co. Du hast Glück, dass ich mich von der

Welt abgewandt habe und nicht versuche, dich zu verführen. Ich müsste nämlich nur eines tun – dich immer weiter reden lassen, über Hammett und die sträfliche Missachtung des Kriminalromans im Iran und anderes, was dein Blut in Wallung bringt. – Nein, widersprach ich ziemlich verlegen, ich habe meine Lehrtätigkeit gemeint. – Ach, das, sagte er wegwerfend. Na, sicher musst du unterrichten.

Aber so leicht wollte ich es uns nicht machen. Ich war verliebt in die Idee eines moralischen Imperativs und fand, man müsse eindeutig Stellung beziehen. Also folgte ich hartnäckig meinem Argument, dass es moralisch nicht einwandfrei sei, einen Beruf auszuüben, von dem ich geschworen hatte, ich werde ihn nie verschleiert ausüben. Er zog nachsichtig eine Augenbraue hoch. Lady, sagte er schließlich, würdest du dir *bitte* klarmachen, wo du lebst? Was deine Skrupel angeht, dich dem Regime zu beugen – keiner von uns kann ohne den Segen der Sittenwächter des Islamischen Regimes auch nur ein Glas Wasser trinken. Du liebst deine Arbeit, also los, gönne dir was und akzeptiere die Realität. Wir Intellektuelle arbeiten ihnen entweder gewissenhaft in die Hände und nennen es konstruktiven Dialog, oder wir ziehen uns ganz aus dem öffentlichen Leben zurück und behaupten, wir würden damit das Regime bekämpfen. So viele haben sich als Regimegegner einen Namen gemacht, aber auch sie kommen nicht ohne das Regime aus. Du willst doch keinen Privatkrieg gegen das Regime führen, oder?

Nein, gab ich zu, aber ich will auch keinen Kuhhandel mit ihnen abschließen. Und wie kannst ausgerechnet *du* mir einen solchen Rat geben? Schau dich an. – Was ist mit mir? – Hast du dich nicht geweigert zu lehren, zu schreiben, irgendetwas zu tun unter diesem Regime? Signalisierst du nicht durch dein Handeln, dass wir uns alle heraushalten sollten? – Nein, das sage ich nicht. Du machst immer noch den Fehler, mich als Vorbild hinzustellen. Ich bin kein Vorbild. In vielem bin ich sogar ein Feigling. Ich gehöre nicht zu ihrem Club, aber ich zahle dafür auch einen hohen Preis. Ich verliere nicht und gewinne nicht. Im Grunde existiere ich nicht. Verstehst du, ich habe mich nicht nur von der Islamischen Republik zurückgezogen, sondern vom Leben überhaupt, aber *du* kannst das nicht, dir ist nicht danach.

Ich versuchte dagegenzuhalten, dass er für seine Freunde und sogar für seine Feinde eine Art Vorbildfunktion übernommen hatte. Er widersprach. Nein, der Grund für meine Popularität ist, dass ich anderen das gebe, was sie in sich selbst finden müssen. Du brauchst mich nicht, weil ich dir sage, was du tun sollst, sondern weil ich artikulieren und rechtfertigen kann, was du tun willst. Deshalb magst du mich – als Mann ohne Eigenschaften. Darum geht es in Wahrheit. – Und was ist mit deinen eigenen Wünschen? fragte ich. – Die habe ich aufgegeben, aber ich ermögliche dir zu tun, was du tun willst. Aber du musst auch den Preis dafür bezahlen, sagte er. Denk an dieses Zitat, das du mir vorgelesen hast: Es ist unmöglich, nicht von dem Abgrund berührt zu werden. Ich weiß, dass du nichts aufgeben willst. Ich weiß alles über diese Unschuld, diese Alice im Wunderland, die ein Teil von dir bleiben will.

Du liebst deinen Beruf. Wir alle, ich eingeschlossen, sind nur ein Ersatz dafür. Du genießt es doch, warum wehrst du dich dann so? Zeig ihnen deine Hammetts und deine Austens – los, mach dir eine Freude. – Ja, aber wir reden doch hier nicht über Freude, gab ich rechthaberisch zurück. Ja, sicher, erwiderte er spöttisch, die Lady, die unentwegt mit ihrer Liebe zu Nabokov und Hammett angibt, erzählt mir jetzt, wir sollten bloß nicht das tun, was wir lieben! Das nenne ich unmoralisch. Dann bist du jetzt also auch zu ihnen übergelaufen, fuhr er ernsthafter fort. Du hast von dieser Kultur übernommen, dass alles, was Vergnügen macht, schlecht ist und unmoralisch. Du bist moralischer, wenn du zu Hause sitzt und Däumchen drehst. Wenn du von mir hören willst, dass es deine Pflicht ist zu unterrichten, bist du an den

Falschen geraten. Das werde ich nicht sagen. Ich sage nur: Unterrichte, weil es dir Freude macht, du wirst zu Hause weniger nörgeln, du wirst ein besserer Mensch sein, und deine Studenten werden wahrscheinlich auch Spaß daran haben und vielleicht sogar etwas lernen.

Als wir auf dem Rückweg im Taxi saßen, wandte er sich nach einer Weile mir zu und brach das Schweigen, das sich zwischen uns ausgebreitet hatte. Ganz im Ernst, sagte er, geh zurück und unterrichte. Es ist ja nicht für die Ewigkeit. Du kannst immer noch aufhören. Schließe einen Kompromiss, aber geh nur so weit, wie du kannst, ohne deine Grundsätze zu verraten. Und mach dir keine Sorgen, was wir, deine Kollegen und Freunde, hinter deinem Rücken tuscheln. Wir werden immer über dich reden, ganz gleich, was du tust. Wenn du zurückgehst, werden wir sagen: Sie hat kapituliert. Wenn nicht, werden wir sagen: Sie hat Angst, die Herausforderung anzunehmen.

Also tat ich, was er mir riet, und sie redeten nach Herzenslust hinter meinem Rücken.

10

Kaum eine Woche nach unserer Krisensitzung rief mich Mrs. Rezvan zu Hause an. Sie wollte, dass ich mich mit dem Institutsleiter traf, einem netten Mann. Sie werden sehen, dass die Dinge jetzt anders liegen, versprach sie. Sie sind liberaler geworden, sie wissen gute Akademiker zu schätzen. Was sie zu erwähnen vergaß, war, dass »sie« das Unmögliche wollten – gute Akademiker, die gleichzeitig ihre Ideale vertraten und mit ihren Forderungen konform gingen. Was den Institutsleiter betraf, hatte sie allerdings recht. Er war ein erstklassiger Linguist, der an einer der besten amerikanischen Universitäten studiert hatte. Er war religiös, aber kein Ideologe und kein Kriecher. Und tatsächlich lag ihm die Qualität der Lehrveranstaltungen sehr am Herzen, was man von den meisten seiner Kollegen nicht behaupten konnte.

Auf das erste Gespräch mit ihm folgte ein weniger angenehmes mit dem religiösen und weniger flexiblen Dekan. Nach den üblichen einleitenden Floskeln setzte er eine ernste Miene auf, als wolle er sagen: Genug jetzt von solchen Trivialitäten wie Philosophie und Literatur – kommen wir zum Wesentlichen. Er äußerte einige Besorgnis über meinen »Hintergrund«, besonders über meine Ablehnung des Schleiers. Ich sagte ihm, der Schleier sei nun mal gesetzlich vorgeschrieben, ich könne mich ohne ihn nirgendwo mehr in der Öffentlichkeit zeigen und würde ihn deshalb tragen. Aber bei meinem Lehrplan würde ich keinerlei Kompromisse eingehen. Ich würde unterrichten, was und wie es mir gut dünkte. Er war überrascht, erklärte sich aber, wenigstens prinzipiell, mit meiner Forderung nach freier Lektürewahl einverstanden.

Während des gesamten Gesprächs sah er mir, wie es einem guten Muslim geziemt, nicht in die Augen. Die meiste Zeit hielt er den Kopf gesenkt wie ein schüchterner Achtzehnjähriger und studierte angelegentlich das Teppichmuster oder die Wand. Manchmal spielte er mit seinem Stift und widmete ihm all seine Aufmerksamkeit, was mich an meine letzte Begegnung mit Mr. Bahri erinnerte. Ich hatte mich inzwischen zu einer Expertin für das Verhalten frommer Männer entwickelt. Sie drückten ihre Meinung über Frauen durch die Art aus, wie sie es vermieden, ihnen in die Augen zu schauen. Bei manchen trug der abgewandte Blick deutlich aggressive Züge. Einmal hatte ein hoher Funktionär, für dessen Organisation ich auf Bitten eines männlichen Kollegen einen Evaluationsbericht erstellt hatte, während meines halbstündigen Vortrags absichtlich in die entgegengesetzte Richtung gestarrt und hinterher seine Bemerkungen und Fragen ausschließlich an meinen männlichen Kollegen gerichtet, der vor Scham buchstäblich ins Schwitzen geriet. Nach einer Weile beschloss ich, ebenfalls nur noch meinen Kollegen anzusprechen und die Anwesenheit des hochrangigen Herrn zu ignorieren – und dummerweise lehnte ich auch noch das Geld ab, das die Organisation mir für meine Mühen geben wollte.

Aber der Dekan schien den Blick aus ehrlicher Sittsamkeit und Frömmigkeit abzuwenden. Mir behagte sein Verhalten nicht besonders, aber ich empfand keine Feindseligkeit ihm gegenüber. Hätten wir nicht in der Islamischen Republik gelebt, hätte ich die verkrampfte Situation mit mehr Humor nehmen können, denn ganz offenkundig war sie ihm peinlicher und unbehaglicher als mir, und es war klar, dass er neugierig war und nur zu gerne mit mir über Themen diskutiert hätte, von denen er wenig wusste, wie zum Beispiel die englischsprachige Literatur, und ebenso gerne mit seinen Kenntnissen über Plato und Aristoteles angegeben hätte.

Nachdem Mrs. Rezvan von unserer Unterredung gehört hatte, erklärte sie mir lachend, ich sei nicht die einzige, die Angst habe, sich zu kompromittieren. Auch die Universitätsverwaltung mache sich Gedanken: Indem sie mir das Angebot unterbreitet habe, an ihrer Universität zu unterrichten, sei sie durchaus ein Risiko eingegangen.

Bald darauf bereitete ich mich auf mein erstes Seminar vor. In meinem ersten Semester hatte man mir drei Einführungsveranstaltungen aufgebürdet, eine über den Roman, eine über das Theater und eine über Literaturkritik. Dazu kamen ein Hauptseminar über die Literatur des 18. Jahrhunderts und ein Überblick über die Geschichte der Literaturkritik. In meinen Proseminaren saßen dreißig bis vierzig Studentinnen und Studenten, und die Hauptseminare waren mit mehr als dreißig Teilnehmern völlig überfüllt. Als ich mich über mein Arbeitspensum beklagte, erinnerte man mich daran, dass manche Fakultätsmitglieder mehr als zwanzig Stunden pro Woche geben müssten. Für die Verwaltung war die Qualität der Arbeit unerheblich. Sie nannten meine Erwartungen unrealistisch und idealistisch. Ich nannte ihre Gleichgültigkeit kriminell.

Wie sich herausstellte, hielt sich keine Seite an das Abkommen, weder sie noch ich. Ich trug den Schleier nicht ordnungsgemäß, und das nahmen sie zum Anlass, mich unablässig zu schikanieren. Und sie setzten alles daran, mich zu einem größeren Unterrichtspensum und einem besseren Benehmen zu zwingen. Lange Zeit jedoch herrschte eine Art Waffenstillstand. Mrs. Rezvan wurde zum Puffer zwischen der Verwaltung und mir und versuchte wie in eine kriselnde Ehe schlichtend einzugreifen. Wie alle Unterhändler war auch sie auf ihren eigenen Vorteil bedacht – wenn sie es schaffte, Leute wie mich zu aktivieren, hatte sie bei der Universitätsverwaltung einen Stein im Brett –, und so lange sie an der Universität blieb, hielt die Ehe leidlich.

In ihrem ironischen Tonfall forderte sie mich gerne auf, wir müssten gemeinsam auf die Barrikaden gehen, um die Literatur aus den Fängen dieser Ignoranten an der Fakultät zu retten, die keine Ahnung von Literatur hatten. Wussten Sie, fragte sie mich, dass die Frau, die vor Ihnen den Roman des 20. Jahrhunderts behandelt hat, nur Steinbecks *Die Perle* und einen einzigen persischen Roman lesen ließ? Oder dass ein Professor an der Alsahra-Universität der Meinung war, *Große Erwartungen* wäre von Joseph Conrad?

11

»Achtung, Achtung! Die Sirene, die Sie hören, ist ein Warnsignal. Höchste Alarmstufe! Verlassen Sie sofort Ihre Häuser und begeben Sie sich in Ihre Schutzräume!« Ich weiß nicht, wie lange es noch dauern wird, bis ich den Nachhall der Alarmsirenen – diese kreischende Geige, die gnadenlos den gesamten Körper zusammenzucken ließ – nicht mehr hören werde. Die acht Kriegsjahre sind untrennbar mit dieser gellenden Stimme verbunden, die mehrmals am Tag, meist unerwartet, in unser Leben drang. Drei Gefahrenstufen hatte man definiert, aber ich lernte nie, zwischen Alarmstufe Rot (Gefahr), Gelb (potentielle Gefahr) und Weiß (die Gefahr ist vorüber) zu unterscheiden. Auch im Klang der weißen Sirene versteckte sich noch eine verborgene Drohung. Gewöhnlich ertönte die rote Sirene zu spät, wenn die erste Bombe bereits gefallen war, und außerdem gab es nicht einmal in der Universität richtige Schutzräume.

Die Luftangriffe auf Teheran sind mir aus vielen Gründen unvergesslich, nicht zuletzt aufgrund der plötzlichen Freundschaften und Vertrautheiten, die dabei entstanden. Bekannte, die zum Essen gekommen waren, hatten keine andere Wahl als über Nacht zu bleiben. Manchmal blieben ein Dutzend Menschen, und am nächsten Morgen war es, als würde man sich schon seit Ewigkeiten kennen. Und diese schlaflosen Nächte! Ich war diejenige in der Familie, die am wenigsten schlief. Ich wollte meinen Kindern nah sein, damit das, was meinen Kindern zustieß, uns alle traf. Mein Mann verschlief die Luftangriffe oder versuchte es wenigstens, aber ich trug zwei Kopfkissen, ein paar Kerzen und mein Buch in den kleinen Flur, der das Kinderzimmer von unserem

Schlafzimmer trennte, und schlug mein Lager vor ihrer Tür auf. Ich bildete mir wohl ein, dass ich durch mein Wachbleiben einen Zauber über das Haus breiten und die Bombe ablenken könnte.

Eines Nachts erwachte ich plötzlich um drei oder vier Uhr morgens und merkte, dass es vollkommen dunkel im Haus war; selbst das Nachtlicht im Flur brannte nicht mehr. Wieder ein Stromausfall. Ich sah aus dem Fenster: Auch die Straßenlaternen waren erloschen. Ich schaltete die Taschenlampe an. Sie warf einen kleinen Lichtkreis in die Dunkelheit. Ein paar Minuten später saß ich gegen meine Kissen gelehnt im Flur auf dem Boden, hatte Kerzen angezündet und mir mein Buch geholt. Plötzlich fuhr ich zusammen – eine Detonation. Mein Herz klopfte zum Zerspringen, und meine Hand legte sich instinktiv auf den Bauch, wie bei früheren Luftangriffen, bei denen ich schwanger gewesen war. Allein meine Augen taten, als sei nichts passiert, und verweilten auf einer Seite von *Daisy Miller*.

Während dieser Zeit griff ich bei der Lektüre bestimmter Autoren unbewusst wieder zu Papier und Stift. Ich hatte nie meine liebe Gewohnheit aus der Studentenzeit aufgegeben, Sätze zu unterstreichen und mir beim Lesen Notizen zu machen. Die meisten meiner Notizen über *Stolz und Vorurteil*, *Washington Square*, *Sturmhöhen*, *Madame Bovary* und *Tom Jones* entstanden in diesen schlaflosen Nächten, in denen ich mich seltsamerweise besonders gut konzentrieren konnte, vielleicht um die alles umfassende Bedrohung durch die Bomben und Raketen effektiv auszublenden.

Ich hatte gerade mit *Daisy Miller* begonnen und las die ersten Seiten über den europäisierten jungen Amerikaner Winterbourne, der in der Schweiz die bezaubernde und geheimnisvolle Miss Daisy Miller kennenlernt. Winterbourne ist fasziniert von dieser schönen – für einige oberflächlichen und ordinären, für andere unschuldigen und jungen – amerikanischen Frau, aber er kann sich nicht entscheiden, ob sie ein »Flirt« oder ein »unschuldiges« Mädchen ist. Die Handlung kreist um Winterbournes Schwanken zwischen Daisy, die die Normen des »Anständigen« ablehnt, und seiner aristokratischen Tante und ihrem Kreis snobistischer Amerikaner, die Daisy ignorieren. In der Szene, die ich las, hat Daisy Winterbourne gerade gebeten, sie seiner Tante vorzustellen. Winterbourne versucht ihr möglichst schonend beizubringen, dass seine Tante sie nicht sehen möchte. »Miss Daisy Miller blieb stehen und schaute ihn an. Nicht einmal das Dunkel konnte ihre Schönheit verbergen; unentwegt schwang sie ihren riesigen Fächer hin und her. ›Sie will mich nicht kennenlernen‹, rief sie dann leise. ›Warum haben Sie das nicht gleich gesagt?‹«

Eine neue Detonation zerriss die Stille. Ich war durstig, brachte es aber nicht über mich, aufzustehen und mir etwas zu trinken zu holen. Dann noch zwei Einschläge. Ich las weiter, und manchmal schweiften meine Blicke vom Buch ab in den dunklen Flur. Ich habe Angst im Dunkeln, aber durch den Krieg und das Bombardement ist diese Angst in den Hintergrund gerückt. Und in einer Szene, die mir immer im Gedächtnis bleiben wird – nicht nur wegen jener Nacht – sagte Daisy zu Winterbourne: »›Sie brauchen keine Angst zu haben. Ich habe nie Angst!‹ Sie lachte kurz auf. Dennoch konnte Winterbourne ein falscher Ton in ihren Worten nicht verborgen bleiben; er war gerührt, erschrocken, entsetzt. ›Meine Liebe, sie macht überhaupt keine Bekanntschaften. Sie lebt völlig zurückgezogen – alles wegen ihrer schlechten Gesundheit.‹ Nachdenklich ging das junge Mädchen ein paar Schritte weiter. ›Sie brauchen keine Angst zu haben‹, wiederholte sie.«

In diesem Satz steckte so viel Mut, und das Ironische an dieser Szene ist, dass Winterbourne nicht vor seiner Tante Angst hat, sondern vor Miss Daisys Charme. Einen Moment lang war ich wohl tatsächlich von den Detonationen abgelenkt und schaffte es, die Worte *Sie brauchen keine Angst zu haben* zu markieren.

Als ich weiterlas, passierten drei Dinge gleichzeitig: Meine Tochter rief nach mir, das Telefon klingelte, und jemand klopfte an die Wohnungstür. Ich nahm die Kerze in die Hand, tappte zum Telefon und rief Negar zu, ich käme gleich zu ihr. Da öffnete sich die Wohnungstür, meine Mutter trat mit einer Kerze ein und fragte: »Alles in Ordnung? Du brauchst keine Angst zu haben!« Fast jede Nacht erschien meine Mutter nach den Bombeneinschlägen mit ihrer Kerze, das war eine Art Ritual geworden. Sie ging ins Zimmer meiner Tochter und ich ans Telefon. Eine Freundin war am Apparat; auch sie wollte wissen, ob bei uns alles in Ordnung sei. Für sie hatte es sich so angehört, als wären die Bomben in unserem Stadtteil eingeschlagen. Auch das war ein Ritual: Man rief Freunde und Verwandte an, um herauszufinden, ob es ihnen gut ging, und wusste dabei genau, dass unsere Erleichterung für andere Menschen den Tod bedeutete.

In diesen Nächten der roten und weißen Sirenen entwarf ich unbewusst ein Konzept für meine zukünftige Laufbahn. In diesen endlosen Lesenächten konzentrierte ich mich voll und ganz auf erzählende Literatur, und als ich später wieder unterrichtete, stellte ich fest, dass die Vorbereitung meiner beiden Seminare über den Roman damit schon getan war. In den nächsten anderthalb Jahrzehnten richtete ich all mein Denken, Schreiben und Lehren auf die Erzählliteratur. Die Lektüre hatte mich neugierig auf den Ursprung des Romans und seine in meinen Augen fundamental demokratische Struktur gemacht. Und ich fragte mich, warum der realistische Roman sich in unserem Land nie wirklich durchgesetzt hatte. Ließe sich ein Ton ebenso konservieren wie ein Blatt oder ein Schmetterling, dann würde ich sagen, dass in den Seiten von *Stolz und Vorurteil*, diesem polyphonsten aller Romane, und in meiner *Daisy Miller* der Klang der roten Sirene steckt.

12

Es gab die Sirenen und die mechanischen Stimmen, die Aufmerksamkeit erheischten, die Sandsäcke auf den Straßen und die Bomben am frühen Morgen oder nach Mitternacht; es gab lange oder kurze Ruhephasen zwischen den Bombardements und ihrem Wiederaufflammen, und es gab Austen und James in verschiedenen Seminarräumen im vierten Stockwerk des Gebäudes, in dem die Fakultät für Persisch, Fremdsprachen und Literatur untergebracht war. Von den beiden Seiten des langen, schmalen Flurs ging je eine Reihe von Klassenzimmern ab. Auf der einer Seite zeigten ihre Fenster auf die nicht so fernen Berge, auf der anderen auf einen hübschen, traurigen, immer etwas verwahrlosten Garten, in dessen Mitte sich ein kleiner Zierteich und eine angeschlagene Statue befanden. Der Teich war umgeben von teils kreisförmig, teils quadratisch angelegten Büschen und Blumenrabatten, die wiederum von Bäumen eingefasst waren. Die Blumen, herrliche Rosen, große Dahlien und Narzissen, schienen nach dem Zufallsprinzip zu wachsen. Mir kam es immer so vor, als gehöre der Garten nicht zur Universität, sondern in einen Roman von Hawthorne.

Als Vorbereitung auf mein Erscheinen in der Öffentlichkeit hatte ich ein Ritual entwickelt. Ich schminkte mich nicht. Die Konturen und Rundungen meines Körpers verschwanden unter einem T-Shirt, weiten schwarzen Hosen, die eine Nummer größer waren als nötig, und unter meinem langen schwarzen Überwurf und dem schwarzen Schal, der sich um meinen Hals legte. Zuletzt packte ich meine Bücher und Aufzeichnungen ein. Ich stopfte immer viel zu viele Bücher und Unterlagen in meine Tasche, aber sie gaben mir eine gewisse Sicherheit.

Die Strecke zwischen meinem Haus und der Universität ist mir nur noch nebelhaft in Erinnerung. Plötzlich befinde ich mich wie durch Zauberkraft, ohne das grüne Tor und den Wächter zu passieren, ohne durch die Glastür das Gebäude mit den feindlichen Parolen gegen die westliche Kultur zu betreten, im Institut für Persisch und Fremdsprachen und stehe am Fuß der Treppe.

Während ich die Stufen hochsteige, versuche ich die wahllos an die Wand geklebten Poster und Plakate zu ignorieren. Es sind in der Mehrzahl Schwarzweißfotos vom Krieg gegen den Irak und Slogans, die den Großen Satan, nämlich Amerika, und seine Abgesandten anprangern. Zitate von Ajatollah Khomeini – OB WIR TÖTEN ODER GETÖTET WERDEN – DER SIEG WIRD UNSER SEIN! UNSERE UNIVERSITÄTEN MÜSSEN ISLAMISIERT WERDEN! DIESER KRIEG IST EINE GÖTTLICHE GNADE FÜR UNS! – begleiten die Bilder.

Ich konnte meinen Widerwillen gegen diese verblichenen Fotos, die nachlässig und verloren an den cremefarbenen Wänden hingen, nie überwinden. Die schäbigen Poster und ihre Aufschriften störten meine Arbeit; sie ließen mich vergessen, dass ich an der Universität war, um Literatur zu unterrichten. Sie enthielten Mahnungen, die die Farbe unserer Kleidung betrafen, und genaue Verhaltensmaßregeln, aber nie einen Hinweis auf einen Vortrag, einen Film oder ein Buch.

13

Als ich etwa zwei Wochen nach Beginn meines zweiten Lehrsemesters an der Allameh-Universität mein Büro betrat, bemerkte ich auf dem Fußboden einen Briefumschlag. Ich habe das Kuvert und das vergilbte, einmal gefaltete Blatt Papier, das ich darin fand, aufgehoben. Mein Name und die Adresse der Universität sind getippt, und auf dem Papier ist kindisch und vulgär nur die eine Zeile zu lesen: *Die ehebrecherische Nafisi sollte von der Universität verwiesen werden.* Das war der Willkommensgruß bei meiner offiziellen Rückkehr in die akademische Welt.

Noch am selben Tag sprach ich mit dem Institutsleiter. Der Präsident hatte einen Brief ähnlichen Inhalts erhalten. Ich fragte mich, warum sie mir davon erzählten. Ich wusste – und sie wussten es auch –, dass das Wort »ehebrecherisch«, wie alle vom Regime konfiszierten Worte, seine Bedeutung eingebüßt hatte. Es diente nurmehr als Beleidigung und sollte bewirken, dass man sich beschmutzt und ausgestoßen fühlte. Ich wusste auch, dass das überall passieren konnte. Die Welt ist voll von verbitterten, kranken Individuen, die Briefe mit obszönen Botschaften unter der Tür durchschieben.

Was weh tat, und immer noch weh tut, ist, dass diese Mentalität letztlich unser Leben dominierte. Es war dieselbe Sprache, die die regimetreuen Zeitungen, das Radio, das Fernsehen und die Kleriker von ihren Kanzeln gebrauchten, um ihre Gegner zu diskreditieren und zu vernichten. Und meistens hatten sie Erfolg. Ich kam mir schäbig und in gewisser Weise wie eine Komplizin vor, denn ich wusste ja, dass viele Menschen aufgrund ähnlicher Anschuldigungen ihrer Lebensgrundlage beraubt worden waren – nur, weil sie etwa in der Öffentlichkeit laut gelacht oder einem Angehörigen des anderen Geschlechts die Hand gegeben hatten. Sollte ich den Sternen danken, dass ich mit einer einzigen Zeile auf einem billigen Blatt Papier davongekommen war?

Damals verstand ich, was es bedeutete, dass diese Universität und insbesondere mein Fachbereich als »liberaler« galten. Es hieß nicht etwa, dass solche Vorfälle aktiv unterbunden wurden, sondern nur, dass man sie nicht zum Anlass nahm, gegen mich vorzugehen. Die Verwaltung verstand meinen Zorn nicht, sie schrieben ihn einem »weiblichen« Wutausbruch zu. Das sollte mir in den kommenden Jahren, wenn ich protestierte, immer wieder passieren. Sie gaben mir zu verstehen, dass sie bereit waren, meine Mätzchen hinzunehmen, meinen lockeren Umgang mit den Studenten, meine Witze, mein ständig verrutschendes Kopftuch, meinen *Tom Jones* und meine *Daisy Miller*. Das nannte man Toleranz. Und je länger ich es hin und her drehe, desto mehr handelte es sich wirklich um Toleranz, und ich musste ihnen tatsächlich dankbar sein.

14

In Gedanken sehe ich mich immer die Treppe hochsteigen, ich sehe mich nie herunterkommen. Aber an diesem speziellen Tag, und nicht nur an diesem, ging ich ganz sicher die Stufen hinunter, nachdem ich mein Büro aufgesucht, die überflüssigen Bücher abgelegt und meine Notizen für die erste Seminarsitzung eingesteckt hatte. Gemessenen Schrittes begab ich mich in die vierte Etage, bog nach links ab und gelangte fast am Ende des langen Flurs zum Seminarraum. Der Kurs hieß »Einführung in den Roman II«. Der behandelte Autor war Henry James, der Roman *Daisy Miller*.

Wie damals schlage ich im Geist wieder das Buch auf und breite meine Papiere aus. Ich lasse den Blick über die etwa vierzig Gesichter schweifen, die mich fixieren und offenbar nur auf meine Anweisungen warten. Der Anblick bestimmter, schon vertrauter Gesichter ist tröstlich. In der dritten Reihe auf der Frauenseite sitzt Mahshid, neben ihr Nassrin.

Am ersten Tag des vorangegangenen Semesters hatte ich Nassrin bemerkt und war erschrocken. Mein Blick war über die Reihen geglitten und dann zu ihr zurückgekehrt. Sie lächelte mich an, als wolle sie sagen: »Ja, ich bin's. Sie haben sich nicht getäuscht.« Über sieben Jahre waren vergangen, seit die kleine Nassrin mit einem Stapel Flugblätter in einer sonnenhellen Straße nahe der Universität von Teheran verschwunden war. Ich hatte mich hin und wieder gefragt, was wohl aus ihr geworden sein mochte – war sie vielleicht verheiratet? Und nun saß sie neben Mahshid, mit einem forscheren Gesichtsausdruck als früher, der von einer zarten Röte gemildert wurde. Beim letzten Mal hatte sie ein dunkelblaues Kopftuch und ein fließendes, langes Gewand getragen, jetzt war sie von Kopf bis Fuß von einem dicken schwarzen Tschador verhüllt. Darin sah sie noch zierlicher aus. Ihr ganzer Körper verschwand unter dem dunklen, unförmigen Stoff. Auch ihre Körperhaltung war eine andere: Früher hatte sie kerzengerade auf der Stuhlkante gethront, als wolle sie jeden Moment aufspringen, jetzt saß sie fast lethargisch zurückgelehnt, wirkte verträumt und geistesabwesend und schrieb wie in Zeitlupe.

Nach dem Seminar blieb Nassrin zurück. Ich erkannte einige ihrer vertrauten Gesten wieder, das unruhige Flattern der Hände und das Hin- und Herwippen von einem Fuß auf den anderen. Wo warst du denn? fragte ich sie, während ich meine Sachen zusammenpackte. Weißt du, dass du mir noch eine Hausarbeit über Gatsby schuldest? Sie lächelte und sagte: Keine Sorge, ich habe eine gute Entschuldigung. In diesem Land fehlt es uns nicht an guten Entschuldigungen.

In knappen Worten beschrieb sie die sieben fehlenden Jahre ihres Lebens und informierte mich lapidar – ich hatte nie den Mut, nach den Details zu fragen –, dass sie zusammen mit mehreren Kameradinnen kurz nach dem Verteilen der Flugblätter verhaftet worden war. »Sie wissen doch noch, dass das Regime damals wie verrückt hinter den Mudschaheddin her war? Ich hatte großes Glück. Sie haben so viele meiner Freunde exekutiert, aber ich bekam zunächst nur zehn Jahre.« Zehn Jahre waren ein großes Glück? »Aber ja. Haben Sie von der Zwölfjährigen gehört, die erschossen wurde, als sie über den Gefängnishof rannte und nach ihrer Mutter rief? Ich war auch da, und ich hätte auch am liebsten nach meiner Mutter gerufen. Sie haben so viele Teenager umgebracht, es hätte genauso gut mich treffen können. Aber diesmal hat sich der Ruf meines Vaters als frommer Mann bezahlt gemacht. Er hatte Freunde im Komitee, einer der Hadsch Aghas hatte sogar bei ihm studiert. Sie haben mich wegen meines

Vaters verschont. Ich bekam eine Vorzugsbehandlung. Nach einer Weile wurden die zehn Jahre auf drei verkürzt, und ich wurde entlassen. Dann durfte ich eine Zeit lang meine Ausbildung nicht fortsetzen, und jetzt bin ich immer noch auf Bewährung draußen. Erst letztes Jahr durfte ich mich auf dem College einschreiben. Und hier bin ich.« »Willkommen zurück«, sagte ich, »aber denk daran – du schuldest mir noch einen Aufsatz.« Das war mein ungeschickter Versucht, ihre Geschichte so beiläufig aufzunehmen, wie sie es von mir wollte.

Ich sehe Mahshids friedfertiges, feines Lächeln noch plastisch vor mir. Nassrin wirkte eher lethargisch – ich hatte immer den Eindruck, sie hatte noch keine Nacht durchgeschlafen –, aber sie sollte eine meiner besten und intelligentesten Studentinnen werden.

Rechts neben ihnen an der Wand sitzen zwei Mitglieder der Muslimischen Studentenvereinigung. Ich habe ihre Namen vergessen, und sie werden sich damit abfinden müssen, dass ich sie Miss Hatef und Miss Ruhi taufe. Sie sind aufmerksam, aber ganz und gar negativ eingestellt. Hin und wieder dringt unter ihren schwarzen Tschadors, die nichts weiter als hier eine gebogene Nase und dort eine Stupsnase freilassen, Geflüster hervor; manchmal lächeln sie sogar.

Die Art, wie sie ihre Tschadors tragen, berührt mich eigenartig. Ich habe sie bei vielen anderen Frauen bemerkt, besonders bei den jüngeren. Denn in ihren Gesten und Bewegungen liegt nichts von der schüchternen Zurückhaltung meiner Großmutter, die mit jeder Gebärde den Betrachter gewissermaßen anflehte, sie zu ignorieren, sie zu übersehen und in Ruhe zu lassen. In meiner Kindheit und frühen Jugend hatte der Tschador meiner Großmutter eine besondere Bedeutung für mich gehabt. Er war eine Zuflucht, eine Welt abseits der übrigen Welt. Ich weiß noch genau, wie sie den Tschador um ihren Körper schlang und durch ihren Garten ging, wenn die Granatäpfel blühten. Nun war der

Tschador zum politischen Symbol geworden und dadurch für immer entwertet. Es hatte etwas Kaltes und Bedrohliches, wenn ihn Frauen wie Miss Hatef und Miss Ruhi demonstrativ trugen.

Aber kehren wir zu dem schönen Mädchen mit dem allzu hübschen Gesicht zurück, das in der vierten Reihe sitzt. Sie heißt Mitra und hat immer die besten Noten. Sie ist still, sagt kaum ein Wort und wenn, dann spricht sie so leise, dass ich sie manchmal nicht richtig verstehe. Mitra fällt mir erst bei den schriftlichen Prüfungen auf und später in ihrem Seminartagebuch.

Auf der anderen, der Männerseite sitzt Hamid, der bald Mitra heiraten und in die Computerbranche einsteigen wird. Er ist glatt rasiert, attraktiv und intelligent und lächelt sorglos, wenn er mit seinen Nachbarn spricht. Direkt hinter Hamid sitzt Mr. Forsati. In meiner Erinnerung trägt er unweigerlich eine hellbraune Jacke und dunkle Hosen. Auch er lächelt, aber das Lächeln fällt ihm nicht leicht. Er trägt einen Bart, den er gestutzt hat. Er gehört zu einem neuen Typus islamischer Studenten, der sich von Mr. Bahri und dessen leidenschaftlichem Glauben an die Prinzipien der Revolution deutlich unterscheidet. Mr. Forsati ist Muslim, aber die religiösen Ideale, die die erste Generation islamischer Studenten prägten, bedeuten ihm nicht sonderlich viel. Er interessiert sich in erster Linie für das eigene Vorwärtskommen. Er scheint niemandem aus der Klasse nahezustehen, aber er ist vermutlich die mächtigste Person hier, weil er den Islamischen Dschihad leitet, eine der beiden legalen Studentenorganisationen im Iran. Die andere, die Muslimische Studentenvereinigung, ist in ihrer Vorgehensweise revolutionärer und dogmatischer. Wenn ich im Seminar ein Video zeigen oder eine Vortragsreihe organisieren will, muss ich Mr. Forsati als Verbündeten gewinnen, damit er sich für meine Sache stark macht, was er gewöhnlich auch gerne tut.

Während ich rede, wandert mein Blick unwillkürlich weiter bis zur letzten Reihe und verweilt auf dem Stuhl an der Wand. Seit Beginn des Semesters irritieren und amüsieren mich die Kapriolen, die aus dieser Ecke kommen. Mitten in der Vorlesung erhebt sich der große, schlaksige Inhaber dieses Stuhls – nennen wir ihn Mr. Ghomi –, fällt mir ins Wort und beginnt, seine Einwände aufzulisten. Er hatte nie etwas anderes als Einwände hervorzubringen, davon konnte ich ausgehen.

Neben Mr. Ghomi sitzt Mr. Nahvi, ein älterer Student. Er ist beherrschter als sein Freund. Er spricht ruhig, weil er sich seiner Sache meist sehr sicher ist. Er hegt keine Zweifel, die in Form eines plötzlichen Ausbruchs hervorsprudeln müssten. Er spricht klar und monoton, als könne er sehen, wie sich die Worte einzeln vor seinen Augen bilden. Oft folgte er mir in mein Büro und belehrte mich über die westliche Dekadenz und darüber, wie das Fehlen des »Absoluten« zum Niedergang der westlichen Zivilisation geführt habe. Er sprach darüber wie von einer feststehenden Tatsache, über die es nichts zu diskutieren gibt. Wenn ich etwas sagte, schwieg er höflich, und sobald ich fertig war, nahm er seine monotone Rede wieder auf und setzte genau da wieder ein, wo er aufgehört hatte.

Dies war das zweite meiner Seminare, das Mr. Ghomi besuchte. Beim ersten Mal, in meinem ersten Semester an der Allameh, war er selten erschienen und hatte sich damit herausgeredet, er sei in der Miliz und an den Kriegsanstrengungen beteiligt. Wie die aussahen, blieb vage: Er hatte sich nicht zur Armee gemeldet und war nie an der Front gewesen. Der Krieg bot einigen der islamischen Aktivisten einen guten Vorwand, sich von den Dozenten unverdiente Privilegien zu erschleichen. Mr. Ghomi bestand die Klausuren am Semesterende nicht und verpasste die meisten Tests, aber er nahm es mir trotzdem übel, dass ich ihn durchfallen ließ. Ich weiß nicht, ob er seine Lügen so sehr verinnerlicht hatte, dass er selbst schon daran glaubte. Auf jeden Fall wirkte er ehrlich gekränkt, und ich bekam fast Schuldgefühle, wenn ich ihm begegnete. Bei diesem Seminar kam er mehr oder weniger regelmäßig zu den Sitzungen. Immer wenn ich es mit

Studenten wie ihm zu tun bekam, vermisste ich Mr. Bahri, dem sein Respekt vor der Universität verbot, seine Situation auszunutzen.

Wann immer Mr. Ghomi im zweiten Semester auftauchte, machte er Wirbel. Er beschloss, Henry James zum Hauptproblem zu stilisieren. Bei jeder Gelegenheit, die sich bot, hob er die Hand und meldete Zweifel an, oder, besser gesagt, führte Klage. James war sein liebstes Angriffsziel. Er stellte mich nie direkt in Frage, sondern tat es hinten herum, indem er James beleidigte, als hege er einen persönlichen Groll gegen ihn.

15

Als ich mich für *Daisy Miller* und *Washington Square* als Lektüre entschied, ahnte ich nicht, dass wir über Miss Daisy Miller und Miss Catherine Sloper so kontrovers und zwanghaft diskutieren würden. Ich hatte die beiden Romane ausgesucht, weil ich sie für zugänglicher hielt als James' längere Spätwerke. Vor James hatten wir *Sturmhöhen* gelesen.

In meinem Einführungskurs betonte ich, wie der Roman als neue Erzählform die Vorstellungen von den Beziehungen zwischen den Individuen radikal verändert hatte und dadurch auch die traditionelle Auffassung vom Verhältnis des einzelnen zur Gesellschaft, ihren Aufgaben und Pflichten. Nirgendwo ist dieser Veränderungsprozess so deutlich sichtbar wie in der Beziehung zwischen Mann und Frau. Als Clarissa Harlow und Sophie Western – zwei sittsame und scheinbar gehorsame Töchter – sich weigerten, Männer zu heiraten, die sie nicht liebten, stellten sie die grundlegenden Institutionen ihrer Zeit, allen voran die Ehe, in Frage und leiteten damit einen Wandel in der Prosaliteratur ein.

Daisy und Catherine haben wenig gemeinsam, außer dass sie sich beide den Konventionen ihrer Zeit widersetzen; beide lassen nicht über sich bestimmen. Sie entstammen einer langen Reihe widerspenstiger Heldinnen, zu denen auch Elizabeth Bennet, Catherine Earnshaw und Jane Eyre gehören. Diese Frauen bestimmen durch ihre Weigerung, sich anzupassen, den Fortgang der Handlung. Sie sind komplexer als die späteren, unverblümt rebellischen Heldinnen des 20. Jahrhunderts, weil sie sich nicht als radikal verstehen.

Catherine und Daisy erschienen vielen meiner pragmatischeren Studenten zu anspruchsvoll. Wozu das ganze Theater? Warum stieß Catherine sowohl Vater wie Bewerber vor den Kopf? Warum neckte Daisy Winterbourne so gerne? Was wollten diese beiden schwierigen Frauen denn von ihren verunsicherten Männern? Vom ersten Augenblick an, als sie mit ihrem Sonnenschirm und ihrem weißen Musselinkleid auftritt, sorgt Daisy für Aufregung und Unruhe in Winterbournes Herz und Verstand. Sie präsentiert sich ihm als Rätsel, als faszinierendes Geheimnis, das gleichermaßen schwer und leicht zu entschlüsseln ist.

Als ich in eine detailliertere Diskussion über Daisy Miller einsteigen will, hebt Mr. Ghomi die Hand. Seine Stimme zittert vor Empörung, und das irritiert mich und drängt mich sofort in die Defensive. Was ist es denn, fragt er, das diese Frauen so revolutionär macht? Daisy Miller ist doch eindeutig ein schlechtes Mädchen; sie ist reaktionär und dekadent. Wir leben in einer revolutionären Gesellschaft, und unsere revolutionären Frauen widersetzen sich der westliche Kultur durch ihre Sittsamkeit. Sie machen Männern keine schönen Augen. Er spricht atemlos und mit einer Gehässigkeit, die gegenüber einem Werk der Literatur unangemessen ist. Daisy ist böse, stößt er hervor, und stirbt zu Recht. Er will wissen, warum Miss F in der dritten Reihe meint, sie habe den Tod nicht verdient.

Nach seiner kleinen Ansprache setzt Mr. Ghomi sich triumphierend wieder und blickt angriffslustig in die Runde. Niemand sagt etwas, außer mir natürlich. Alle erwarten von mir, dass ich mich der Herausforderung stelle. Mr. Ghomi schafft es immer, den Ablauf der Stunde zu stören. Zuerst war ich wütend darüber, aber mit der Zeit erkannte ich, dass er Gefühle in Worte fasste, die andere nicht zu äußern wagten.

Als ich die Seminarteilnehmer frage, was sie davon halten, meldet sich niemand. Vom Schweigen ermutigt hebt Mr. Ghomi wieder die Hand. Wir sind moralischer, sagte er, weil wir das wahre Böse erlebt haben; wir führen Krieg gegen das Böse, einen Krieg in der Heimat und in der Fremde. An diesem Punkt meldet sich Mahshid zu Wort. Du erinnerst dich sicher, sagte sie, dass James zwei schreckliche Kriege miterlebt hat. In seiner Jugend herrschte in Amerika Bürgerkrieg, und vor seinem Tod hat er noch den Beginn des Ersten Weltkriegs erlebt. Als Antwort zuckt Mr. Ghomis unmerklich die Achseln; vielleicht meint er damit, dass diese Kriege keine gerechten waren.

Ich sitze auf meinem Stuhl und schweige. Ich ziehe das Schweigen absichtlich in die Länge. Nach dem Seminar bleibe ich sitzen, im luftleeren Raum aus Licht, das durch die großen, vorhanglosen Fenster an der Längsseite des Raums dringt. Drei meiner Studentinnen kommen nach vorne zu meinem Tisch. »Wir wollen Ihnen sagen, dass die Mehrheit der Studenten anders denkt«, sagt eine von ihnen. »Sie haben nur Angst, etwas zu sagen. Es ist ein kontroverses Thema. Wenn wir die Wahrheit sagen, haben wir Angst, dass er uns anzeigt. Wenn wir sagen, was er hören will, haben wir Angst um Sie. Ihr Unterricht gefällt uns gut.«

Ja, dachte ich, als ich am Abend nach Hause ging und immer dann, wenn mir dieses Gespräch durch den Kopf ging, ihr wisst den Unterricht zu schätzen, aber wisst ihr denn auch *Daisy Miller* zu schätzen?

16

Auch wenn Mr. Ghomi an den Daisy Millers dieser Welt kein gutes Haar ließ, konnten die anderen Studenten die emotionalen Schwankungen des Romanhelden Winterbourne durchaus nachempfinden. Auf kein anderes literarisches Werk außer Ibsens *Puppenhaus* reagierten sie ähnlich vehement. Diese intensive Reaktion entsprang ihrer Verwirrung, ihren Bedenken. Daisy brachte sie in Bedrängnis, stürzte sie in Zweifel, was richtig und was falsch war.

Eines Tages blieb ein ängstliches Mädchen, das in der vordersten Reihe saß, aber den Eindruck erweckte, als verstecke es sich irgendwo im Schatten der letzten Reihe, zögernd an meinem Schreibtisch stehen. Sie wollte wissen, ob Daisy ein schlechtes Mädchen sei. »Was glauben Sie?«, fragte sie mich schlicht. Was ich glaubte? Und warum irritierte ihre einfache Frage mich so? Ich bin mittlerweile davon überzeugt, dass mein Ausweichen und Zögern, mein Vermeiden einer klaren Antwort, mein Beharren auf der Tatsache, dass Ambiguität ein zentrales Strukturelement in James' Romanen ist, sie bitter enttäuscht hat und sie mich von da an nicht mehr als Autorität anerkennen konnte.

Wir schlugen das Buch bei der Schlüsselszene im Kolosseum auf. Daisy ist gegen alle Vorsicht und Schicklichkeit mit Mr. Giovanelli, dem skrupellosen, aufdringlichen Italiener, zum großen Kummer ihrer korrekten Landsleute nachts ausgegangen, um das Mondlicht zu betrachten. Winterbourne entdeckt die beiden, und seine Reaktion sagt mehr über ihn aus als über sie: »Winterbourne durchfuhr lähmender Schrecken – und gleich darauf große Erleichterung. Plötzlich war an die Stelle der Zweideutigkeit dieses jungen Mädchens Klarheit getreten, und das Labyrinth ihrer Widersprüche ließ sich mühelos entwirren. Sie war eine junge Dame, über deren Schattenseiten und Verdrehtheiten sich ein Gentleman wahrlich nicht länger den Kopf zerbrechen brauchte.«

Daisys Nacht im Kolosseum hat für sie in mehr als einer Hinsicht fatale Konsequenzen: Sie holt sich in jener Nacht das Sumpffieber, an dem sie sterben wird. Aber ihr Tod wird durch Winterbournes Reaktion schon fast vorweggenommen. Er hat ihr gerade zu verstehen gegeben, dass sie ihm gleichgültig ist, und als sie zur Kutsche zurückkehrt, empfiehlt er ihr, Pillen gegen das Sumpffieber einzunehmen. »›Es ist mir egal‹, sagte sie in sonderbarem Ton, ›ob ich das Sumpffieber bekomme oder nicht.‹« Wir waren uns im Seminar alle einig, dass die Haltung des jungen Mannes gegenüber Daisy auf symbolische Weise ihr Schicksal besiegelt. Er ist der einzige, auf dessen gute Meinung sie Wert legt. Sie fragt ihn immer wieder, was er von ihrem Tun hält. Ohne es ihm je zu sagen, verlangt sie von ihm ausdrücklich und trotzig, dass er ihr seine Liebe beweist, indem er nicht predigt, sondern sie so akzeptiert, wie sie ist, ohne jede Bedingung. Letztlich ist Daisy diejenige, die echte Gefühle hat und durch ihren Tod den Beweis für ihre Liebe erbringt.

Winterbourne war nicht der einzige, der Erleichterung empfand, als er das Rätsel Daisys gelöst hatte. Viele meiner Studentinnen und Studenten empfanden ebenso. Miss Ruhi fragte, warum der Roman nicht mit Daisys Tod aufhörte. Wäre das nicht der beste Schlusspunkt? Daisys Tod schien ein bequemes Ende für alle Beteiligten zu sein. Mr. Ghomi konnte sich daran weiden, dass sie für ihre Sünden mit dem Leben büßte, und die meisten anderen konnten ihrer Sympathie für sie freien Lauf lassen, ohne sich schuldig fühlen zu müssen.

Aber ihr Tod ist noch nicht das Ende. Der Roman endet, wie er beginnt, nicht mit Daisy, sondern mit Winterbourne. Zu

Anfang der Geschichte hat seine Tante ihn gewarnt, dass er Gefahr laufe, in Bezug auf Daisy eine schweren Fehler zu begehen. Sie hatte damit gemeint, er könne sich womöglich von ihr einwickeln lassen. Jetzt, nach Daisys Tod, erinnert Winterbourne seine Tante ironisch an ihre Worte: »Du hattest mit deiner Bemerkung letzten Sommer ganz recht. Mir blieb gar nichts anderes übrig, als einen Fehler zu machen. Ich habe zu lange im Ausland gelebt.« Er hatte Daisy unterschätzt.

Zu Anfang des Romans berichtet der Erzähler von einem Gerücht, dem zufolge Winterbourne eine Liaison mit einer Ausländerin hat. Am Ende des Romans schließt sich der Kreis: »Dennoch fuhr er bald nach Genf zurück, wo er auch weiterhin zu leben gedachte – und von wo die widersprüchlichsten Berichte über die Beweggründe seines Bleibens herüberdringen. Einmal heißt es, er ›studiere‹ eifrig, dann wieder, er sei ungemein in Anspruch genommen von einer außerordentlich geistreichen Ausländerin.«

Der Leser, der sich bis zu diesem Moment mit dem Helden identifiziert hat, bleibt im Regen stehen. Wir müssen annehmen, dass Daisy, wie das Gänseblümchen, nach dem sie benannt ist, eine schöne, kurze Episode war. Aber diese Schlussfolgerung ist nicht ganz zutreffend. Der Ton des Erzählers lässt uns daran zweifeln, ob Winterbourne das Leben je wieder so sehen können wird wie früher. In Wirklichkeit wird nichts je wieder so sein wie ehedem, weder für Winterbourne noch für den arglosen Leser – wie ich viel später herausfand, als meine ehemaligen Studentinnen sich in ihren Texten und Gesprächen über ihre »Dummheit« in Bezug auf Daisy äußerten.

17

In *The Tragic Muse* erklärt James, sein Ziel beim Schreiben sei es, »Kunst als eine menschliche Komplikation und einen gesellschaftlichen Stolperstein« zu produzieren. Das machte, wie mir meine Freundin Mina erläuterte, James so schwierig. Mina hatte viel über James gearbeitet, und ich hatte ihr erzählt, welche Schwierigkeiten meine Studentinnen mit *Daisy Miller* hatten. Ich hoffe doch, fügte Mina etwas ängstlich hinzu, du denkst nicht daran, ihn fallen zu lassen, nur weil er zu schwierig ist? Ich versicherte ihr, das sei nicht meine Absicht; außerdem war er nicht wirklich zu schwer für sie, er verursachte ihnen nur ein Unbehagen.

Mein Problem waren nicht so sehr Studenten wie Ghomi, die aus ihrer Abneigung gegen Mehrdeutigkeit keinen Hehl machten, sondern die anderen, die zu Opfern von Ghomis eindeutiger Angriffshaltung geworden waren. Ich habe das Gefühl, sagte ich zu Mina, dass Leute wie Ghomi so angriffslustig sind, weil sie Angst haben vor allem, was sie nicht verstehen. Sie sagen, wir brauchen James nicht, aber im Grunde meinen sie, dass wir vor diesem James Angst haben – er legt sich mit uns an, verwirrt uns und macht uns irgendwie unsicher.

Mina gab mir einen guten Rat. Wenn sie ihren Studenten das Konzept der Ambiguität im Roman erklären wollte, führte sie immer den Trick mit dem Stuhl vor. Also begann ich die nächste Sitzung, indem ich einen Stuhl nahm und ihn vor mich stellte. Was sehen Sie? fragte ich die Teilnehmer. Einen Stuhl. Ich drehte den Stuhl und stellte ihn umgekehrt hin. Und was sehen Sie jetzt? Immer noch einen Stuhl. Ich drehte den Stuhl wieder um und bat ein paar Studenten, sich an verschiedenen Stellen im Raum zu postieren. Danach bat ich die Stehenden und die Sitzenden, den Stuhl zu beschreiben. Sie sehen, dass dies hier ein Stuhl ist, aber wenn Sie ihn beschreiben sollen, tun Sie das von Ihrer Position aus und aus Ihrer Perspektive, und deshalb können Sie nicht sagen, es gäbe nur eine Art, den Stuhl zu sehen, oder? Nein, sicher nicht. Wenn man das von einem so einfachen Gegenstand wie einem Stuhl nicht behaupten kann, wie kann man dann ein absolutes Urteil über ein beliebiges Individuum fällen?

Um die schweigende Mehrheit meiner Studenten zu einer offenen Diskussion zu ermuntern, bat ich sie, ihre Eindrücke von den Büchern, die wir lasen, in Tagebuchform in ein Heft zu schreiben. In ihren Tagebüchern konnten sie auch über andere Dinge schreiben, die mit dem Seminar oder ihren privaten Erlebnissen zu tun hatten, aber das Schreiben über das Gelesene war Pflicht. Miss Ruhi erzählte gewöhnlich den Plot nach, was immerhin bewies, dass sie die Pflichtlektüre und in manchen Fällen sogar Sekundärliteratur gelesen hatte. Aber sie formulierte selten eine eigene Meinung. In einem Fall erwähnte sie, dass sie gegen die Unmoral in *Sturmhöhen* Bedenken gehabt hatte, bis sie etwas über seine mystischen Aspekte gelesen hatte, aber bei James schien nichts Mystisches involviert – er kam ihr sehr irdisch vor, manchmal zu idealistisch.

Ihre Hefte waren immer ordentlich geführt. Über jeden Eintrag schrieb sie in ihrer schönen Handschrift: »Im Namen Allahs, des Allergnädigsten, des Allbarmherzigen«. Daisy sei nicht nur unmoralisch, schrieb sie, sondern »unvernünftig«. Aber es sei gut zu wissen, dass es auch in einer so dekadenten Gesellschaft wie Amerika bestimmte Normen gäbe, nach denen die Menschen beurteilt wurden. Sie zitierte die Klage einer anderen Dozentin, bestimmte Schriftsteller hätten ihre unvernünftigen und unmoralischen Helden so attraktiv gestaltet, dass die Leser ihnen unwillkürlich Sympathie entgegenbringen. Die aufrechte

Mrs. Costello oder Mrs. Walker dagegen erschienen in negativem Licht. An dieser Tatsache machte sie die teuflischen wie auch gottgefälligen Fähigkeiten des Schriftstellers fest. Ein Autor wie James war aus ihrer Sicht teuflisch: Er verfügte über unbegrenzte Macht, aber er nutzte sie zum Bösen, um Sympathie für Sünderinnen wie Daisy zu erzeugen und Abneigung gegen tugendhaftere Menschen wie Mrs. Walker. Miss Ruhis Weltanschauung entstammte derselben Quelle wie die von Mr. Nyazi und so vielen anderen.

Mr. Ghomi blieb seiner Rolle treu. Selten deutete etwas darauf hin, dass er die Romane überhaupt gelesen hatte. Unablässig wütete er gegen die Unmoral und das Böse. Er hatte die Angewohnheit, mich zu »erziehen«, indem er Zitate von Imam Khomeini und anderen seiner Helden über die Aufgabe der Literatur, die Dekadenz des Westens und Salman Rushdie einstreute. Daneben klebte er Zeitungsausschnitte über Mord und Korruption in den USA. In einer Woche verstieg er sich dazu, die Parolen von der Straße zu kopieren. Eine gefiel mir besonders gut: UNTER DEM SCHLEIER IST EINE FRAU GESCHÜTZT WIE EINE PERLE IN DER AUSTERNSCHALE. Sie wurde gewöhnlich von der Zeichnung einer halb aufgebrochenen Austernschale begleitet, in der eine Perle glänzte.

Mr. Nahvi, sein stiller älterer Freund, schrieb ordentliche philosophische Abhandlungen über die Gefahren von Zweifel und Ungewissheit. Er fragte, ob die Ungewissheit, um die James so viel Aufhebens machte, nicht der Grund für den Untergang der westlichen Zivilisation sei. Wie viele andere nahm Mr. Nahvi bestimmte Dinge als selbstverständlich hin, unter anderem den Untergang des Westens.

Er redete und schrieb, als sei dieser Untergang eine Tatsache, die selbst die westlichen Ungläubigen als gegeben hinnahmen. Hin und wieder reichte er seine Anmerkungen ein, gewöhnlich zusammen mit einem Pamphlet oder Buch über »Literatur und

Engagement«, »Das Konzept der Islamischen Literatur« oder ähnliches.

Jahre später, als Mahshid und Mitra an meinem Donnerstagskurs teilnahmen und wir zu *Daisy Miller* zurückkehrten, beklagten beide ihr damaliges Schweigen. Mitra gestand, sie habe Daisy um ihren Mut beneidet. Es war eigenartig anrührend, sie über Daisy sprechen zu hören, als hätten sie einer echten Person, einer Freundin oder Verwandten, Unrecht getan.

Eines Tages begegnete ich beim Verlassen des Seminarraums Mrs. Rezvan. Sie kam auf mich zu und sagte: »Ich höre Interessantes über Ihre Seminare!« Sie hatte ihre Zuträger in jedem Winkel und jeder Ecke der Universität. »Ich hoffe, Sie glauben mir jetzt, was ich Ihnen über die Notwendigkeit gesagt habe, diesen Kindern ein paar Gedanken mit auf den Weg zu geben. Die Revolution hat ihre Köpfe von allen Formen und Gedanken geleert, und unsere eigenen Intellektuellen, die Crème de la Crème, sind auch nicht besser.«

Ich erwiderte, ich sei immer noch nicht davon überzeugt, dass die Universität dafür der richtige Ort sei. Vielleicht wäre eine vereinte Front von Intellektuellen außerhalb der Universität wirksamer. Sie sah mich aus den Augenwinkeln heraus an und sagte: »Ja, das ginge auch, aber was macht Sie so sicher, dass es erfolgversprechender wäre? Die intellektuelle Elite hat sich schließlich um nichts besser verhalten als die Geistlichen. Haben Sie nicht gehört, wie das Gespräch zwischen Mr. Davaii, unserem bekanntesten Romanautor, und dem Übersetzer von *Daisy Miller* verlaufen ist? Sie werden einander vorgestellt, und der Autor sagt: ›Ihr Name kommt mir so bekannt vor – sind sie nicht der Übersetzer von Henry Miller?‹ – ›Nein, *Daisy Miller.*‹ – ›Richtig, hat das nicht James Joyce geschrieben?‹ – ›Nein, Henry James.‹ – ›Ach ja, richtig, Henry James. Und wie geht es Henry James so, was macht er zurzeit?‹ – ›Er ist tot – seit 1916.‹«

18

»Meine Freundin Mina«, sagte ich zu meinem Zauberer, »könnte ich am besten mit dem Satz beschreiben, mit dem sich Lambert Strether, der Protagonist von James' *Die Gesandten* bei seiner ›Seelenfreundin‹ Maria Gostrey einführt: ›Ich bin ein Versager – wie er im Buche steht.‹« »Ein Versager?« fragte er. – »Ja, und weißt du, wie sie antwortet?«

»›Gott sei Dank sind Sie ein Versager – deswegen schätze ich Sie ja so! Alles andere ist heutzutage doch einfach widerwärtig. Sehen Sie sich an – und sehen Sie sich die Erfolgsmenschen an. Hand aufs Herz: möchten Sie wirklich einer von ihnen sein? Und‹, fuhr sie fort, ›sehen Sie sich doch mich an.‹ So begegneten sich kurz ihre Blicke. ›Stimmt‹, gab Strether zurück, ›Sie gehören auch nicht dazu.‹

›Die Überlegenheit, die Sie bei mir beobachten‹, pflichtete sie ihm bei, ›beweist, wie gesellschaftlich unbedeutend ich bin. Ach‹, seufzte sie, ›wenn Sie die Träume meiner Jugend gekannt hätten! Aber schließlich ist es die Wirklichkeit, die uns zusammengeführt hat. Wir sind geschlagene Waffengefährten.‹«

»Eines Tages schreibe ich mal einen Essay mit dem Titel ›Versager, wie sie im Buche stehen‹«, fuhr ich fort. »Es wird um ihre Bedeutung in der Erzählliteratur gehen, vor allem im modernen Roman. Diese speziellen Helden sind im Ansatz tragisch – manchmal komisch, manchmal jämmerlich, manchmal beides. Don Quixote fällt einem dabei ein, aber seine Figur ist im Wesentlichen modern und entstand zu einer Zeit, als das Versagen insgeheim hoch im Kurs stand. Sehen wir mal weiter – Pnin gehört dazu, Herzog, Gatsby vielleicht oder vielleicht auch nicht. Jedenfalls scheitert er nicht mit Absicht. Vor allem James' und Bellows Figuren gehören in diese Kategorie. Diese Menschen suchen das Scheitern unbewusst, um ihre eigene Integrität zu schützen. Sie sind weniger reine Snobs als elitebewusst, weil sie so hohe Ansprüche haben. James zählte sich, glaube ich, in vieler Hinsicht dazu, mit seinen missverstandenen Romanen und seinem hartnäckigen Beharren auf der Art von Literatur, die er für richtig hielt, und meine Freundin Mina auch, und dein Freund Reza, und natürlich du selbst, auf jeden Fall, aber du bist keine Romanfigur, oder?« Und er erwiderte: »Im Moment bin ich jedenfalls ein Produkt deiner Phantasie.«

Mina war mir schon damals wie eine grandios Gescheiterte vorgekommen, als ich sie nach der Revolution bei einer meiner letzten Fakultätssitzungen an der Universität Teheran zum ersten Mal wiedergesehen hatte. Ich hatte mich verspätet, und als ich in den Raum kam, saß frontal zur Tür rechts neben dem Institutsleiter eine Frau in Schwarz. Auch ihre Augen und ihr kurzes Haar waren rabenschwarz, und sie schien die um sie herum schwirrenden Feindseligkeiten kaum wahrzunehmen. Sie wirkte weniger gelassen als in sich gekehrt. Sie war einer jener Menschen, die unwiderruflich und unheilbar ehrlich und dadurch unflexibel und verletzlich sind. Besonders gut in Erinnerung ist mir noch ihre heruntergekommene Vornehmheit, diese Aura von »besseren Zeiten«, die sie umgab. Von unserem ersten Blickwechsel bis zu unserer letzten Begegnung viele Jahre später regten sich immer, wenn ich sie sah, zwei Empfindungen in mir: große Achtung und Trauer. Sie verströmte Fatalismus, als habe sie ihr Schicksal akzeptiert, und das war für mich beinahe unerträglich.

Farideh und Dr. A hatten viel von Mina gesprochen – von ihren Fachkenntnissen, ihrer Liebe zur Literatur und ihrer Arbeit. Farideh hatte ein so großes Herz, dass sie trotz ihres verbissenen

Engagements für die »Revolution« auch ideologischen Gegnern gegenüber offen war. Instinktiv zog es sie zu den echten Rebellen, auch wenn diese, wie Dr. A oder Mina oder Laleh, mit ihren politischen Prinzipien nichts anfangen konnten. Deshalb sympathisierte sie mit Mina und versuchte sie zu trösten, obwohl sie in fast allen Punkten anderer Meinung war.

Mina war nach zwei Sabbatjahren an der Universität Boston, wo sie an einem Buch über Henry James geschrieben hatte, zurückberufen worden. Man hatte ihr ein Ultimatum gestellt, und sie war in den Iran zurückgekehrt, was in meinen Augen ein Fehler war. Natürlich unterrichtete sie nie wieder; sie kam zurück, um entlassen zu werden. Sie lehnte den Schleier und jeden Kompromiss ab; die Rückkehr war ihr einziger Kompromiss gewesen. Und vielleicht war sie auch kein Kompromiss, sondern eine innere Notwendigkeit gewesen.

Minas Vater war ein preisgekrönter Dichter, sie entstammte einer kultivierten und wohlhabenden Familie. Als wir Kinder waren, hatten unsere Familien am Wochenende gemeinsam Ausflüge unternommen. Sie war älter als ich und hatte bei diesen Familientreffen nie viel mit mir gesprochen, aber ich konnte mich vage an sie erinnern. Sie ist auf alten Fotos aus meiner Kindheit zu sehen; dort steht sie hinter ihrem Vater im Garten, neben einem ihrer Onkel und meinem Vater und einem jungen Mann, den ich nicht kenne. Sie macht ein ernstes Gesicht, nur ein zaghaftes Lächeln erhellt ihre Züge.

Farideh und ich versuchten Mina zu sagen, wie sehr wir sie schätzten und wie empört wir waren, dass die Universität dies nicht tat. Sie hörte ungerührt zu, schien sich über unsere Anerkennung aber zu freuen. Ihren Lieblingsbruder, der Generaldirektor einer großen Firma war, hatte man zu Beginn der Revolution verhaftet. Anders als die meisten wollte er nicht mit dem neuen Regime kooperieren. Er war zwar nicht politisch aktiv, aber er war ein Anhänger der Monarchie und vertrat seine Ansichten, sogar im Gefängnis noch, ebenso freimütig wie seine Schwester. Diese »Dreistigkeit« hatte ihn das Leben gekostet. Er wurde hingerichtet. Mina trug nur noch schwarz und widmete ihre gesamte Zeit der Witwe ihres Bruders und deren Kindern.

Mina wohnte allein mit ihrer Mutter in einer völlig überdimensionalen Villa. Als Farideh und ich sie besuchten, schien sich der sonnige Tag abrupt zu verdüstern, sobald wir mit unseren beiden großen Blumensträußen ins Foyer dieses Mausoleums traten. Ihre Mutter öffnete uns die Tür. Da sie meine Eltern kannte, sprachen wir erst eine Weile über sie; als aber ihre Tochter die geschwungene Treppe herunterkam, zog sie sich sofort höflich zurück. Wir standen mit unseren bunten Blumen und pastellfarbenen Kleidern am Fuß der Treppe und fühlten uns viel zu luftig und leicht angesichts der feierlichen Schwere dieses Hauses, die auf alles seinen Schatten zu werfen schien.

Mina freute und bedankte sich auf ihre reservierte Art. Aber sie war sehr froh, uns zu sehen, und führte uns in ihr halbmondförmiges Wohnzimmer. Der Raum schien seine eigene Düsternis zu verbreiten, wie eine Witwe, die sich zum ersten Mal ohne ihren Mann wieder öffentlich zeigt. Er war sparsam möbliert und hatte dort freie Flächen, wo Stühle, Tische und ein Klavier hätten stehen sollen.

Minas Mutter, eine würdevolle Dame von Ende sechzig, brachte uns Tee auf einem Silbertablett in zarten Gläsern mit filigranen Haltern. Ihre Mutter konnte wunderbar kochen, und ein Besuch bei ihr war immer ein Fest. Aber es war ein bekümmertes Fest, weil kein noch so gutes Essen die Heiterkeit in dieses leere Haus zurückbringen konnte. Die liebenswürdige Gastfreundschaft der alten Dame, ihre Bemühung, es uns behaglich zu machen, ließ ihren wohlverborgenen Verlust nur noch schmerzlicher hervortreten.

In der Literatur galt Minas große Liebe dem Realismus und ihre Leidenschaft James. Was sie kannte, kannte sie gründlich.

Wir machten uns gegenseitig Komplimente, weil mein Wissen impulsiv und ungeordnet war, ihres dagegen systematisch und absolut. Wir konnten uns stundenlang unterhalten. Bevor Farideh untertauchte und ihrer revolutionären Gruppe beitrat und dann nach Kurdistan und später Schweden entkam, redeten wir zu dritt Stunde um Stunde über Literatur und Politik, manchmal bis tief in die Nacht hinein.

Farideh und Mina vertraten in Bezug auf Politik diametral entgegengesetzte Meinungen; die eine war überzeugte Marxistin, die andere entschiedene Monarchistin. Gemeinsam war ihnen der bedingungslose Hass auf das gegenwärtige Regime. Wenn ich daran denke, wie ihr Talent vergeudet wurde, wächst mein Hass auf dieses System, das seine klügsten und engagiertesten Bürger entweder physisch vernichtete oder sie dazu zwang, ihre Fähigkeiten brach liegen zu lassen, bis sie, wie Farideh, zu glühenden Revolutionären wurden oder, wie Mina und mein Zauberer, zu Einsiedlern. Sie zogen sich zurück und hingen ihren zerstörten Träumen nach. Denn was konnte Mina ohne ihren James ausrichten?

19

Nach einer langen Phase der Ruhe begannen die Luftangriffe auf
Teheran im Spätwinter und Frühjahr 1988 aufs Neue. Ich kann an
diese Monate und die 168 Raketenangriffe auf Teheran nicht denken, ohne dass mir dieser ganz besonders milde Frühling in den
Sinn kommt. Es war ein Sonnabend, als der Irak die Ölraffinerie
von Teheran traf. Die Nachricht ließ die alte Angst wieder aufleben, die seit den letzten Bombeneinschlägen über ein Jahr lang in
uns geschlummert hatte. Die iranische Regierung reagierte mit
einer Gegenoffensive auf Bagdad, und am Montag darauf begann
der Irak mit seiner ersten Angriffswelle auf Teheran. Die schwerwiegenden Konsequenzen verdichteten dieses Ereignis fast auf
poetische Weise zu einem Symbol für all das, was ich in den letzten neun Jahren erlebt hatte.

Bald nach den ersten Angriffen dichteten wir die Fenster mit
Klebeband ab. Wir brachten die Kinder zunächst in unser Schlafzimmer, dessen Fenster wir zusätzlich noch mit dicken Decken
und Tüchern verhängten, und später in den winzigen, fensterlo-
sen Flur vor unserem Zimmer, den Schauplatz meiner nächtlichen Rendezvous mit James und Nabokov. Einige Male dachten
wir ernsthaft darüber nach, Teheran zu verlassen, und einmal
räumten wir panisch einen kleinen Raum neben der Garage aus,
der später mein Arbeitszimmer wurde und dessen Fenster wir
verstärkten. Noch später schliefen wir wieder in unserem Schlafzimmer. Ich, die ich bei der ersten Angriffswelle am ängstlichsten
gewesen war, blieb jetzt am ruhigsten, als müsse ich mein früheres Verhalten wiedergutmachen.

In der ersten Angriffsnacht sahen wir mit Freunden einen

deutschen Dokumentarfilm über das Leben des russischen Exil-regisseurs Andrej Tarkowski. Bemüht, die iranischen Intellektuellen zu beschwichtigen, zeigte das jährliche Fajr-Filmfestival (ehemals Teheraner Filmfestival) eine Retrospektive von Tarkowskis Filmen. Obwohl die Filme zensiert waren und ohne Untertitel auf Russisch liefen, hatten sich schon Stunden vor dem Einlass vor dem Kino lange Schlangen gebildet. Karten bekam man auf dem Schwarzmarkt zu einem Vielfachen des Originalpreises, und vor dem Eingang kam es zu Handgreiflichkeiten unter Leuten, die aus diesem Anlass extra aus den Provinzen angereist waren.

Mr. Forsati sagte mir nach dem Seminar, er habe noch zwei Eintrittskarten für Tarkowskis Film *Das Opfer*, den ich gerne sehen wollte. Als Anführer des Islamischen Dschihad kam Mr. Forsati an die begehrten Eintrittskarten. Die Tarkowski-Manie hatte so um sich gegriffen, erzählte er, dass sogar der Ölminister und seine Familie eine Vorstellung besuchten. Die Menschen waren ausgehungert nach Filmen. Je weniger sie verstehen, desto mehr Respekt haben sie, sagte Mr. Forsati lachend. Wenn das der Fall sei, erwiderte ich, müssten sie James eigentlich lieben. Klug erwiderte er darauf: Das ist etwas anderes. Sie respektieren Joyce, wie sie Tarkowski respektieren. James glauben sie zu verstehen oder meinen, dass sie ihn verstehen sollten, und das macht sie wütend. Sie haben mehr Probleme mit James als mit offenkundig schwierigeren Autoren wie Joyce. Ich fragte Mr. Forsati, ob er sich auch Tarkowski ansehe werde. Er sagte: Wenn ich gehe, dann nur, weil ich mich der Allgemeinheit anschließe, eigentlich ist mir Tom Hanks viel lieber.

Es war ein schöner Nachmittag – nicht mehr richtig Winter und noch nicht Frühling –, an dem ich mir *Das Opfer* ansah. Aber das eigentlich Erstaunliche an diesem Tag war nicht das himmlische Wetter, nicht einmal der Film selbst, sondern die Menge, die sich vor dem Kino eingefunden hatte. Auf den ersten

Blick sah es aus wie bei einer Demonstration. Da standen Intellektuelle, Büroangestellte, Hausfrauen, manche mit Kleinkindern im Schlepptau, etwas abseits ein junger Mullah. Eine so heterogene Zusammensetzung hätte man bei keiner anderen Menschenansammlung in Teheran angetroffen.

Drinnen brachte die plötzliche Explosion leuchtender Farben die Zuschauer zum Verstummen. Ich war seit fünf Jahren nicht mehr im Kino gewesen: Alles, was man zu jener Zeit zu sehen bekam, waren alte Revolutionsfilme aus Osteuropa oder iranische Propagandafilme. Ich kann nicht wirklich sagen, was ich von dem Film hielt – das Erlebnis, in tiefen, kühlen Ledersesseln in einem Kino vor einer großen Leinwand zu sitzen, war allzu überwältigend. Da ich die Worte nicht verstand und wusste, dass ich nicht an die Zensur denken durfte, damit mir meine Wut nicht den Film verdarb, ließ ich mich von der Magie der Farben und Bilder davontragen.

Rückblickend scheint mir, dass die Begeisterung, mit der das Publikum Tarkowski aufnahm, dessen Namen die meisten nicht einmal buchstabieren konnten und dessen Filme unter normalen Umständen ignoriert oder abgelehnt worden wären, durch die Reizarmut unseres Alltags zu erklären ist. Wir dürsteten nach irgendeiner Form von Schönheit, selbst wenn sie einem unverständlichen, überintellektuellen, abstrakten, bis zur Unkenntlichkeit zensierten Film ohne Untertitel entsprang. Es herrschte eine Art allgemeiner Verwunderung, dass man sich seit Jahren zum ersten Mal ohne Ressentiment oder Angst an einem öffentlichen Ort befand, inmitten einer Menge von Fremden, die nicht demonstrierten, protestierten, Schlange standen oder einer Hinrichtung beiwohnten.

Der Film handelte vom Krieg und von dem Gelübde des Helden, nie wieder zu sprechen, wenn seine Familie von den verheerenden Kriegsfolgen verschont bliebe. Er konzentrierte sich auf die Bedrohung, die sich hinter dem scheinbar ruhigen Fluss des

Alltagslebens und der üppigen Schönheit der Natur verbarg, darauf, wie sich der Krieg ankündigt durch das von den Bomben verursachte Erzittern der Möbel, und auf das schreckliche Opfer, das die Konfrontation mit der Bedrohung erfordert. Eine kurze Zeit erlebten wir kollektiv die schreckliche Schönheit, die man nur mit extremer Angst fassen und durch Kunst ausdrücken kann.

20

Innerhalb von 24 Stunden schlugen vierzehn Raketen in Teheran ein. Da wir die Kinder wieder in ihrem Zimmer einquartiert hatten, schob ich in jener Nacht eine kleine Couch ins Kinderzimmer und blieb bis drei Uhr nachts wach. Ich las einen dicken Kriminalroman von Dorothy Sayers, unter der sicheren Obhut von Lord Peter Wimsey, seinem treuen Diener und seiner gelehrten Liebsten. Eine Explosion ganz in der Nähe weckte meine Tochter und mich im Morgengrauen auf.

Es war ein extrem lautes Geräusch – wenn man es überhaupt so nennen kann, denn wir *spürten* die Explosion mehr, als dass wir sie hörten. Das Haus erbebte, und die Glasscheiben klirrten in den Fensterrahmen. Nach dieser letzten Detonation stand ich auf und ging hoch auf die Terrasse. Der Himmel war blau und rosarot, auf den Berggipfeln glänzte Schnee; in einiger Entfernung stieg Rauch auf, wo die Rakete eingeschlagen war.

Von jenem Tag an nahmen wir die Gewohnheiten wieder auf, die uns schon von früheren Bomben- und Raketenangriffen vertraut waren. Nach jeder Explosion telefonierte man mit Freunden und Verwandten, um herauszufinden, ob sie noch lebten. Beim Klang der vertrauten Stimmen stellte sich jedes Mal eine gewaltige Erleichterung ein, für die ich mich immer etwas schämte. Die allgemeine Stimmung zu jener Zeit war eine Mischung aus Panik, Wut und Hilflosigkeit. In den acht Kriegsjahren hatte die iranische Regierung nur weiter ihre Propaganda verstärkt und praktisch nichts unternommen, um die Stadt zu schützen. Sie konnte sich nur damit brüsten, wie gerne die iranische Bevölkerung den Märtyrertod starb.

Nach dem ersten Angriff war das sonst so überfüllte und smog-
geplagte Teheran zur Geisterstadt geworden. Viele Menschen flo-
hen an sicherere Orte. Kürzlich las ich in einem Bericht, dass über
ein Viertel der Bevölkerung, einschließlich vieler Regierungsbe-
amter, damals die Stadt verlassen hatte. Ein neuer Witz machte
die Runde, dass dies die bislang effektivste Maßnahme der Regierung sei, gegen Übervölkerung und Luftverschmutzung vorzugehen. Für mich bekam die Stadt etwas Ergreifendes, als habe sie
durch die Angriffe und den Exodus ihrer Bevölkerung ihren vulgären Schleier abgelegt und ihr anständiges, menschliches Gesicht enthüllt. Teheran sah so aus, wie sich die meisten zurück-
gebliebenen Bürger gefühlt haben müssen: traurig, verlassen und
schutzlos, aber nicht ohne eine gewisse Würde. Das Klebeband
an den Fenstern, das die Implosion der Glasscheiben verhindern
sollte, erzählte von ihrem Leiden, einem Leiden, das durch die
neu erwachende Schönheit, das frische Grün der Bäume, die Blü-
ten und die wie an den Himmel gehefteten hoch aufragenden
schneebedeckten Berggipfel, die so nah wie nie schienen, nur
noch mehr zu Herzen ging.

Zwei Jahre nach Kriegsbeginn befreite der Iran die Stadt Khor-
ramshahr, die von den Irakern eingenommen worden war. Auf
dem Hintergrund anderer unübersehbarer Niederlagen hatte
Saddam Hussein, ermutigt von seinen besorgten arabischen
Nachbarn, erste Anzeichen eines Versöhnungswillens gezeigt.
Aber Ajatollah Khomeini und mehrere Mitglieder der herrschenden Elite weigerten sich, einen Waffenstillstand zu unterzeichnen. Sie waren jetzt entschlossen, die heilige Stadt Kerbala im
Irak, die Stätte des Märtyrertums von Imam Hussein, zu erobern.
Dieses Ziel verfolgten sie mit allen erdenklichen Mitteln und Methoden, unter anderem der, die man später als »Menschenwel-
len« bezeichnete – Tausende iranischer Soldaten, in der Haupt-
sache ganz junge Männer zwischen zehn und sechzehn Jahren
und Männer mittleren Alters »säuberten« Minenfelder, indem sie

selbst darüber liefen. Die ganz jungen ließen sich von der Regierungspropaganda mitreißen, die ihnen ein heldenhaftes und abenteuerliches Leben an der Front versprach und sie ermutigte, sich sogar gegen den Willen ihrer Eltern zur Armee zu melden.

Meine Nachtwachen mit Dashiell Hammett und anderen dauerten an. Als Folge davon fügte ich meinem Lehrplan vier Jahre später ein neues Kapitel hinzu: den Kriminalroman, beginnend mit Edgar Allan Poe.

Mit der Wiederaufnahme der Bombardierungen verlegten wir
unser Seminar in die zweite Etage. Bei jedem Angriff liefen die
Menschen spontan zur Tür oder die Treppen hinunter; es war sicherer, den Unterricht weiter unten im Gebäude abzuhalten. Der
Ausnahmezustand hatte dazu geführt, dass die Hörsäle meist nur
noch zur Hälfte gefüllt waren. Viele Studenten hatten sich an ihre
Heimatorte oder in Städte begeben, die nicht unter Beschuss
lagen. Andere blieben einfach zu Hause.

Leute wie Mr. Ghomi erlangten durch die Angriffe einen
neuen Status. Sie kamen und gingen im Gefühl ihrer Unentbehr-
lichkeit. Die islamischen Vereinigungen nutzten jede Gelegenheit, den Lehrbetrieb zu stören; sie spielten Militärmärsche,
wenn es einen Sieg zu verkünden oder ein Mitglied der Universität zu betrauern gab, das als Märtyrer gefallen war. Mitten in
der Lektüre von *Washington Square* oder *Große Erwartungen* ertönte dann plötzlich ein Marsch, und unsere Bemühungen fort-
zufahren wurden durch die Musik zunichte gemacht.

Dieser misstönende Lärm stand in markantem Kontrast zu
dem Schweigen der meisten Studenten und Dozenten. Ich war fast
überrascht, dass nicht mehr Studenten die Ereignisse als Ausrede
benutzten, um dem Unterricht fernzubleiben oder ihre Hausarbeiten nicht zu schreiben. Ihre scheinbare Fügsamkeit spiegelte
die sich in der Stadt ausbreitende Resignation wider. Während
der Krieg ohne sichtbare Siege auch im achten Jahr noch tobte,
zeigten selbst die Eifrigsten Anzeichen von Erschöpfung. In den
Straßen und auf den Plätzen nahmen Menschen gegen den Krieg
Stellung und verfluchten die Kriegstreiber, während im Fernse-

hen und Radio das Regime unbeirrt für seine Ideale die Werbetrommel rührte. Immer wieder sah man in jener Zeit das Bild eines älteren, bärtigen Mannes mit Turban, der eine Gruppe von »Märtyrern« – heranwachsende Jungen mit roten Stirnbändern – zum immerwährenden Heiligen Krieg aufrief. Das war der karge Rest einer einst großen Schar junger Menschen, die damit mobilisiert worden waren, auf ihre echten Schusswaffen stolz zu sein und auf den Schlüssel zu einem Himmelreich mit all den Genüssen, die ihnen das Leben vorenthielt. In ihrer Welt war eine Niederlage undenkbar und ein Kompromiss deshalb sinnlos.

Die Mullahs ergötzten uns gerne mit Geschichten über die ungleichen Kämpfe, in denen die schiitischen Heiligen durch die Hand der Ungläubigen den Märtyrertod erlitten; dabei brachen sie hin und wieder in hysterisches Schluchzen aus und propagierten das Märtyrertum für Gott und den Imam. Die Welt der Zuschauer dagegen war geprägt von stillem Widerstand, eine Haltung, die nur vor dem Hintergrund der von der herrschenden Hierarchie geforderten lärmenden Zustimmung verständlich wurde, aber auch unweigerlich mit Resignation verbunden war.

Das todgeweihte Leben, die Todessehnsucht des Regimes und die Geschosse des Irak waren nur erträglich, wenn man wusste, dass die Raketen ihre letzte Botschaft in einem genau vorbestimmten Moment überbringen würden und dass es keinen Sinn hatte, ihr entkommen zu wollen. In diesen Tagen begriff ich, was stille Resignation bedeutete. Sie spiegelte den oft verleumdeten Hang zum Mystischen, den wir alle, zumindest teilweise, für die Niederlagen unseres Landes in der Vergangenheit verantwortlich machten. Ich verstand, dass Resignation unter diesen Umständen vielleicht die einzige Form würdevollen Widerstands gegen die Tyrannei war. Wir konnten zwar unsere Wünsche nicht offen artikulieren, aber wir konnten durch unser Schweigen unsere Gleichgültigkeit gegenüber den Forderungen des Regimes zum Ausdruck bringen.

Immer noch habe ich die Trauer- und Siegesmärsche im Ohr, die den Tod eines Studenten oder Fakultätsmitglieds in Ausübung seiner Pflicht oder irgendeinen Sieg der Islamischen Armee über ihre ungläubigen Feinde verkündeten und so viele Unterrichtsstunden störten. Niemand machte sich die Mühe, darauf hinzuweisen, dass die Ungläubigen in diesem Krieg ja auch Muslime waren. An dem Tag, den ich vor Augen habe, erklang der Marsch zum Gedenken an den Tod eines der Anführer der Muslimischen Studentenvereinigung. Nach dem Unterricht gesellte ich mich zu einigen meiner Mädchen, die draußen im Garten zusammenstanden. Sie lachten und mokierten sich über den toten Studenten. Seinen Tod nannten sie eine »himmlische Hochzeit« – hatten er und seine Genossen nicht behauptet, ihr einziger Geliebter sei Gott? Das war eine Anspielung auf die Testamente und letzten Verfügungen der Kriegsmärtyrer, um die viel Wirbel gemacht wurde. Sie behaupteten fast alle, sie wünschten sich nichts sehnlicher als den Märtyrertod, weil er ihnen die endgültige Vereinigung mit ihrem wahren »Geliebten« versprach.

»Als ob es um Gott ginge!« Die Mädchen lachten. »Na, vielleicht Gott in Gestalt all der Frauen, die er mit den Augen verschlungen hat, bevor er sie wegen Sittenlosigkeit angezeigt hat. So hat er sich seinen Kick geholt. Das sind doch allesamt Perverse!«

Nassrin begann von einer Religionslehrerin an der Schule ihrer zwölfjährigen Cousine zu erzählen, die ihre Schülerinnen instruierte, sich zu verschleiern, und ihnen versprach, sie würden im Paradies ihren gerechten Lohn erhalten. Dort würden sie Ströme von Wein vorfinden und von starken, muskulösen jungen

Männern umworben werden. Wenn sie von den muskulösen jungen Männern sprach, schien ihr das Wasser im Mund zusammenzulaufen, als sähe sie sie schon vor sich wie einen besonders appetitlichen Lammbraten.

Mein schockierter Gesichtsausdruck brachte ihr Gelächter zum Verstummen. Ich hatte den jungen Märtyrer nicht gekannt und hätte ihn vermutlich nicht gemocht, aber dieser Jubel erschreckte mich doch.

Sie glaubten mir eine Erklärung schuldig zu sein. »Sie kennen ihn nicht«, sagte Mojgan. »Verglichen mit ihm ist Mr. Ghomi der reinste Engel. Er war krank, echt pervers. Wissen Sie, er hat eine Freundin von der Uni relegieren lassen. Er hat behauptet, das Stück weiße Haut, das unter dem Kopftuch gerade noch sichtbar war, errege ihn sexuell. Die Kerle waren wie Bluthunde.« Dann mischte sich Nassrin ein mit einer langen Geschichte über eine Sittenwächterin. »Ihre Leibesvisitationen waren wie sexuelle Übergriffe«, sagte sie aufgebracht. »Eines Tages hat sie Nilufar gedrückt und betatscht, bis sie hysterisch wurde. Sie werfen uns hinaus, weil wir laut lachen, aber wissen Sie, was sie mit dieser Frau gemacht haben, als man ihr auf die Schliche kam? Sie wurde verwarnt, für ein Semester relegiert, und dann war sie wieder da.«

Später erzählte ich Nassrin, dass mir bei ihren Spötteleien über den toten Studenten ein Gedicht von Bertolt Brecht durch den Kopf gegangen war. »Was sind das für Zeiten, wo / Ein Gespräch über Bäume fast ein Verbrechen ist.« Ich wünschte, ich könnte mich besser an das Gedicht erinnern, aber zwei Zeilen am Ende kann ich noch auswendig: »Ach wir, / Die wir den Boden bereiten wollten für Freundlichkeit / Konnten selbst nicht freundlich sein.«

Nassrin war einen Moment lang still. »Sie wissen nicht, wie wir gelitten haben«, sagte sie dann. »Letzte Woche hat neben unserem Haus eine Bombe eingeschlagen. Sie ist auf ein Wohnhaus gefallen. Die Nachbarn erzählten, dass in einer der Wohnungen eine Geburtstagsfeier stattgefunden hat und über zwanzig Kinder umgekommen sind. Unmittelbar nach dem Bombardement, noch ehe die Krankenwagen eingetroffen waren, sind wie aus dem Nichts sechs oder sieben Motorräder aufgetaucht und haben die Stelle umkreist. Die Fahrer waren alle schwarz gekleidet und hatten rote Tücher um die Stirn gebunden. Sie haben Parolen gerufen wie *Tod Amerika! Tod Saddam! Lang lebe Khomeini!* Die Leute waren totenstill. Sie haben sie nur voller Hass angesehen. Manche haben versucht, den Verwundeten zu helfen, aber die Schläger haben sie nicht in die Nähe der Ruine gelassen. Sie haben immer nur ›Krieg! Krieg! Bis zum Sieg!‹ gerufen. Was meinen Sie, wie wir uns gefühlt haben, als wir da gestanden und ihnen zugesehen haben?«

Es war ein Ritual: Nach den Bombeneinschlägen verhinderten diese Abgesandten des Todes jedes Zeichen von Trauer oder Protest. Als einer meiner Cousins und seine Frau von dem Islamischen Regime umgebracht wurden, riefen einige meiner Verwandten, die jetzt auf der Seite der Regierung stehen, meinen Onkel an, um ihm zum Tod seines Sohnes und seiner Schwiegertochter zu gratulieren.

Wir gingen zusammen weiter und unterhielten uns. Nassrin erzählte mir von ihrer Zeit im Gefängnis. Sie war als Schülerin durch Zufall hineingeraten. »Sie sind beunruhigt über unsere brutalen Gedanken über ›die‹«, sagte sie, »aber die meisten Geschichten, die man über das Gefängnis hört, sind wahr. Das Schlimmste war, wenn sie mitten in der Nacht Namen von Gefangenen gerufen haben. Das waren die Todeskandidaten, wir haben das gewusst. Sie haben auf Wiedersehen gesagt, und bald darauf haben wir Schüsse gehört. Wir haben genau gewusst, wie viele sie jede Nacht umgebracht haben, weil wir die einzelnen Schüsse gezählt haben, die nach dem ersten Sperrfeuer immer kamen. Ein Mädchen war dabei – ihre einzige Sünde bestand darin, dass sie so schön war. Man hatte ihr eine moralische

Verfehlung angehängt und sie ins Gefängnis gesteckt. Sie haben sie über einen Monat behalten und immer wieder vergewaltigt. Sie haben sie von einem Wächter zum nächsten weitergereicht. Die Geschichte hat im Gefängnis schnell die Runde gemacht, weil das Mädchen nicht mal eine politische Gefangene war. Sie haben die Jungfrauen mit den Wächtern verheiratet, von denen sie später exekutiert wurden. Dahinter steckte die Logik, dass sie sonst, wenn sie als Jungfrauen starben, ja in den Himmel kommen würden. Meistens haben sie diejenigen, die zum Islam ›konvertiert‹ waren, gezwungen, als Zeichen ihrer neuen Loyalität gegenüber dem Regime ihren eigenen Kameraden eine Kugel in den Kopf zu jagen. Wenn ich nicht privilegiert wäre«, sagte sie voller Bitterkeit, »wenn ich nicht mit einem Vater *gesegnet* wäre, der ihren Glauben teilt, weiß Gott, wo ich dann jetzt wäre – in der Hölle bei all den anderen missbrauchten Jungfrauen oder bei denen, die jemandem ein Gewehr an den Kopf gehalten haben, um dem Islam ihre Loyalität zu beweisen.«

23

Am 4. August 1914 machte Henry James folgenden Eintrag in sein Tagebuch: »Alles ist mir durch die schreckliche Situation im Land verdüstert. Heute ist der erste Montag im August und Bank Holiday, aber eine grausame Anspannung und die schlimmstmöglichen Entwicklungen liegen in der Luft.« James' intensive innere Anteilnahme am Ersten Weltkrieg veränderte ihn in seinen letzten beiden Lebensjahren sehr. Zum ersten Mal wurde er sozial und politisch aktiv, er, der sich sein Leben lang nach Kräften von allen irdischen Leidenschaften ferngehalten hatte. Manche seiner Kritiker, wie etwa H. G. Wells, warfen ihm seine aristokratische Lebenseinstellung vor, die ihn davon abhielt, sich aktiv am gesellschaftlichen und politischen Tagesgeschäft zu beteiligen. Er schrieb über den Ersten Weltkrieg, er habe ihn »fast umgebracht. Es war mir zuwider, dass ich immer weiter existierte, nur um etwas so Grauenhaftes und Furchtbares noch erleben zu müssen.«

Als ganz junger Mann hatte James den Amerikanischen Bürgerkrieg erlebt. Durch ein rätselhaftes Rückenleiden, das er sich beim Löschen einer brennenden Scheune zugezogen hatte, war er physisch nicht in der Lage, an einem Krieg teilzunehmen, in dem seine beiden jüngeren Bruder mutig und ehrenvoll gekämpft hatten. Psychisch hielt er sich den Krieg durch Lesen und Schreiben vom Leib. Vielleicht sollte seine frenetische Unterstützung der Briten im Ersten Weltkrieg auch seine frühere Untätigkeit kompensieren. Außerdem muss man sagen, dass der Krieg, so sehr er ihn entsetzte, durchaus auch eine Faszination auf ihn ausübte. Einem Freund schrieb er: »Aber ich habe eine gute Vorstellung vom Unglück – und betrachte das Leben als gewalttätig und finster.«

In seiner Jugend schrieb James an seinen Vater, er sei überzeugt vom »unbeständigen Gefüge der Gesellschaft. Die einzig respektable Geisteshaltung ist die, in der man unablässig seine vollständige Unzufriedenheit mit ihr äußert.« Und in seinen besten Werken tat er genau dies. In fast allen Romanen ist ein Machtkampf zentral für den Fortgang und die Auflösung des Plots. Dieser Machtkampf wurzelt in dem Widerstand der Hauptfigur gegen die gesellschaftlich akzeptablen Normen und ihrem Wunsch nach Integrität und Anerkennung. In *Daisy Miller* führt die Spannung zwischen alt und neu zu Daisys Tod. In *Die Gesandten* ist es Mrs. Newsomes fast erschreckende Macht über ihren Gesandten und ihre Familie, die die zentrale Spannung schafft. Interessanterweise repräsentiert in diesem Kampf der Gegenspieler immer die weltlichen Belange, wohingegen der Held oder die Heldin immer seine oder ihre persönliche Integrität gegen die Aggression von außen zu schützen versucht.

Als James während des Bürgerkriegs seine eigenen Fähigkeiten entdeckte, schrieb er wohl auch, um seine Unfähigkeit, physisch am Krieg teilzunehmen, zu kompensieren. Gegen Ende seines Lebens klagte er über die Ohnmacht von Worten angesichts der Unmenschlichkeit. In einem Interview vom 21. März 1915 sagte er der *New York Times*: »Der Krieg hat die Worte verbraucht; sie sind schwach geworden, sie sind abgenutzt wie Autoreifen; sie sind wie Millionen anderer Dinge in den letzten sechs Monaten heftiger strapaziert, herumgestoßen und jeglichen glücklichen Anscheins enthoben worden als in all den Jahrhunderten zuvor.«

Trotz seiner Verzweiflung wandte er sich wieder den Worten zu. Diesmal verfasste er keine Romane, sondern Kriegspamphlete, die an Amerika appellierten, in den Krieg einzutreten und die Leiden und Gräueltaten in Europa nicht tatenlos hinzunehmen. Und er schrieb bewegende Briefe. In manchen drückte er seinen Abscheu aus, in anderen tröstete er Frauen, die einen Sohn oder Ehemann im Krieg verloren hatten.

Er stürzte sich in jede Menge Aktivitäten, besuchte verwundete belgische und später britische Soldaten in Lazaretten, sammelte Geld für belgische Flüchtlinge und Verwundete und verfasste vom Herbst 1914 bis Dezember 1915 Propagandaschriften. Bei seinen Lazarettbesuchen verglich sich James gern mit Walt Whitman, der während des Bürgerkriegs Verwundete besucht hatte. Er fühle sich »weniger ausgelaugt und tatterig, wenn ich an bestimmten Tagen hingehe und den Gesprächskarren für sie den Berg hinauf ziehe«. Welche inneren Schreckensbilder und Zwänge trieben diesen Mann, der zeitlebens die Öffentlichkeit gescheut hatte, sich aktiv an den Kriegsanstrengungen zu beteiligen?

Ein Grund für sein Engagement war das Gemetzel, der Tod so vieler junger Männer, die Vertreibung und Zerstörung. Obwohl er die Verstümmelung des Lebens beklagte, hegte er eine unendliche Bewunderung für den schlichten Mut, dem er bei den jungen Kriegsteilnehmern, aber auch den Daheimgebliebenen begegnete. Im September zog James nach London: »Ich kann hören und sehen und werde durch Kontakte informiert«, schrieb er. »Ich bin allein und verzehre mich vor Kummer.« Er sprach beim amerikanischen Botschafter und anderen hohen Beamten seines Landes vor und warf ihnen ihre Neutralität vor. Und er verfasste Pamphlete für Großbritannien und seine Verbündeten.

James betonte in vielen Briefen, wie wichtig eine bestimmte Ressource für den Kampf gegen die Sinnlosigkeit des Kriegs sei. Er war sich, im Gegensatz zu vielen anderen, bewusst, was das grausige Geschehen emotional bedeutete und wie rasch es dazu führt, dass man sich gegen Mitgefühl abschottet. Diese Teilnahmslosigkeit wird sogar überlebenswichtig. Wie in seinen Romanen beharrte er auf der einen, wichtigsten Eigenschaft des Menschen – dem Gefühl – und wütete gegen »die Lähmung meines eigenen Vermögens, etwas anderes zu tun, als immer stärkere und unmäßigere Empfindungen zu haben«.

Jahre später fand ich auf einer rosa Karteikarte, die ich über den Ozean von Teheran nach Washington, D.C. gerettet hatte, zwei Zitate zu James' Kriegserfahrungen. Ich hatte sie für Nassrin aufgeschrieben, sie ihr aber nie gezeigt. Das erste stammte aus seinem Brief, den er Clare Sheridan geschrieben hatte, einer Freundin, deren Ehemann kurz nach der Hochzeit gefallen war: »Ich sehe mich nicht imstande, dir zu sagen, du solltest nicht unzufrieden und rebellisch sein«, schrieb er, »weil ich zu meinem eigenen Schaden eine starke Vorstellungskraft habe und dir nicht raten kann, nichts zu fühlen. Fühle, fühle, sage ich – fühle, so sehr es dir möglich ist, und selbst wenn es dich fast umbringt, denn das ist die einzige Art zu leben, besonders unter diesem schrecklichen Druck, und die einzige Art, diese bewundernswerten Menschen zu ehren und zu rühmen, die unser Stolz und unsere Inspiration sind.« Immer wieder beschwor er in Briefen seine Freunde, Gefühle zuzulassen. Das Gefühl würde zu Einfühlungsvermögen führen und sie daran erinnern, dass das Leben lebenswert ist.

Bemerkenswert an James' Reaktion war unter anderem die Tatsache, dass seine Gefühle nicht aus einer vaterländischen Gesinnung herrührten. Sein eigenes Land, Amerika, nahm nicht am Krieg teil. Krieg führte Großbritannien, das Land, in dem er seit vierzig Jahren lebte, um dessen Staatsbürgerschaft er sich aber in all der Zeit nicht bemüht hatte. Jetzt holte er das nach. Im Juni 1915, wenige Monate vor seinem Tod, wurde Henry James britischer Staatsbürger. Er hatte an seinen Neffen Harry geschrieben, dass er seinen bürgerlichen Stand mit seinem moralischen und materiellen Status in Übereinstimmung zu bringen wünsche. »Ohne den Krieg hätte ich sicherlich weitergemacht wie bisher, weil ich das für das Einfachste, Leichteste und sogar Freundlichste hielt, aber die Umstände sind nun vollkommen anders geworden.«

In Wahrheit hatte James, wie viele andere Schriftsteller und Künstler auch, seine eigene Loyalität und Nationalität gewählt. Seine wahre Heimat war die der Imagination. »Schwarz und grässlich ist für mich die Tragödie, die sich zusammenbraut«, schrieb er an seine alte Freundin Rhoda Broughton. An Edith Wharton schrieb er über den Zusammenbruch der Zivilisation: »Der einzige Lichtstrahl in dieser Schwärze ist für mich die Handlungsweise und absolute Einmütigkeit dieses Landes.« James' Vorstellung von Heimat war mit seiner Vorstellung von Zivilisation verknüpft. In Sussex, wo er lebte, hatte er während des Krieges kaum lesen und überhaupt nicht arbeiten können. Er schilderte seinen Zustand als Leben »unter dem Grabeshauch unserer ermordeten Zivilisation«.

Sein ganzes Leben hatte er nach Macht gestrebt – nicht nach politischer Macht, die verachtete er, sondern nach der Macht der Kultur. Kultur und Zivilisation galten ihm alles. Die größte Freiheit des Menschen war seines Erachtens die »Unabhängigkeit der Gedanken«, die den Künstler befähigte, den »Ansturm unzähliger Daseinsformen« zu genießen. Doch angesichts von so viel Blutvergießen und Zerstörung empfand er nur noch Hilflosigkeit und Ohnmacht. Seine Affinität zu England und Europa im Allgemeinen wurzelte in diesem Zivilisationsbegriff und seiner kulturellen und humanistischen Tradition. Aber jetzt hatte er auch die Verderbtheit Europas gesehen, seine Gleichgültigkeit der eigenen Vergangenheit gegenüber, seine räuberische, zynische Seite. Kein Wunder, dass er all seine Fähigkeiten und nicht zuletzt die Macht der Worte nutzte, um denen zu helfen, die er im Recht glaubte. Er war nicht unempfänglich für ihr heilsames Potential und schrieb an Lucy Clifford: »Wir müssen um Himmels willen unsere eigenen Gegenwelten schaffen.«

24

Ein paar Tage nach meinem Gespräch mit Nassrin standen vor
Seminarbeginn zwei Studentinnen vor meinem Büro. Eine war
Nassrin mit ihrem üblichen blassen Lächeln. Die andere trug ei-
nen schwarzen Tschador, der sie von Kopf bis Fuß verhüllte.
Nachdem ich die Erscheinung eine Weile angestarrt hatte, er-
kannte ich meine alte Studentin Mahtab wieder.

Sekundenlang standen wir alle drei wie erstarrt voreinander. Nassrin wirkte geistesabwesend; durch ihre Distanziertheit
schützte sie sich häufig gegen unerfreuliche Erinnerungen und die
unkontrollierbare Realität. Ich brauchte ein Weilchen, um mich an
diese neue Mahtab zu gewöhnen, um die linke Studentin in Khakihosen, die mir zuletzt auf dem Klinikgelände auf der Suche nach
ihren ermordeten Genossen begegnet war, in meinem Kopf mit
dieser Mahtab zusammenzubringen, die mit reuevollem Lächeln
vor meinem Büro stand und wiedererkannt werden wollte. Ich
machte eine ungeschickte Bewegung, als wolle ich sie umarmen,
hielt dann aber inne und fragte sie, wie es ihr in all den Jahren er-
gangen sei. Erst da fiel mir ein, dass ich sie ja in mein Büro bitten
konnte. Bis zum nächsten Seminar blieb mir nur noch wenig Zeit.

Mahtab hatte zu Nassrin Kontakt gehalten, und als sie gehört
hatte, dass ich an der Allameh lehrte, hatte sie all ihren Mut zusammengenommen und war gekommen. Ob sie am Unterricht
teilnehmen dürfe? Und danach, falls ich Zeit hätte und das kein
Problem wäre, könnte sie mir etwas mehr von sich erzählen.
Aber natürlich, sagte ich, sie solle unbedingt mitkommen.

Während meiner zweistündigen Vorlesung über James' *Washington Square* wanderte mein Blick oft zu Mahtab in ihrem

schwarzen Tschador, die sich sehr aufrecht hielt und mit einer angespannten Nervosität zu lauschen schien, die ich an ihr nicht kannte. Nach der Veranstaltung folgte sie mir ins Büro, und Nassrin trottete hinterdrein. Ich bat sie, sich zu setzen, und bot ihnen Tee an, den beide ablehnten. Ich ignorierte ihr Nein und ging hinaus, um Tee zu bestellen. Bei meiner Rückkehr schloss ich die Tür, damit wir ungestört waren. Mahtab hockte auf der Stuhlkante, während Nassrin neben ihr stand und die Wand anstarrte. Ich forderte Nassrin auf, sich auch zu setzen, weil sie mich nervös machte, und fragte Mahtab dann so beiläufig wie möglich, wie sie all die Jahre verbracht hatte.

Zuerst blickte sie mich fügsam, fast resigniert an, als habe sie meine Frage nicht verstanden. Dann begannen ihre halb unter den Falten des Tschador versteckten Finger nervös zu flattern, und sie sagte: »Na ja, ich war da, wo Nassrin war. Kurz nachdem ich Sie damals bei der Demonstration gesehen hatte, wurde ich verhaftet. Ich hatte Glück, sie gaben mir nur fünf Jahre – sie wussten, dass ich in unserer Organisation kein großes Tier war. Und dann haben sie mich vorzeitig entlassen. Ich bin wegen guter Führung zweieinhalb Jahre früher rausgekommen.«

Sie überließ es mir zu erraten, was die Leute, die sie verhaftet hatten, unter »guter Führung« verstanden. Es klopfte an der Tür, und Mr. Latif brachte den Tee. Wir schwiegen, bis er wieder gegangen war.

»Ich habe oft an Sie und unsere Seminare gedacht«, fuhr Mahtab fort. Nach den ersten Verhören war sie mit fünfzehn anderen Frauen in eine Zelle gesperrt worden. Dort hatte sie ihre Kommilitonin Razieh getroffen. Das Teetässchen in der Hand balancierend, ohne dass der Tschador verrutschte, sagte sie: »Razieh hat mir von Ihren Seminaren über Hemingway und James an der Alsarah erzählt und ich ihr von unserem Gatsby-Prozess. Wir haben viel gelacht. Sie wurde hingerichtet, wissen Sie. Ich habe Glück gehabt.«

Knapp ein Jahr nach ihrer Entlassung aus dem Gefängnis hatte Mahtab geheiratet und ein Kind bekommen. Sie erwartete das zweite. War im dritten Monat schwanger. »Unter dem Tschador sieht man das nicht«, sagte sie und deutete schüchtern auf ihren Bauch.

Mir fiel nichts ein, was ich sie über meine ermordete Studentin hätte fragen wollen. Ich wollte nicht wissen, wie sie in ihrer Zelle gelebt, welche anderen Erinnerungen sie geteilt hatten. Ich hatte das Gefühl, wenn ich es erführe, würde ich etwas Dummes tun und mein Nachmittagsseminar nicht halten können. Ich fragte sie nach dem Alter ihres Kindes, aber nicht nach ihrem Mann. Konnte ich ihr meine Lieblingsfrage stellen: Habt Ihr Euch ineinander verliebt? Ich hatte von so vielen Mädchen gehört, die kurz nach ihrer Entlassung aus dem Gefängnis geheiratet hatten, weil das den Argwohn ihrer »Kerkermeister« beschwichtigte, die die Ehe für eine Art Gegengift gegen politische Aktivitäten hielten, oder um ihren Eltern zu beweisen, dass sie jetzt »gute« Mädchen waren, oder auch schlichtweg, weil ihnen nichts anderes übrig blieb.

»Wissen Sie, ich fand *Gatsby* immer so schön«, sagte Mahtab, als sie aufstand. »Und die Szene, die sie uns über den Tag vorgelesen haben, an dem sich Daisy und Gatsby zum ersten Mal nach fünf Jahren wiedersehen und ihr Gesicht vom Regen nass ist. Und die andere Szene, wo sie ihm sagt, dass er kühl blickt und damit meint, dass sie ihn liebt. Die Gatsby-Gerichtsverhandlung hat uns wirklich Spaß gemacht, wissen Sie das?« Ja, das wusste ich. Dass sie sich an Gatsby erinnerte und sogar an den Spaß, den sie mit ihm gehabt hatte, hätte mir unter anderen Umständen geschmeichelt, aber jetzt musste ich daran denken, dass die Freude an Gatsby nun für immer getrübt sein würde, weil sie in meinen Gedanken mit dem Gefängnis und Raziehs Hinrichtung verknüpft war.

Als die beiden weg waren, musste ich das Fenster öffnen. Ich brauchte frische Luft. Ich sah in den Garten hinunter, wo der

Schnee den Bäumen schmeichelte. Mahtab hatte eine Schwere hinterlassen, eine greifbare Atmosphäre von Leid und Resignation. Hatte sie Glück gehabt – sie, die entlassen und mit irgendeinem Mann verheiratet worden war, die sich jeden Monat beim Gefängnisaufseher melden musste, deren Heimatstadt in Ruinen lag und die ein zweijähriges Kind hatte? Sie hatte Glück gehabt, und Razieh war tot. Auch Nassrin hatte von Glück gesprochen; meine Studentinnen hatten eine merkwürdige Vorstellung von Glück entwickelt.

Das zweite Zitat von James auf der rosa Karteikarte beschreibt seine Reaktion auf den Tod des schönen, jungen englischen Dichters Rupert Brooke, der während des Kriegs an einer Blutvergiftung starb. »Ich gestehe, dass mir keine Philosophie, keine Frömmigkeit, keine Geduld, keine Kunst der Reflexion und keine Theorie der Kompensation zu Gebote steht, womit ich auf so schreckliche, grausame und wahnsinnige Geschehnisse reagieren könnte, sie sind für mich so unaussprechlich furchtbar und nicht wiedergutzumachen, dass ich sie mit zornigen und fast blinden Augen anstarre.«

Neben diese letzten Worte hatte ich später mit Bleistift geschrieben: Razieh.

25

Welche seltsamen Orte meine Studentinnen kennenlernten! Aus welchen obskuren Ecken sie mir Neuigkeiten brachten! Ich konnte mich nicht dorthin begeben, und nicht einmal jetzt könnte ich es, sooft ich auch von ihnen höre. Die Zelle, in der Razieh und Mahtab fast fröhlich über James und Fitzgerald sprachen, ungewiss, ob sie überleben oder sterben würden, war wahrlich nicht der Ort, den ich mir für sie und meine Lieblingsromane gewünscht hatte, meine wertvollen Sendboten aus jener anderen Welt. Ich denke an Razieh im Gefängnis, an Razieh vor dem Exekutionskommando, vielleicht in derselben Nacht, in der ich *Der lange Abschied* und *Die Damen aus Boston* las.

Was mich damals wie heute am meisten überraschte, war Raziehs Begeisterung für James. Ich erinnere mich gut an das Seminar, das ich an der Alsarah-Universität hielt, und seine Tücken. Diese sogenannte Universität unterschied sich dadurch, dass dort nur Mädchen unterrichtet wurden. Sie lag auf einem kleinen Campus mit einer schönen, schattigen Parkanlage, und ich hielt dort im ersten Jahr nach meiner Rückkehr zwei Seminare, während ich gleichzeitig an der Universität Teheran unterrichtete. Bei der Benotung ihrer Halbjahresprüfungen stellte ich schockiert fest, dass die meisten Studentinnen, statt auf meine Fragen zu antworten, einfach meine Vorlesungen wortwörtlich wiedergegeben hatten. In vier Fällen war es besonders frappierend. Sie hatten meine Erläuterungen zu dem Roman *In einem anderen Land* offenbar Wort für Wort mitgeschrieben, sogar mein »wie Sie wissen« und meine Randbemerkungen über

Hemingways Privatleben. Ihre Klausuren kamen mir vor wie eine bizarre Parodie meiner eigenen Vorlesungen.

Ich nahm an, sie hätten gemogelt; es schien mir unfassbar, dass sie meine Worte ohne Spickzettel so genau wiedergeben konnten. Meine Kolleginnen jedoch klärten mich auf, dass das so üblich war: Die Studentinnen lernten auswendig, was die Dozentinnen sagten, und gaben es wortgetreu wieder.

In der nächsten Seminarsitzung machte ich meinem Ärger Luft. Es kam nicht häufig in meiner Laufbahn vor, dass ich so wütend wurde und daraus vor meinen Studenten keinen Hehl machte, aber diesmal war es so weit. Ich war jung und unerfahren und glaubte, bestimmte Grundsätze verstünden sich von selbst. Ich erklärte ihnen, es wäre mir lieber, wenn sie geschummelt hätten – wenigstens erfordere das ein gewisses Maß an Erfindungsgabe –, aber meine Worte einfach nur wiederzugeben und keine Spur von Eigenständigkeit erkennen zu lassen … Ich redete mich in Rage und wurde immer selbstgerechter. Es war die Art von Zorn, die einen beschwingt, mit der man Freunde und Verwandte beeindrucken kann.

Alle schwiegen, selbst die, die sich nichts hatten zu schulden kommen lassen. Ich entließ sie vorzeitig, und die Missetäterinnen und ein paar andere blieben noch da, um sich zu rechtfertigen. Sie brachten ihre Erklärungen in artigem Ton vor. Sie entschuldigten sich, sie wüssten es nicht besser, sie hatten doch nur gemacht, was die meisten Professoren von ihnen erwarteten. Zwei brachen in Tränen aus. Was sollten sie denn tun? Sie hatten es nicht besser gelernt. Seit dem ersten Tag in der Grundschule mussten sie auswendig lernen. Man hatte ihnen gesagt, ihre Meinung zähle nicht.

Razieh blieb, bis alle gegangen waren. Dann sagte sie, sie wolle mit mir sprechen. »Es ist nicht ihr Fehler«, begann sie, »ich meine, klar, irgendwie schon, aber ich dachte immer, Ihnen läge etwas an uns.« Ihr vorwurfsvoller Ton verblüffte mich. Wäre ich so wütend geworden, wenn mir nichts an ihnen läge? »Ja, das ist der einfache Weg«, sagte sie ruhig. »Aber Sie müssen überlegen, woher wir kommen. Die meisten dieser Mädchen sind nie für irgendetwas gelobt worden. Man hat ihnen nie gesagt, dass sie zu etwas gut sind oder selbständig denken sollen. Und nun kommen Sie daher und werfen ihnen vor, dass sie Prinzipien verraten, die man ihnen nie beigebracht hat. Sie hätten es besser wissen müssen.«

Da stand sie vor mir, ein zierliches Mädchen, meine Studentin, und hielt mir eine Predigt. Sie konnte nicht älter sein als zwanzig, aber irgendwie schaffte sie es, Autorität auszustrahlen, ohne dabei unverschämt zu wirken. Sie lieben dieses Seminar, sagte sie. Sie haben sogar Catherine Sloper lieb gewonnen, obwohl sie nicht hübsch ist und nichts von dem hat, was sie bei einer Heldin suchen. In diesen revolutionären Zeiten, erwiderte ich, ist es nicht verwunderlich, wenn Studentinnen sich nicht besonders für die Probleme eines unansehnlichen, reichen, amerikanischen Mädchens aus dem 19. Jahrhundert interessieren. Aber Razieh protestierte vehement. Nein, sagte sie heftig, in diesen revolutionären Zeiten interessieren sie sich um so mehr dafür. Ich weiß nicht, warum wohlhabende Leute immer glauben, dass die, denen es weniger gut geht, nicht auch schöne Dinge haben wollen – schöne Musik, gutes Essen oder Henry James.

Sie war ein zartes Mädchen, zart und dunkel. Ihre Ernsthaftigkeit muss ihren fragilen Körper belastet haben. Aber sie war nicht kraftlos; wie eine so zerbrechlich wirkende Person einen solchen Eindruck von Festigkeit vermitteln konnte, ist mir schleierhaft. Razieh. Ich weiß ihre Nachnamen nicht mehr, aber ihre Vornamen kann ich nennen, ohne mir um ihre Sicherheit Sorgen machen zu müssen, denn sie ist tot. Welche Ironie, dass ich nur bei Toten die richtigen Namen verwenden kann. Sie wurde von ihren Mitstudentinnen geachtet, und ihre Meinung zählte bei Mädchen aus beiden ideologischen Lagern. Sie war ein aktives Mitglied der

Mudschaheddin, aber deren Parolen und Phrasen sah sie durchaus kritisch. Sie hatte keinen Vater, und ihre Mutter verdiente den Lebensunterhalt als Putzfrau. Sowohl Razieh als auch ihre Mutter waren sehr religiös, und sie fühlte sich durch ihren Glauben mit den Mudschaheddin verbunden; für die Islamisten, die die Macht an sich gerissen hatten, hatte sie nur Verachtung übrig.

Razieh war ungeheuer empfänglich für alles Schöne. Sie sagte: Ich habe mein ganzes Leben in Armut verbracht. Ich musste Bücher stehlen und mich heimlich ins Kino schleichen – aber ich habe diese Bücher so geliebt! Ich konnte übersetzte Bücher aus den Häusern ausleihen, in denen meine Mutter geputzt hat, und ich glaube, kein reiches Kind war je so vernarrt in *Rebecca* oder *Vom Winde verweht* wie ich. Aber James – er ist so anders als alle anderen Schriftsteller, die ich kenne. Ich glaube, ich bin verliebt, fügte sie lachend hinzu.

Razieh war voller Widersprüche. Sie war unerbittlich und zielstrebig, streng und zäh und doch las und schrieb sie leidenschaftlich gern. Sie wolle nicht schreiben, sagte sie, sondern unterrichten. Schriftlich konnte sie sich nicht so gut artikulieren. Sie sagte: Wir beneiden Menschen wie Sie und wollen sein wie Sie, aber wir können es nicht, deshalb vernichten wir Sie.

Nach dem Ende meiner Dozentur an diesem College sah ich sie nur noch einmal. Ich glaube, sie empfand meinen Wechsel an die Universität Teheran als Verrat. Ich bat sie, mein Seminar zu besuchen und mit mir in Kontakt zu bleiben. Sie kam nie.

Einige Monate nach den blutigen Demonstrationen vom Sommer 1981 ging ich in der Nähe der Universität eine breite, sonnige Straße entlang, als ich aus der anderen Richtung eine kleine Gestalt in einem schwarzen Tschador kommen sah. Sie fiel mir überhaupt nur auf, weil sie ein paar Sekunden wie angewurzelt stehenblieb. Es war Razieh. Sie grüßte nicht, und ich las in ihren Augen Ablehnung und die Bitte, nicht erkannt zu werden. Wir wechselten nur diesen kurzen Blick und gingen weiter. Ich werde

diesen Blick nie vergessen und auch nicht ihren schlanken, kleinen Körper, ihr schmales Gesicht und die großen Augen, die zu
einer Märchenfigur gepasst hätten, einer kleinen Eule oder einem
Kobold.

26

Ich drückte noch einmal auf den Klingelknopf an seiner Haustür, aber wieder regte sich nichts. Ich trat einen Schritt zurück und sah zu den Wohnzimmerfenstern hinauf: Die cremefarbenen Vorhänge waren zugezogen. Wir hatten uns für den Nachmittag verabredet, danach sollte Bijan mich abholen, denn wir waren bei Freunden zum Essen eingeladen. Ich überlegte gerade, wo ich telefonieren könnte, als ein Nachbar mit einer Tüte Obst erschien, die Haustür aufschloss und mich mit einem freundlichen Lächeln hereinbat. Ich dankte ihm und rannte die Treppe hoch. Seine Wohnungstür stand offen, aber auf mein mehrfaches Rufen antwortete niemand, und so trat ich ein.

Die Wohnung war tiptop aufgeräumt, alles war an seinem Platz: der Schaukelstuhl, der Kelim, die säuberlich zusammengefaltete Tageszeitung lag auf dem Tisch, das Bett war gemacht. Ich wanderte von Zimmer zu Zimmer und suchte nach einem Anzeichen von Unordnung, einem Hinweis darauf, dass etwas anders war als sonst. Die Wohnungstür stand offen. Also musste er weggegangen sein, um etwas zu holen – Kaffee oder Milch vielleicht – und die Tür für mich offen gelassen haben. Was sonst konnte seine Abwesenheit erklären? Was denn nur? Waren sie gekommen, um ihn abzuholen? Hatten sie ihn mitgenommen? Als sich dieser Gedanke einmal festgesetzt hatte, war er nicht mehr zu vertreiben. Er kreiste mir immer wieder im Kopf herum: Sie haben ihn abgeholt, sie haben ihn abgeholt, sie haben … Es war nicht so abwegig und schon ein paar Male vorgekommen. Einmal hatte die Wohnungstür eines Schriftstellers offen gestanden, und seine Freunde hatten auf dem Küchentisch noch die Frühstücksreste vorgefunden: verschmiertes Eigelb, ein Stück Toast, Butter, Erdbeermarmelade, ein halbleeres Teeglas. Jeder Raum schien von einer unvollendeten Handlung zu künden – im Schlafzimmer ein ungemachtes Bett, im Arbeitszimmer verstreute Bücher, überall auf dem Boden und dem Sessel, auf dem Schreibtisch ein offenes Buch, eine Brille. Zwei Wochen später erfuhren sie, dass er von der Geheimpolizei verschleppt und verhört worden war. Diese Verhöre waren aus unserem Alltag kaum noch wegzudenken.

Aber warum? Warum hätten sie ihn holen sollen? Er gehörte weder einer politischen Gruppierung an, noch schrieb er flammende Aufrufe. Aber er hat so viele Freunde ... Woher wollte ich wissen, ob er nicht heimlich in irgendeine politische Aktivität verwickelt war oder im Untergrund eine Guerilla-Gruppe führte? Der Gedanke schien absurd, aber eine absurde Erklärung war immer noch besser als keine; ich musste einen Grund für die plötzliche Abwesenheit eines Mannes finden, der seine Gewohnheiten liebte, sich seiner Verpflichtungen bewusst war, immer fünf Minuten zu früh zu Verabredungen erschien, einem Mann, der – so fiel mir plötzlich auf – bewusst aus seiner täglichen Routine ein Bild von sich geschaffen hatte, gewissermaßen Brotkrumen für uns ausstreute, denen wir folgen konnten.

Ich ging zum Telefon, das neben der Couch stand. Sollte ich seinen besten Freund Reza anrufen? Aber dann würde er sich auch Sorgen machen – lieber noch warten; vielleicht kam er ja bald. Und wenn sie zurückkommen und mich hier finden? Hör auf, hör auf!

Warte einfach ab, er ist sicher jede Minute zurück. Ich sah auf die Uhr. Es ist erst eine Dreiviertelstunde vergangen. Erst? Ich warte noch eine halbe Stunde, dann unternehme ich etwas.

Ich ging zum Bücherregal und ließ meinen Blick über die Reihen mit Büchern schweifen, die nach Thema und Titel geordnet waren. Ich nahm eines heraus und stellte es wieder zurück. Dann fiel mein Blick auf ein Buch über Literaturkritik, und gleich darauf bemerkte ich Eliots *Vier Quartette*. Ja, keine schlechte Idee. Ich schlug es so auf, wie wir immer Hafis aufgeschlagen hatten: indem wir die Augen schlossen, unsere Frage stellten und den Zeigefinger blind irgendwo liegen ließen. Die Seite, die ich aufgeschlagen hatte, begann mit den Worten »Auf dem steten Punkt der kreisenden Welt. / Weder Fleisch noch Geist; / Weder fort von ihm noch zu ihm hin; / Am steten Punkt ist der Tanz«.

Ich klappte das Buch zu und ließ mich erschöpft auf die Couch fallen.

Das Telefon klingelte. Wenn das ein Freund ist, legt er nach dem dritten Klingeln auf. Und wenn nicht? Wenn er es ist? Er hat die Tür offen gelassen, er hat mich zu Hause angerufen, und als niemand da war, versucht er es jetzt hier. Aber warum hat er dann keine Nachricht hinterlassen? Ich hätte das garantiert vergessen, so schusselig wie ich war, aber er nicht – er hätte daran gedacht. Aber was, wenn er keine Zeit hatte zu schreiben oder nicht schreiben konnte? Wenn sie ihn abgeholt hatten, hätte er dann gesagt: Warten Sie, lassen Sie mich noch eine Nachricht für diese Freundin von mir schreiben, die Sie dann später hier abholen können? »Liebe Azar, tut mir leid, ich konnte nicht auf dich warten. Bleib wo du bist, ich bin bald zurück.«

Plötzlich erfasste mich Panik. Ich muss Reza anrufen, dachte ich. Lieber ihn anrufen, als vor Sorge sterben. Vier Augen sehen mehr als zwei und so weiter. Ich rief Reza an und erklärte die Situation. Er redete beschwichtigend auf mich ein, aber hörte ich da nicht wachsende Besorgnis durch seine beruhigenden Worte hindurch? »Gib mir eine halbe Stunde«, sagte er, »ich komme.«

Sobald ich den Hörer aufgelegt hatte, bereute ich den Anruf. Wenn etwas Schlimmes passiert ist, warum jemand anderen mit hineinziehen, und wenn alles in Ordnung ist … Ich holte mir wieder die *Vier Quartette* und fing diesmal auf der ersten Seite zu lesen an, die Zeilen, die ich mir immer laut vorgelesen hatte, als ich im College zum ersten Mal mit Eliot Bekanntschaft machte:

Jetzige Zeit und vergangene Zeit
Sind vielleicht gegenwärtig in künftiger Zeit
Und die künftige Zeit enthalten in der vergangenen.
Ist aber alle Zeit ewige Gegenwart,
Wird alle Zeit unwiderrufbar.

Wie hatte ich nur früher jedes Mal diesen Punkt über die Unwiderrufbarkeit der Gegenwart überlesen können? Ich las laut weiter und ging dabei im Kreis herum:

Was hätte sein können ist ein abstrakter Begriff
Und bleibt als stete Möglichkeit bestehn
Nur in der Welt spekulativen Denkens.
Was hätte sein können und was wirklich war,
Weisen auf ein, stets gegenwärtiges, Ende.

Jetzt kam meine Lieblingsstelle, und ich war den Tränen nahe:

In der Erinnerung widerhallen Schritte
Den Gang entlang, den wir niemals beschritten,
Gegen das Tor hin, das wir nie geöffnet
In den Rosengarten. So hallen meine Worte
Wider in dir.
Doch wozu es dient
Den Staub von trockenen Rosenblättern aufzustöbern
Das weiß ich nicht.

Als ich die letzten beiden Zeilen las, bemerkte ich zu meiner Bestürzung, dass mir die Tränen über die Wangen liefen. Dann endlich kam der Freund. Ich ließ ihn herein und fühlte mich sofort getröstet, weil ich meiner Nervosität und Furcht freien Lauf lassen konnte. Er hielt meine Hand und tätschelte mir den Rücken. Keine Sorge, sagte er. Er ist ein verrückter Kerl – vielleicht musste er zu einer Krisensitzung der Redaktion. Er ist schon manchmal tagelang abgetaucht. Aber wenn er am Vortag einen Termin vereinbart? Hätte er nicht einen Zettel hinterlassen können? Nach einer Weile setzten wir uns auf die Couch, hielten uns an der Hand, fühlten uns verlassen und einander nahe in unserer Besorgnis und Angst.

Wir sahen nicht, wie die Tür aufging, wir hörten nur den Schlüssel im Schloss. Er kam herein, und seine ersten Worte waren: Es tut mir so leid! Ich war mit Kid weg. Er war sehr blass, und seine hoch gewölbten Augenbrauen schienen sich gesenkt zu haben. In seine Müdigkeit mischte sich Bedauern, als er erkannte, welche Ängste wir seinetwegen ausgestanden hatten. Du hättest dich wenigstens verhaften lassen können oder mit deinen Befragern zurückkommen, protestierte ich matt. Du warst mit Kid unterwegs, sagst du?

Kid war sein Spitzname für einen erwachsenen Mann, der als achtzehnjähriger Schüler im Jahr der Revolution bei ihm ein Seminar belegt hatte. Mein Zauberer mochte Kid sehr; der junge Mann wollte Medizin studieren, war aber auch von seinem Vortrag über Aischylos und Chaplin fasziniert. Er bestand die Aufnahmeprüfung mit Bravour, bekam aber keinen Studienplatz, weil er sich zu den Baha'i bekannte. Unter dem Schah waren die Baha'i geschützt und angesehen – eine der Sünden, die man dem Schah nie verzieh. Nach der Revolution wurden ihre Besitztümer konfisziert und ihre Anführer ermordet. Baha'i hatten unter der neuen islamischen Verfassung keine Rechte, sie wurden von den Schulen, Universitäten und Arbeitsplätzen ausgeschlossen.

Kid hätte ohne Weiteres, wie so viele andere, eine Anzeige in die Zeitung setzen und abstreiten können, dass er je zu dieser dekadenten, imperialistischen Sekte gehört hatte, er hätte sich von seinen Eltern – die zum Glück in Europa und damit in Sicherheit waren – lossagen und behaupten können, irgendein Ajatollah habe ihn bekehrt. Mehr wäre nicht nötig gewesen, und alle Türen hätten sich ihm geöffnet. Doch er bekannte sich auch weiter zu den Baha'i, obwohl er nicht einmal ein praktizierendes Mitglied war und keine religiösen Neigungen hatte. Dadurch versperrte er sich selbst eine womöglich brillante Karriere als Mediziner, denn er wäre zweifellos ein hervorragender Arzt geworden.

Jetzt lebte er bei seiner alten Großmutter und jobbte, aber er behielt keine Stelle lange. Zur Zeit arbeitete er in einer Apotheke, was seinem Berufswunsch wenigstens annähernd entsprach. Ich hatte ihn nie kennengelernt, aber viel von ihm gehört, von seinem umwerfend guten Aussehen, seiner Liebe zu einer jungen Muslimin, die ihn bald verlassen und einen reichen älteren Mann heiraten würde und sich später als verheiratete Frau wieder mit ihm treffen wollte.

Kid hatte kurz vor dem Mittagessen angerufen. Seine kranke Großmutter war gestorben, und er hatte sich mit erstickter Stimme vom Krankenhaus gemeldet. Was er denn jetzt tun solle, hatte er immer wieder gefragt. Und so war mein Zauberer in aller Eile aufgebrochen, im Glauben, er würde lange vor meinem Besuch wieder zurück sein.

Kid hatte ihn vor dem Krankenhaus erwartet, neben einer sanftmütigen, willenlosen Frau, seiner Tante. Kid war fast in Tränen ausgebrochen, aber vor einem gottähnlichen Mentor zu weinen, kam nicht in Frage, also hatte er sich zusammengerissen und mit seinen trockenen Augen schlimmer ausgesehen, als wenn ihm die Tränen über die Wangen gelaufen wären. Es gab keine Grabstätten für die Baha'i; das Regime hatte den Baha'i-Friedhof in den ersten Revolutionsjahren zerstört und die Gräber mit dem Bulldozer plattgewalzt. Angeblich war der Friedhof in einen Park oder Spielplatz umgewandelt worden. Später fand ich heraus, dass darauf ein Kulturzentrum entstanden war, Bakhtaran genannt. Was tun, wenn die Großmutter starb und es keinen Friedhof gab?

Ich stand auf und wanderte im Zimmer herum. Setz dich, sagte mein Zauberer und deutete auf den Platz neben sich auf der Couch. Setz dich und sei still. Zappele nicht so – ja, so ist es gut. Kann ich kurz telefonieren, bevor du weiter erzählst? fragte ich. Ich rief Bijan an und sagte, er solle schon ohne mich zu unseren Freunden gehen, ich würde später nachkommen. Als ich mich wieder setzte, sagte Reza gerade: Es ist schon erstaunlich, wie zwanghaft sie nicht nur von den Lebenden, sondern auch von den Toten Besitz ergreifen. Am Anfang der Revolution hatte der oberste Staatsanwalt Reza Schahs Grab niederwalzen lassen. Das Monument wurde zerstört und an seiner Stelle eine öffentliche Toilette gebaut – die er selbst einweihte, indem er hineinpinkelte.

Kid hatte sich also von einem Freund ein Auto geliehen und stand nun da mit seiner schniefenden Tante. Mein Zauberer konnte sich nicht einfach aus dem Staub machen und hatte trotz Kids heftiger Proteste beschlossen, sich gemeinsam mit den beiden um den Leichnam zu kümmern. Dann war ich ihm eingefallen, und er hatte mich zu Hause zu erreichen versucht – vergeblich. Nein, ein Anruf bei Reza oder einem anderen Freund war ihm nicht in den Sinn gekommen.

Das Krankenhaus übergab ihnen die Leiche in ein weißes Laken gewickelt. Die beiden Männer packten jeder ein Ende und verstauten sie im Kofferraum. Dann fuhren sie zu einem Parkgelände außerhalb von Teheran. Sie hatten Angst, angehalten zu werden – was hätten sie den Milizen erzählen sollen? Wie hätten sie sie davon abbringen sollen, den Kofferraum zu öffnen? Kid machte sich Sorgen wegen des Autos. Es gehörte schließlich einem Freund, und er wollte keine Unschuldigen in die Sache verwickeln. Unschuldige! rief mein Zauberer aus. Kannst du dir vorstellen, dass sich jemand schuldig fühlt, nur weil er seine Großmutter irgendwo begraben will? Von einem anständigen Begräbnis kann sowieso nicht die Rede sein!

Ich wollte ihn berühren, aber das Erlebnis entzog ihn unserem Einflussbereich: Er saß im Geiste noch in diesem Auto und fuhr auf den Park zu. Immer wieder gab es solche Situationen, in denen man sich schwer tat, seinem Mitgefühl Ausdruck zu geben. Was sagt man zu jemandem, der einem von der Vergewaltigung und Ermordung junger Mädchen erzählt – es tut mir so leid, ich fühle mit Ihnen? Mein Zauberer und Nassrin waren Menschen, die kein Mitleid wollten; sie erwarteten von uns, dass wir verstanden und angemessen auf ihren Kummer reagierten. Bei ihm war es natürlich schlimmer: Er empfand Schuld und Wut.

Sie fuhren auf derselben Schnellstraße wie so oft in Richtung Kaspisches Meer. Die Felder, Bäume und Landschaft glitten vorbei, und die Tante sagte kein Wort; sie saß stumm auf dem Rücksitz, nur ab und zu hörte man sie aufschluchzen und sich schnäuzen. Auch zwischen den beiden Männern kam kein richtiges Gespräch zustande; sie machten halbherzig Smalltalk über die Oscarverleihung vom letzten Jahr.

Das Parkgelände sah aus wie jedes andere; hinter den Lehmziegelmauern ragten hohe Bäume auf. Sie hupten. Ein alter Mann öffnete das Tor und ließ sie ein. Er zeigte ihnen einige Grabstätten mit Grabsteinen; zwei Gräber waren frisch ausgehoben. Die Angehörigen der Toten mussten ein letztes Ritual vollziehen, bei dem sie den Leichnam wuschen und in Leinen einwickelten. Kid und seine Tante verschwanden in einem kleinen Gebäude, und mein Zauberer blieb mit einem Bund Narzissen, den sie unterwegs gekauft hatten, draußen sitzen. Alles andere ging ganz schnell, fast wie im Traum: Sie legten den Leichnam in ein Grab, warfen Erde darüber, blieben eine Weile neben dem frische Grabhügel stehen und legten die Blumen darauf. Kid bezahlte den alten Mann. Sie stiegen wieder ins Auto, fuhren zu seiner Wohnung – und hier bin ich und stehe zu Diensten, sagte er. In dem Blick, mit dem er mich bedachte, glomm plötzlich Freundlichkeit auf. Und ich entschuldige mich, sagte er. Wie gedankenlos von mir, dass ich nicht daran gedacht habe, was du empfinden würdest.

Wir blieben noch ein Weilchen sitzen, dann muss ich wohl aufgestanden sein und ihn gebeten haben, mir ein Taxi zu rufen. Als es klingelte, dauerte es länger, bis ich Umhang und Kopftuch angelegt, meine Handtasche gefunden und mich verabschiedet hatte. Über den Grund meines Besuchs hatten wir nicht gesprochen – er spielte jetzt auch keine Rolle mehr. Natürlich würde es ein Morgen geben, und ich würde wieder anrufen und einen neuen Besuch vereinbaren und wir würden uns unterhalten. Vorläufig küsste ich beide auf die Wange, dankte Reza und eilte die Treppen hinunter zu dem wartenden Auto.

27

Zwei Tage bevor der erste Waffenstillstand im »Krieg der Städte« verkündet wurde, kamen abends ein paar Freunde vorbei, um sich mit uns John Fords *Mogambo* anzuschauen. Mr. Forsati brachte mir inzwischen regelmäßig Videos. Eines Tages war er mir mit einem kleinen Päckchen bis zu meinem Büro gefolgt. Darin war eine Kassette mit dem Film *Big*. Von da an brachte er mir laufend Filme, meist zweit- oder drittklassige amerikanische Produktionen. Es hieß, die Islamisten bekämen sie von den Matrosen, die am Golf ihren Dienst versahen, verbotene Filme ansehen durften und sie an Land schmuggelten. Nach einer Weile begann ich Wünsche zu äußern. Ich bat um Klassiker wie *Jules und Jim* oder *Modern Times* oder Filme von Howard Hawks, John Ford, Buñuel und Fellini. Diese Namen waren ihm neu, und anfangs hatte er Mühe sie aufzutreiben, vielleicht weil sie für die Seeleute kaum von Interesse waren. Eines Tages brachte er mir *Mogambo*. Es sei ein Geschenk, sagte er. Er hatte nie gedacht, dass er sich in einen alten Film verlieben würde, aber jetzt war es passiert, und er hatte das Gefühl, ich würde ihn auch mögen.

In der Nacht war die gesamte Stadt wegen eines Stromausfalls mehrere Stunden lang ins Dunkel getaucht. Wir saßen bei Kerzenlicht beisammen, unterhielten uns und tranken Vishnovka, einen selbstgemachten Kirschwodka, als einige entfernte Explosionen unser ruhiges Gespräch ins Stocken brachten. In der nächsten Nacht hieß es, der Irak würde einen Waffenstillstand akzeptieren, wenn er die letzte Rakete abfeuern könne. Es war ein kindisches Spiel – am meisten zählte, wer das letzte Wort hatte.

Der Waffenstillstand hielt nur zwei Tage. Viele hatten sich eine etwas längere Ruhepause erhofft und waren nach Teheran zurückgekehrt. Die Geschäfte hatten wieder länger geöffnet, und in den Straßen drängten sich Menschen, die ihre Neujahrseinkäufe erledigten. Wenige Stunden vor dem vorzeitigen Ende des Waffenstillstands schloss ich mit einer Freundin eine Wette ab, wie lange er wohl andauern würde. Solche Wetten waren gang und gäbe. Wir wetteten, wann, wo und wie viele Raketen die Stadt treffen würden. Das half gegen die Anspannung, so kläglich manche unserer »Siege« auch ausfallen mochten.

Am Montag Abend um halb elf Uhr schlugen wieder die ersten Bomben ein. Am frühen Dienstag morgen hatten sechs Raketen Teheran getroffen. Viele, die gerade erst zurückgekehrt waren, packten gleich wieder ihre Sachen. Die plötzliche Stille über der Stadt wurde immer wieder von Militärmärschen unterbrochen, die aus Moscheen, Regierungsgebäuden, Häusern des Revolutionskomitees und Privathäusern dröhnten. Zwischendurch ertönten »wichtige Ansagen« über Raketenangriffe auf Bagdad und neue Siege über den »imperialistisch-zionistischen Feind«. Wir sollten diese Siege des »Lichts über die Dunkelheit« bejubeln und uns mit dem Gedanken trösten, dass es den Irakis auch nicht besser erging als uns.

28

Die Universitäten wurden vor dem iranischen Neujahr am 21. März 1988 geschlossen und blieben es bis zum Waffenstillstand. Die Leute waren müde geworden und nahmen die Erlasse der Regierung gleichgültig zur Kenntnis. Hochzeiten und Partys fanden trotz Milizen und Revolutionsgarden statt. Die schwarz gekleideten Männer auf den Motorrädern – die Gehilfen des Todes, wie sie von manchen genannt wurden – verschwanden von den Schauplätzen der Bombeneinschläge, wo die Menschen zunehmend ihre Verzweiflung und Wut hinausschrien und Saddam und unser eigenes Regime verfluchten. Das tägliche Leben kam fast zum Erliegen, und wir suchten immer stärker Ablenkung durch Aktivität. Wanderungen in den Bergen um Teheran oder lange Spaziergänge wurden zu festen Programmpunkten in unserem Alltag, bei denen viele neue, wenn auch selten dauerhafte Freundschaften entstanden.

Der irakische Diktator war zu einer festen Größe geworden, fast so vertraut wie Khomeini, denn er beherrschte unser Leben fast ebenso sehr. Seine immense Macht über unser Schicksal machte ihn allgegenwärtig. Keine wichtige Entscheidung konnte getroffen werden, ohne dass wir ihn und seine zukünftigen Winkelzüge berücksichtigten. Sein Name fiel häufig und beiläufig. Er tauchte in Kinderspielen auf, und sein gegenwärtiges und zukünftiges Tun und Lassen waren ein beliebtes Gesprächsthema.

Wegen der unablässigen, zielgerichteten Bombardierung der Großstädte und besonders Teherans musste das Regime seine Zügel lockern. Zum ersten Mal sah man weniger Revolutionswächter und -komitees; die Sittenpolizei hatte sich fast ganz aus den Straßen zurückgezogen. Zu einer Zeit, da Teheran tiefe Trauer trug, konnte es sich von seiner fröhlichsten Seite zeigen. Immer mehr Frauen mieden die vorgeschriebenen dunklen Farben und legten ihre farbigsten Kopftücher an; viele schminkten sich, und unter den langen Überkleidern blitzten Nylonstrümpfe vor. Man feierte Partys mit Musik und Alkohol, ohne sich besonders vor Polizeirazzien in acht zu nehmen und die örtlichen Komitees bestechen zu müssen.

Der eine Ort, den das Regime unter Kontrolle zu halten versuchte, war ausgerechnet das Reich der Phantasie. Im Fernsehen liefen unzählige Dokumentarfilme über die beiden Weltkriege. Während die fast leeren Straßen von Teheran immer belebter und bunter wurden, sahen wir hungrige Londoner Bürger, die Mülltonnen durchstöberten oder sich in Luftschutzkellern zusammendrängten. Man zeigte uns, wie die Menschen in Stalingrad und Leningrad die lange Belagerung ihrer Städte überlebt hatten, indem sie das Fleisch ihrer Kameraden aßen. Das alles sollte nicht nur einen zunehmend unpopulären und verzweifelten Krieg rechtfertigen, dessen Beendigung das Regime nicht in Betracht ziehen wollte, bis es den ganzen Irak »befreit« hatte, es sollte auch eine unruhige Bevölkerung einschüchtern und im Zaum halten, indem uns ein noch größeres Unglück vor Augen geführt wurde und wir alle daran erinnert wurden, dass es im Westen auch nicht immer nur rosige Zeiten gegeben hatte.

Mittlerweile schenkten wir den Gerüchten Glauben. Im Frühling verbreitete sich ein neues: Irak besäße neue und viel schlagkräftigere Raketen, die ohne jede Warnung jeden beliebigen Stadtteil treffen konnten. Also sagten wir uns, wir müssten mit den gewöhnlichen Bomben ganz zufrieden sein und beten, dass uns diese Superraketen erspart blieben. Im April griffen uns dann die gefürchteten Raketen an. Bald darauf stellte uns der irakische Einsatz chemischer Waffen gegen eine kurdische Stadt im Irak noch Schrecklicheres in Aussicht: Der Irak plane, so lauteten die neuesten Gerüchte, auf Teheran und andere Großstädte einen Angriff mit chemischen Waffen. Das Regime benutzte diese Nachricht, um eine massive Panik auszulösen. Die Zeitungen brachten Sonderbeilagen, wie man sich gegen einen chemischen Angriff schützen könne; ein neues Alarmsignal wurde eingeführt, diesmal grün. Ein paar Übungen mit der »grünen« Sirene lösten zum einen eine allgemeine Panik aus und überzeugten uns zum anderen davon, dass niemand den lähmenden Folgen der neuen Bedrohung entgehen würde. Man rief einen eigenen Tag des »Kampfes gegen die chemische Bombe« aus, an dem die Revolutionsgarden mit ihren eigenen Gasmasken und Fahrzeugen durch die Straßen stolzierten und den Verkehr zum Erliegen brachten.

Bald danach traf ein Geschoss eine Bäckerei in einem dicht besiedelten Stadtteil von Teheran. Die herbeieilenden Nachbarn sahen Mehlwolken aufsteigen. Jemand schrie »chemische Bombe«, und in dem folgenden Durcheinander wurden viele Menschen verletzt, Fahrzeuge prallten aufeinander. Und natürlich erschienen die Revolutionsgarden mit ihren Gasmasken einige Zeit später als rettende Engel.

Die meisten Stadtteile waren durch die unablässigen Angriffe mittlerweile schwer gezeichnet. Auf unbeschädigte Wohnhäuser und Geschäfte folgten zerbrochene Fensterscheiben, dann kamen einige Gebäude, die sichtlich lädiert waren, und dann ein, zwei Ruinen, deren früheres Aussehen man nur noch vage unter dem Schutt erahnte. Wenn wir Freunde besuchten oder einkauften, fuhren wir an diesen Gebäuden vorbei, als folgten wir einer mathematischen Kurve. Wir begannen an der aufsteigenden Linie der Zerstörungskurve, bis wir an ihrer Spitze die Ruinen erreichten, dann gelangten wir allmählich wieder an vertraute, erkennbare Orte und erreichten endlich unser Ziel.

29

Ich hatte Mina lange nicht gesehen, und die Neujahrsfestlichkeiten boten einen guten Anlass, uns wieder einmal zu treffen. Ich erinnere mich noch genau an den Tag, an dem ich sie besuchte, denn er fiel mit zwei wichtigen Ereignissen zusammen: Eine ehemalige Kollegin heiratete, und Teheran wurde von sieben Raketen getroffen. Die erste Explosion ereignete sich, als ich aus einem Blumenladen trat. Eine Verkäuferin, mehrere Passanten und ich schauten zu, wie am westlichen Horizont langsam eine Wolke in den Himmel stieg. Sie sah bestürzend weiß und unschuldig aus, wie ein Kind, das gerade einen Mord begangen hat.

Mina freute sich, mich zu sehen. Ich war inzwischen ihr einziger Kontakt zur akademischen Welt. Ihre Familie hatte das große Haus verkauft und war in ein neues, kleineres umgezogen, eine geisterhafte Version der alten Villa. Sie wirkte blass und unglücklich. Sie habe immer wieder Depressionen, erzählte sie mir, und nehme Medikamente.

Ich fragte sie hartnäckig nach ihrem unvollendeten Buch über James, denn ich hegte die naive und arglose Vorstellung, wenn sie nur die Arbeit an ihrem Buch wieder aufnähme, würde sich schon alles regeln. Aber sie lehnte das kategorisch ab. Sie brauche eine Atempause, erklärte sie später, erst danach könne sie sich wieder auf ihre Arbeit konzentrieren. In der Zwischenzeit hatte sie Leon Edels *The Modern Psychological Novel* übersetzt und arbeitete gerade an der Übersetzung von Ian Watts *The Rise of the Novel*. »Natürlich sind diese Bücher heute nicht mehr so modern«, sagte sie. »Alle sind plötzlich postmodern. Sie können den Text nicht mal im Original lesen – sie brauchen irgendwelche

Pseudophilosophen, die ihnen sagen, was er bedeutet.« Darauf entgegnete ich, sie solle sich nicht ärgern, James lehre auch kein Mensch mehr, er sei ihnen zu unmodern, was dafür sprach, dass wir auf dem richtigen Weg waren.

Mina übersetzte sehr sorgfältig und wortgetreu. Das brachte sie in Schwierigkeiten mit ihrem Verleger, der von ihr verlangte, dass sie den Text für die Leser »zugänglich« machte. Die existierenden Übersetzungen von Virginia Woolf verachtete sie. Sie weigerte sich, die iranische Fassung von *Mrs. Dalloway* für die Zitate in Edels Buch zu verwenden, und das hatte ihr noch mehr Ärger eingebracht.

Sie fragte mich nach meinen Seminaren. Ich erzählte, dass meine Studenten und ich uns mit James schwer taten, besonders mit seiner Prosa. Sie lächelte. »Dann sind deine Studenten in guter Gesellschaft. Die besten Kritiker und Schriftsteller haben sich darüber beklagt. Denkst du daran, ihn aufzugeben?«

Diese Frage hatte sie mir schon vor langer Zeit gestellt, und sie fürchtete immer, dass es irgendwann einmal so weit kommen könnte. »Nein, natürlich nicht«, versicherte ich ihr. Wie konnte ich einen Autor fallen lassen, der als Beschreibung für eine brillante Frau nicht »dazzling«, *umwerfend* oder »incandescent«, *strahlend* schrieb, sondern eine Figur als »the unobscured Miss Barrace«, *die unverhüllte Miss Barrace* charakterisierte?

Wir hatten uns gut amüsiert, erzählte ich weiter, als ich mit meinen Studentinnen die besten und die schlimmsten Passagen ausgesucht hatte. Mahshid wies auf die »von Vögeln heimgesuchten Bäume« hin, und Nassrin las ihren Lieblingsabsatz aus *Die Gesandten*: »... allein schon in der Art, wie Mme de Vionnet ihm gegenüber an dem blendend weißen Tischtuch vor ihrem omelette aux tomates und ihrer Flasche strohfarbenen Chablis' saß und ihm für dies alles mit fast kindlichem Lächeln dankte, während ihre grauen Augen an der Unterhaltung teilnahmen und wieder abschweiften, hinaus in den warmen Frühlingstag, in dem bereits der Vorsommer pulste, und dann wieder zurück zu seinem Gesicht und ihren persönlichen Fragen.«

Diese Gespräche mit Mina, die scheinbar so wenig Bezug zu den äußeren Ereignissen hatten, verschafften uns beiden große Befriedigung. Erst jetzt, wo ich die Mosaiksteine jener Tage zusammensetze, merke ich, wie wenig wir über unser Privatleben sprachen – über Liebe und Ehe, und wie es ist, Kinder zu haben oder keine. Abgesehen von der Literatur hatte die Politik alles, auch uns, vereinnahmt und alles Persönliche oder Private ausgelöscht.

Eine der letzten Raketen vor dem Waffenstillstand schlug in einer Straße ein, in der ein befreundetes Paar mit seiner jüngsten Tochter lebte. Sie besaßen einen Verlag und eine Buchhandlung nicht weit von ihrem Haus entfernt, wo viele iranische Schriftsteller und Intellektuelle zusammenkamen und bis in die Nacht debattierten. Am Abend zuvor war Laleh zu uns gekommen, und wir hatten fast bis zum Morgengrauen Filme angeschaut. Im gemütlichen Durcheinander des improvisierten Nachtlagers stellten wir morgens für das Frühstück Brot, frische Sahne, selbstgemachte Marmelade und Kaffee auf den Tisch. Ich war in der Küche, als ich spürte, wie ein Ruck durch das Haus ging. Es war sehr nah. Bald entdeckten wir, wie nahe.

Nach der Detonation liefen viele Menschen zur Einschlagstelle, während Dutzende anderer, vor allem Frauen und Kinder, blutend, schreiend, weinend und fluchend in die Gegenrichtung rannten. Als die Revolutionsgarden und die Ambulanzen kamen, wurde das Geschrei nur noch lauter. Ängstlich inspizierten die Wachen das Gelände. In dem Vorgarten, in dem die Rakete eingeschlagen hatte, lagen zwei bewusstlose Kinder. Die Männer zogen aus den Trümmern zwei tote Frauen; eine war noch sehr jung und trug ein buntes Hauskleid. Die andere war mittleren Alters und dick, der Rock klebte an ihren Schenkeln.

Am nächsten Abend gingen wir hinüber, um unsere Freunde zu trösten. Es regnete leicht, in der Luft lag der Geruch von frischer Erde und Frühlingsblüten. In der Nähe der zerstörten Häuser hatte sich eine kleine Menschenmenge eingefunden. Unsere Gastgeberin führte uns hinein und bot uns, liebenswürdig wie immer, duftenden Tee und kleine köstliche Kuchen an. Irgendwie hatte sie es geschafft, die Küche mit großen Schüsseln voller Lilien zu schmücken.

Die Fensterscheiben waren zerborsten. Glasscherben hatten die wertvollen Gemälde durchbohrt, und unsere Freunde hatten die Nacht damit verbracht, im ganzen Haus die Scherben aufzusammeln. Lächelnd führte sie uns auf das Dach. Hinter uns ragten meine geliebten Berge auf, und vor uns lagen drei zerstörte Häuser. In den Überresten des Hauses, das am wenigsten beschädigt war, suchten ein Mann und eine Frau im ehemaligen zweiten Stockwerk ihre Habseligkeiten zusammen. Das Haus in der Mitte war nur noch ein Trümmerhaufen.

31

Der Krieg endete, wie er begonnen hatte – plötzlich und unauffällig. So schien es uns wenigstens. An den Folgen des Krieges würden wir noch lange tragen, vielleicht für immer. Zuerst
waren wir verwirrt und fragten uns, wie wir in den so genannten Alltag vor dem Krieg zurückfinden würden. Das Islamische
Regime hatte den Frieden widerstrebend akzeptiert, weil es die
irakischen Angriffe letztlich nicht abwehren konnte. Die ständigen Niederlagen auf dem Schlachtfeld hatten viele Mitglieder
der Milizen und der Revolutionsgarden zur Verzweiflung getrie-
ben und desillusioniert. Die Stimmung unter den Anhängern
des Regimes war gedrückt. Ajatollah Khomeini erklärte, für ihn
bedeute der Frieden, »den Giftbecher zu trinken«. Eine ähnliche
Stimmung herrschte auch an den Universitäten, unter den Milizen und den Kriegsveteranen, für sie war der Frieden eine Niederlage.

Der Krieg gegen den äußeren Feind war vorüber, aber der
Krieg nach innen nicht. Kurz nachdem das Friedensabkommen unterzeichnet worden war, setzte Ajatollah Khomeini in
den iranischen Gefängnissen dreiköpfige Kommissionen ein, die
über die Regimetreue der politischen Gefangenen zu befinden
hatten. Mehrere tausend Häftlinge, auch solche, die schon seit
Jahren auf ihren Prozess warteten, und andere, die ihre Strafe
verbüßt hatten und eigentlich entlassen werden sollten, wurden im Schnellverfahren und heimlich hingerichtet. Die Opfer
dieser Massenexekution wurden doppelt ermordet – das zweite
Mal durch das Schweigen und die Anonymität, mit denen ihre
Hinrichtung vorgenommen wurde, die sie eines sinnvollen und

anerkannten Todes beraubten und, um es mit Hannah Arendt auszudrücken, die Tatsache besiegelten, dass sie nie wirklich existiert hatten.

Als die Lehrveranstaltungen wieder begannen, nahmen wir den Faden genau da auf, wo wir ihn fallen gelassen hatten. Einige Tische standen anders, und es gab rätselhafte Lücken im Lehrkörper und merkwürdige Neueinstellungen, aber ansonsten deutete kaum etwas daraufhin, dass die Universität über zwei Monate geschlossen gewesen war. Es herrschte keine Hochstimmung, nur ein allgemeines Gefühl erschöpfter Erleichterung.

Das war der Beginn der Desillusionierung und Entzauberung. Der Krieg war verloren, die Wirtschaft lag danieder, und es gab kaum Arbeit. Diejenigen, die ohne rechte Ausbildung an die Front gegangen waren, hatten sich auf die für Kriegsveteranen in Aussicht gestellten Zahlungen verlassen. Aber selbst diese wurden nicht gleichmäßig verteilt. Die meisten islamischen Stiftungen, die im Namen der Kriegsmärtyrer gegründet worden waren, degenerierten zu Pfründen für ihre korrupten Anführer. Später sollten dann diese Kinder der Revolution das Ausmaß der Korruption bloßlegen und dagegen aufbegehren. Die Mitglieder der islamischen Vereinigungen hatten die Stärken und Annehmlichkeiten des Westens kennengelernt; jetzt nutzten sie ihre Macht vor allem dazu, sich Privilegien zu verschaffen, die anderen verwehrt waren.

Nach dem Krieg ging der Islamische Dschihad, dem Mr. Forsati angehörte, mehr in die Öffentlichkeit und geriet in einen offeneren Konflikt mit den Mitgliedern der konservativeren Muslimischen Studentenvereinigung. Seit der Lehrbetrieb wieder lief, sah ich Mr. Forsati häufiger. Filme waren seine Leidenschaft, und er wollte eine Film- und Videogesellschaft gründen. Mit seiner Hilfe organisierte ich ein Kulturprogramm für die Universität. Er selbst war nicht sehr kreativ, er hielt sich lieber an so vernünftige Dinge wie Weiterbildung und Selbstvermarktung.

Zuerst hatte ich geglaubt, Mr. Ghomi habe sich nach und nach selbst aus meinem Leben ausgeblendet. Er war nicht ganz verschwunden, er kam weiterhin zum Seminar und prügelte immer noch mit Worten auf James und andere Schriftsteller ein. Sein Ärger und seine Abneigung waren sogar noch gestiegen, und manchmal hatte er Tobsuchtsanfälle wie ein Kind. Aber wir anderen waren nicht mehr dieselben. Wir schenkten ihm nicht mehr so viel Aufmerksamkeit; er musste sich Einwände gefallen lassen. Er und seine Freunde hielten es für notwendig, uns tagtäglich daran zu erinnern, dass die Bedrohung durch den Westen, den Imperialismus, den Zionismus und ihre Agenten im Land auch nach Saddam noch nicht zu Ende war. Die meisten von uns waren zu erschöpft, um darauf zu reagieren.

In der vorletzten Reihe am Fenster, neben Mr. Ghomi und Mr. Nahvi, sitzt jetzt ein stiller junger Mann, ein Grundschullehrer. Nennen wir ihn Mr. Dori, und gehen wir weiter. Mein Blick gleitet über Mr. Forsati und Hamid und schwenkt dann zur anderen Seite des Raums, wo die Mädchen sitzen, zu Mahshid, Nassrin und Sanaz. In der mittleren Reihe am Gang sitzt Manna. Ich verweile einen Moment auf Mannas lachendem Gesicht und entdecke dann als nächsten Nima.

Während ich zwischen Manna und Nima hin- und herschaue, erinnere ich mich an das erste Mal, als sie in meinem Seminar saßen. Ihre Augen leuchteten, und ich musste an meine beiden Kinder denken, wenn sie etwas ausheckten, um mir eine Freude zu machen. Inzwischen hatten sich auch diverse interessierte Gasthörer in meinen Seminaren eingefunden. Es waren ehemalige Studenten, die auch nach ihrem Examen noch kamen, Studenten von anderen Universitäten, junge Autoren und Fremde, die einfach wissbegierig waren. Sie hatten wenig Gelegenheit, etwas über englischsprachige Literatur zu erfahren, und waren bereit, als Gasthörer an den Seminaren teilzunehmen. Meine einzige Bedingung war, dass sie die Rechte der regulären Studenten respektierten und sich während des Unterrichts nicht in die Diskussionen einmischten. Als ich eines Morgens Manna und Nima strahlend vor meiner Bürotür stehen sah, die als Gasthörer mein Seminar über den Roman besuchen wollten, gab es für mich keinen Grund, sie wegzuschicken.

Bald spielten nicht mehr meine regulären Studenten die Hauptrolle in den Seminaren, obwohl ich mich nicht über sie beklagen konnte, sondern die anderen, die Außenseiter, die wegen ihrer Liebe zu den Büchern kamen.

Nima wollte mich als Betreuerin für seine Dissertation, weil sich niemand sonst an der Fakultät mit Henry James auskannte. Ich hatte mir geschworen, nie wieder einen Fuß in die Universität Teheran zu setzen, weil sie mit so vielen bitteren, schmerzlichen Erinnerungen verbunden war. Nima redete nach allen Regeln der Kunst auf mich ein und hatte schließlich Erfolg. Nach dem Seminar gingen wir drei in der Regel gemeinsam hinaus. Manna schwieg, und Nima unterhielt mich mit Geschichten über die Absurditäten des Alltags in der Islamischen Republik.

Meist ging er neben mir, und Manna trottete etwas langsamer hinter ihm her. Er war groß und auf jungenhafte Weise gutaussehend; nicht übergewichtig, aber stämmig, als hätte er seinen Babyspeck noch nicht verloren. Sein Blick verriet Freundlichkeit und lausbübischen Humor. Er hatte eine überraschend leise Stimme, nicht feminin, aber sanft und gedämpft, als könne er sie nicht über eine bestimmte Frequenz erheben.

Wir hatten die Angewohnheit, uns Geschichten zu erzählen, das war ein fester Bestandteil unserer Beziehung. Ich sagte ihnen, dass ich durch ihre und meine Geschichten das Gefühl bekommen hatte, als durchlebten wir eine Reihe von Märchen, in der alle guten Feen streikten und uns mitten im Wald ganz nahe beim Haus der bösen Hexe allein gelassen hatten. Manchmal erzählten wir uns gegenseitig unsere Geschichten, um uns zu vergewissern, dass sie sich wirklich so abgespielt hatten. Denn nur dann wurden sie wahr.

In seiner Vorlesung über *Madame Bovary* behauptet Nabokov, dass alle großen Romane Märchen sind. Will er damit sagen, fragte Nima, dass unser wirkliches Leben und unser imaginäres Leben Märchen sind? Ich lächelte. Tatsächlich schien mir manchmal, als habe unser Leben mehr fiktionale Züge als die Literatur.

32

Nicht einmal ein Jahr nach dem Friedensabkommen starb am
3. Juni 1989 Ajatollah Ruhollah Khomeini. Sein Tod wurde erst
um sieben Uhr am Morgen danach bekanntgegeben, obwohl
viele Iraner schon davon gewusst oder es geahnt hatten und sich
Tausende vor seinem Haus am Stadtrand von Teheran eingefunden hatten. Vor der offiziellen Bekanntgabe hatte die Regierung
vorsichtshalber die Flughäfen und Grenzübergänge gesperrt und
die internationalen Telefonleitungen vorübergehend gekappt.

Ich erinnere mich gut an den Morgen, an dem wir von Khomeinis Tod erfuhren. Die ganze Familie hatte sich im Wohnzimmer versammelt und verharrte in jenem Zustand von Schock
und Desorientierung, den ein Todesfall immer mit sich bringt.
Und es war schließlich kein gewöhnlicher Todesfall. Der Radio-
sprecher war beim Verlesen der Nachricht in Tränen ausgebrochen. Von da an hielten sich alle Persönlichkeiten, die bei Trauerfeiern auftraten oder interviewt wurden, daran; öffentliches
Weinen schien erforderlich zu sein, als gäbe es keine andere
Möglichkeit, unserer unermesslichen Trauer Ausdruck zu verleihen.

Wir fühlten uns einander nahe und verbunden, als wir so im
Wohnzimmer zusammensaßen, durch das der unvermeidliche
Geruch von Kaffee und Tee zog, und über diesen Tod spekulierten – der von vielen ersehnt, von vielen gefürchtet, von vielen erwartet und nun, da er eingetreten war, für Freunde wie Feinde
seltsam ernüchternd war. Seit Khomeinis Herzanfall und seinem
Krankenhausaufenthalt in den frühen achtziger Jahren hatte es
immer wieder Gerüchte über seinen kurz bevorstehenden Tod

gegeben, die genauso schnell verschwanden, wie sie gekommen waren. Jetzt war das Ereignis selbst weniger außergewöhnlich als die angespannte Erwartung, mit der man auf sein mögliches Eintreten reagiert hatte. Die überwältigenden Trauerzeremonien, die das Land überschwemmten, konnten diese Enttäuschung nicht wettmachen.

Das Ereignis hatte eine merkwürdige Ansammlung von Menschen in unserem Wohnzimmer zusammengebracht. Mein Vater, der seit einigen Jahren von meiner Mutter getrennt lebte, aber seit einem Unfall in der leeren Wohnung meines Bruders untergekommen war, hatte sich ebenso eingefunden wie die Ex-Schwiegermutter meines Bruders, die sich ebenfalls vorübergehend in seiner Wohnung einquartiert hatte. Sie und meine Mutter verstanden sich nicht und sprachen seit einigen Tagen nicht mehr miteinander. Aber an jenem Tag herrschte angesichts der außergewöhnlichen Situation ein provisorischer Waffenstillstand zwischen den beiden.

Mein Sohn lag, die Arme ausgebreitet, auf meinem Schoß, wie es typisch für ganz kleine Kinder ist. Während ich gedankenverloren sein feines, noch lockiges Haar streichelte und ab und zu über seine weiche Haut strich, übertrug sich seine Entspanntheit auf mich. Während wir Erwachsenen redeten und Mutmaßungen anstellten, blickte meine fünfjährige Tochter aufmerksam aus dem Fenster.

Plötzlich drehte sie sich um und sagte: »Mami, Mami, er ist nicht tot! Die Frauen tragen immer noch ihre Schleier!« Für mich ist Khomeinis Tod immer mit Negars schlichter Feststellung verbunden – denn sie hatte recht: Der Tag, an dem die Frauen sich nicht mehr in der Öffentlichkeit verschleiern würden, wäre sein eigentlicher Todestag und das Ende seiner Revolution. Bis dahin würden wir weiterhin mit ihm leben. Die Regierung ordnete eine fünftägige Staatstrauer und vierzig Tage öffentliches Gedenken an. Die Lehrveranstaltungen fielen aus, und die Universitäten blieben geschlossen. Aber ich war zu unruhig, um zu Hause zu sitzen, und beschloss, trotzdem zur Universität zu gehen. Alles wirkte verschwommen, wie eine Luftspiegelung an einem sehr heißen Tag. Das blieb den ganzen Tag so und auch an den folgenden Trauertagen, die wir zumeist vor dem Fernseher verbrachten, wo wir uns das Begräbnis und die endlosen Trauerfeierlichkeiten ansahen.

Als ich auf dem Campus anlangte, waren nur wenige Menschen zu sehen. Das Schweigen war so intensiv, dass es die Trauergesänge und -märsche aus den Lautsprechern übertönte. Ich ging hoch in mein Büro, um ein paar Bücher zu holen, und als ich wieder herunter kam, traf ich Mr. Forsati und einen seiner Freunde aus dem Institut für Persische Sprache und Literatur. Sie machten ernste Gesichter und hatten feuchte Augen. Ich sah sie in hilflosem Mitgefühl an und wusste nicht, was ich sagen sollte. Sie trugen Flugblätter mit Khomeinis Bild, die sie gerade an die Wand kleben wollten. Ich nahm zwei mit und ging.

Später wurde Khomeinis Buch mit Sufi-Gedichten veröffentlicht, das er seiner Schwiegertochter gewidmet hatte. Nach seinem Tod hatte man das Bedürfnis, ihn zu vermenschlichen, was er zu Lebzeiten zu verhindern gewusst hatte. Und er hatte in der Tat eine menschliche Seite, die wir selten zu sehen bekamen und die sich in seiner Zuneigung zu der Schwiegertochter manifestierte, in deren Notizbuch er seine letzten Gedichte geschrieben hatte. In der Einleitung zu den Gedichten schilderte sie, wie er sich Zeit genommen hatte, mit ihr zu sprechen, und sie Philosophie und Mystik gelehrt hatte, und wie sie ihm das Notizbuch geschenkt hatte, in das er seine Gedichte schrieb. Es hieß, sie habe lange, blonde Haare, und ich stellte mir vor, wie sie mit dem alten Mann zwischen Blumen und Sträuchern durch den Garten spaziert war und über Philosophie gesprochen hatte. Hatte sie in seiner Gegenwart einen Schleier getragen? Hatte er sich vielleicht auf sie gestützt, wenn sie langsam um die Blumenbeete flanierten? Ich kaufte ein Exemplar des dünnen Bandes und nahm es zusammen mit den Flugblättern mit nach Amerika, als Relikt aus einer Zeit, die mir manchmal so unwirklich erscheint, dass ich greifbare Gegenstände brauche, um den flüchtigen Bildern einen soliden Beweis entgegenzusetzen.

Daten und Zahlen sind nicht meine Stärke – ich musste Khomeinis Todesdatum zweimal überprüfen –, aber ich erinnere mich an Gefühle und Bilder. Wie in lästigen Träumen mischen sich in meinem Gedächtnis Bilder und Töne, die der Realität entsprachen: die schrille, übertrieben laute Stimme des Radiosprechers, immer den Tränen nahe, die Trauermärsche, die Gebete, die Botschaften hochrangiger Politiker und die Sprechchöre der Trauernden, die alles andere übertönen: »Heute ist der Tag der Trauer! Khomeini, der Götzenzerstörer, ist bei Gott!«

Am Montag bei Sonnenaufgang wurde Ajatollah Khomeinis Leichnam von seiner Teheraner Residenz in Jamaran in ein großes Ödland im nördlichen Bergland überführt, einem als Mosalla bekannten Ort der Andacht. Der Leichnam wurde auf einem aus Containern bestehenden provisorischen Podest aufgebahrt. Khomeini lag in einem klimatisierten Glassarg, der von einem weißen Tuch bedeckt war, seine Füße zeigten gen Mekka. Sein schwarzer Turban, der ihn als direkten Abkömmling des Propheten Mohammed auswies, ruhte auf seiner Brust.

An die Ereignisse jenes hektischen Tages erinnere ich mich nur bruchstückhaft. Der Glassarg steht mir noch genau vor Augen, und das Blumenarrangement um die Container bestand aus bunten Gladiolen. Ich erinnere mich auch an Scharen von Trauernden – Hunderttausende waren, so wurde berichtet, nach Teheran zurückgeströmt, eine schwarz gekleidete Armee, die schwarze Fahnen schwenkte; die Männer zerrissen sich die Hemden und schlugen sich an die Brust, die Frauen in ihren schwarzen Tschadors klagten und stöhnten, und ihre Körper wanden sich in ekstatischer Trauer.

Dann gab es noch die Wasserschläuche. Wegen der Hitze und des Gedränges hatte die Feuerwehr Schläuche gebracht, die sie auf die Menschen richtete und aus denen sie hin und wieder Wasser sprühte, um sie abzukühlen; das gab der Szene eine merkwürdig erotische Note. Ich höre noch das zischende Wasser, dessen Strahl sich als Silhouette gegen den Himmel abhebt. Hin und wieder fiel jemand in Ohnmacht, und dann hoben die Trauernden inmitten des Chaos die Person hoch über ihre Köpfe und reichten sie weiter, bis sie in Sicherheit war – so geordnet, als hätten sie es geprobt.

Als ich hörte, dass an jenem Tag viele Menschen gestorben und Zehntausende verletzt worden waren, fragte ich mich verwirrt, welchen Status diese Toten wohl erhalten würden. Wir gaben den Menschen im Tod mehr Ansehen und Raum als im Leben. Regimegegner und Baha'i hatten keinen gesellschaftlichen Status; ihnen blieben Grabsteine verwehrt, und sie wurden in anonyme Gräber geworfen. Dann gab es die Märtyrer des Krieges und der Revolution, die ihre eigene Grabstelle auf dem Friedhof bekamen, die mit künstlichen Blumen und Fotos geschmückt war. Würden diese Menschen nun zu Märtyrern erklärt werden? Würden sie einen Platz im Himmel bekommen?

Die Regierung hatte für die Trauernden enorme Mengen an Getränken und Nahrung bereitgestellt. Neben dem Tumult aus Sich an-die-Brust-schlagen, Ohnmachtsanfällen und Sprechchören sah man reihenweise Trauergäste, die am Straßenrand saßen, Sandwiches aßen und Limonade tranken, als wären sie bei einem Picknick. Viele, die Khomeini zu Lebzeiten nicht leiden konnten, nahmen an seinem Begräbnis teil. Zum Zeitpunkt seines Todes war er so unbeliebt, dass die Behörden ursprünglich beabsichtigt hatten, ihn nachts zu begraben, um die geringe Zahl der Trauergäste zu vertuschen. Aber nun waren aus dem ganzen Land Millionen herbeigeströmt.

Ich sprach mit einem Universitätsangestellten, einem Mann mittleren Alters, der in einem ärmeren, traditionelleren Stadtteil lebte. Er erzählte von ganzen Busladungen von Nachbarn, die von Khomeini und seiner Revolution enttäuscht waren und dennoch, wie er selbst, zum Begräbnis geeilt waren. Ich fragte ihn nach dem Grund. Hatte man ihn gezwungen? Nein, aber es schien ihm angemessen zu sein. Alle gingen doch hin – wie sähe es aus, wenn er nicht ginge? Er schwieg, dann sagte er: »Schließlich passiert so etwas nur einmal im Leben, nicht wahr?«

Als der Trauerzug mit Khomeinis Leichnam auf dem Weg zum Friedhof durch die Straßen am Stadtrand von Teheran defilierte, wurde der Druck der Menge so stark, dass die Organisatoren den Transport mit dem Hubschrauber fortsetzen ließen. Die Menge stürzte sich auf den Hubschrauber, und als er abzuheben begann, stieg ein goldener Staubwirbel vom Boden auf wie ein flatternder Rock, und dann blieben nur noch tanzende Staubpartikel, die sich wie winzige Derwische in einem bizarren Traum immer weiter drehten.

Als man auf dem Behesht-e Zahra-Friedhof versuchte, den Leichnam aus dem Hubschrauber zu heben, stürmte die Menge abermals herbei und erreichte diesmal tatsächlich ihr Ziel; sie rissen Fetzen aus dem weißen Tuch, in das der Tote gewickelt war, und es gab einen Moment lang ein Bein frei. Schließlich wurde der Leichnam in den Hubschrauber zurückgeholt und nach Teheran geflogen, damit er neu in Tücher gehüllt werden konnte. Als er einige Stunden später in einem Metallsarg zurückkehrte, hielten die Revolutionsgarden und einige Angehörige des inneren Kreises die Menge zurück. Ein Freund erzählte, dass Hodjatoleslam Nategh Nouri – der später die Wahlen gegen Präsident Khatami verlor – neben dem Container stand und mit einer Peitsche auf alle einschlug, die sich dem Leichnam nähern wollten. Und so trug man schließlich Ruhollah Khomeini zu Grabe, dessen Vorname »die Seele Gottes« bedeutet.

In ihrem Bemühen, Khomeini zu einem Heiligen zu stilisieren, versuchte die Regierung in der Nähe des Friedhofs Behesht-e Zahra einen Schrein für ihn zu errichten. Er wurde in aller Eile entworfen, ohne Sinn für Ästhetik oder Schönheit. Ein Land, das für einige der schönsten Moscheen der Welt bekannt ist, baute seinem letzten Imam ein geschmackloses Mausoleum. Das Grabmal entstand nahe bei der Ruhestätte der Märtyrer der Revolution; aus einem kleinen Brunnen ergossen sich rot gefärbte Wasserfontänen, die das ewige Blut der Märtyrer symbolisieren sollten.

Khomeinis Tod brachte jedem seine eigene Erleuchtung. Manche, wie ich, fühlten sich wie Fremde im eigenen Land. Andere, wie der Taxifahrer, den ich ein paar Wochen nach dem Begräbnis sprach, waren enttäuscht von diesem ganzen religiösen Hokuspokus, wie er es ausdrückte. Jetzt weiß ich, sagte er, wie sie vor vierzehnhundert Jahren all diese Imams und Propheten erfunden haben – es hat sich genau wie bei dem jetzt abgespielt. Also war nichts davon wahr.

Zu Beginn der Revolution hatte ein Gerücht kursiert, dass Khomeinis Abbild im Mond zu sehen wäre. Viele, sogar sehr fortschrittliche und gebildete Personen, glaubten daran. Sie hatten ihn im Mond gesehen. Khomeini hatte ganz bewusst Mythen geschaffen, und er hatte sich selbst zu einer mythischen Figur stilisiert. Was die Menschen bei diesem zeitlich so günstigen Tod betrauerten – denn nach der Niederlage im Krieg und der Enttäuschung konnte er nur noch sterben –, war der Tod eines Traums. Wie alle großen Mythenschöpfer hatte er aus seinem Traum Wirklichkeit zu machen versucht, und hatte am Ende, wie Humbert, beide zerstört, die Wirklichkeit und seinen Traum. Zusätzlich zu den Verbrechen, den Morden und Folterungen mussten wir uns nun dieser letzten Demütigung stellen – dem Mord an unseren Träumen. Doch er hatte ihn mit unserer voller Zustimmung, unserem Einverständnis und unserer Komplizenschaft begangen.

33

Wir arbeiten im Dunkel – so gut wir es können – und geben, was wir haben. Unser Zweifel ist unsere Leidenschaft, und unsere Leidenschaft ist unsere Aufgabe. Der Rest ist der Wahnsinn der Kunst.
HENRY JAMES

Es war früher Vormittag, das erste Seminar des Tages. Der Raum war von Licht erfüllt. Ich fasste zusammen, was wir über James erfahren hatten. Beim letzten Mal, begann ich, haben wir über bestimmte Merkmale bei James gesprochen, wie sie in verschiedenen Figuren und Konstellationen auftreten, und heute möchte ich über das Wort »Mut« sprechen, ein Wort, das wir heutzutage in unserem Land sehr häufig im Munde führen.

Es gibt drei Arten von Mut bei James. Können Sie ein Beispiel dafür finden? Ja, Nassrin. Das naheliegendste Beispiel dafür ist Daisy, sagte Nassrin. Sie gab sich sichtlich einen Ruck, strich eine nicht vorhandene Haarsträhne aus der Stirn und fuhr fort: Daisy sagt Winterbourne gleich am Anfang, er brauche keine Angst zu haben. Sie meint damit die Angst vor Konventionen und Traditionen – das ist eine Art Mut.

Ja, bestätigte ich. Daisy ist ein gutes Beispiel, aber es gibt auch andere Figuren, denen wir nie Mut zuschreiben, weil wir sie von Natur aus nicht für mutig halten; sie wirken auf uns eher brav. Mahshids Gesicht erhellte sich, und bevor sie ihren Mut zusammengenommen und die Hand gehoben hatte, wandte ich mich an sie und sagte: Ja? Ihr Blick verdunkelte sich wieder, und sie zögerte. Sagen Sie es uns, Mahshid, drängte ich sie. Nun ja, als Sie »brav« gesagt haben, musste ich plötzlich an Catherine denken.

Sie ist schüchtern und zurückhaltend, nicht wie Daisy, aber sie hält all diesen anderen Leuten stand, die viel extrovertierter sind als sie, und obwohl sie ihre Standhaftigkeit teuer zu stehen kommt. Sie hat eine andere Art von Mut als Daisy, aber Mut ist es trotzdem. Ich …

In diesem Moment hörten wir vom Flur her Geräusche. Ich achtete nicht darauf. Mit den Jahren hatte ich solche Störungen von außen einfach als Teil des Unterrichts zu nehmen gelernt. Und dann haben wir *Die Gesandten*, fuhr ich fort, wo wir verschiedenen Arten von Mut begegnen, aber die mutigsten Figuren sind diejenigen mit Phantasie, diejenigen, die sich durch ihre Vorstellungskraft in andere einfühlen können. Wenn einem diese Art von Mut fehlt, erkennt man die Gefühle und Bedürfnisse anderer nicht.

Maria, die Seelenfreundin, die Strether in Paris findet, besitzt »Mut«, während Mrs. Newsome nur »Überschwang« hat. Madame de Vionnet, die schöne Pariserin, die Mrs. Newsome unbedingt aus dem Leben ihres Sohnes entfernen will, beweist Mut, als sie alle bekannten Größen ihres Lebens für die eine unbekannte Größe, ihre Liebe zu Chad, aufs Spiel setzt. Aber Mrs. Newsome setzt auf Sicherheit. Wenn sie einmal eine Vorstellung entwickelt hat, wie jemand ist, welche Funktion und Rolle er spielt, weigert sie sich, ihre Meinung zu ändern. Sie ist eine Tyrannin und ähnelt einem schlechten Romanautor, der seine Figuren nach seinen eigenen Vorurteilen und Wünschen gestaltet und ihnen nie den Raum gibt, sich selbst zu entwickeln. Man braucht Mut, für eine Sache zu sterben, aber auch, für eine Sache zu leben.

Die Unruhe im Raum und die nervösen Blicke meiner Studenten zur Tür zeigten mir, dass sie sich auf diesen höchst faszinierenden Punkt nicht recht konzentrieren konnten, aber ich war entschlossen, die Ablenkung so lange wie möglich zu ignorieren, und sprach weiter. Die tyrannischste Figur im Roman ist die unsichtbare Mrs. Newsome. Wenn wir wissen wollen, wie ein diktatorischer Verstand funktioniert, sollten wir sie betrachten. Nima, könnten Sie bitte den Absatz lesen, in dem Strether sie beschreibt:

»Das ist gerade ihre Schwierigkeit ...«

Während Nima las, wurden die Geräusche auf dem Flur immer lauter. Leute rannten umher und riefen etwas. Miss Ruhi und Miss Hatef waren sehr aufgeregt und flüsterten laut miteinander, während sie bedeutungsvoll zur Tür sahen. Ich schickte sie hinaus, damit sie herausfanden, was los war, und versuchte mich zu konzentrieren.

»Sehen wir uns noch einmal das Zitat an ...« In diesem Moment erschienen Miss Ruhi und ihre atemlose Freundin in der Tür. Sie sahen aus, als wollten sie gleich wieder kehrtmachen. Miss Ruhi berichtete, dass sich ein Student in einem leeren Hörsaal angezündet hatte und dann, brennend und revolutionäre Parolen rufend, den Flur entlang gelaufen war.

Wir stürzten hinaus. Von beiden Seiten des langen Flurs rannten Studenten auf die Treppe zu. Ich fand neben meinen Kollegen einen freien Platz auf der Treppe. Drei Leute kamen mit einer Trage und versuchten, sich durch die Schaulustigen hindurch einen Weg zur Treppe zu bahnen. Aus der Art, wie sie die Trage hielten, war zu schließen, dass ihre Last leicht war. Ich sah über einem weißen Tuch ein stark gerötetes, dunkelgrau geflecktes Gesicht. Zwei wie geschminkt wirkende schwarze Hände schwebten reglos über dem weißen Laken und erweckten den Eindruck, als wollten sie unter allen Umständen den Kontakt mit dem Tuch vermeiden. Zwei riesige schwarze Augen schienen mit unsichtbaren Drähten am Gesicht befestigt zu sein. Sie wirkten völlig starr, als seien sie auf eine Szene unaussprechlichen Schreckens gerichtet, und doch hatte man gleichzeitig den Eindruck, als schweife der Blick rastlos umher. Von all den verrückten Bildern dieses Vormittags suchen mich diese Augen am häufigsten heim.

Die Lautsprecher forderten uns auf, in die Hörsäle zurückzukehren. Niemand reagierte. Wir starrten auf das gerötete Gesicht, die schwarzen Hände und die rußverschmierten Augen, während sie spiralenförmig die Treppe hinunter getragen wurden. Das Murmeln schwoll an und verstummte, je näher die Trage kam. Es war eine Szene, die, noch während sie sich vor aller Augen abspielte, schon etwas merkwürdig Traumähnliches bekam.

Als die Trage die Treppe hinab verschwand, lösten sich aus dem allgemeinen Gemurmel klare, verständliche Worte. Die fast magische Kreatur auf der Trage wurde greifbar, bekam einen Hintergrund, einen Namen, eine Identität. Diese Identität trug wenig persönliche Züge. Er war einer der aktivsten Studenten der Muslimischen Studentenvereinigung gewesen. »Aktiv« bedeutete hier fanatisch. Er gehörte zu der Gruppe, die für die Poster und Parolen an den Wänden verantwortlich war und für die Namenslisten der Frauen, die gegen die Kleiderordnung verstoßen hatten.

Ich begleitete ihn in Gedanken auf seiner Trage die Treppe hinunter, an den bedeutungslos gewordenen Kriegsbildern vorbei, vorbei an Ajatollah Khomeini, der selbst nach dem Tod noch so streng und undurchdringlich wie eh und je auf die Prozession herabfunkelte, und an seinen geliebten Kriegsparolen: OB WIR TÖTEN ODER GETÖTET WERDEN SIND WIR SIEGER! WIR WERDEN KÄMPFEN!

WIR WERDEN STERBEN! ABER WIR WERDEN KEINEN KOMPROMISS AKZEPTIEREN!

Auf allen Universitäten gab es viele junge Männer wie ihn, die zu Beginn der Revolution noch sehr jung gewesen waren; viele kamen aus den Provinzen oder aus traditionsbewussten Familien. Von Jahr zu Jahr waren mehr Studenten allein aufgrund ihrer Regimetreue zum Studium zugelassen worden. Sie stammten aus den Familien der Revolutionsgarden oder der Märtyrer der Revolution und wurden »Regierungsstudenten« genannt. Sie waren die Kinder der Revolution, die ihr Erbe weitertragen und schließlich die verwestlichten Arbeitskräfte ersetzen sollten. Die Revolution musste ihnen viel bedeutet haben, vor allem Macht und Aufstiegsmöglichkeiten. Aber sie waren auch Eindringlinge, die sich ihr Studium und ihren Einfluss nicht durch eigene Verdienste oder harte Arbeit ermöglicht hatten, sondern allein aufgrund ihrer ideologischen Zugehörigkeit.

Das vergaßen weder sie noch wir.

Ich ging langsam die Treppe hinunter, umgeben von einer Schar Studenten, die sich aufgeregt unterhielten. Sein Schicksal war bereits zum Alibi für unsere eigenen Erinnerungen und Geschichten geworden. Aufgebracht erzählten meine Studenten von den Demütigungen, die sie durch Mitglieder seiner Organisation erlitten hatten. Sie erzählten von einem anderen Anführer der Organisation, der im Krieg gestorben war und einmal behauptet hatte, ein Stück weiße Haut unter dem Kopftuch errege ihn sexuell. Nicht einmal sein Tod konnte die Geschichte von diesem weißen Fleck und der Bestrafung, die das junge Mädchen dafür über sich ergehen lassen musste, auslöschen.

Man konnte solche demütigenden Erlebnisse nicht öffentlich artikulieren, deshalb nutzten wir jede sich bietende Gelegenheit, um unseren Groll und Hass zu kleinen Geschichten zu verweben, die beim Erzählen ihren Schrecken ein wenig verloren. Man wusste sehr wenig über die Herkunft des verletzten Studenten, und das schien auch niemanden zu kümmern. Erst viel später dämmerte mir, dass ich mich wohl an alle Geschichten über ihn und seine Genossen erinnern konnte, nicht jedoch an seinen Namen. Er hatte sich in einen Revolutionär, einen Märtyrer und Kriegsveteranen verwandelt und war kein Individuum mehr. Hatte er sich je verliebt? Hatte er sich je gewünscht, eines dieser Mädchen im Arm zu halten, dessen Hals unter dem schwarzen Kopftuch so weiß leuchtete?

Wie viele andere war ich voller Verachtung über die Treppen und Flure der Universität gegangen. Verachtung hatte bei den Begegnungen mit Leuten wie ihm jede Ambivalenz ausgelöscht: Es hatte nur noch »uns« und »sie« gegeben. Weder mir noch meinen Studentinnen und Kollegen war bei unseren Geschichten und Anekdoten, die wir uns freudig wie Verschwörer nach dem Fall eines mächtigen Gegners anvertrauten, der Gedanke gekommen, dass er, der scheinbar so viel Macht hatte, in Wahrheit derjenige mit dem stärksten Wunsch nach Selbstzerstörung war. Hatte er durch seine Selbstverbrennung unser Recht auf Rache für sich usurpiert?

Er, der mir im Leben nichts bedeutet hatte, wurde nun im Tod zur Obsession. Über sein Privatleben erfuhren wir nur, dass er aus einer armen Familie kam und keine Verwandten hatte außer einer uralten Mutter, für die er sorgte. Er hatte als Freiwilliger am Krieg teilgenommen. Wegen einer Kriegsneurose war er vorzeitig nach Hause geschickt worden. Offenbar war er nie wieder ganz gesund geworden. Nach dem »Frieden« mit dem Irak war er an die Universität zurückgekehrt. Aber der Friede hatte zu einem Gefühl der Ernüchterung geführt. Die erregende Kriegszeit war vorbei, und damit hatten viele junge Revolutionäre ihre Macht eingebüßt.

DIESER KRIEG WAR EIN SEGEN FÜR UNS! Für uns war es ein Krieg, an dem wir nie wirklich Anteil hatten. Doch für Menschen wie ihn muss der Krieg auf eigenartige Weise tatsächlich ein Segen gewesen sein. Er gab ihnen ein Gefühl von Zugehörigkeit, ein Ziel und Macht. Als er von der Front zurückkehrte, verlor er alles. Seine Privilegien und seine Macht bedeuteten ihm jetzt nichts mehr, und seine islamischen Mitstudenten waren inzwischen weiter fortgeschritten als er. Was muss in seinem Kopf vorgegangen sein, als er sah, dass seine alten Genossen sich jetzt lieber mit Hilfe der verbotenen Satellitenschüsseln die Oscarverleihung ansahen als Kriegsdokumentationen? Mit uns kam er zurecht, aber was sollte er mit einem Mr. Forsati anfangen, der für ihn so fremd und undurchschaubar geworden war wie eine Figur aus einem Roman von James?

Ich musste immer wieder daran denken, wie er mit zwei Ka-
nistern voller Benzin in aller Frühe in die Universität gekommen
war; als privilegierter Kriegsveteran war er wohl um eine Leibesvisitation herumgekommen. Er war in einen leeren Hörsaal gegangen und hatte sich das Benzin über den Kopf gegossen. Dann
hatte er ein Streichholz angezündet und es an seinen Körper gehalten – nur einmal oder an verschiedenen Stellen? Dann war er
auf den Flur gerannt und schreiend in sein Seminar geplatzt: »Sie
haben uns betrogen! Sie haben uns angelogen! Seht, was sie uns
angetan haben!« Und das waren seine letzten Sätze gewesen.

Man musste nicht mit ihm einer Meinung sein oder ihn mögen, um seine Haltung zu verstehen. Er war aus einem Krieg zurückgekehrt. Niemand wollte seine Geschichten hören. Erst sein
Sterben konnte Interesse wecken. Welche Ironie, dass dieser
Mann, dessen Leben so von doktrinärer Gewissheit bestimmt gewesen war, im Tod nun eine solche Komplexität gewann.

Er starb noch in der Nacht. Betrauerten ihn seine Genossen
heimlich? Man hörte nichts mehr über ihn – keine Gedenkfeiern,
keine Blumen, keine Reden, und das in einem Land, in dem Be-
gräbnisse und Trauerfeiern prachtvoller inszeniert wurden als
jede andere Kunstform. Auch ich, die ich so stolz darauf war, dass
ich mich öffentlich gegen die Verschleierung oder andere Schikanen aussprach, schwieg. Abgesehen von dem Geflüster auf den
Gängen waren an jenem Tag das einzig Außergewöhnliche die
Ankündigungen über Lautsprecher, dass am Nachmittag die
Lehrveranstaltungen wie üblich stattfinden würden. Wir hatten
am Nachmittag ein Seminar. Es verlief nicht wie üblich.

TEIL IV

Austen

1

»Es ist eine allgemein anerkannte Wahrheit, dass ein muslimischer Mann, ob im Besitz eines schönen Vermögens oder nicht, nichts dringender braucht als eine neunjährige Jungfrau«. Dies erklärte Yassi in ihrem unverkennbar trockenen, leicht ironischen Tonfall, der ab und zu ans Skurrile grenzte.

»Oder ist es eine allgemein anerkannte Wahrheit«, gab Manna zurück, »dass ein muslimischer Mann nicht nur eine, sondern viele Ehefrauen braucht?« Sie blinzelte mir verschwörerisch zu, und in ihren schwarzen Augen blitzte Vorfreude auf unsere Reaktion. Anders als Mahshid kommunizierte Manna gerne heimlich mit den wenigen Menschen, die sie mochte. Ihr liebstes Kommunikationsmittel waren ihre Augen, die sie auf ihr Gegenüber richtete oder ihm entzog. Wir hatten einen geheimen Code entwickelt, und nur wenn sie gekränkt war – was oft vorkam – senkte sie den Blick und sah zur Seite, und ihrer Stimme fehlte die verspielte Modulation.

Es war einer jener kalten grauen Vormittage Anfang Dezember, an denen der bedeckte Himmel und die eisige Luft Schnee ankündigen. Ich hatte Bijan gebeten, Feuer zu machen, bevor er zur Arbeit ging, und es flackerte und spendete wohltuende Wärme. Das Wort »gemütlich« – ein so gewöhnliches Wort hätte Yassi nie benutzt – hätte die Atmosphäre zutreffend beschrieben. All die notwendigen Ingredienzien waren vorhanden: beschlagene Fenster, dampfende Kaffeebecher, ein knisterndes Feuer, leckere Windbeutel, dicke Wollpullover und ein Duftgemisch aus Rauch, Kaffee und Orangen. Yassi hatte sich wie üblich auf dem Sofa zwischen Manna und Azin breit gemacht, und ich fragte mich wieder einmal, wie ein so winziger Körper so viel Platz beanspruchen konnte. Azins kokettes Lachen erfüllte den Raum, und sogar Mahshid gönnte uns ein flüchtiges Lächeln. Nassrin rückte ihren Stuhl an den Kamin und warf nervös Orangenschalen ins Feuer.

Es war ein Zeichen der Vertrautheit, die sich zwischen uns entwickelt hatte, dass wir von humorvollem Geplänkel mühelos zu ernsthaften Gesprächen über Literatur übergehen konnten. Was uns alle Schriftsteller bescherten, aber besonders Jane Austen, war Spaß. Manchmal konnten wir kaum noch an uns halten – wir kicherten und waren ausgelassen und benahmen uns wie Kinder. Wie konnte man den ersten Satz von *Stolz und Vorurteil* lesen und nicht begreifen, dass Austen sich genau das von ihren Leserinnen gewünscht hatte?

An jenem Vormittag warteten wir auf Sanaz. Mitra hatte uns, und dabei zeigten sich kurz ihre Grübchen, darüber informiert, dass wir auf Sanaz warten sollten – sie habe eine Überraschung für uns. Unsere wilden Spekulationen prallten an ihrem verschwiegenen Lächeln ab.

»Nur zwei Sachen können passiert sein«, spekulierte Azin, »ein weiterer Streit mit ihrem Bruder, und sie hat sich endlich entschlossen, zu Hause auszuziehen und bei ihrer wunderbaren Tante zu wohnen.« Sie hob die Hand, und ihre goldenen und silbernen Armreifen klimperten. »Oder sie heiratet ihren Liebsten.«

»Der Liebste scheint mir das wahrscheinlichere zu sein«, sagte Yassi und richtete sich etwas auf, »wenn ich mir Mitras Gesicht so ansehe.«

Mitras Grübchen vertieften sich, aber sie ließ sich nicht von uns provozieren. Mir fiel ein, dass sie selbst gerade erst Hamid geheiratet hatte; sie mussten ihre zarten Bande verstohlen direkt vor meiner Nase geknüpft haben. Sie hatten mich zu ihrer Hochzeit eingeladen, aber davor hatte Mitra ihre Beziehung zu Hamid mit keinem Wort erwähnt.

»Hast du dich verliebt?«, hatte ich Mitra ängstlich gefragt, woraufhin Manna »Schon wieder diese langweilige Frage!« eingeworfen hatte. Meine Freunde und Kollegen machten sich immer lustig, wenn ich diese zwanghafte Frage wieder einmal einem Ehepaar stellte. »Hast du dich verliebt?«, fragte ich drängend und gespannt und löste damit fast unweigerlich ein nachsichtiges Lächeln aus.

Mitra war errötet und hatte »aber ja, natürlich« gesagt.

»Aber wer denkt heutzutage schon an Liebe?«, fragte Azin mit gespielter Sittsamkeit. Ihre Haare waren zu einem Pferdeschwanz zurückgebunden, und an ihren Ohren klimperten winzige, türkisfarbene Perlen, wenn sie den Kopf bewegte. »Die Islamische Republik hat uns in Jane Austens Zeit zurückversetzt. Gott segne die arrangierte Ehe! Heute heiraten Mädchen entweder, weil ihre Eltern sie zwingen oder weil sie eine Aufenthaltserlaubnis benötigen, weil sie sich finanziell absichern oder weil sie Sex haben wollen – sie heiraten aus allen möglichen Gründen, aber selten aus Liebe.«

Ich sah Mahshid an, die schwieg, aber offensichtlich dachte: »Jetzt geht das wieder los!«

»Und«, fuhr Azin, nach der Kaffeetasse greifend, fort, »wir reden hier über gebildete Mädchen – Mädchen wie uns, die auf der Uni waren und doch eigentlich nach mehr streben sollten.«

»Nicht alle«, erwiderte Mahshid leise, ohne Azin anzusehen. »Viele Frauen sind unabhängig. Schau dir an, wie viele Geschäftsfrauen es bei uns gibt, und es gibt auch Frauen, die bewusst alleine leben.« Ja, und du bist eine von ihnen, dachte ich, ein fleißiges Mädchen, das mit 32 noch bei den Eltern wohnt.

»Aber die meisten haben keine Wahl«, sagte Manna. »Und ich finde, wir sind noch weit hinter Jane Austens Zeit zurück.« Dies war eines der wenigen Male, bei denen sich Manna indirekt auf Azins Seite und gegen Mahshid stellte. »Meine Mutter konnte sich aussuchen, wen sie heiraten wollte. Ich hatte darauf weniger

Einfluss und meine jüngere Schwester noch weniger«, schloss sie deprimiert.

»Wie wäre es mit einer Ehe auf Zeit?«, fragte Nassrin und setzte die Orangenschalen auf ihrem Teller wie ein Puzzle zusammen. »Ihr scheint die aufgeklärte Alternative unseres Präsidenten vergessen zu haben.« Sie bezog sich auf ein speziell im Iran geltendes islamisches Gesetz, nach dem Männer vier offizielle Frauen haben konnten und so viele zeitweilige Frauen, wie sie wollten. Dahinter steckte die Logik, dass sie ihre Bedürfnisse schließlich auch dann befriedigen können mussten, wenn ihre Frauen nicht verfügbar waren oder nicht in der Lage, sie zu befriedigen. Ein Mann konnte einen solchen Vertrag für die Dauer von nur zehn Minuten oder auch neunundneunzig Jahren eingehen. Präsident Rafsanjani, der sich damals als Reformer feiern ließ, hatte vorgeschlagen, junge Leute sollten zeitlich begrenzte Ehen eingehen. Das ärgerte sowohl die Reaktionäre, die das für eine schlaue Taktik hielten, mit der sich der Präsident bei den Jungen beliebt machen wollte, als auch die Progressiven, die den Motiven des Präsidenten ebenfalls mit Skepsis gegenüberstanden und den Vorschlag vor allem für Frauen beleidigend fanden. Manche erklärten sogar, Ehen auf Zeit seien eine sanktionierte Form von Prostitution.

»Ich bin nicht für Ehen auf Zeit«, sagte Mahshid, »aber Männer *sind* nun mal schwächer und *haben* mehr sexuelle Bedürfnisse. Und außerdem«, fügte sie vorsichtig hinzu, »haben die Mädchen ja die Wahl. Sie werden nicht dazu gezwungen.«

»Sie haben die Wahl?«, sagte Nassrin mit offenkundigem Abscheu.

»Du hast eine komische Vorstellung von Wahl.«

Mahshid senkte den Blick und antwortete nicht.

»Manche Männer, sogar sehr gebildete«, fuhr Nassrin aufgebracht fort, »halten das für progressiv. Ich musste einem Freund neulich klarmachen, dass er mich nur dann davon überzeugen könnte, so etwas sei progressiv, wenn Frauen dieselben Rechte wie Männer bekämen. Willst du wissen, wie unvoreingenommen diese Männer sind? Ich spreche nicht von den frommen, nein, von den weltlichen.« Sie warf wieder eine Orangenschale ins Feuer. »Frag sie einfach nach der Ehe. So was von Heuchelei!«

»Es stimmt, dass weder meine Mutter noch meine Tanten aus Liebe geheiratet haben«, sagte Yassi stirnrunzelnd, »aber alle meine Onkel haben aus Liebe geheiratet. Das ist schon merkwürdig, wenn man darüber nachdenkt. Und was heißt das für uns – welches Erbe tragen wir?«

Sie dachte einen Moment nach und fuhr dann fröhlicher fort: »Ich glaube, wenn Jane Austen in unserer Haut steckte, würde sie sagen: ›Es ist eine allgemein anerkannte Wahrheit, dass ein muslimischer Mann, ob im Besitz eines schönen Vermögens oder nicht, nichts dringender braucht als eine neunjährige Jungfrau.‹« Und so hatten wir angefangen, mit dem berühmten ersten Satz des Romans *Stolz und Vorurteil* herumzuspielen – was die meisten Austen-Leserinnen sicher auch gelockt hat.

Unsere ausgelassene Stimmung wurde vom Schrillen der Türklingel unterbrochen. Mahshid, die der Tür am nächsten saß, sagte: »Ich mach auf.« Wir hörten die Haustür zuschlagen, Schritte auf der Treppe. Dann eine Pause. Mahshid öffnete die Wohnungstür, und Sanaz, die mit Worten und lautem Gelächter begrüßt wurde, stand strahlend lächelnd auf der Schwelle. Sie hatte Gebäck mitgebracht.

»Warum Gebäck?«, fragte ich. »Du bist doch gar nicht dran.«

»Ja, aber ich habe gute Nachrichten«, sagte sie geheimnisvoll.

»Willst du heiraten?«, ließ Yassi sich träge aus der Tiefe des Sofas vernehmen.

»Erst möchte ich mich setzen«, sagte Sanaz und legte ihr langes Übergewand und ihren Wollschal ab. Sie warf den Kopf zur Seite, mit dem lässigen Stolz einer Frau mit schönem Haar, und verkündete: »Es wird bald schneien.«

Würde sie sich für ihre Verspätung entschuldigen, fragte ich mich, obwohl sie eine so gute Entschuldigung hatte und ihr niemand deshalb böse war?

»Es tut mir so leid, dass ich schon wieder zu spät komme«, sagte sie mit einem entwaffnenden Lächeln, in dem keine Spur von Reue lag.

»Du hast mich meiner Privilegien beraubt«, sagte Azin. »Zu spät kommen ist meine Spezialität.«

Sanaz wollte mit ihren Neuigkeiten bis zur Pause warten. Wir hatten die Regel eingeführt, dass die privaten Geschichten, die sich immer stärker in unsere Donnerstagssitzungen einschlichen, die Diskussion nicht stören sollten. Aber in diesem Fall platzte sogar ich vor Neugierde.

»Es ist alles sehr schnell gegangen«, begann Sanaz bereitwillig. Plötzlich hatte er angerufen, einfach so, und sie gebeten, ihn zu heiraten – er hatte irgendetwas von verrinnender Zeit gemurmelt. Er habe schon mit seinen Eltern gesprochen, sagte er, die wiederum mit ihren Eltern gesprochen hätten (ohne sie zuerst zu fragen, fiel mir nebenbei auf). Sie waren entzückt, und da er wegen der Wehrpflicht nicht in den Iran kommen konnte – würden sie und ihre Familie vielleicht in die Türkei fliegen? Iraner brauchten für die Türkei kein Visum, und die Reise war schnell zu arrangieren. Sanaz hatte kaum ein Wort herausgebracht. Irgendwie hatte sie zwar immer darauf gewartet, aber jetzt konnte sie kaum fassen, dass es so weit war. »Das Feuer ist fast aus«, sagte sie unvermittelt. »Ich kenne mich wirklich gut mit Feuer aus. Lassen Sie mich mal.« Sie legte Holz auf die matte Glut und stocherte energisch darin herum. Eine Flamme schoss empor und erstarb gleich wieder.

Zu Beginn des 20. Jahrhunderts wurde das Heiratsalter im Iran – neun Jahre gemäß der Scharia – auf dreizehn und später auf achtzehn heraufgesetzt. Meine Mutter hatte sich ihren Ehemann ausgesucht und war eine der ersten sechs Frauen, die 1963 ins Parlament gewählt worden waren. Als ich in den sechziger Jahren aufwuchs, bestand kaum ein Unterschied zwischen meinen Rechten und den Rechten der Frauen in westlichen Demokratien. Aber damals war es auch nicht Mode, unsere Kultur für unvereinbar mit der modernen Demokratie zu halten oder zu glauben, es gäbe westliche und islamische Versionen von Demokratie und Menschenrechten. Wir alle wünschten uns Chancen und Freiheit. Deshalb unterstützten wir die revolutionären Veränderungen – wir forderten *mehr* Rechte, nicht weniger.

Ich heiratete am Vorabend der Revolution einen Mann, den ich liebte. Zu jener Zeit waren Mahshid, Nassrin, Manna und Azin Teenager, Sanaz und Mitra ein paar Jahre jünger und Yassi gerade mal zwei. Als fünf Jahre später meine Tochter zur Welt kam, war die Gesetzgebung in die Zeit meiner Urgroßmutter zurückgefallen: Das erste Gesetz, das Monate vor der Ratifizierung der neuen Verfassung aufgehoben wurde, war das Gesetz zum Schutz der Familie, das die Rechte der Frauen zu Hause und bei der Arbeit garantierte. Das Heiratsalter wurde wieder auf neun gesenkt – auf achteinhalb Mondjahre, hieß es –, Ehebruch und Prostitution wurden mit Steinigung bestraft, und Frauen waren per Gesetz nun halb so viel wert wie Männer. Die Scharia ersetzte das geltende Rechtssystem und wurde zur Norm. In meiner Jugend hatte ich den Aufstieg zweier Frauen zu Kabinettsministerinnen erlebt. Nach der Revolution wurden dieselben Frauen zum Tode verurteilt, weil sie angeblich »Kampf gegen Gott geführt« und die Prostitution verbreitet hatten. Eine von ihnen, die Frauenministerin, war während der Revolution außer Landes gewesen und blieb im Exil, wo sie sich an prominenter Stelle für die Rechte der Frauen und die Menschenrechte einsetzte. Die andere, die Bildungsministerin und meine ehemalige Direktorin, wurde in einen Sack gesteckt und zu Tode gesteinigt oder erschossen. Diese Mädchen hier, meine Mädchen, würden mit der Zeit voller Respekt und Hoffnung an solche Frauen denken, denn wenn wir in der Vergangenheit Frauen wie sie hatten, gab es keinen Grund, warum es sie nicht auch in Zukunft geben sollte.

Unsere Gesellschaft war wesentlich fortschrittlicher als ihre neuen Herrscher, und Frauen waren unabhängig von religiösen und ideologischen Überzeugungen auf die Straßen gegangen und hatten gegen die neuen Gesetze protestiert. Damals war das Schlagwort vom islamischen Feminismus aufgekommen – ein widersprüchlicher Begriff, insofern als er die Vorstellung von Frauenrechten mit den Grundlagen des Islam zu versöhnen sucht. Es ermöglichte den Regierenden eine neue Doppelbödigkeit – sie konnten behaupten, einen progressiven Islam zu fördern, während moderne Frauen als verwestlicht, dekadent und illoyal denunziert wurden. Sie brauchten uns moderne Frauen und Männer für die Zukunft, aber sie mussten uns gleichzeitig im Zaum halten.

Was diese Revolution von den anderen totalitären Revolutionen des 20. Jahrhunderts unterschied, war, dass sie im Namen der Vergangenheit angezettelt wurde; das war ihre Stärke und Schwäche zugleich. Vier Frauengenerationen – meine Großmutter, meine Mutter, ich selbst und meine Tochter – lebten in der Gegenwart, aber auch in der Vergangenheit; wir erlebten zwei verschiedene Zeitzonen simultan. Interessant, dachte ich, wie Krieg und Revolution uns für unsere persönlichen Prüfungen noch mehr sensibilisiert hatten – vor allem für die Ehe, deren Kernfrage die der individuellen Freiheit war, wie Jane Austen vor zweihundert Jahren entdeckt hatte. *Sie* hatte das entdeckt, dachte ich, aber was ist mit uns, die wir in diesem Zimmer sitzen, in einem anderen Land, am Ende eines anderen Jahrhunderts?

Sanaz' nervöses Gelächter riss mich aus meinen Grübeleien. »Ich habe solche Angst«, sagte sie, während sie sich mit der rechten Hand eine unsichtbare Strähne aus der Stirn strich. »Bisher war die Heirat eine Art Traum, etwas, an das ich denken konnte, wenn ich mich mit meinem Bruder stritt. Ich habe keine Ahnung, wie das in der Realität aussehen soll.«

Sanaz hatte Angst vor ihrer Reise in die Türkei und vor dem Wiedersehen mit ihrem Freund. »Und wenn er mich nicht mag?«, sagte sie. Sie fragte nicht: Und wenn ich ihn nicht mag? Oder: Und wenn wir uns nicht verstehen? Würde ihr Bruder noch gemeiner werden und ihre Mutter noch depressiver? Würde die Mutter mit ihrer Leidensmiene ihr Schuldgefühle aufbürden, als hätte Sanaz ihr das absichtlich angetan? Das waren ernste Fragen für Sanaz. Es war schwer zu sagen, ob sie in die Türkei fuhr, um den Erwartungen anderer zu entsprechen oder weil sie verliebt war. Das war mein Problem mit Sanaz – man wusste nie recht, was sie wirklich wollte.

»Weiß Gott, was nach sechs Jahren aus ihm geworden ist«, sagte Nassrin und drehte zerstreut ihre Kaffeetasse in den Händen. Ich machte mir Gedanken um sie, wie immer, wenn wir auf Ehe und Männer zu sprechen kamen. Unweigerlich fragte ich mich, wie sie mit ihren verschütteten Erinnerungen umging. Verglich sie sich mit ihren Freundinnen, denen solche Erlebnisse erspart geblieben waren? Und waren sie ihnen *tatsächlich* erspart geblieben?

Sanaz sah Nassrin vorwurfsvoll an. Musste sie sich das ausgerechnet jetzt anhören? Die Reise in die Türkei würde ihr auf jeden Fall guttun, selbst wenn sie nicht von Erfolg gekrönt sein würde. Immerhin wäre sie dann die ständigen Gedanken an ihn los.

»Liebst du ihn?«, fragte ich und versuchte, das sarkastische Grinsen der Mädchen zu ignorieren. »Du gehst immer ein Risiko ein, wenn du heiratest, aber die Frage ist: Liebst du ihn *jetzt*?«

»Ich habe ihn geliebt, als ich sehr jung war«, erwiderte Sanaz langsam, zu angespannt, um sich von der Heiterkeit der anderen anstecken zu lassen. »Jetzt weiß ich es nicht mehr. Ich habe immer sehr gerne an ihn gedacht, aber er war so lange weg. Er hatte so viele Gelegenheiten, andere Frauen kennenzulernen … Welche Chance hatte ich denn, andere Männer zu treffen? Meine Tante sagt, ich muss nicht ja oder nein sagen. Sie sagt, wenn wir herausfinden wollen, was wir wirklich füreinander empfinden, sollten wir uns *alleine* in der Türkei treffen. Wir sollten Zeit füreinander haben, ohne dass unsere Familien dabei sind und sich einmischen.«

»Was für eine ungewöhnlich kluge Tante«, sagte ich, unwillkürlich Partei ergreifend. »Sie hat recht, weißt du.«

Mahshid hob die Augen und sah mich einen Moment unverwandt an, bevor sie sie wieder senkte. Azin, die Mahshids Blick bemerkt hatte, sagte: »Ich stimme Dr. Nafisi zu. Ihr tätet gut daran, eine Weile zusammenzuleben, bevor ihr eine Entscheidung trefft.«

Mahshid entschloss sich, nicht anzubeißen, und blieb stumm. Bildete ich es mir nur ein, oder hatte etwas Vorwurfsvolles in ihrem Blick gelegen?

»Wenn du prüfen willst, ob ihr zueinander passt, solltest du unbedingt mit ihm tanzen«, sagte Nassrin.

Zuerst waren wir verblüfft über diesen Satz, der sogar aus Nassrins Mund ungewöhnlich klang. Es dauerte einen Moment, bis mir der Sinn aufging. Ja, natürlich! Sie bezog sich auf die »Liebe-Jane-Gesellschaft«, die wir in meinem letzten Jahr an der Allameh-Universität gegründet hatten. Die Idee zu dieser Gesellschaft – die noch vor ihrer Gründung wieder eingegangen war – hatte mit einem denkwürdigen Tanz begonnen.

2

Ich sehe es vor mir wie durch das große Fenster eines Hauses inmitten eines leeren Gartens. Ich drücke meine Nase an der Scheibe platt, und hier kommen sie: fünf Frauen in schwarzen Umhängen und mit Kopftüchern. Als sie am Fenster vorbeigehen, erkenne ich allmählich ihre Gesichter. Eine steht etwas abseits und beobachtet die anderen vier. Sie bewegen sich nicht anmutig, sie rempeln sich an und stoßen gegen die Stühle. Auf merkwürdig gedämpfte Art wirken sie ausgelassen.

In meinem Hauptseminar hatte ich in jenem Frühjahr die Struktur von *Stolz und Vorurteil* mit einem Tanz aus dem 18. Jahrhundert verglichen. Nach dem Seminar waren ein paar Mädchen noch geblieben, um darüber zu sprechen – sie wussten nicht so recht, was ich damit sagen wollte. Ich hielt es für das beste, es ihnen zu erklären, indem ich sie im Geist den Tanz vollführen ließ. Schließen Sie die Augen und stellen Sie sich den Tanz vor, bat ich sie. Stellen Sie sich vor, Sie bewegen sich vor und zurück; es würde helfen, wenn Sie sich vorstellen könnten, dass der Mann Ihnen gegenüber der unvergleichliche Mr. Darcy ist – oder auch nicht; stellen Sie sich vor, wen Sie wollen. Ein Mädchen kicherte. Einer plötzlichen Inspiration folgend, nahm ich die widerstrebende Nassrin an der Hand und begann mit ihr zu tanzen, eins-zwei, eins-zwei. Dann forderte ich die anderen auf, sich in einer Reihe aufzustellen, und bald tanzten wir alle mit wehenden schwarzen Gewändern und stießen dabei gegen Stühle und aneinander.

Sie stehen ihren Partnern gegenüber, verneigen sich leicht, gehen einen Schritt nach vorne, reichen sich die Hände und drehen sich, sagte ich. Während Sie die Hände ineinander legen, halten Sie Blickkontakt. Gut, und jetzt sehen wir mal, wie es um Ihre Konversation bestellt ist. Sagen Sie etwas zueinander. Den jungen Frauen fällt es schwer, ernst zu bleiben. Mojgan sagt: Das Problem ist, dass wir alle Elizabeth und Darcy sein wollen. Ich habe nichts dagegen, Jane zu sein, sagt Nassrin – ich wollte schon immer die Schönste sein.

Wir brauchen einen Mr. Collins. Mahshid, würde es dir nicht Spaß machen, mir auf die Zehen zu treten? Mahshid ziert sich. Ich habe noch nie im Leben getanzt, wehrt sie sich verlegen. Wegen dieses Tanzes brauchen Sie sich wirklich keine Sorgen zu machen, sagte ich. Als Ihre Professorin befehle ich Ihnen sogar zu tanzen. Als Teil Ihrer Seminararbeit, ergänzte ich, und es war einer der seltenen Momente, in denen ich es genoss, Autorität zu haben. Vor, zurück, Pause, drehen, drehen, Sie müssen Ihre Schritte den anderen Tänzern anpassen, darum geht es. Sie achten vor allem auf sich selbst und Ihren Partner, aber auch auf alle anderen – Sie dürfen nicht aus dem Takt geraten. Ja, genau, das ist die Schwierigkeit, aber Miss Eliza Bennet ist ein Naturtalent.

Jeder Tanz ist Darstellung und Inszenierung, erkläre ich, aber erkennen Sie auch, dass unterschiedliche Tänze unterschiedliche Interpretationen verlangen? O ja, sagt Nassrin. Vergleichen Sie diesen Tanz mit einem persischen. Wenn diese Briten ihre Körper so kreisen lassen könnten wie wir … verglichen mit uns sind sie ja so züchtig!

Wer beherrscht den persischen Tanzstil? frage ich. Alle schauen Sanaz an. Sie ist verlegen und will nicht. Wir necken und ermuntern sie und bilden einen Kreis um sie. Als sie, zunächst noch verlegen, die ersten Bewegungen macht, beginnen wir zu klatschen und ein Lied zu summen. Nassrin gibt uns zu verstehen, wir sollten leiser sein. Scheu macht Sanaz die ersten anmutigen kleinen Schritte und schwingt ihre Taille mit wollüstiger Eleganz. Als wir lachen und Scherze machen, wird sie kühner; sie legt den Kopf nach rechts und nach links, bringt alle Teile ihres Körpers zur Geltung, die untereinander um unsere Aufmerksamkeit wetteifern. Ihr ganzer Körper vibriert, als Hände und Finger an der Reihe sind. Ihr Gesicht hat einen ganz ungewohnten Ausdruck angenommen – er ist kühn und lockend, will betören und bannen, spielt mit Annäherung und Rückzug und mit einer Macht, die sie verliert, als sie zu tanzen aufhört.

Es gibt verschiedene Arten der Verführung, und die Art, die ich bei persischen Tänzerinnen beobachtet habe, ist so einzigartig in ihrer Mischung aus Subtilität und Schamlosigkeit, dass ich kein westliches Pendant dazu finde. Ich habe diesen Ausdruck auf Gesichtern von Frauen ganz unterschiedlicher Herkunft gesehen, es ist ein verhangener, träger, koketter Blick. Ich erkannte Sanaz' Gesichtsausdruck später bei meiner kultivierten, in Frankreich aufgewachsenen Freundin Leyly wieder, als sie plötzlich zu einer Musik zu tanzen begann, in der sich *nas*, *eshveh* und *kereshmeh* aneinanderreihten. Die Übersetzung der Begriffe – Verführung, Bezauberung, Flirten mit den Augen – gibt die Wirkung nur sehr unvollkommen, wenn nicht irreführend wieder.

Diese Art von Verführung ist eine Sache des Augenblicks, sie ist sinnlich und körperlich fühlbar. Die Tänzerin dreht sich, wirbelt, schwingt und zuckt. Die Hände öffnen und schließen sich, während die Hüfte ihr schlängelndes Eigenleben führt. Die Wirkung ist kalkuliert. Der Effekt lässt sich vor jedem kleinen Schritt vorausahnen. Es ist eine Art von Koketterie, von der Miss Daisy Miller und ihresgleichen nur träumen können – offen verführerisch, aber ohne sich selbst preiszugeben. All das liegt in Sanaz' Tanz. Ihr langer schwarzer Umhang und ihr schwarzes Kopftuch – die ihr knochiges Gesicht, ihre großen Augen und ihren sehr schmalen, zerbrechlichen Körper umhüllen – verleihen ihren Bewegungen paradoxerweise noch mehr Grazie. Mit jedem Schritt scheint sie sich mehr aus dem dicken schwarzen

Stoff zu befreien. Der Umhang wird durchsichtig und macht den Tanz noch geheimnisvoller.

Plötzlich stand ein Student verdutzt in der Tür und riss uns aus unserer Versunkenheit. Die Mittagspause war vorbei, wir hatten nicht bemerkt, wie die Zeit verging. Beim Anblick des Studenten, der mit einem Bein im Hörsaal stand, brachen wir in Gelächter aus.

Dieser Vorfall hatte zwischen uns ein geheimes Einverständnis geschaffen. Wir sprachen davon, einen Geheimbund zu gründen und ihn die »Liebe-Jane-Gesellschaft« zu nennen. Wir würden uns treffen, tanzen und Windbeutel essen und unsere Neuigkeiten austauschen. Obwohl es nie zu der Gründung kam, bezeichneten die Mädchen sich von da an als »Liebe Janes«, und die Saat für unsere derzeitige Komplizenschaft war gelegt. Ich hätte all das vergessen, wäre mir nicht Nassrin wieder in den Sinn gekommen.

Jetzt weiß ich auch wieder, dass ich Mahshid und Nassrin an jenem Tag auf dem Rückweg zu meinem Büro ganz plötzlich, ohne nachzudenken, fragte, ob sie an meinem geheimen Kurs teilnehmen wollten. Sie schauten mich erstaunt an, und ich skizzierte schnell das Konzept, wobei ich aus dem Stegreif die Ideen, die ich seit Jahren mit mir herumtrug, ausbaute. Was brauchen wir dafür? fragte Mahshid. Bedingungslose Hingabe an die Werke und an den Kurs, sagte ich mit unwirscher Bestimmtheit. Aber noch mehr als sie hatte ich mich selbst nun in die Pflicht genommen.

3

»Unsere Sanaz hat so viele Qualitäten«, sagte Azin, sorgfältig ihre Fingernägel inspizierend, »sie braucht keinen zweitklassigen Jungen, dessen größte Leistung es bisher war, sich vor der Armee zu drücken und nach England zu ziehen.« Ihr Ton war unnötig aggressiv, und im Moment hatte sie niemanden persönlich im Visier. An diesem Punkt begann ich, Azins Fingernägeln ernsthaft Aufmerksamkeit zu schenken. Seit neuestem malte sie sie tomatenrot an und schien von ihrer Form und Farbe völlig fasziniert. Wann immer sie im Kurs Gelegenheit fand, betrachtete sie sie konzentriert, als ob der rote Nagellack sie mit einer anderen Dimension verbände, einem Ort, den nur sie allein kannte. Wenn sie die Hand nach einem Gebäckstück oder einer Orange ausstreckte, folgte ihr Blick wie gebannt den Bewegungen ihrer roten Fingerspitzen.

Während der Pause sprachen wir über Sanaz. Sie wurde in der nächsten Woche aus der Türkei zurück erwartet. Mitra, die einzige, die mit ihr in Kontakt war, hatte uns auf den neuesten Stand gebracht: Er war sehr zärtlich, sie liebte ihn, sie waren verlobt. Sie waren zusammen ans Meer gefahren; es wird Fotos geben, jede Menge Fotos. Die Tante hält ihn für keinen tollen Fang. Sie findet, er ist ein netter Junge, der sich besser als Freund eignet und jemanden braucht, der ihm die Nase putzt (ihre Grübchen wurden tiefer). Das scheint unserer Sanaz aber nichts auszumachen.

»Ist doch nicht schlimm, wenn man jung ist«, zwitscherte Yassi. »Mein Onkel und seine Frau haben auch so angefangen – und noch dazu hatten sie kein Geld. Da fällt mir ein: Drei meiner Onkel haben so geheiratet. Alle außer dem jüngsten, der hat nie

geheiratet – er hat sich einer politischen Organisation angeschlossen«, fügte sie hinzu, als erkläre das seine Ehelosigkeit.

Wir hörten jetzt häufiger von den Onkeln, denn der älteste
hielt sich zu einem dreiwöchigen Urlaub im Iran auf. Er war Yassis Lieblingsonkel. Er hörte sich ihre Gedichte an, sah sich die
Gemälde ihrer Schwester Mina an, kommentierte die Geschichten ihrer scheuen Mutter. Er war geduldig, aufmerksam, aufmun-
ternd und gleichzeitig ein bisschen kritisch, indem er auf diese
oder jene Schwäche hinwies. Yassi freute sich immer unbändig
über seine Besuche und die seltenen Briefe oder Anrufe aus den
Staaten, bei denen er speziell mit ihr sprechen wollte. Er war der
einzige, der Yassi ungehindert Ideen in den Kopf setzen durfte.
Und das tat er auch. Erst hatte er sie darin unterstützt, ihren Mu-
sikunterricht fortzusetzen, dann hatte er gesagt: Warum nicht an
der Universität Teheran studieren? Jetzt riet er ihr, das Studium
in den USA fortzusetzen. Alles, was er Yassi über das Leben in
Amerika erzählte – Dinge, die für ihn offenbar alltäglich waren –
erhielten in ihrer Einbildung einen magischen Glanz. Sie ließ sich
seine Geschichten regelmäßig von mir bestätigen, und ich hatte
immer noch etwas zu ergänzen. Es kam mir vor, als wären ihr
Onkel und ich Verschwörer, die die kleine Yassi vom rechten Weg
abbrachten. Und ich machte mir Sorgen: Wenn wir sie nun zu
einem Leben verleiteten, das gar nicht gut für sie war? Denn unsere Aufmunterungen stürzten Yassi, ein warmherziges, loyales
Mädchen, das sehr an seiner Familie hing, tagelang in innere
Konflikte und Schwermut. Sie machte sich über sich selbst lustig
und sagte, sie sei dauernd so … Unentschlossen, fragte ich? Nein,
wie sagt man? Dann ging ein Leuchten über ihr Gesicht. Muffelig! Nein, Yassi, das stimmt nicht. Ganz sicher nicht muffelig. Na
ja, dann eben unentschlossen und unzulänglich. Und vielleicht
auch ein bisschen muffelig.

Alle meine Mädchen wollten anscheinend unbedingt den Iran
verlassen – alle außer Mahshid, die sich mit ihrer beruflichen

Situation herumschlug. Sie wollte eine Beförderung und eine feste Anstellung, die man ihr aber aufgrund ihrer Mitgliedschaft bei einer oppositionellen religiösen Gruppe verweigerte. Mitra hatte ein Visum für Kanada beantragt, obwohl sie und Hamid noch nicht endgültig zur Auswanderung entschlossen waren. Seine Mutter war dagegen und die Zukunft in Kanada ungewiss, wogegen das Leben hier, mit all seinen Unzulänglichkeiten, immerhin eine bekannte Größe war. »Hier bei uns, sagt seine Mutter immer, sind wir jemand, aber da drüben …«

»Ich denke auch ans Weggehen«, ließ sich Azin plötzlich vernehmen. »Wenn Sanaz einen Funken Verstand hätte, würde sie einfach gehen oder den Typen heiraten, hinfahren und sich dann von ihm scheiden lassen. Was?«, fragte sie vorsichtig, als die anderen sie irritiert ansahen, und fischte eine Zigarette aus ihrer Tasche. »Was hab ich jetzt schon wieder gesagt?«

Sie zündete die Zigarette nicht an – das tat sie nie während unserer Sitzungen –, aber sie hielt sie zwischen ihren langen weißen Fingern mit den tomatenroten Nägeln. Plötzlich merkte sie, dass wir alle schwiegen. Wie ein Kind, das mit einem heimlich stibitzten Stück Schokolade in der Hand erwischt wird, sah sie ihre Zigarette an und zerdrückte sie mit einem entwaffnenden Lächeln im Aschenbecher.

Wie mogelst du dich mit deinen roten Nägeln durch? fragte ich, um das Thema zu wechseln. Ich trage Handschuhe, sagte sie. Sogar im Sommer trage ich dunkle Handschuhe. Lackierte Nägel waren wie Make-up ein strafbarer Tatbestand, der mit Auspeitschen, Geldbußen und bis zu einem Jahr Gefängnis geahndet wurde. Natürlich kennen sie den Trick, sagte sie, und wenn sie es wirklich auf einen abgesehen haben, muss man die Handschuhe ausziehen. Sie plapperte weiter über Handschuhe und Fingernägel und brach dann plötzlich ab. Es macht mich glücklich, sagte sie mit dünner Stimme, die keine Spur Glück verriet. Sie sind so rot, dass sie mich von anderen Dingen ablenken.

»Von was für Dingen?« fragte Nassrin ungewöhnlich sanft.

»Ach, Dingen eben. Du weißt schon.« Und dann brach sie in Tränen aus. Wir verstummten erschrocken. Manna schob ihr widerstrebend, als wolle sie sich gegen Azins Tränen schützen, eine Packung Papiertaschentücher zu. Mahshid zog sich in ihr Schneckenhaus zurück, und Nassrin beugte sich mit fest verschränkten Händen weit vor. Yassi, die Azin am nächsten saß, lehnte sich an sie und nahm sie sachte in den Arm.

4

Ich werde nie herausfinden, wie viele wirkliche Kränkungen Azin vor uns verbarg und welche von denen, die sie uns offenbarte, unecht waren. Ich suche die Antwort in dem Foto, das wir an meinem letzten Abend in Teheran aufnahmen. Azins schimmernde goldene Ohrringe ziehen meinen Blick auf sich. Fotos können täuschen, es sei denn, man hat wie mein Zauberer die Gabe, die Krümmung einer Nase zu deuten. Ich besitze solche seherischen Fähigkeiten nicht.

Wenn ich das Foto betrachte, sind Azins Sorgen kaum vorstellbar. Sie wirkt unbeschwert; ihr blondes Haar passt zu der hellen Haut und den honigfarbenen Augen. Sie liebt es, als extravagant zu gelten, und dass sie dreimal geheiratet hatte, sprach dafür, dass sie es war. Ihren ersten Mann hatte sie mit knapp achtzehn geheiratet und sich ein Jahr später von ihm scheiden lassen. Sie hatte nie erzählt, was aus ihrem zweiten Mann geworden war. Vielleicht hatte sie so oft geheiratet, weil das im Iran einfacher war, als einen Freund zu haben.

Ihren Mann, erzählt sie uns, irritierte alles, was sie interessierte. Er war eifersüchtig auf ihre Bücher, ihren Computer und ihre Donnerstage. Mit starrem Lächeln erzählte sie, dass er sich von ihrem »unabhängigen Verstand« gedemütigt fühlte. Er schlug sie und versuchte sie dann zu besänftigen, indem er ihr ewige Liebe schwor.

Mir verursachte ihre Schilderung fast körperlichen Schmerz. Mehr als seine Schläge beunruhigten mich seine höhnischen Bemerkungen – wie er sie anschrie, niemand würde sie mehr heiraten, sie sei »gebraucht« wie ein gebrauchtes Auto, und kein Mann würde eine gebrauchte Ehefrau haben wollen. Er könne jederzeit eine Achtzehnjährige heiraten, ein frisches, unverbrauchtes Mädchen, wann immer es ihm beliebe. Das alles warf er ihr an den Kopf, aber verlassen konnte er sie nicht. Besser als an die genauen Worte dieser schrecklichen Geschichten erinnere ich mich an Azins Lächeln, das die Tränen in ihren Augen Lügen straften. Danach sagte sie: Und jetzt wisst ihr, warum ich so oft zu spät zum Kurs komme. Später bemerkte Manna ohne viel Mitgefühl: Klar, Azin macht sich sogar noch durch ihre Probleme interessant.

Bald waren wir alle in Azins Ehemisere verstrickt. Zuerst erzählte ich Bijan nach dem Essen davon, dann meiner besten Freundin, einer großartigen Anwältin mit einem Faible für aussichtslose Fälle, die ich überreden konnte, sich der Sache anzunehmen. Von da an waren Azin – ihre Stimmungsschwankungen, ihr Mann, ihre Klagen, ihre Aufrichtigkeit oder Unaufrichtigkeit – ein ständiges Thema.

Diese Ausflüge ins Privatleben waren eigentlich nicht geplant, aber sie schlichen sich in unsere Diskussionen ein und führten zu weiteren Exkursen. Wir begannen mit abstrakten Beispielen und schweiften dann zu unseren eigenen Erfahrungen ab. Wir sprachen über Fälle, bei denen der körperliche und seelische Missbrauch von Frauen dem Richter nicht als Scheidungsgrund ausreiche oder bei denen der Richter nicht nur den Wunsch einer Frau nach Scheidung abgelehnt hatte, sondern auch noch versucht hatte, ihr die Schuld für die Prügel zu geben, und sie angewiesen hatte, darüber nachzudenken, womit sie das Missfallen ihres Mannes erregt haben könnte. Wir rissen Witze über den Richter, der seine Frau regelmäßig schlug.

In unserem Land war das Gesetz wirklich blind; in seiner schlechten Behandlung von Frauen kannte es keine Unterschiede in der Religion, Rasse oder Überzeugung.

5

Es heißt immer, das Private sei politisch. Das stimmt natürlich nicht. Den Kern des Kampfes um politische Rechte bildet der Wunsch, uns selbst zu schützen und die Politik daran zu hindern, in unser individuelles Leben einzudringen. Das Private und das Politische sind zwar voneinander abhängig, aber nicht identisch. Das Reich der Phantasie ist eine Brücke zwischen ihnen, die das eine beständig in Relation zu dem anderen umgestaltet. Platos Philosophen-König wusste das ebenso gut wie der blinde Zensor, weshalb es vielleicht auch nicht verwunderlich war, dass die vordringlichste Aufgabe der Islamischen Republik darin bestand, die Grenzen zwischen dem Privaten und dem Politischen zu verwischen. Und damit beides zu zerstören.

Wenn ich über das Leben in der Islamischen Republik Iran befragt werde, kann ich die persönlichsten und privatesten Aspekte unserer Existenz nicht von dem Blick des blinden Zensors trennen. Ich denke an meine Mädchen, die aus ganz unterschiedlichen Elternhäusern kamen. Dennoch standen sie alle vor sehr ähnlichen Problemen, die sich aus der Vereinnahmung ihrer intimsten Momente und privaten Wünsche durch das Regime ergaben. Dieser Konflikt war der Kern des Paradoxons, das die Herrschaft der Mullahs schuf: Seit sie das Land regierten, war die Religion zum Machtinstrument geworden, zu einer Ideologie. Dieser ideologische Zugang zum Glauben unterschied die Machthaber von den Millionen gewöhnlicher Bürger, gläubige Menschen wie Mahshid, Manna und Yassi, die in der Islamischen Republik ihren schlimmsten Feind gefunden hatten. Menschen wie ich hassten es, unterdrückt zu werden, aber die anderen mussten damit zurecht kommen, verraten worden zu sein. Doch selbst sie trafen die Widersprüche und Einschränkungen des Privatlebens direkter als die großen Themen Krieg und Revolution. Ich habe achtzehn Jahre in der Islamischen Republik gelebt, doch in den ersten unruhigen Jahren mit ihren öffentlichen Exekutionen und blutigen Demonstrationen hatte ich diese Tatsache noch nicht recht begriffen, und ebenso wenig in den acht Kriegsjahren, in denen sich das Geheul roter und weißer Sirenen mit den Detonationen der Raketen und Bomben abwechselte. Deutlich wurde es mir erst nach dem Krieg und Khomeinis Tod, den beiden Faktoren, die das Land zwangsläufig vereinten und verhinderten, dass Disharmonien und Widersprüche auftauchten.

Moment mal, werden Sie einwerfen – Disharmonien? Widersprüche? War es nicht eine Zeit der Hoffnung, der Reformen und des Friedens? Haben wir nicht gehört, dass Mr. Ghomis Stern sank und Mr. Forsatis Stern stieg? Sie werden mich an das Ende des letzten Teils erinnern, als die radikalen Revolutionäre offenbar nur zwei Alternativen hatten – sich anzuzünden oder mit dem Wandel der Zeit zu gehen. Bezüglich Mahshid, Nassrin und Manna werden Sie sagen: Sie haben überlebt – sie haben eine zweite Chance erhalten. Übertreiben Sie nicht etwas, werden Sie fragen, damit Ihre Geschichte dramatischer wird?

Nein, ich übertreibe nicht. Das Leben in der Islamischen Republik war zu explosiv, zu dramatisch und chaotisch, um sich einer für den erzählerischen Effekt wünschenswerten Ordnung zu fügen. Friedenszeiten bringen oft das Ausmaß der Schäden erst richtig zum Vorschein und rücken die klaffenden Bombentrichter an Stelle der Häuser in den Vordergrund. Dann erst verflüchtigen sich die erstickten Stimmen, die bösen Geister, die in der Flasche gefangen waren, in verschiedene Richtungen.

Manna sprach gerne davon, dass es zwei Islamische Republiken gäbe – die der Worte und die der Realitäten. In der Islamischen Republik der Worte begannen die neunziger Jahre mit der

Aussicht auf Frieden und Reformen. Eines Morgens hatten wir beim Aufwachen gehört, dass der Expertenrat nach eingehenden Beratungen den ehemaligen Präsidenten Hodjatoleslam Ali Khamenei zu Ajatollah Khomeinis Nachfolger gewählt hatte. Vor seiner Wahl war Khameneis politische Position unklar gewesen; er hatte Verbindungen zu einigen der konservativsten und reaktionärsten Gruppierungen innerhalb der herrschenden Elite, aber er galt auch als Förderer der Künste. Er hatte sich mit Dichtern umgeben und von Khomeini eine ernste Verwarnung erhalten, weil er die Fatwa gegen Salman Rushdie abgemildert hatte.

Aber dieselbe Person, der neue Oberste Führer, der jetzt den höchsten religiösen und politischen Titel des Landes führte und dem der größte Respekt gebührte, war ein Hochstapler. Er wusste es, wir wussten es und schlimmer noch, seine eigenen Kollegen und Mitgeistlichen, die ihn gewählt hatten, wussten es. Die Medien und die Regierungspropaganda hatten verschwiegen, dass dieser Mann über Nacht in den Rang eines Ajatollah erhoben worden war; ein solcher Rang musste normalerweise erworben werden, bevor er zuerkannt werden konnte, und seine Erhöhung war ein klarer Verstoß gegen klerikale Regeln. Khamenei schlug sich auf die Seite der unbelehrbarsten Reaktionäre. Diese Entscheidung hatte nicht nur mit seinen religiösen Überzeugungen zu tun; vielmehr verbarg sich dahinter das dringende Bedürfnis nach politischer Unterstützung, womit er die mangelnde Achtung der Geistlichkeit kompensieren wollte. Über Nacht verwandelte sich der gemäßigte Liberale in einen unverbesserlichen Hardliner. In einem seltenen Moment der Offenheit hatte Mrs. Rezvan gesagt: »Ich kenne diese Leute besser als Sie; sie wechseln ihre Ansichten häufiger als ihre Kleidung. Der Islam ist ein Geschäft geworden wie Öl für Texaco. Diese Leute, die mit dem Islam handeln, versuchen ihn möglichst wirkungsvoll zu verpacken. Und wir sind ihnen ausgeliefert. Sie glauben doch nicht, dass sie je zugeben würden, dass wir ohne Öl besser dran wären, oder? Würden sie laut sagen, dass der Islam für eine gute Regierung nicht unabdingbar ist? Nein, aber die Reformer sind schlauer; sie geben uns das Öl etwas preisgünstiger und versprechen, es sauberer zu machen.«

Unser Präsident, der mächtige Ex-Parlamentssprecher Hodjatoleslam Rafsanjani, der als erster als Reformer bezeichnet wurde, war der neue Hoffnungsträger. Doch er, der sich General des Wiederaufbaus nannte und den Spitznamen Ajatollah Gorbatschow trug, war, wie sich herausstellte, in finanzielle und politische Korruptionsaffären verwickelt und duldete, dass Dissidenten im In- und Ausland terrorisiert wurden. Er sprach von einer Liberalisierung der Gesetze.

Wieder bedeuteten die Reformen nur, wie Manna uns in Erinnerung rief, dass man ein bisschen islamisch sein konnte, ein bisschen mogeln konnte, ein paar Haare unter dem Kopftuch hervorlugen lassen durften. Das ist so, als könne man ein bisschen faschistisch sein, ein gemäßigter Faschist oder Kommunist, fügte ich hinzu.

Oder ein bisschen schwanger, schloss Nima lachend.

Infolge dieser Lockerung hatten Sanaz und Mitra keine Angst mehr, ihre Kopftücher etwas zwangloser zu tragen und Haar zu zeigen, aber die Sittenpolizei konnte sie immer noch verhaften. Wenn sie die Polizei an die Worte des Präsidenten erinnerten, verhafteten die Revolutionswächter sie sofort und steckten sie ins Gefängnis, wobei sie wütende Flüche gegen den Präsidenten, seine Mutter und jeden anderen Hundesohn ausstießen, der in einem Land des Islam solche Gesetze erließ. Ohnehin war die liberalere Haltung des Präsidenten, wie auch die seines Nachfolgers Khatami, rasch an ihre Grenzen angelangt. Wer seine Reformen ernst nahm, zahlte einen hohen Preis dafür, manchmal mit dem Leben, während die Schergen ungestraft davonkamen. Als der Dissident und Schriftsteller Saidi Sirjani, der sich der Rückendeckung durch den Präsidenten sicher wähnte, verhaftet, gefoltert und schließlich ermordet wurde, kam ihm niemand zu Hilfe – ein weiteres Beispiel für den ständigen Widerspruch zwischen Worten und Taten, der in der Islamischen Republik bis heute anhält. Ihre eigenen Interessen gehen ihnen über alles, sagte Mrs. Rezvan häufig. Wie liberal sie sich auch geben mögen, ihre islamische Fassade wird nie bröckeln. Sie ist ihr Markenzeichen. Wer würde einen Rafsanjani in einem demokratischen Iran brauchen?

Sicher, es war eine Phase der Hoffnung, aber wir geben uns gerne der Illusion hin, hoffnungsvolle Zeiten seien frei von Spannungen und Konflikten, während sie meiner Erfahrung nach, im Gegenteil, besonders gefährlich sind. Hoffnung für die einen bedeutet Verlust von Hoffnung für die anderen. Wenn die Hoffnungslosen sich Hoffnungen machen, bekommen die Mächtigen, die sie ihnen vorher genommen haben, Angst, sie versuchen ihre bedrohten Interessen zu schützen und werden noch repressiver. In vieler Hinsicht waren diese Phasen der Hoffnung und größeren Duldsamkeit nicht weniger beunruhigend. Das Leben ähnelte einem schlechtem Roman, in dem es dem Autor nicht gelingt, die Figuren nach den Gesetzen von Ordnung und Logik zu bändigen, und sie Amok laufen. Es war eine Zeit des Friedens, des Wiederaufbaus, in der der normale Lebensrhythmus sich wieder hätte einstellen können, und stattdessen fiel ein Gewirr von Stimmen über uns her und übertönte die dumpferen Klänge des Krieges.

Der Krieg gegen den Irak war zu Ende, aber die Regierung setzte den Krieg gegen die Feinde im Inneren fort, gegen all jene, die für kulturelle Dekadenz und Verwestlichung standen. Statt ihre Feinde zu schwächen und zu eliminieren, hatten diese durch die staatliche Unterdrückungskampagne eher an Stärke gewonnen. Politische Parteien wurden verboten, politische Feinde saßen im Gefängnis, aber im kulturellen Bereich – Literatur, Musik, Bildende Kunst und Philosophie – hatten die weltlichen Kräfte die Oberhand. Der islamischen Elite war es in diesen Bereichen nicht wirklich gelungen, Einfluss zu nehmen. Der Kulturkampf nahm an Bedeutung zu, als radikale muslimische Jugendliche, Intellektuelle, Journalisten und Akademiker sich auf die andere Seite schlugen. Enttäuscht von der islamischen Revolution und konfrontiert mit der ideologischen Leere, die auf den Zusammenbruch der Sowjetunion folgte, blieben ihnen als Orientierung nur noch die westlichen Demokratien, die sie einst so heftig attackiert hatten. Diejenigen, die das Regime durch den Vorwurf der Verwestlichung vernichten oder zum Schweigen bringen wollten, ließen sich nicht vernichten oder zum Schweigen bringen; sie gehörten ebenso zur iranischen Kultur wie die anderen, ihre selbsternannten Wächter. Aber was die islamische Elite am meisten erschreckte, war die Tatsache, dass diese Elemente mittlerweile zum Vorbild für die immer enttäuschteren Ex-Revolutionäre und Jugendlichen geworden waren, die sogenannten Kinder der Revolution.

Im Ministerium für Islamische Kultur und Führung ergriffen viele Partei für die Schriftsteller und Künstler und ließen zu, dass Bücher, die früher als unislamisch gegolten hätten, veröffentlicht wurden. Mein Buch über Nabokov wurde 1994 mit Hilfe aufgeschlossener Mitglieder des Ministeriums gedruckt. Erfahrene Filmregisseure, deren Filme nach der Revolution verboten worden waren, durften sie nun zeigen, dank des progressiven Leiters der Farabi Film Foundation, der später von den Reaktionären innerhalb des Regimes angegriffen und vor Gericht gestellt wurde. Das Ministerium selbst wurde zum Schlachtfeld verschiedener Fraktionen, die wir heute als Hardliner und Reformer bezeichnen würden. Viele ehemalige Revolutionäre lasen und interpretierten die westlichen Denker und Philosophen und stellten ihre eigenen orthodoxen Denkansätzen in Frage. Es war ein Zeichen der Hoffnung, dass gerade die Ideen und Systeme sie nachhaltig beeinflussten, die sie ursprünglich zerstören wollten.

Unfähig, Verwicklungen oder Vergehen einzuordnen oder zu verstehen, und verärgert durch den »Verrat« in ihren eigenen Reihen, waren die Funktionäre gezwungen, ihre einfachen Regeln dem Bereich des Fiktionalen ebenso aufzuzwingen wie dem Leben. So wie sie die Farben und Schattierungen der Realität zensierten, damit sie sich in ihr Schwarzweißdenken fügten, so zensierten sie jede Art von Innenschau in der Literatur; ihnen wie auch ihren ideologischen Widersachern galten künstlerische Werke, die keine politische Botschaft transportierten, als gefährlich. So war natürlich eine Schriftstellerin wie Jane Austen, ob bewusst oder unbewusst, ihre natürliche Feindin.

6

»Du solltest nicht die Islamische Republik für all unsere Probleme verantwortlich machen«, mahnte mein Zauberer. Ich runzelte die Stirn und bohrte meine Stiefelspitzen in den Schnee. Der Schnee war über Nacht gefallen und glitzerte jetzt in der Vormittagssonne; der Winter in Teheran zeigte sich von seiner besten Seite. Auf der glatten Schneedecke, die auf den Bäumen lag und sich an den Rändern der Gehwege türmte, funkelten Millionen winziger Sonnen.

Es war ein Tag, an dem man sich wieder freuen konnte wie ein Kind, trotz aller Klagen über den Smog und der weniger greifbaren, aber um so wichtigeren Dinge, die wir in unserem Herzen und Verstand bewegten. Noch während ich meinen Kummer zu formulieren versuchte, wollte die schwache Erinnerung an den Kirschsirup meiner Mutter, den sie immer mit frischem Schnee vermischt hatte, gegen die düsteren Gedanken rebellieren. Aber so schnell gab ich mich nicht geschlagen, der Gedanke an Azins Mann und Sanaz' Verlobten trieb mich um. Seit fünfzehn Minuten hatte ich versucht, meinem Zauberer die Nöte meiner Mädchen nahezubringen, und meinen Bericht mit berechtigten und unberechtigten Anklagen gegen die Wurzel all unserer Übel gewürzt – die Islamische Republik Iran.

Nach ihrer Rückkehr von der Reise war Sanaz in geziemend zurückhaltender Hochstimmung wieder im Kurs aufgetaucht. Auf dem Glastisch wurden Fotos ausgebreitet: die Familie im Foyer des Hotels; Sanaz und ein junger Mann mit dunkelbraunen Haaren und sanften braunen Augen, in Jeans und T-Shirt gegen eine Balustrade gelehnt; die Verlobungsparty. Sanaz trägt ein rotes Kleid, das prachtvolle, offene Haar fließt über ihre bloßen Schultern, und sie blickt den ansehnlichen jungen Mann an, der in einem dunklen Anzug mit hellblauem Hemd neben ihr steht und mit zärtlicher Zuneigung ihren Blick erwidert. Dann noch einmal er, wie er ihr den Verlobungsring überstreift, während sie versonnen zusieht (zu schade, dass seine Eltern den Ring gekauft haben, ohne uns zu fragen, sagte sie später). Und da sind auch die ketzerische Tante und die depressive Mutter und der grässliche Bruder. Im Handumdrehen musste der Verlobte wieder nach London zurück und sie nach Teheran. (Ali und ich konnten kaum miteinander reden, erzählte Sanaz ziemlich frustriert, immer waren wir von Verwandten umringt.)

Zwei Wochen später war sie während der Kursstunde auffallend schweigsam. In der Pause verkündete sie mit erstickter Stimme und unter Entschuldigungen (sie wolle die Klasse nicht mit ihren Privatgeschichten behelligen), dass die Hochzeit abgeblasen worden war. Er hatte sie verlassen. Wieder ein Telefonanruf: Er konnte sich einfach nicht vorstellen, wie er sie glücklich machen solle. Er studierte noch, wie sollte er da für sie sorgen? Wie lange würde es dauern, bis sie zusammenleben konnten? Es war nicht fair, wiederholte er immer wieder, nicht fair für sie. Er fand alle möglichen Entschuldigungen. Ich verstehe ihn ja, sagte Sanaz, ich habe mir auch Gedanken gemacht, aber wenn er doch nicht so verdammt fair wäre! Er würde sie immer lieben, hatte er beteuert. Was hätte er auch sonst sagen sollen? fragte Sanaz. Verdammter Feigling, dachte ich.

Danach kümmerten sich alle besonders lieb um Sanaz. Seine Familie war sehr wütend auf ihn. Die Jahre unter den kalten, gefühllosen Engländern hätten ihn verdorben, meinte seine Mutter. Sie – die Leute im Westen – haben nicht so tiefe Gefühle wie wir. Er wird es sich wieder anders überlegen, sagte sein Vater, gib ihm nur Zeit. Keiner von ihnen hatte begriffen, dass vielleicht der Druck, den sie alle auf ihn ausgeübt hatten, ihn zu einem Schritt gezwungen hatte, dessen er sich gar nicht sicher war.

Für Sanaz war dieses Mitgefühl unerträglich. Sogar ihr Bruder hatte Mitleid gezeigt. Man hatte etwas von einer anderen Frau gemunkelt – es ist *immer* dasselbe, zwitscherte Azin dazwischen, so sind die Männer. Nein, antwortete Sanaz auf Mahshids Frage, keine Perserin, auch wenn das im Grunde keine Rolle spielte. Manche sagten Schwedin, manche Engländerin. *Natürlich!* Eine Ausländerin – immer ein guter Fang! Wer hatte das gesagt? Noch mehr trafen Sanaz die Leichenbittermienen, mit denen ihre Familie und ihre Freunde um sie herumschlichen. Wenn mein Bruder mir wenigstens eine Szene machen würde, sagte sie, tapfer durch ihre Tränen hindurch lächelnd, sich mein Auto unter den Nagel reißen oder so was. Heute war sie der Familie zum ersten Mal entkommen, und schon ging es ihr etwas besser.

Männer sind immer liebens- und begehrenswerter, wenn sie weit weg sind, sagte Manna in unerwartet bitterem Tonfall. Dann fügte sie nach einer Pause geheimnisvoll hinzu: Und ich sage das nicht, weil ich nett zu Sanaz sein will.

Männer! stieß Nassrin zornig hervor. Männer! echote Azin. Yassi richtete sich mit verschränkten Händen kerzengerade auf. Nur die Tante sei glücklich gewesen, berichtete Sanaz. »Gott sei Dank hat er dich vor deiner eigenen Dummheit gerettet«, hatte ihr Kommentar gelautet. Was erwartest du denn? Nur ein Narr würde es für normal halten, dass ein junger Mann seines Alters, oder überhaupt ein Mann, fünf Jahre lang allein leben kann, ohne Affären zu haben. Ich habe das geglaubt, hatte Sanaz erwidert. Na, dann warst du ein Dummkopf.

Sanaz hatte alles in allem ruhig und gefasst reagiert. Sie war fast erleichtert. Insgeheim hatte sie immer befürchtet, dass es nicht gut gehen würde, nicht auf diese Art und Weise. Aber die Kränkung blieb: Warum hatte er sie abgewiesen? War sie für ihn zu provinziell, im Vergleich zu anderen Mädchen, zum Beispiel einer hübschen Engländerin, die nicht schüchtern war und keine Angst hatte, über Nacht zu bleiben? Herzeleid ist Herzeleid, sagte ich vernünftig. Sogar englische oder amerikanische Mädchen werden von ihren Liebhabern verlassen. Wir haben einmal eine gute Short Story darüber gelesen – »Oma Weatherall, die man sitzenließ«, wisst ihr noch? Oder ein anderes Mal »Eine Rose für Miss Emily«.

Wie waren wir von Sanaz' Kümmernissen zum Leben in der Islamischen Republik abgeschweift? Wir hatten unsere Diskussion mit Anekdoten über das Regime beendet, über die Anzahl hochrangiger Geistlicher mit Green Cards, den Minderwertigkeitskomplex der herrschenden Elite, die auf der einen Seite die amerikanische Flagge verbrannte und sich auf der anderen Seite bei Leuten aus dem Westen, besonders bei amerikanischen Journalisten, lieb Kind machte. Dann hatten wir über Faezeh Rafsanjani gesprochen, die Tochter des Präsidenten, mit ihren Jeans, ihren Reeboks und ihren gebleichten Haaren, die unter dem Tschador hervorschauten.

Ich hatte das alles detailliert meinem Zauberer dargelegt und ihm ein lebhaftes und herzzerreißendes Bild von Sanaz' Liebeskummer und Azins Leidensweg gezeichnet. Meine dramatische Schlussfolgerung hatte gelautet: dieses Regime hat sich in unser Zuhause eingeschlichen, uns in unseren Schlafzimmern ausspioniert und unsere Gedanken und Gefühle so gründlich durchdrungen, dass wir gegen unseren Willen von ihm geformt worden sind. Wie konnten wir unter diesen Argusaugen unsere persönlichen Nöte von den politischen trennen? Es war gut zu wissen, wem man die Schuld geben konnte, eine der wenigen Kompensationen des Opferstatus – »und das Leiden ist auch nur eine schlechte Angewohnheit«, wie Bellow in *Herzog* geschrieben hatte.

Er zog die rechte Augenbraue hoch, ein skeptischer Blick folgte. »Sag mir«, meinte er sarkastisch, »wie genau hängt das

Verlassenwerden eines schönen Mädchens mit der Islamischen Republik zusammen? Willst du damit sagen, dass Frauen in anderen Teilen der Welt nicht von ihren Ehemännern misshandelt oder verlassen werden?« Ich war zu gereizt und vielleicht zu ratlos, um vernünftig zu reagieren, obwohl ich einsah, dass sein Einwand logisch war. Also schwieg ich lieber.

»Weil das Regime dich nicht in Ruhe lässt, willst du dich zur Komplizin machen und ihm die vollständige Kontrolle über dein Leben überlassen?«, fuhr er unbarmherzig wie üblich fort. »Natürlich hast du recht«, ergänzte er etwas später. »Dieses Regime hat es in einem solchen Maß geschafft, sich jeder Sekunde unseres Lebens zu bemächtigen, dass wir uns unser Leben gar nicht mehr ohne das Regime vorstellen können. Es ist so allmächtig geworden, dass es vielleicht gar nicht so weit hergeholt ist, wenn man es auch für das Gelingen oder Scheitern unserer Liebesbeziehungen verantwortlich macht. Ich möchte dich an Mr. Bellow, deinen neuesten *Beau* erinnern.« Das Wort »Beau« kostete er weidlich aus. »Denk an den Satz, den du zitiert hast, einer der vielen, mit denen du uns in den letzten vierzehn Tagen ergötzt hast: ›Zuerst haben euch diese Leute ermordet, dann haben sie euch gezwungen, über ihre Verbrechen nachzugrübeln.‹«

»Hörst du überhaupt zu?«, fragte er und wandte sich mir mit seinem spöttischen Blick zu. »Wohin bist du abgedriftet?«

»Ach, ich höre schon zu«, sagte ich. »Ich habe nur nachgedacht.« »Sehr gut«, sagte er, sich an seine britische Erziehung erinnernd. »Doch, ich *habe* zugehört«, versicherte ich. »Du hast gerade einen Punkt für mich geklärt, über den ich in letzter Zeit viel nachgedacht habe.« Er wartete. »Ich habe über das Leben, die Freiheit und das Streben nach Glück nachgedacht, und darüber, dass meine Mädchen nicht glücklich sind. Damit meine ich, dass sie sich zum Unglück verdammt fühlen.«

»Und wie willst du ihnen begreiflich machen, dass sie ein Anrecht auf Glück haben?«, fragte er. »Doch sicher nicht, indem du sie ermutigst, sich wie Opfer zu fühlen. Sie müssen lernen, um ihr Glück zu kämpfen.«

Irritiert stapfte ich mit meinen Stiefeln durch den Schnee und versuchte, mit ihm Schritt zu halten. »Aber solange wir das nicht begreifen und für politische Freiheit kämpfen, ohne zu begreifen, dass sie mit individueller Freiheit verbunden ist, und damit, dass deine Sanaz nicht den weiten Weg in die Türkei machen muss, um ihren Freund zu treffen, solange verdienen wir diese Rechte nicht.«

Nachdem ich mir seinen Vortrag angehört und nichts darin gefunden hatte, dem ich widersprechen konnte, überließ ich mich meinen eigenen Gedanken. Wir liefen schweigend nebeneinanderher. »Aber verstehst du nicht, dass ich mit meinem Versuch, ihnen das begreiflich zu machen, den Mädchen vielleicht mehr schade als nütze?«, fragte ich etwas überspitzt. »Wenn sie von meinen Erlebnissen hören, machen sie sich ein unkritisches, begeistertes Bild von der anderen Welt, vom Westen ... Ich weiß nicht, ich glaube, ich habe ...«

»Du meinst, du hast ihnen geholfen, sich eine Parallelphantasie zu schaffen«, sagte er, »eine, die der Phantasie zuwider läuft, die die Islamische Republik aus ihrem Leben gemacht hat.« »Ja, genau!«, rief ich aufgeregt.

»Na, erstens ist das ja nicht dein Fehler. Niemand von uns kann in *dieser* Phantasiewelt hier leben und sie überleben – wir alle brauchen ein Paradies, in das wir uns flüchten können. Und dann gibt es doch etwas, was du dagegen tun kannst.«

»Wirklich?«, fragte ich eifrig, immer noch niedergeschlagen und ausnahmsweise einmal begierig darauf, gesagt zu bekommen, was ich tun sollte. »Ja, und in diesem Kurs versuchst du es gerade, wenn du es nicht doch verbockst. Tu das, was alle Dichter mit ihren Philosophen-Königen tun. Du brauchst keine Parallelphantasie vom Westen zu schaffen. Gib ihnen das Beste, was diese andere Welt zu bieten hat: Gib ihnen reine Fiktion – gib ihnen ihre Einbildungskraft zurück!«, schloss er triumphierend und sah mich an, als erwarte er Bravorufe und Applaus. »Es würde dir ganz guttun, wenn du zur Abwechslung mal praktizierst, was du predigst. Nimm dir Jane Austen zum Vorbild«, sagte er mit herablassender Großzügigkeit.

»Du hast uns allen gepredigt, dass sie die Politik nicht deshalb ignoriert hat, weil sie es nicht besser wusste, sondern weil sie nicht zulassen wollte, dass ihre Arbeit, ihre Imagination, von der Gesellschaft um sie her geschluckt wurde. Während die Welt in die Napoleonischen Kriege verstrickt war, erschuf sie ihre eigene unabhängige Welt, eine Welt, die du zwei Jahrhunderte später in der Islamischen Republik Iran als die fiktionale Idee der Demokratie lehrst. Erinnerst du dich an deine Tiraden über die erste Lektion im Kampf gegen die Tyrannei: Man muss seine eigenen Ziele verfolgen und das eigene Gewissen zum Maßstab machen«, sprach er geduldig weiter. »Du redest viel über demokratische Freiräume, über das Bedürfnis nach persönlichen und kreativen Freiräumen. Gut, dann los, schaffe sie! Hör auf zu nörgeln und hör auf, deine Energie auf das zu richten, was die Islamische Republik tut oder sagt, und konzentriere dich lieber auf deine Austen.«

Ich wusste, dass er recht hatte, auch wenn ich zu frustriert und wütend auf mich selbst war, um das zuzugeben. Literatur war kein Allheilmittel, aber sie bot uns eine Möglichkeit, die Welt zu beurteilen und zu begreifen, und zwar nicht nur unsere Welt, sondern auch jene andere Welt, die das Objekt unserer Begierde geworden war. Er hatte recht. Ich hatte nicht zugehört, sonst hätte ich zugeben müssen, dass meine Mädchen, wie Millionen anderer Bürger, durch ihre Weigerung, auf das Streben nach Glück zu verzichten, dafür gesorgt hatten, dass die strenge Phantasiewelt der Islamischen Republik einen Riss bekommen hatte.

Als er weitersprach, schien seine Stimme von weither wie durch eine Nebelwand zu dringen. »Als du von diesem geheimen

Kurs gesprochen hast, habe ich das für eine gute Idee gehalten«, sagte er, »unter anderem, weil es dich von der Politik ablenken würde. Aber ich sehe, dass das Gegenteil eingetreten ist – er hat dich noch mehr hineingezogen.«

Auf die Nachricht von meiner Kündigung und dem Geheimseminar hatte er damals skeptisch reagiert: Wie wirst du das durchstehen? hatte er gefragt. Du hast deine öffentlichen Kontakte abgebrochen, dein Unterricht ist deine letzte Zuflucht. Ich wolle einen privaten Kurs halten, hatte ich entgegnet, einen Literaturworkshop bei mir zu Hause, mit wenigen ausgewählten Studentinnen, die echte Literaturliebhaberinnen sind. Wirst du mir helfen?

Natürlich helfe ich dir, sagte er, aber weißt du, was das bedeutet? Was? Du wirst uns bald verlassen. Du ziehst dich mehr und mehr in dich selbst zurück. Du hast nach und nach alle Aktivitäten aufgegeben.

Ja, aber wenn ich meinen Kurs habe? Dein Kurs findet zu Hause statt. Du hast gesagt, du würdest dein nächstes Buch auf Persisch schreiben. Jetzt reden wir nur noch über das, was du bei der nächsten Konferenz in den USA oder Europa sagen wirst. Du schreibst für andere Leser. Ich habe dich, sagte ich. Ich bin kein gutes Beispiel, antwortete er. Du benutzt mich als Teil deiner Traumwelt.

Als wir uns trennten und ich nach Hause ging, hatte sich meine Stimmung schon gebessert. Ich dachte an den neuen Roman, den ich auf unsere Liste setzen wollte – Saul Bellows *Der Dezember des Dekan*; darin ging es um die Ost-West-Problematik. Ich hatte ein schlechtes Gewissen wegen meines Lamentierens. Ich hatte mir so sehr gewünscht, dass mein Zauberer hier und jetzt alles verändern würde, dass er die magische Lampe reiben und die Revolutionswächter verschwinden lassen würde, zusammen mit Azins Ehemann und Mahshids Chef. Er sollte alldem ein Ende machen, und jetzt sagte er mir, ich solle mich nicht so sehr damit identifizieren. Ich schämte mich dafür, dass ich mich weigerte, ihn zu verstehen und mich wie ein quengelndes Kind benahm, das achtlos den geliebten Vater boxt.

Die Sonne war schon fast untergegangen, als ich zu Hause ankam. Sie löschte nach und nach die funkelnden Lichtpünktchen, die sie über den Schnee verstreut hatte. Ich war dankbar für das Feuer, das im Kamin knisterte. Bijan saß seelenruhig in seinem Sessel, den er nahe ans Feuer gezogen hatte, ein kleines Glas geschmuggelten Wodka neben sich auf dem Tisch, und las *Der lange Abschied*. Durch das Fenster sah ich die schneebedeckten Äste und die fahlen Konturen der Berge, kaum wahrnehmbar im Abenddunst.

7

»Sie haben versucht, sehr aufgeklärt zu reagieren«, sagte Yassi, die sich wie immer auf dem Sofa ausgestreckt hatte, mit einer Spur Sarkasmus. Yassi schilderte gerade ihr jüngstes Abenteuer mit einem Kavalier, wie sie ihre Bewerber nannte. Man setzte sie unter Druck, bald zu heiraten; ihre besten Freundinnen und die Cousinen waren bereits verheiratet oder versprochen. »Seine und meine Familie haben sich darauf geeinigt, dass wir uns kennenlernen sollen, bevor wir uns entscheiden. Also marschieren wir in diesen Park und sollen uns intensiv beschnuppern, indem wir eine Stunde lang durch die Gegend spazieren und reden«, erzählte sie immer noch sarkastisch, aber auch eindeutig amüsiert.

»Er und ich gehen voran, gefolgt von meinen Eltern, meiner älteren Schwester und zwei von seinen Schwestern. Sie sind fast in Hörweite und reden scheinbar beiläufig über alles Mögliche, während wir beide so tun, als merken wir nicht, dass sie da sind. Ich frage ihn nach seinem Studienfach: Ingenieurwesen. Liest er etwas Interessantes? Er hat keine Zeit zu lesen. Ich habe das Gefühl, er will mich ansehen, aber er kann nicht. Als er zu meinem Onkel gekommen ist, um offiziell um meine Hand anzuhalten, musste er die ganze Zeit den Kopf gesenkt halten, und jetzt darf er wieder keinen Blick riskieren. Wir gehen nebeneinanderher und starren vor uns auf den Boden. Und ständig gehen mir die verrücktesten Gedanken durch den Kopf, zum Beispiel: Woher weiß ein Mann, dass die Frau, die er heiraten will, keine Glatze hat?«

»Das ist leicht«, sagt Nassrin. »In früheren Zeiten untersuchten die Frauen aus der Familie des Mannes die potentielle Braut ganz genau. Sogar ihre Zähne.«

»Gott sei Dank habe ich noch alle Zähne! Also, das ging eine Weile so weiter, bis ich plötzlich eine phantastische Idee hatte: Ich bin plötzlich schneller gegangen. Keiner war darauf gefasst. Als sie sich meinem Tempo anpassen wollten, bin ich plötzlich stehengeblieben, und sie wären fast mit uns zusammengestoßen. Er war ziemlich irritiert, aber er hat es überspielt, indem er sich meinem Schritt angepasst hat. Ein paarmal habe ich vergeblich versucht, ihn direkt anzusehen. Dabei habe ich gedacht: Wenn er es merkt und lacht, geb ich der Sache eine Chance. Wenn nicht, dann war's das, und ich verschwende meine Zeit nicht länger. Ich wusste, dass *jeder einzelne* meiner Onkel das Spiel sofort mitgespielt hätte.« Danach verstummte sie.

Und was war passiert? »Ach«, sagte sie, als sei sie aus einer Trance erwacht, »nichts.« »Nichts?« »Nein, der Idiot hat mich nicht mal gefragt, warum ich plötzlich schneller gehe. Vor lauter Höflichkeit hat er einfach nur versucht, mit mir Schritt zu halten. Nach einer Weile war ich es leid, und dann haben wir uns verabschiedet, und ich habe auf ihre Fragen nicht reagiert, bis sie still waren. Bestimmt ist er jetzt glücklich verheiratet mit einem Mädchen, das weniger Haare auf den Zähnen hat«, sagte sie und grinste fröhlich. Sie liebte es, amüsante Geschichten zu erzählen, selbst wenn sie auf ihre Kosten gingen.

Yassi hatte eine anstrengende Woche erlebt – erst der neue Bewerber, dann war ihr Onkel in die Staaten zurückgekehrt. Bei jedem seiner seltenen Besuche im Iran löste er bei Yassi Zweifel und Fragen aus, und sie plagte sich wochenlang mit vagen, ängstlichen Sehnsüchten, die sie selbst nicht recht einordnen konnte. Sie wusste jetzt, dass sie nach Amerika auswandern musste, so wie sie mit zwölf gewusst hatte, dass sie ein verbotenes Musikinstrument lernen musste. Die Musik, ihr Beharren auf einem Studium in Teheran, ihre Entscheidung für diesen Kurs, all das waren Vorbereitungen auf ihr Endziel – sich physisch an den Ort zu begeben, an dem ihre Onkel lebten, und von der verlockenden

Frucht zu kosten, die schon immer über dem Leben ihrer Mutter und ihrer Tanten gehangen hatte, vielversprechend und knapp außer Reichweite. Den beiden älteren Frauen hatte es weder an Intelligenz noch an Verstand gemangelt, sondern an Freiheit. Yassi hatte keine andere Wahl, als sich ihre Onkel zum Vorbild zu nehmen; sie wollte ihnen nicht unbedingt gleichen, aber wenigstens, wie sie, im Besitz dessen sein, was sie für ihre unveräußerlichen Rechte hielt.

Ich wünschte ihr die Ehe nicht. Ich wollte, dass sie die Schwierigkeiten und Hindernisse überwand. Die Chancen standen schlecht, angefangen vom Widerstand der Familie – kein ordentliches Mädchen studierte im Ausland – bis hin zu enormen finanziellen Problemen. Dazu kamen die Schwierigkeit, an einem amerikanischen College angenommen zu werden und ein Visum zu erhalten. Ich wünschte mir nicht nur um ihretwillen, dass sie Erfolg hatte, sondern auch um unseretwillen. Ich hatte schon immer eine Schwäche für die Gewissheiten unerfüllbarer Träume gehabt.

Es war der Tag der Kavaliere: Auch Sanaz brannte darauf, ihre Geschichten zu erzählen. Nach ihrer gescheiterten Verlobung schlug Sanaz über die Stränge und traf sich mit verschiedenen Verehrern. Wir erhielten detaillierte Berichte über den Ingenieur mit amerikanischer Schulbildung und *dem* Statussymbol – der Green Card –, der sie auf einem Familienfoto gesehen und nach seiner Ankunft in Teheran aufgesucht und in ein Schweizer Restaurant eingeladen hatte; den reichen Geschäftsmann, der sich gerne mit einer gebildeten, attraktiven Frau schmücken und ihr eine ganze Bibliothek kaufen wollte, damit sie ihr Haus nicht mehr verließ, und so weiter und so fort. Diese Rendezvous waren für Sanaz Sünde und Buße in einem.

»Lerne von uns«, sagte Azin. »Wozu solltest du heiraten?« Sie hatte sich vorübergehend wieder auf ihren koketten Tonfall besonnen. »Nimm diese Leute nicht ernst – geh mit ihnen aus und amüsier dich einfach.«

Meine Freundin, die Rechtsanwältin, hatte es nicht leicht mit Azin. Zuerst hatte Azin unbedingt die Scheidung gewollt. Zehn Tage später war sie mit ihrem Mann, ihrer Schwiegermutter und der Schwägerin in der Rechtsanwaltspraxis erschienen. Sie hielt eine Versöhnung für möglich. Bald darauf war sie ohne Termin hereingeplatzt; sie war mit blauen Flecken übersät und erzählte, er habe sie geschlagen und ihre kleine Tochter ins Haus seiner Mutter gebracht. Dann hatte er wieder nachts vor ihrem Bett gekniet und sie angefleht, ihn nicht zu verlassen. Als ich Azin von den Zweifeln der Rechtsanwältin erzählte, brach sie in Tränen aus und schluchzte, er würde ihr das Kind wegnehmen, wenn sie auf einer Scheidung bestünde. Das Mädchen sei ihr Ein und Alles, und die Gerichte, das wisse man ja, sprächen das Sorgerecht immer dem Vater zu. Er wolle das Kind nur, um ihr wehzutun. Er würde sich sicher nicht um das Kind kümmern und es wahrscheinlich zu seiner Mutter geben. Azin hatte sich um ein Visum für Kanada bemüht, aber selbst wenn sie es bekam, würde sie das Land ohne die Erlaubnis ihres Mannes nicht verlassen können.

Manna war auf Azins Seite, aber es fiel ihr schwer, das zuzugeben. »Wenn ich du wäre, würde ich das Land verlassen, solange ich noch kann«, hatte sie Sanaz geraten. »Bleib nicht hier und heirate keinen, der hierbleiben muss. Hier gehst du nur ein.«

Mahshid warf ihr einen vorwurfsvollen Blick zu. »Dies ist dein Land«, sagte sie mit Schmollmund. »Es gibt hier viel zu tun.«

»Nichts kannst du tun, *gar nichts!*«, erwiderte Manna mit Bestimmtheit.

»Du kannst schreiben, und du kannst unterrichten«, sagte Mahshid mit einem Seitenblick auf mich. »Wir brauchen gute Kritiker. Wir brauchen gute Lehrer.«

»Ja«, sagte Manna, »wie Professor Nafisi. Du schuftest dich jahrelang halb zu Tode, und was dann? Neulich hat Nima gesagt, er würde als Straßenverkäufer mehr Geld verdienen als mit einem M. A. in Englisch.

»Wenn alle weggehen«, sagte Manna mit gesenktem Kopf, »wer wird dann dazu beitragen, etwas aus diesem Land zu machen? Wie können wir so verantwortungslos sein?«

Das war eine Frage, die ich mir selbst Tag und Nacht stellte. Wir können nicht alle das Land verlassen, hatte Bijan zu mir gesagt – *das hier* ist unsere Heimat. Die Welt ist riesengroß, hatte mein Zauberer gesagt, als ich mit meinen Sorgen zu ihm gegangen war. Du kannst schreiben und lehren, wo immer du bist. Du wirst mehr gelesen und gehört werden, wenn du drüben bist. Weggehen oder nicht? Auf lange Sicht ist das eine sehr persönliche Frage, befand mein Zauberer. Ich habe die Ehrlichkeit meines Ex-Kollegen immer bewundert. Welches Kollegen? Dr. A, der gesagt hat, dass er vor allem aus einem Grund gegangen ist: weil er gerne in Ruhe sein Bier trinkt. Ich habe genug von Leuten, die ihre persönlichen Schwächen und Begierden als patriotischen Eifer tarnen. Sie bleiben, weil sie keine Möglichkeit haben, woanders zu leben, denn wenn sie gehen würden, wären sie nicht mehr so große Tiere wie hier. Aber sie reden von Opfern für ihr Heimatland. Und dann behaupten die, die gegangen sind, sie hätten es getan, um das Regime zu kritisieren und zu entlarven. Wozu diese Ausreden?

Er hatte nicht Unrecht, aber ganz so einfach lagen die Dinge nicht. Ich wusste, dass Bijan bleiben wollte, und zwar nicht, weil er in den Staaten keinen Job finden würde. Der Großteil seiner nächsten Angehörigen lebte dort, und er selbst hatte mehr Jahre in den USA verbracht als im Iran. Ich will bleiben, weil ich dieses Land liebe, sagte er zu mir. Wir sollten bleiben als eine Form des Widerstands, um zu zeigen, dass wir nicht kaltgestellt wurden. Unsere bloße Anwesenheit ist ihnen ein Dorn im Auge. Wo sonst in der Welt würde ein Vortrag über *Madame Bovary* solche Menschenmengen anziehen und fast zu einem Aufstand führen? Wir dürfen nicht aufgeben und gehen; wir werden hier gebraucht. Ich liebe dieses Land, wiederholte er. Liebte ich dieses Land denn nicht? fragte ich mich.

Bijan ist ganz deiner Ansicht, sagte ich zu Mahshid. Er ist stärker in der Vorstellung von Heimat verwurzelt. Er hat sich sein Zuhause geschaffen, ganz buchstäblich geschaffen, indem er unsere Wohnung und unser Ferienhaus in den Bergen gebaut hat, und er hat bestimmte Fixpunkte, wie BBC schauen oder für Freunde kochen. Es ist viel schwerer, diese Welt zu zerlegen und woanders neu zu errichten. Ich denke, wir müssen bei unseren Entscheidungen unsere individuellen Möglichkeiten und Grenzen berücksichtigen, sagte ich. Noch während ich sprach, merkte ich, wie oberflächlich meine Worte für sie klingen mussten.

»Ich habe die beste Entschuldigung, um nach Amerika auszuwandern«, sagte die freche Yassi. »Ich bin so kugelrund. Ich habe gehört, dass dicke Mädchen dort besser ankommen. Amerikaner mögen ein bisschen Fleisch auf den Rippen, heißt es doch.«

»Das hängt von dem Mädchen ab«, antwortete Mitra mit einem spöttischen Unterton. Mit ihren Grübchen und den großen brauen Augen hätte Mitra natürlich nirgendwo auf der Welt Probleme. Sie und Hamid wollten eine Wochen nach Syrien fahren und sich von dort aus um ein Visum für Kanada bemühen. Kanada akzeptierte keine Anträge auf Einwanderungsvisa aus dem Iran. Trotzdem war sie sich immer noch unschlüssig.

»Hier haben wir eine Identität«, sagte sie zweifelnd. »Wir können etwas aus unserem Leben machen. Da drüben ist das Leben ungewiss.«

»Die Qual der Freiheit«, zitierte Nassrin unvollständig meinen Lieblingsausdruck von Bellow.

Nur Mahshid schwieg. Sie wusste genauer als die anderen, was sie wollte. Sie wollte nicht heiraten. Trotz ihrer traditionellen Überzeugungen und moralischen Prinzipien war Mahshid weniger auf die Ehe aus als Sanaz. Ihr missfiel das Regime, aber ihre Probleme waren eher praktischer als existenzieller Natur. Sie hatte längst die Hoffnung aufgegeben, den idealen Ehemann zu finden, und machte sich keinerlei Illusionen über ihre Chancen, im Ausland zu bestehen. Deshalb widmete sie sich mit ganzem Herzen und Verstand ihrer Arbeit. Zur Zeit schlug sie sich mit der Dummheit und Unfähigkeit ihrer Chefs herum, die ihre außergewöhnlichen Leistungen mit einer Art Neid zur Kenntnis nahmen und ihre politische Vergangenheit als Druckmittel benutzten.

Ich machte mir Sorgen um Mahshid und ihren einsamen Weg. Aber auch um Yassi und ihre unbezähmbaren Phantasien von diesem utopischen Land, in dem ihre Onkel lebten. Ich sorgte mich um Sanaz mit ihrem gebrochenen Herzen und um Nassrin mit ihren Erinnerungen und um Azin. Doch am meisten sorgte ich mich um Manna. Ihre geistige Klarheit und Ehrlichkeit waren so fordernd, dass sie sich selbst nichts durchgehen ließ. An ihrer gegenwärtigen Situation missfiel ihr alles, von der Tatsache, dass sie und ihr Mann finanziell noch von ihrer Familie abhängig waren, über die Laschheit der Intellektuellen bis zu den täglichen Grausamkeiten des Islamischen Regimes. Nima, der dieselben Gefühle und Wünsche hegte, verstärkte ihre selbstauferlegte Isolation nur noch. Doch im Gegensatz zu Yassi weigerte sich Manna standhaft, etwas an ihrer Situation zu ändern. Sie schien eine fast heitere Befriedigung in der Erkenntnis zu finden, dass ihre Talente brach lagen. Wie mein Zauberer ging auch sie härter mit sich selbst ins Gericht als alle anderen. Beide gaben sich die Schuld dafür, dass so mittelmäßige Menschen ihr Leben beherrschten.

»Warum kommen wir nur immer wieder auf die Ehe zu sprechen«, sagte Mitra, »wenn wir hier doch über Bücher reden sollen?«

»Was wir brauchen«, sagte ich lachend, »ist ein Mr. Nahvi, der uns erklärt, wie trivial unsere Austen-Lektüre und unser Gerede über die Ehe sind.« Mr. Nahvi in seinem staubigen Anzug, seinem bis oben zugeknöpften Hemd, mit seinem strähnigen Haar und den verquollenen Augen musste ab und zu als Zielscheibe unseres Spotts herhalten. Er hatte es sich mit mir ein für allemal verdorben, als er verkündet hatte, die Protagonistin von Gorkis *Mutter* sei ein viel edlerer Typ Frau als all die leichtlebigen jungen Dinger in Jane Austens Romanen.

8

Olga schwieg.

»Ah«, sagte Wladimir, »warum kannst du mich nicht lieben wie ich dich?«

»Ich liebe mein Land.«

»Das tue ich doch auch!«, rief er aus.

»Und es gibt etwas, das ich noch stärker liebe«, fuhr Olga fort und löste sich aus der Umarmung des jungen Mannes.

»Was ist das?«, fragte er.

Olga richtete ihren strahlend blauen Augen auf ihn und erwiderte rasch: »Die Partei.«

Jeder große Roman, den wir lasen, stellte die herrschende Ideologie in Frage. Er wurde zu einer potentiellen Bedrohung für sie, nicht durch das, was er aussagte, sondern durch das »wie«, durch seine Haltung gegenüber dem Leben und der Literatur. Nirgendwo war diese Herausforderung mehr zu spüren als bei Jane Austen.

Ich hatte in meinen Seminaren an der Allameh viel Zeit damit verbracht, Flaubert, Austen und James mit ideologisch gefärbten Werken wie Gorkis *Mutter*, Scholokows *Der Stille Don* und der sogenannten realistischen Literatur aus dem Iran zu vergleichen. Die oben zitierte Passage, die Nabokov in seinen *Lectures on Russian Literature* anführt, sorgte in einem meiner Seminare an der Allameh für große Heiterkeit. Was passiert, fragte ich meine Studenten, wenn wir unseren Figuren jede Individualität absprechen? Wer ist eine menschlich plausiblere Figur, Emma Bovary oder Olga mit den strahlend blauen Augen?

Einmal folgte mir Mr. Nahvi nach dem Seminar zu meinem Büro. Er versuchte mir zu erläutern, dass Jane Austen nicht nur anti-islamisch sei, sondern auch noch eine weitere Sünde begangen habe: Sie verherrliche den Kolonialismus. Ich war verblüfft über diese Aussage aus dem Mund einer Person, die bis dahin fast ausschließlich den Koran zitiert hatte – mal richtig, mal falsch. Der Roman *Mansfield Park*, sagte er, rechtfertige die Sklaverei; selbst der Westen habe dies mittlerweile als Irrweg eingestanden. Am meisten ärgerte mich dabei, dass Mr. Nahvi – da war ich mir fast sicher – *Mansfield Park* nicht gelesen hatte.

Erst später, als ich auf einer Reise in die Staaten Edward Saids *Kultur und Imperialismus* kaufte, entdeckte ich, woher Mr. Nahvi seine Weisheit bezog. Es war ein Witz, dass ein muslimischer Fundamentalist Said gegen Austen ins Feld führte. Überhaupt übernahmen die reaktionärsten Elemente im Iran seit Neuestem die Werke und Theorien von Autoren, die sie für Revolutionäre des Westens hielten.

Mr. Nahvi folgte mir ins Büro und warf mir seine Perlen der Weisheit, die er im Seminar meist für sich behielt, vor die Füße; gewöhnlich schwieg er gelassen und distanziert, als habe er sich nur uns zuliebe herabgelassen, die Stunden abzusitzen. Mr. Nahvi gehörte zu den wenigen Studenten, an denen ich nicht eine einzige positive Eigenschaft entdeckte. Ich konnte, wie Eliza Bennet, nur feststellen, dass er kein vernünftiger Mann war. Einmal sagte ich nach einer ausgesprochen anstrengenden Diskussion zu ihm: »Mr. Nahvi, hören Sie zu. Ich vergleiche Sie nicht mit Elizabeth Bennet. Ich finde nichts von ihr in Ihnen wieder, Sie beide sind so unterschiedlich wie Tag und Nacht. Aber wissen Sie noch, wie sie sich fast zwanghaft mit Mr. Darcy beschäftigt und ständig etwas an ihm auszusetzen hat? Wie sie jede neue Bekanntschaft geradezu ins Kreuzverhör nimmt, um sich zu vergewissern, dass er so schäbig ist, wie sie glaubt? Und ihre Beziehung zu Wickham – die sich weniger auf ihre Gefühle gründet als auf ihre Antipathie gegen Darcy. Und jetzt überlegen Sie mal, wie Sie über den Westen sprechen. Sie können das Thema nie anschneiden, ohne ihm eine Eigenschaft oder ein Attribut zuzuschreiben – dekadent, schändlich, korrupt, imperialistisch. Denken Sie daran, was mit Elizabeth passiert ist!«

Ich erinnere mich noch gut an seinen Gesichtsausdruck bei meinen Worten. Diesmal spielte ich meine Stellung als Dozentin aus und behielt das letzte Wort.

Mr. Nahvi übte großen Einfluss auf unsere Universität aus und brachte Nassrin sogar vor das Disziplinarkomitee. Seine Adleraugen hatten sie eines Tages, als sie zu spät kam, die Treppe hinaufrennen sehen. Zuerst weigerte sich Nassrin, eine Erklärung zu unterzeichnen, dass sie nie wieder auf dem Universitätsgelände rennen würde, selbst wenn sie zu spät zum Unterricht käme. Schließlich gab sie nach, überredet von Mrs. Rezvan, die ihr schlüssig dargelegt hatte, dass es sich nicht lohnte, für so eine Banalität von der Universität verwiesen zu werden.

Während wir uns in Reminiszenzen über Mr. Nahvi ergingen, bemerkte ich, dass Mitra und Sanaz miteinander tuschelten und kicherten. Als ich sie bat, uns an ihrer Heiterkeit teilhaben zu lassen, ermunterte Sanaz die errötende Mitra, uns ihre Geschichte zu erzählen. Sie gestand, dass sie und ihre Freundinnen Mr. Nahvi den Mr. Collins der Tabatabai-Universität nannten, in Anlehnung an Jane Austens eitlen Pfarrer. Eines Abends hatte Mr. Nahvi nach dem Seminar Mitra plötzlich den Weg versperrt. Er hatte sich irgendwie anders als sonst benommen, nicht so … »abscheulich?« schlug die unverbesserliche Yassi vor. Nein, nicht ganz. »Aufgeblasen? Gespreizt? Großspurig?«, fuhr Yassi unbeeindruckt fort. Nein. Na, jedenfalls schien er nicht er selbst zu sein. Seine Arroganz war einer extremen Nervosität gewichen, und er hatte Mitra einen Umschlag überreicht. Sanaz stieß Mitra in die Seite, sie sollte den Umschlag beschreiben. Ein scheußliches Blau, sagte sie. Und er hat gestunken.

Gestunken? Ja, nach billigem Parfüm, nach Rosenwasser.

In dem Umschlag hatte Mitra ein Blatt Papier gefunden, ebenfalls blau und parfümiert und mit schwarzer Tinte in makelloser Handschrift beschrieben. »Sag ihnen, wie der Brief anfing«, ermunterte Sanaz Mitra.

»Ja, also er fing an mit …«, stotterte Mitra.

»*Meine goldene Narzisse!*«, prustete Sanaz los.

Wirklich? Goldene Narzisse? Ja, und dann hatte er Mitra ewige Liebe geschworen. Jedes ihrer Worte und jede ihrer Bewegungen hatten sich ihm für immer in sein Herz und seinen Verstand eingeschrieben. Nichts – keine Macht der Welt – hatte je für ihn getan, was ihr Lächeln, das, wie er hoffte, ihm und ihm allein galt, bewirkte. Und so weiter und so fort.

Und Mitra? Was hatte sie gemacht? wollten wir alle wissen. Das Ganze war passiert, während Mitra und Hamid in aller Heimlichkeit ein Liebespaar geworden waren, rief uns Sanaz in Erinnerung. Als Mr. Nahvi am nächsten Tag plötzlich unvermutet auftauchte und sie auf der Straße abpasste, versuchte sie ihm zu erklären, dass es ihr unmöglich sei, seine Zuneigung zu erwidern. Er nickte philosophisch und ging, kam aber zwei Tage später wieder. Sie hatte in einer Nebenstraße nahe der Universität geparkt und schloss gerade die Tür ihres kleinen Autos auf, als hinter ihr jemand auftauchte. »Wie der Schatten des Todes«, unterbrach Nassrin unheilschwanger. Sie hatte sich umgedreht, und da stand Mr. Nahvi mit seinen welligen Haaren, den eitrigen Augen und abstehenden Ohren, und hielt ein Buch in der Hand, einen Gedichtband von E. E. Cummings. Und zwischen den Seiten steckte ein weiterer blauer Umschlag. Bevor Mitra protestieren konnte, hatte er ihr das Buch in die Hand gedrückt und war verschwunden.

»Erzähl Dr. Nafisi, was er geschrieben hat«, drängte Sanaz. »Es wird ihr gefallen, dass ihre Seminare bei Mr. Nahvi etwas bewirkt haben.« Als Überschrift hatte er geschrieben: *Für meine scham-*

hafte Rose. Und was noch? Dann hatte er ein Gedicht abgeschrieben, das Sie in Ihrer Einführungsübung behandelt haben:

dort, wo ich niemals reiste, freudig jenseits
aller erfahrung, lebt deiner augen stille:
deine zarteste regung enthält dinge, die mich umfangen
oder welche ich nicht zu fassen vermag weil sie zu nah sind

es entfaltet ein blick mich aus deinen augen
obgleich ich mich wie finger festgefaltet
löst du mich stets blatt auf blatt, wie frühling
(kunstvoll und heimlich) die erste rosenblüte

wünschtest du aber mich einzufalten, so verschließt sich
alsbald mit mir mein leben, anmutig und rasch,
als erträumte der kelch dieser blume
des schneefalls bedächtiges niedersinken;

nirgends auf dieser welt finden wir je
deinesgleichen an zart-eindringlicher macht
deren gewebe mich mit seinen farbflächen bezwingt
und ergibt tod und immerdar mit jedem atem

(ich weiß nicht was es ist, das sich an dir schließt
und öffnet; etwas aber hat in mir erkannt,
dass deiner augen stimme tiefer ist als alle rosen)
niemand, auch nicht der regen, hat solch kleine hand.

»Da vergeht einem ja jede Lust, Poesie zu unterrichten«, sagte ich, angesteckt von ihrer kindischen Ausgelassenheit.

»Von jetzt an sollten Sie nur noch morbide Gedichte behandeln, *Ritter Harolds Pilgerfahrt* oder *Die Ballade vom alten Seemann*«, schlug Mahshid vor.

Diesmal hatte Mitra drastischere Maßnahmen ergreifen müssen, bevor ihr die Dinge entglitten. Nachdem sie sich mit ihren Freundinnen beraten hatte, war sie zu dem Schluss gekommen, dass ein klares »Nein« im Fall einer so einflussreichen Person wie Mr. Nahvi zu gefährlich wäre. Am besten tischte sie ihm eine überzeugende Lüge auf, die ihn in eine unmögliche Lage brachte.

Bei ihrer nächsten Begegnung hatte Mitra sich einen Ruck gegeben und Mr. Nahvi angesprochen. Hold errötend hatte sie gestammelt, sie sei zu schamhaft gewesen, den wahren Grund für ihre Ablehnung zu nennen: Sie sei bereits mit einem entfernten Verwandten verlobt. Seine Familie sei einflussreich und sehr traditionell, und sie habe Angst, wozu sie sich hinreißen ließe, wenn sie von Mr. Nahvis Ergüssen erführen. Der junge Mann war eine Sekunde lang wie angewurzelt stehen geblieben, hatte sich dann umgedreht und die immer noch leicht zitternde Mitra mitten auf der Straße stehen lassen.

9

Im Frühjahr 1996, genauer gesagt Anfang März, war mir Nassrins Verwandlung zum ersten Mal aufgefallen. Eines Tages kam sie ohne ihren üblichen Umhang und Schleier in den Kurs. Mahshid und Yassi trugen farbige Kopftücher, die sie abnahmen, sobald sie meine Wohnung betraten. Aber Nassrin war immer gleich gekleidet; die einzige Abwechslung, die sie sich erlaubte, war die Farbe ihres langen Gewands – dunkelblau, schwarz oder dunkelbraun.

An jenem Tag erschien sie später als sonst und legte unbefangen ihren Mantel ab; darunter trug sie eine hellblaue Hemdbluse, eine dunkelblaue Jacke und Jeans. Ihre langen, feinen schwarzen Haare hatte sie zu einem Zopf geflochten, der bei jeder Kopfbewegung hin- und herbaumelte. Manna und Yassi wechselten bedeutungsvolle Blicke, und Azin machte ihr ein Kompliment über ihr Aussehen. Yassi sagte in ihrem spöttischen Ton: »Du sieht … du sieht sowas von kess aus! Göttlich, meine ich.« Am Ende der Sitzung hatte ich mich an Nassrins neuen Look schon so gewöhnt, dass ich mir die andere Nassrin kaum noch vorstellen konnte.

Wenn Nassrin sich in ihrem Tschador oder Schleier bewegte, war ihr Gang fast herausfordernd. Sie ging, wie sie alles andere tat – hektisch, aber mit einem gewissen Stolz. Jetzt, ohne den Schleier, sank sie in sich zusammen, als wolle sie etwas verbergen. Mitten in der Diskussion über Austens Frauen merkte ich, was sie in Wahrheit verstecken wollte. Unter dem Tschador sah man nicht, wie kurvig und sexy ihre Figur tatsächlich war. Ich musste an mich halten, ihr nicht zu sagen, sie solle endlich die

Arme herunternehmen und aufhören, ihre Brüste zu bedecken. Jetzt erst erkannte ich, dass der Tschador ihr als Versteck für das gedient hatte, wozu sie sich nicht bekennen wollte – wohl weil sie tatsächlich nicht wusste, was sie damit anfangen sollte. Ihr Gang war seltsam ungelenk, als könne sie jeden Moment hinfallen – wie ein Kleinkind, das die ersten Schritte tut.

Ein paar Wochen später blieb sie nach dem Kurs noch da und bat mich um einen Termin für ein Gespräch. Ich lud sie ein, mich zu Hause zu besuchen, aber sie reagierte sehr förmlich und schlug ein Café vor, in das meine Studenten und ich häufig gingen. Rückblickend fällt mir auf, wie viele private und vertrauliche Geschichten an öffentlichen Orten erzählt wurden – in meinem Büro, im Café, im Taxi und bei Spaziergängen durch die gewundenen Straßen in der Nähe meiner Wohnung.

Als ich das Café betrat, saß Nassrin an einem kleinen Holztisch vor einer Vase blutroter Nelken. Wir bestellten, Vanille- und Schokoladeneis für Nassrin und Eiscafé für mich. Nassrin hatte um dieses Treffen gebeten, um mir ganz offiziell zu vermelden, dass sie einen Freund hatte. Kenne ich ihn? fragte ich, während sie wie wild mit ihrem Löffel im Eis stocherte. Nein. Das heißt … äh, gesehen haben Sie ihn vielleicht schon. Er kennt Sie jedenfalls. Ich kenne ihn schon lange, fuhr sie fort, als gestehe sie eine Schandtat. Seit über zwei Jahren, seufzte sie, aber wir sind erst seit ein paar Monaten irgendwie zusammen.

Ich war erstaunt. Ich versuchte, meine Verwunderung zu verbergen und die richtigen Worte zu finden, aber ihr Gesichtsausdruck verbot solche Ausflüchte. Ich wollte ihn Ihnen schon lange vorstellen, sagte sie, ich wusste nur nicht wie. Und dann hatte ich Angst. – Angst? Wovor? Ist er so furchterregend? versuchte ich kraftlos einen Witz. Nein, ich hatte Angst, dass Sie ihn vielleicht nicht mögen, sagte sie, und malträtierte wieder ihr Eis. Nassrin, sagte ich, ich bin doch nicht diejenige, die ihn mögen muss.

Sie tat mir leid. Sie war verliebt – es hätte die schönste Zeit ihres Lebens sein können – und doch so verängstigt. Natürlich musste sie ihren Vater anlügen: Angeblich übersetzte sie noch mehr Texte als früher. Sie lebte in so vielen Parallelwelten – der sogenannten realen Welt von Familie, Arbeit und Gesellschaft, der geheimen Welt mit unserem Kurs und ihrem Freund; und der Welt, die sie sich mit ihren Lügen geschaffen hatte. Ich wusste nicht recht, was sie von mir erwartete. Sollte ich in die Rolle ihrer Mutter schlüpfen und sie über die Geheimnisse der Fortpflanzung aufklären? Sollte ich mehr Neugier zeigen, mich genauer nach ihm und ihrer Beziehung erkundigen? Ich wartete und versuchte, meinen Blick von der hypnotischen roten Nelke loszureißen und auf Nassrin zu richten.

»Ich würde es Ihnen nicht übel nehmen, wenn Sie sich über mich lustig machten«, sagte sie kläglich und drehte den Löffel im längst geschmolzenen Eis.

»Nassrin, das würde ich nie!«, protestierte ich. »Und warum auch? Ich freue mich sehr für dich.«

»Es ist doch lächerlich«, sprach sie weiter, ohne auf meinen Protest zu achten. »Meine Mutter hatte schon große Kinder, als sie so alt war wie ich. Sie hatten schon einen Lehrauftrag, und ich benehme mich wie eine Zehnjährige. Darüber sollten wir im Kurs mal sprechen!«

»Über dich als Zehnjährige?«, fragte ich in einem ungeschickten Versuch, sie aufzuheitern.

»Nein, nein, über …«, sie legte den Löffel aus der Hand, »über uns alle, Mädchen wie mich, die Austen und Nabokov und all das gelesen haben und über Derrida und Barthes und die Weltlage reden, und darüber, dass wir nichts, aber auch gar nichts über die Beziehung zwischen Mann und Frau wissen, was es bedeutet, mit einem Mann befreundet zu sein. Meine zwölfjährige Nichte weiß wahrscheinlich alles darüber und war sicher mit mehr Jungen aus als ich.« Sie hatte alles in einem Atemzug hervorgestoßen.

In gewisser Hinsicht hatte sie recht, und dass sie darüber sprechen wollte, rührte mich und weckte meinen Beschützerinstinkt. Nassrin, sagte ich, keine von uns ist so versiert in diesen Dingen, wie du glaubst. Ich habe selbst auch bei jeder neuen Person das Gefühl, als würde ich von vorne anfangen. In solchen Dingen folgt man seinem Instinkt. Du musst lernen, deine Scheu abzulegen und dich an deine Kindheit erinnern, wo du mit Jungen Murmeln oder was auch immer gespielt und dir nichts dabei gedacht hast.

Nassrin antwortete nicht. Sie spielte mit den Blättern der Wachsblumen und strich über ihre glatte Oberfläche.

»Weißt du«, sagte ich, »bei meinem ersten Mann … Ja, ich war vor Bijan schon einmal verheiratet, ich war gerade mal achtzehn. Weißt du, warum er mich geheiratet hat? Ihm gefiel meine Unschuld – ich wusste nicht, was ein Zungenkuss ist. Ich bin in liberalen Zeiten aufgewachsen, in einer liberalen Familie, meine Eltern haben mich mit knapp dreizehn ins Ausland geschickt, und trotzdem habe ich einen Mann geheiratet, den ich im tiefsten Inneren verachtet habe, einen Mann, der eine keusche Jungfrau als Ehefrau wollte und leider mich dazu erwählt hat. Er hatte vorher viele Freundinnen gehabt, und als ich mit ihm in Oklahoma auftauchte, wo er aufs College ging, haben seine Freunde ganz schön gestaunt, denn bis zu dem Tag, an dem er für die Sommerferien in den Iran zurückgeflogen war, hatte er mit einer Amerikanerin zusammengelebt, die er allen als seine Frau vorgestellt hatte. Sei also nicht traurig. Diese Dinge sind kompliziert.«

»Bist du glücklich?«, fragte ich ängstlich. Es entstand eine lange Pause, während der ich nach der Vase griff und sie an die Wand schob.

»Ich weiß nicht«, sagte sie. »Niemand hat mir beigebracht, wie man glücklich ist. Man hat uns eingetrichtert, Genuss sei eine große Sünde, Sex diene nur der Fortpflanzung und so weiter. Ich fühle mich schuldig, aber das sollte ich nicht, jedenfalls nicht, nur weil ich mich für einen Mann interessiere. Einen Mann!«, wiederholte sie. »In meinem Alter! Im Grunde weiß ich nicht, was ich will und weiß nicht, ob ich das Richtige mache. Man hat mir immer gesagt, was richtig ist – und plötzlich weiß ich es nicht mehr. Ich weiß, was ich nicht will, aber ich weiß nicht, was ich will.«

»Von mir wirst du keine Antwort bekommen«, sagte ich. Ich beugte mich vor, weil ich als tröstende Geste meine Hand auf ihre legen wollte. Aber ich berührte sie nicht. Ich wagte es nicht, sie wirkte so distanziert und verschlossen. »Ich bin für dich da, wenn du mich brauchst, aber wenn du einen Rat willst, den kann ich nicht geben. Du musst es selbst herausfinden.«

»Amüsier dich«, bat ich sie matt. Wie kann man verliebt sein und sich die kleinste Freude versagen?

Nassrins Freund hieß Ramin. Ich hatte ihn hin und wieder gesehen, zum ersten Mal bei einer Veranstaltung anlässlich meines Buches über Nabokov. Er hatte einen M. A. in Philosophie und eine Teilzeitstelle an der Universität. Nassrin hatte ihn auf einer Konferenz kennengelernt, wo er einen Vortrag gehalten hatte, und sie waren ins Gespräch gekommen. War es Liebe auf den ersten Blick? wollte ich sie fragen. Wie lange hatte es gedauert, bis sie sich ihre Gefühle gestanden hatten? Hatten sie sich je geküsst? Ich hätte es zu gerne gewusst, aber natürlich habe ich nicht gefragt.

Als wir das Café verließen, sagte Nassrin zögernd: »Würden Sie mit uns in ein Konzert gehen?« – »Ein Konzert?« – »Ein paar von Ramins Studenten spielen. Wir könnten für Sie und Ihre Familie Karten besorgen …«

10

Ich sollte das Wort »Konzert« lieber in Anführungszeichen setzen, denn solche kulturellen Ereignisse waren im Grunde Paro-
dien. Sie fanden entweder privat oder neuerdings in einem Kulturzentrum statt, das die Stadt im Süden von Teheran gebaut
hatte. Sie führten zu heftigen Kontroversen, denn trotz der zahlreichen Einschränkungen hielten viele Regierungsmitglieder sie
für ungebührlich. Die Aufführungen wurden streng überwacht,
und meist traten Amateure auf wie die, die wir an jenem Abend
zu sehen bekamen. Aber der Saal war immer brechend voll, die
Konzerte ausverkauft, und sie begannen immer später als ange-
kündigt.

Bijan hatte keine Lust auf das Konzert. Er hörte sich lieber in
der Behaglichkeit und Privatsphäre unseres Hauses gute Musik
an, statt sich diesen mittelmäßigen Live-Shows mit ihren langen Warteschlangen und den unvermeidlichen Schikanen auszusetzen. Aber dann ließ er sich doch von mir und der Begeisterung der Kinder umstimmen. Nach der Revolution hatten sich
fast alle Aktivitäten, die man mit »Ausgehen« assoziierte – Filme
anschauen, Musik hören, mit Freunden etwas trinken oder essen gehen – an private Orte verlagert. Es war erfrischend, wieder
einmal aus dem Haus zu gehen, und wenn auch nur zu einem so
unerheblichen Ereignis.

Wir trafen sie am Eingang. Nassrin war nervös und Ramin
einsilbig. Er war groß und schlaksig, etwa Anfang dreißig. Er sah
gut aus, wenn man Intellektuelle vom Typ »ewiger Student«
mochte. Ich hatte ihn als selbstbewusst und beredt in Erinnerung, aber jetzt, da er uns in einer neuen Rolle vorgestellt wurde,

schien er seine Beredsamkeit und sein Bedürfnis nach Kommunikation verloren zu haben. Ich dankte Ramin für die Einladung, und wir reihten uns in die lange Schlange ein, die vorwiegend aus jungen Männern und Frauen bestand. Nassrin beschäftigte sich mit den Kindern, und auch ich war befangen – was mir sonst nicht so schnell passierte – und fragte Ramin gestelzt nach seinen Seminaren. Nur Bijan ließ sich von der angespannten Situation nicht beeinflussen. Er hatte sein Opfer gebracht, indem er an einem normalen Wochentag sein bequemes Zuhause verließ und fand, jetzt sei er nicht auch noch zum Small Talk verpflichtet.

Als wir endlich den Konzertsaal betraten, waren alle verfügbaren Plätze in den Gängen, auf dem Boden und an den Wänden bereits besetzt. Wir gehörten zu den Ehrengästen und konnten deshalb in der zweiten Reihe auf richtigen Stühle sitzen. Das Programm begann spät. Erst warf uns ein Mann zur Begrüßung eine Viertelstunde lang Beleidigungen an den Kopf: Das Management habe nicht den Wunsch, ein »reiches, von dekadenter westlicher Kultur kontaminiertes Publikum von Imperialisten« zu unterhalten. Das brachte viele zum Schmunzeln, die gekommen waren, um die Musik der Gipsy Kings zu hören. Derselbe Herr ermahnte uns, dass er alle, die sich auf unislamische Weise verhielten, hinauswerfen würde. Die Frauen instruierte er, die Regeln in Bezug auf das Schleiertragen streng einzuhalten.

Es fällt mir schwer, ein exaktes Bild des Abends heraufzubeschwören. Die Gruppe bestand aus vier jungen Iranern, Amateuren, die uns mit Liedern der Gipsy Kings unterhielten. Singen durften sie allerdings nicht, es war nur Instrumentalmusik erlaubt. Auch ihre Begeisterung für die Musik durften sie nicht zeigen, denn jede Gefühlsäußerung wäre unislamisch gewesen. Als ich in dem überfüllten Saal saß, beschloss ich, dass ich diesen Abend nur dann halbwegs genießen würde, wenn ich mich in die Rolle einer Beobachterin aus dem Ausland begab, die nicht um des Vergnügens willen gekommen war, sondern um über einen Abend in der Islamischen Republik Iran zu berichten.

Doch trotz dieser Einschränkungen und der Qualität der Darbietung hätten unsere jungen Musiker nirgendwo sonst auf der Welt ein so empfängliches Publikum finden können, das ihnen so bereitwillig ihre Schwächen verzieh und so dankbar für ihre Musik war. Jedes Mal, wenn das junge und nicht besonders wohlhabende Publikum sich rührte oder zu klatschen begann, erschienen zwei Männer in Anzügen von beiden Seiten der Bühne und bedeuteten ihnen durch Gesten, mit dem Summen oder Tanzen aufzuhören. Selbst wenn wir uns auf die Musik konzentrierten und diese Hampelmänner auszublenden versuchten, schoben sie sich immer wieder in unser Gesichtsfeld, immer bereit, auf die Bühne zu eilen und einzugreifen. Wir konnten es ihnen nicht recht machen.

Die Musiker trugen ernste Mienen zur Schau. Da es fast unmöglich war, ohne jede Regung zu spielen, machten sie verdrossene Gesichter. Der Lead-Gitarrist schien auf das Publikum wütend zu sein; er runzelte die Stirn und versuchte, seinen Körper an jeder Bewegung zu hindern – eine schwierige Aufgabe, wenn man die Musik der Gipsy Kings spielt.

Auf Bijans Anregung hin verließen wir den Saal frühzeitig – bevor, wie er sagte, der Mob uns niedertrampeln würde, weil er aus Rache dafür, dass er während des Konzerts keine Regung zeigen durfte, vielleicht ein paar Zuhörer platt machen wollte. Draußen blieben wir eine Weile am Eingang stehen. Bijan, der selten redete, war betroffen.

»Mir tun diese jungen Menschen leid«, sagte er. »Sie sind nicht ganz untalentiert, aber man wird sie nie nach der Qualität ihrer Musik beurteilen. Das Regime kritisiert sie als verwestlicht und dekadent, und das Publikum lobt sie unkritisch, nicht weil sie erstklassig spielen, sondern weil sie verbotene Musik spielen.«

»Wie also«, fragte er, an uns gewandt, »sollen sie je richtig spielen lernen?«

»Das stimmt«, sagte ich, um das Schweigen zu durchbrechen.
»Niemand wird nach seiner Leistung beurteilt. Leute ohne das
geringste musikalische Wissen laufen herum und bezeichnen
sich als Musiker.« Nassrin blickte finster drein, Ramin schwieg
beschämt. Ich staunte über seine Verwandlung und beschloss,
ihn nicht noch mehr in Verlegenheit zu bringen, indem ich ihm
eine Konversation aufzwang.

11

Leise vor mich hin murrend stellte ich die Teller für das Abend-
essen auf den Tisch. Bijan blickte auf und fragte: »Was brummelst
du da?« »Es interessiert dich ja doch nicht«, gab ich unnötig
scharf zurück. »Versuch's mal.« »Okay, ich dachte an die Meno-
pause.« Er wandte sich wieder seiner BBC-Sendung zu. »Stimmt,
das interessiert mich nicht«, sagte er. Und warum nicht? Sollte er
nicht neugierig sein auf etwas, das seine Mutter betraf, das seine
Frau, seine Schwestern und seine Tochter betreffen würde und,
fügte ich missgelaunt hinzu, falls er je eine Affäre hätte auch seine
Geliebte? Ich wusste, dass das unfair war. Die Probleme des Lebens in der Islamischen Republik waren ihm nicht gleichgültig,
aber wenn ich mich über etwas beklagte, wurde er gleich defen-
siv. Ich beklagte mich bei ihm, als sei er für allen Kummer, den
das Regime über uns brachte, verantwortlich, und dadurch zog er
sich in sich selbst zurück und tat so, als gingen ihn die Dinge
nichts an, die ihm in Wirklichkeit sehr am Herzen lagen.

Unser letzter Kurs hatte merkwürdig geendet. Wir hatten über
die Mütter meiner Mädchen gesprochen, ihre Probleme und die
Tatsache, dass sie nichts über die Wechseljahre wussten. Manna
hatte die Diskussion in Gang gebracht. Am Abend zuvor hatten
sie und Nima zum dritten Mal über ihre Satellitenschüssel Vincente Minellis Film *Warum hab ich »ja« gesagt* gesehen. Der Film
hatte Manna sehr traurig gemacht. Ihr war aufgefallen, dass sie
noch nie eine echte persische Liebesgeschichte gesehen hatte.
Liebe ist Liebe, aber man kann sie auf so viele Arten darstellen.
Wenn sie *Madame Bovary* las oder *Casablanca* sah, rief das Werk
in ihr Sinneseindrücke hervor, sie konnte es hören, fühlen, rie-

chen, sehen. Sie hatte noch nie ein Liebeslied gehört, einen Roman gelesen oder Film gesehen, bei dem sie dachte: Das könnte ich auch erleben. Wenn in persischen Filmen zwei Menschen dargestellt wurden, die sich liebten, spürte man das nicht an ihren Blicken und Gesten. Liebe war verboten, aus der Öffentlichkeit verbannt. Wir konnte man sie erleben, wenn es verboten war, sie zu zeigen?

Diese Diskussion hatte uns die Augen geöffnet. Ich hatte entdeckt, dass fast alle meine Mädchen zwischen »geistiger« oder »spiritueller« Liebe (gut) und Sex (nicht gut) unterschieden. Wichtig war in Beziehungen offenbar der erhabene Bereich der geistigen Affinität. Selbst Mitra hatte argumentiert – wobei ihre Grübchen wieder zu sehen waren –, Sex sei in einer Beziehung nicht wichtig, sexuelle Befriedigung habe für sie nie eine Rolle gespielt. Den schlimmsten Schlag hatte mir Azin versetzt. In kokettem Ton, der andeutete, sie sei wieder ganz die Alte – zwischen ihr und ihrem Mann herrschte eine Art Waffenstillstand – hatte Azin erklärt, das Wichtigste im Leben sei die mystische Einheit mit dem Universum. Nachdenklich hatte sie hinzugefügt, Männer seien nur Gefäße für diese höhere spirituelle Liebe. Gefäße? Das war der Verzicht auf all ihre Ansprüche auf sexuellen Genuss und körperliche Übereinstimmung. Selbst Mahshid war überrascht und wechselte mit Manna einen raschen Blick.

»Das heißt«, ließ sich Nassrin vernehmen, die bis dahin geschwiegen hatte, »wenn dich dein Mann schlägt, kannst du dir vorstellen, dass sich das alles nur in deinem Kopf abspielt, weil er ja nur ein leeres Gefäß für deine Phantasien ist. Und es geht nicht nur um Azin«, schloss sie. »Wir anderen sagen ja im Grunde dasselbe.«

»Was ist mit dir und Nima?«, fragte Mitra jetzt Manna. »Eure Beziehung kommt mir harmonisch vor.«

»Ich mag ihn, weil es sonst niemanden auf der Welt gibt, mit dem ich so gut reden kann«, erwiderte Manna achselzuckend.

»Armer Nima«, sagte Yassi.

»So arm ist er nun auch wieder nicht«, wehrte sich Manna heftig. »Er hat ja sonst niemanden zum Reden. Gleich und gleich gesellt sich gern – auch im Unglück. Das kann eine ebenso starke Macht sein wie die Liebe.«

»Ihr enttäuscht mich alle«, sagte Yassi. »Ich hatte gehofft, ihr würdet mir erzählen, dass körperliche Anziehung zählt, dass Liebe nicht nur geistig und spirituell ist. Und dass ich schon noch lernen würde zu lieben und erkenne, dass ich Unrecht hatte. Ich bin ganz und gar verstört«, sagte sie und sank in die Couch.

Autsch! rief ich aus. Bijan schaute vom Fernseher hoch und fragte: Nichts Schlimmes passiert, oder? Nein, ich hatte mich nur geschnitten. Schuld waren die Gurken für Bijans berühmtes Hähnchen-Kebab. Er ging ins Badezimmer und kam mit einem Pflaster zurück, das er mir sorgfältig auf die Wunde klebte. Ohne ein Wort trat er nachsichtig lächelnd an den Schrank, holte den selbstgemachten Wodka heraus, goss sich eine ordentliche Portion ein, stellte sie neben die Pistazien auf das Beistelltischchen und wandte sich wieder seiner BBC-Sendung zu. Grummelnd lief ich zwischen Küche und Wohnzimmer hin und her. Kein Wunder, dass ihm das Leben gefällt; genau so würde er auch dasitzen, wenn wir in den Staaten leben würden. Aber für mich ist es schwerer, beklagte ich mich bei meinem unsichtbaren Gesprächspartner, der immer Gegenargumente vorbrachte und mich auf den Arm nahm. Für mich ist es wirklich schwerer, wiederholte ich und vergaß dabei geflissentlich, dass Bijan seine Probleme klaglos ertrug und ich ihm seinen Wodka und seine BBC gönnen sollte.

Als ich die Gurken und Kräuter klein geschnitten und mit dem Joghurt verrührt hatte, war ich zu einem Schluss gekommen: Unsere Kultur verdrängte Sex, weil sie zu sehr daran interessiert war. In ihrer gewaltsamen Unterdrückung von Sex glich sie einem impotenten Mann, der seine schöne Frau hinter Schloss und Riegel hält. Wir hatten Sex immer von Gefühlen und geistiger Liebe getrennt. Man war entweder rein und tugendhaft, wie Nassrins Onkel gesagt hatte, oder schmutzig und vergnügt. Was wir nicht kannten, war die Erotik, die wahre Sinnlichkeit. Diese Mädchen, meine Mädchen, wussten viel über Jane Austen, sie konnten sich intelligent über Joyce und Woolf unterhalten, aber sie wussten nichts über ihre Körper und was sie von diesem Körper zu erwarten hatten, der, wie man ihnen beigebracht hatte, die Quelle aller Versuchungen war.

Wie erklärt man einer Frau, dass sie erst sich selbst und ihren Körper lieben muss, bevor sie geliebt werden oder jemanden lieben kann? Als ich schließlich Pfeffer und Salz in die Schüssel gab, hatte ich eine Antwort auf diese Frage gefunden. Zur nächsten Sitzung kam ich mit einem Exemplar *Stolz und Vorurteil* in der einen und *Unser Körper, unser Leben* in der anderen Hand – dem einzigen Buch über Sexualität, das ich besaß.

12

Charlotte Brontë mochte Jane Austen nicht. »Die Leidenschaften sind ihr vollständig unbekannt«, beklagte sie sich bei einer
Freundin, »… und sogar den Gefühlen gönnt sie lediglich hin
und wieder eine anmutige, aber spröde Anerkennung; allzu häufiger Umgang mit ihnen würde wohl den eleganten Fortgang der
Handlung beeinträchtigen.« Wenn man Charlotte Brontë und
ihre Neigungen kennt, versteht man, warum eine ausgezeichnete
Schriftstellerin eine andere so sehr ablehnen kann, so wie Brontë
Austen ablehnte. Ihre Abneigung war heftig und hartnäckig,
und sie hatte G. H. Lewes 1848 geschrieben: »Warum schätzen
Sie Miss Austen so sehr? Das gibt mir Rätsel auf … Ich kannte
Stolz und Vorurteil nicht, bevor ich Ihren Satz gelesen hatte, und
dann beschaffte ich mir das Buch. Und was fand ich? Die akku-
rate Daguerreotypie eines gewöhnlichen Gesichts; einen sorgfältig umzäunten, wohlbestellten Garten mit ordentlichen Rabatten
und zarten Blumen; aber keine Spur einer anregenden, lebhaften
Physiognomie, kein offenes Land, keine frische Luft, keine fernen Hügel, keinen sprudelnden Bach. Ich würde nicht gerne mit
ihren Damen und Herren in diesen eleganten, aber beklemmen-
den Häusern leben wollen.«

Das kann man nachvollziehen, und doch ist Brontës Verurtei-
lung nicht ganz fair. Man kann nicht behaupten, Jane Austens
Romanen mangele es an Leidenschaft. Ihnen fehlt eine gewisse
Art überreifer Sinnlichkeit, ein Hang zu der unmittelbareren ro-
mantischen Hingabe einer Jane Eyre oder eines Rochester. Ihre
Sinnlichkeit ist gedämpfter: Verlangen auf Umwegen.

Versuchen Sie sich beim Lesen des folgenden Absatzes die

Szene plastisch vorzustellen. Darcy und Elizabeth sind allein in Mr. Collins' Haus. Darcy gelangt allmählich zu der Erkenntnis, dass er nicht ohne Elizabeth leben kann. Sie sprechen über die Bedeutung der Entfernung zwischen dem Wohnhaus einer verheirateten Frau und dem Wohnsitz ihrer Eltern.

> »Mr. Darcy rückte mit seinem Stuhl etwas mehr in ihre Richtung und sagte: ›Bei Ihnen gibt es keinen Grund zu einer so engen Bindung an zu Hause. Sie sind bestimmt nicht immer in Longbourne gewesen.‹ Elizabeth schaute verwundert auf. Der Gentleman spürte den Stimmungswandel, schob seinen Stuhl wieder zurück, nahm eine Zeitung vom Tisch, warf einen Blick darauf und sagte mit unbeteiligter Stimme: ›Gefällt Ihnen Kent?‹«

Betrachten wir die Szene genauer. Die Dringlichkeit in Darcys Stimme ist ein Symptom für seine leidenschaftliche Liebe zu Elizabeth; sie zeigt sich in den alltäglichsten Interaktionen. Wir erkennen an seinem Tonfall, wie sich seine Gefühle für Elizabeth entwickeln. Der Höhepunkt der Szene ist erreicht, als er um ihre Hand anhält. Die negative Aussage, mit der er seine Ansprache beginnt (»Ich habe vergebens dagegen angekämpft. Es geht nicht.«), wirkt fast brutal – teils weil der Roman insgesamt eine dezente Sprache verwendet, teils weil Darcy die verschlossenste aller Figuren ist.

Hören wir uns dieses »Sie« an. Darcy spricht Elizabeth so gut wie nie mit ihrem Namen an, aber er hat eine besondere Art, »Sie« zu sagen, die der unpersönlichen Anrede eine höchst intime Färbung gibt. Solche Nuancen sollte man in einer Kultur wie unserer zu schätzen wissen; alle werden ermutigt, auf äußerst übertriebene Weise ihre Liebe zum Imam zu demonstrieren, und gleichzeitig sind alle öffentlichen Gefühlsäußerungen, besonders Liebe, streng verboten.

Die Figuren und Szenen in *Stolz und Vorurteil* werden selten in ihrer äußeren Erscheinung beschrieben, und doch meinen wir, alle Figuren und ihre inneren Welten genau zu kennen; wir kennen sie und erspüren ihre Umgebung. Wir sehen Elizabeths Reaktion auf Darcys Abwertung ihrer Schönheit, wir sehen Mrs. Bennet am Esstisch, wir sehen, wie Elizabeth und Darcy durch den schattigen Park von Pemberley wandeln. All das wird hauptsächlich durch den Ton erreicht, durch verschiedene Stimmlagen, durch Worte, die hochmütig sind, oder kess, weich, grob, eindringlich, süßlich, einschmeichelnd, unsensibel, eitel.

Das physisch Greifbare, das in Austens Romanen fehlt, wird von einer besonderen Spannung, einer erotischen Struktur aus Geräuschen und Stille ersetzt. Sie erzeugt eine sehnsuchtsvolle Stimmung, indem sie Personen, die sich begehren, vor Hindernisse stellt. Elizabeth und Darcy werden in mehreren Szenen nebeneinander platziert, aber das geschieht an öffentlichen Orten, an denen sie nicht privat kommunizieren können. Jane Austen baut sehr viel Spannung, aber auch Frustration auf, indem sie sie in den gleichen Raum und doch außer Reichweite positioniert. Die Spannung wird dadurch gesteigert, dass alle von Jane und Bingley eine Liebesgeschichte erwarten und von Elizabeth und Darcy genau das Gegenteil.

Nehmen wir zum Beispiel die Feier in Elizabeths Haus gegen Ende des Romans, während der sie verzweifelt die Gelegenheit zu einem vertraulichen Gespräch mit Darcy sucht. Der gesamte Abend verläuft in großer Anspannung. Sie steht neben ihrer Schwester, hilft ihr, Kaffee und Tee auszuschenken, und sagt sich: »Wenn er dann nicht zu mir kommt, gebe ich ihn für immer auf.« Er nähert sich ihr, aber eines der Mädchen hängt sich an Elizabeth und flüstert ihr zu: »Wir werden uns auf keinen Fall von den Männern auseinanderbringen lassen. Die können wir gar nicht brauchen.« Darcy entfernt sich wieder und zwingt sie, ihm mit den Augen zu folgen. Sie »beneidete jeden, mit dem er sprach, brachte kaum Geduld auf, allen Kaffee einzuschenken, und ärgerte sich schließlich selbst über ihr kindisches Verhalten.« Das Spiel setzt sich den gesamten Abend über fort. Darcy tritt wieder an ihren Tisch, bringt seine Tasse zurück, verweilt etwas, sie reden über Belanglosigkeiten, und wieder muss er gehen.

Austen gelingt es, uns den reizvollsten Aspekt einer Beziehung vorzuführen: den Wunsch, die Sehnsucht nach dem Objekt des Begehrens, das so nahe und zugleich so fern ist. Es ist eine Sehnsucht, die gestillt, eine Spannung, die in Vereinigung und Glück enden wird. Explizite Liebesszenen gibt es in Jane Austens Romanen praktisch nicht, aber ihre Geschichten handeln alle von dem langen und komplizierten Prozess der Annäherung und Werbung. Ganz offensichtlich ist sie mehr an Glück als an der Institution Ehe interessiert, mehr an Liebe und Verständnis als am Ehestand. Das wird an all den Roman-Paaren deutlich, die nicht zusammenpassen – Sir Thomas und Lady Bertram, Mr. und Mrs. Bennet, Mary und Charles Musgrove. Wie in Scheherazades Erzählungen findet man eine unendliche Vielfalt an guten und schlechten Ehen, guten und schlechten Männern und Frauen.

Auch Brontës Behauptung über die Begrenzungen stimmt nicht ganz. Die Frauen in Jane Austens Romanen, die sich mehr im privaten als im öffentlichen Raum, in der Domäne des Herzens und der komplexen Beziehungsgeflechte zu Hause fühlen, stellen ihre Grenzen ständig in Frage. Der Roman des 19. Jahrhunderts rückt das Individuum, sein Glück, seine Prüfungen und Rechte ins Zentrum der Geschichte. Deshalb ist die Ehe sein wichtigstes Thema. Von Richardsons glückloser Clarissa über Fiedlings scheue und gehorsame Sophie bis hin zu Elizabeth Bennet haben Frauen die Komplikationen und Spannungen geschaffen, die die Handlung dieser Romane vorantreibt. Sie lenken die Aufmerksamkeit auf das, was die Romane von Jane Austen schildern. In ihnen geht es nicht um die Bedeutung der Ehe an sich, sondern um die Bedeutung von Herz und Verständnis in der Ehe, nicht um die Vorrangstellung der Konventionen, sondern um den Bruch mit den Konventionen. Diese wohlerzogenen schönen Frauen sind Rebellinnen, die den Entscheidungen ihrer oberflächlichen Mütter, inkompetenten Väter (es gibt selten kluge Väter in Jane Austens Romanen) und der streng konventionellen Gesellschaft ihr »Nein« entgegen halten. Sie riskieren Ächtung und Armut, um Liebe und Kameradschaft zu gewinnen und ins Herz der Demokratie vorzustoßen: zu dem Recht auf die eigene Wahl.

13

Stellen Sie sich einen Sommerabend vor. Wir befinden uns auf einer Party und sitzen in einem duftenden Garten. Auf einer großen Terrasse über dem Swimmingpool hat unser stilsicherer Gastgeber kleine Tischchen mit schlanken Kerzen aufgestellt. In einer Ecke liegen bunte Kissen auf einem Perserteppich. Einige von uns sitzen an die Wand gelehnt auf den Kissen. Wein und Wodka sind selbstgemacht, aber man erkennt ihre Farbe nicht. Von den Tischen her dringen Gelächter und Fetzen von Small Talk. Angenehmere Partygäste kann man sich kaum vorstellen – sie sind gebildet, geistreich, kultiviert und haben viel Interessantes zu erzählen.

Wem lauschen wir, die wir da gegen die Wand gelehnt auf dem Teppich sitzen und mit unseren Weingläsern spielen? Unser Gastgeber erzählt die Geschichte vom Bus. Sie ist brandaktuell. Viele von uns haben in den letzten beiden Tagen schon Bruchstücke gehört, aber selbst für uns ist es eine unerhörte Begebenheit, obwohl wir inzwischen abgehärtet sind und viele Geschichten kennen, die kaum zu glauben sind. Unser Gastgeber ist eine zuverlässige Quelle, und vor allem hat er sie aus dem Mund eines Beteiligten erfahren.

Vor etwa zwei Monaten erhielt der Schriftstellerverband eine Einladung zur Teilnahme an einer Konferenz in Armenien. Die Einladung war an alle Mitglieder gerichtet. Zuerst erhielten viele von ihnen Anrufe vom Geheimdienst, der sie bedrohte und ihnen die Teilnahme untersagte, aber später ließ sich das Regime erweichen und unterstützte sogar die Reise. Am Ende nahmen etwas über zwanzig Mitglieder die Einladung an. Sie beschlossen, für die Reise einen Bus zu mieten. Hier gehen die Berichte nun auseinander – einige behaupteten, von Anfang an sei etwas faul gewesen, andere beschuldigten sich gegenseitig der Mitwisserschaft. In einem Punkt jedoch waren sich alle einig: Am Abreisetag machten sich einundzwanzig Schriftsteller morgens auf den Weg zum Busbahnhof. Manche fanden es etwas merkwürdig, dass der Bus nicht pünktlich kam und ein anderer Fahrer einspringen musste. Andere merkten, dass bestimmte Kollegen nicht Wort gehalten und sich noch am Morgen gegen die Fahrt entschieden hatten.

Schließlich war man unterwegs. Die Reise verlief glatt bis Mitternacht – manche sagen auch zwei Uhr morgens. Alle Reisenden waren eingeschlafen. Alle, außer einem, dem auffiel, dass der Bus angehalten hatte und der Fahrer verschwunden war. Er schaute aus dem Fenster und sah, dass der Bus am Rand eines tiefen Abgrunds stand. Sofort rannte er laut rufend, um die anderen aufzuwecken, nach vorne, setzte sich ans Steuer und wendete den Bus. Die anderen Passagiere, die sich noch den Schlaf aus den Augen rieben, verließen Hals über Kopf das Fahrzeug. Draußen warteten schon die Geheimdienstleute mit ihren Mercedes-Karossen und Helikoptern. Die Passagiere wurden zu verschiedenen abgelegenen Posten zum Verhör gebracht und unter der Bedingung, kein Sterbenswort zu verraten, nach einer Weile wieder entlassen. Am nächsten Tag wusste ganz Teheran Bescheid. Offenbar hatte man vorgehabt, den Bus in den Abgrund zu stürzen und die Sache als Unfall zu tarnen.

Über diesen Vorfall und ähnliche Ereignisse kursierten viele Witze. Auf dem Heimweg sprachen Bijan und ich über die schreckliche Lage der Schriftsteller. Es ist schon merkwürdig, sagte er, über die meisten dieser Schriftsteller redet man sonst nur, weil man über ihre Gesinnung im Hinblick auf die Literatur frustriert ist, aber durch so ein Ereignis wird alles andere nebensächlich. Auch wenn man sich über manche von ihnen ärgert oder sie für schlechte Schriftsteller hält, ist das Mitgefühl letztlich wichtiger als alles andere.

Nicht lange danach weckte uns eines Morgens eine Freundin, die mit einem der Gründer des Schriftstellerverbands verheiratet war. Ihre Stimme klang ängstlich. Sie wollte wissen, ob wir die BBC anrufen könnten, um ihnen zu sagen, was vor sich ging. Sie und ihr Mann waren gezwungen, eine Zeit lang Teheran zu verlassen, bis sich die Lage beruhigt hatte, und wollten wissen, ob ihr Sohn ein paar Tage bei uns wohnen könne.

Diesem Vorfall waren viele andere vorausgegangen: der Überfall auf eine kleine Party, die ein deutscher Konsul bei sich zu Hause für Intellektuelle und Schriftsteller gegeben hatte; das Verschwinden eines bekannten linken Journalisten, dem Herausgeber einer populären Zeitschrift, der mit anderen verhaftet, aber später nicht mit ihnen entlassen worden war. Später hieß es, er sei nach Deutschland ausgereist, wo Frau und Familie lebten, aber dort kam er nie an. Die iranische Regierung erklärte, er habe den Iran verlassen und die Deutschen würden ihn festhalten. Die deutsche Regierung dementierte. Der internationale Aufschrei nach seinem Verschwinden verschaffte der Sache die Aufmerksamkeit der Medien. Dann tauchte er eines Tages auf dem Flughafen von Teheran auf und erzählte eine merkwürdige Geschichte: Er sei nach Deutschland und von dort aus in ein drittes Land gereist. Ein paar Tage später wurde ein Brief veröffentlicht, in dem er beschrieb, wie er durch das Regime gefoltert worden war, und prompt wurde er wieder verhaftet. Schließlich musste man ihn auf internationalen Druck hin entlassen. Kurz darauf verließ ein iranischer Verleger, der ihm und anderen Dissidenten geholfen hatte, sein Haus und kehrte nie zurück. Seinen Leichnam fand man an einem verlassenen Ort am Rand von Teheran. So erging es vielen anderen Dissidenten.

Mitte der neunziger Jahre wurde im Rahmen der gewünschten Annäherung an Europa eine Reihe westlicher Intellektueller in den Iran eingeladen. Paul Ricoeur hielt drei Vorträge; bei jedem fasste der Saal die Menge der Zuhörer nicht und sie mussten auf Treppen und Flure ausweichen. Einige Zeit später kam V. S. Naipaul in den Iran. In Isfahan begleitete ihn der bekannte Übersetzer und Verleger Ahmad Mir Alai. Ich sehe Mir Alai immer noch in seiner Buchhandlung in Isfahan vor mir, die ein Treffpunkt für Intellektuelle und Autoren geworden war. Seine blasse Haut wirkte wie ausgebleicht. Er war untersetzt und trug eine runde Hornbrille. Die Kombination aus Blässe und Korpulenz bewirkte irgendwie, dass man ihm vertraute und ihm gerne persönliche Dinge erzählte. Er war scharfsinnig und konnte gut und teilnahmsvoll zuhören. Anders als seine militanteren Freunde war er nicht auf Konfrontationen aus. Ich könnte ihn als Opfer bezeichnen, weil er kein politischer Mensch war – er geriet ins Kreuzfeuer und musste zeitweilig widerstrebend eine radikale politische Haltung einnehmen. In seinen Übersetzungen bewies er einen exzellenten Geschmack; er übersetze Naipaul, Kundera und eine Reihe anderer Schriftsteller.

Einige Monate, nachdem Naipaul den Iran verlassen hatte, fand man Mir Alais Leichnam auf der Straße in der Nähe eines Flusses. Er hatte am Morgen das Haus verlassen und war nicht zurückgekehrt. Am späten Abend wurde seine Familie von seinem Tod benachrichtigt. In seiner Tasche befand sich eine kleine Flasche Wodka, und auch sein Hemd war mit Wodka bespritzt, damit es so aussah, als sei Mir Alai betrunken durch die Nacht gestolpert und habe einen Herzanfall erlitten. Niemand glaubte die Geschichte. Auf seiner Brust war ein großer Bluterguss und an seinem Arm ein Einstich. Er war verhört und entweder aus Versehen oder absichtlich von seinen Peinigern getötet worden.

Kurz danach wurde Jahangir Tafazoli, der bekannteste Experte für das alte Persien, ermordet aufgefunden. Ich kannte ihn gut. Er war sehr scheu und zierlich, hatte volles schwarzes Haar und große Augen, die unter seiner Brille riesig wirkten. Tafazoli war nicht in die Politik verstrickt, aber er verfasste Artikel für die *Encyclopedia Iranica*, ein Projekt, das von einem prominenten iranischen Gelehrten an der Columbia University betreut wurde, den das islamische Regime verabscheute. Sein Fachgebiet – der vorislamische Iran – war dem islamischen Regime ebenfalls verhasst. Man fand seinen Leichnam weitab der Universität und seines Hauses am Straßenrand. Man behauptete, er habe einen Reifen wechseln wollen und sei von einem Auto überfahren worden.

Immer wieder sprachen wir bei Gedenkfeiern, Festen und Zusammenkünften unter Freunden und Kollegen über diese Todesfälle. Fast zwanghaft ließen wir ihre Tode wieder aufleben und riefen uns ins Gedächtnis, wie sie von offizieller Seite berichtet worden waren, und dann ermordeten wir sie erneut, indem wir uns vorzustellen versuchten, wie sie wirklich gestorben waren. Immer noch sehe ich Tafazoli im Auto zwischen zwei Schlägern, wie man ihn zwingt, seine Tochter anzurufen, und dann sehe ich ihn nicht mehr und frage mich: Wann und wo haben sie ihn umgebracht? Durch einen Schlag im Auto? Oder haben sie ihn in eines ihrer Verstecke gebracht, ihn dort getötet und dann auf die menschenleere Straße geworfen?

14

»Wenn du mir versprichst, dass du dich gut benimmst«, sagte mein Zauberer am Telefon, »habe ich eine hübsche Überraschung für dich.« Wir verabredeten uns in einem beliebten Café, das an ein Restaurant angeschlossen war und vorne eine eigene Bäckerei betrieb.

Als ich mit meiner Tasche voller Bücher eintrat, saß mein Zauberer schon an einem Ecktisch und begutachtete seinen eigenen Bücherstapel. »Du wolltest doch eine englische Ausgabe von *Tausendundeine Nacht*«, sagte er. »Ich habe eine Oxford Edition für dich gefunden.« Wir bestellten einen Cappuccino für mich, einen Espresso für ihn und zwei Napoleons, das Gebäck, das als Spezialität des Cafés galt. »Ich habe dir auch das Auden-Gedicht mitgebracht, das du gesucht hast, obwohl ich nicht weiß, wozu du es willst«, sagte er und gab mir ein Blatt mit Audens »Letter to Lord Byron«.

»Wir hatten neulich eine sehr interessante Diskussion im Kurs«, sagte ich. »Es ging um *Der Dezember des Dekan* und *Lolita* und andere Bücher auf unserer Liste. Eines meiner Mädchen, Manna ... du erinnerst dich an Manna?« »Ja, ich erinnere mich an Manna«, sagte er, »deine Dichterin.« »Ja, genau, also Manna hat gefragt, wie wir diese Autoren in Beziehung setzen würden zu Jane Austen, die die Welt und die Menschen so viel optimistischer sieht.«

»Die meisten Leute machen bei Jane Austen diesen Fehler«, sagte er. »Sie sollten sie sorgfältiger lesen.«

»Ja, das habe ich ihr auch gesagt. Ihr Thema ist die Grausamkeit, die von Menschen wie uns begangen wird, nicht unter außergewöhnlichen, sondern unter gewöhnlichen Umständen. Das ist doch bestimmt noch beängstigender? Und deshalb mag ich auch Bellow«, schloss ich, mit einem geschickten Schwenk zu meiner neuen Flamme.

»Wie flatterhaft du bist«, sagte er. »Und was ist mit Nabokov? Ein Buch, und er ist passé.« »Nein«, widersprach ich, seinen spöttischen Ton ignorierend, »Bellows Romane handeln von privaten Grausamkeiten, von der Qual der Freiheit, der Qual der Wahl – wie die Romane von Henry James übrigens auch. Es ist beängstigend, frei zu sein und für das eigene Handeln Verantwortung übernehmen zu müssen.« »Ja«, erwiderte er, »und keiner islamischen Republik die Schuld geben zu können. Wobei ich nicht behaupte, dass sie schuldlos sind – ganz und gar nicht.«

»Hier, schau«, sagte ich und blätterte in *Mehr noch sterben an gebrochenem Herzen*, das ich extra mitgebracht hatte, um daraus meine Lieblingsstellen zitieren zu können: »Der Sinn der Revolution war, dass Russland versucht hatte, sich dem Martyrium des modernen Bewusstseins fernzuhalten. Es war eine Abkapselung. Innerhalb des sich abkapselnden Landes verbreitete Stalin weiterhin den *alten* Tod. Im Westen ist das Martyrium der *neue* Tod. Es gibt keine Worte für das, was der Seele in der freien Welt passiert. Trotz aller ›steigenden Leistungsansprüche‹, trotz allen luxuriösen ›Lebensstils‹. Unser verschüttetes Urteilsvermögen weiß es besser. All dies wird von entlegenen Bewusstseinszentren erkannt, die gegen die volle Wachheit kämpfen. Volle Wachheit würde dazu führen, dass wir uns dem *neuen* Tod stellen müssen, dem eigenartigen Martyrium auf unserer Seite der Welt. Wahres Bewusstsein dem gegenüber zu öffnen, was tatsächlich passiert, wäre die Hölle.«

Ich liebe die Worte »er verbreitete den *alten* Tod«, erklärte ich. Anderswo spricht er von der »Verkümmerung der Gefühle« – der Westen wird von einer Verkümmerung der Gefühle heimgesucht ...

»Ja«, sagte er, »Mr. Bellow, oder Saul, wie ihn deine Studenten nennen, eignet sich gut zum Zitieren. Ich weiß nicht, ob das eine Tugend oder ein Fehler ist.«

»Wer hat mich denn darauf gebracht? Wer hat mir *Die Bellarosa Connection* gegeben?«, fragte ich vorwurfsvoll. »Es ist wichtig für meinen Kurs. Sie haben dank der Islamischen Republik ein zu unkritisches Bild vom Westen. In ihren Augen kommt alles Gute aus Amerika oder Europa, von Schokolade und Kaugummi bis zu Jane Austen und der Unabhängigkeitserklärung. Bellow bietet ihnen eine echtere Erfahrung dieser anderen Welt. Er zeigt ihre Probleme und Ängste auf. Und darum geht es doch«, sagte ich. »Das erleben wir selbst ...« Er sah mich nicht an.

»Du hörst mir nicht zu«, sagte ich ungeduldig. Er sah über meine Schulter hinweg und winkte dem Kellner, der kurz darauf an unseren Tisch kam. »Was ist los?«, fragte er ihn. »Was ist da drüben für eine Unruhe?« Hinter uns war etwas im Gange, was ich in meiner Hymne auf Mr. Bellow nicht bemerkt hatte.

»Eine Razzia«, sagte der Kellner. An der Eingangstür standen Wächter und durchsuchten alle, die gehen wollten. Der Kellner schlug taktvoll vor, mein Zauberer solle sich, falls wir nicht verwandt seien, an einen anderen Tisch setzen, und ich könnte, wenn man mich fragte, was ich hier zu tun habe, erklären, dass ich auf meine Bestellung aus der Bäckerei warte.

Ich sagte: »Aber wir tun doch nichts Unrechtes! Ich rühre mich nicht von der Stelle, und du ...«, und an meinen Zauberer gewandt »... du auch nicht.«

»Sei nicht dumm«, antwortete er. »Du willst doch keinen Skandal.« »Ich rufe jetzt sofort Bijan an«, sagte ich. »Wozu soll das gut sein?«, gab er zurück. »Glaubst du wirklich, sie werden auf einen hören, der seine Frau nicht im Griff hat?« Er nahm seine Kaffeetasse und stand auf. »Du hast etwas vergessen«, sagte ich, und reichte ihm das Exemplar von *Tausendundeine Nacht*. »Jetzt benimmst du dich kindisch«, sagte er auf Englisch. »Ich glaube, du brauchst eine Beschäftigung«, antwortete ich, »und außerdem habe ich das andere schon fotokopiert, das du mir gegeben hast.« Er ging mit seinem Kaffee und den Büchern an einen weit entfernten Tisch, und ich blieb sitzen, biss lustlos in meine Napoleons und blätterte wie besessen in *Mehr sterben an gebrochenem Herzen*, als würde mich am nächsten Tag jemand darüber prüfen.

Die Revolutionswächter betraten das Café und gingen von Tisch zu Tisch. Ein paar junge Leute waren rechtzeitig entwischt, andere hatten nicht so viel Glück. Eine vierköpfige Familie, mein Zauberer, zwei Frauen mittleren Alters und drei junge Männer blieben zurück. Als meine Bestellung fertig war, stand ich auf, gab dem Kellner ein großzügiges Trinkgeld, ließ meinen Packen Bücher fallen, die sich über den Boden verteilten, wartete, bis mir der Kellner eine Ersatztüte geholt hatte und ging ohne meinen Zauberer eines weiteren Blickes zu würdigen hinaus.

Im Taxi war ich betroffen und wütend und etwas schuldbewusst. Ich gehe weg von hier, sagte ich mir. Ich kann so nicht mehr leben. Jedes Mal, wenn so etwas passierte, dachte ich wie viele andere ans Weggehen. Ich wollte an einen Ort, an dem der Alltag kein solches Schlachtfeld war. In letzter Zeit war der Gedanke, den Iran zu verlassen, nicht mehr nur ein Schutzmechanismus, und durch Vorfälle wie diesen neigte sich die Waagschale langsam auf eine Seite. Manche Freunde und Kollegen passten sich einfach an. Wir sind in unseren Gedanken und Gefühlen nicht für das Regime, hatte eine gesagt, aber was bleibt uns übrig, als uns anzupassen? Soll ich wegen zwei loser Haarsträhnen ins Gefängnis gehen und meinen Job verlieren? Mrs. Rezvan hatte einmal gesagt: Inzwischen sollten wir uns doch daran gewöhnt haben; diese jungen Mädchen sind ein wenig verwöhnt – sie erwarten so viel. Sehen Sie sich Somalia oder Afghanistan an. Im Vergleich zu ihnen leben wir wie die Königinnen.

»Ich kann mich nicht daran gewöhnen«, hatte Manna einmal im Kurs geäußert. Und ich konnte es ihr nicht verübeln. Wir waren unglücklich. Wir verglichen unsere Situation mit unseren eigenen Möglichkeiten, mit dem, was wir hätten haben können, und die Tatsache, dass Millionen Menschen unglücklicher waren, tröstete uns wenig. Warum sollte uns das Unglück anderer Menschen glücklicher oder zufriedener machen?

Als ich nach Hause kam, waren Bijan und die Kinder unten in der Wohnung meiner Mutter. Ich legte die mitgebrachten Napoleons in den Kühlschrank und ließ den Karottenkuchen für meine Mutter draußen stehen. Dann ging ich an die Kühltruhe, füllte eine große Schüssel mit Eiscreme, goss Kaffee darüber, streute Walnüsse darauf, und als die Kinder und Bijan hochkamen, stand ich bereits im Badezimmer und übergab mich. Den ganzen Abend und die ganze Nacht musste ich mich erbrechen. Zwischendurch rief mein Zauberer an. »Es tut mir sehr leid«, sagte er. »Man fühlt sich so beschmutzt.« »Mir tut es auch leid«, erwiderte ich. »Es tut uns allen leid – vergiss nicht, mein Buch zu signieren.«

In jener Nacht konnte ich nichts im Magen behalten, nicht einmal Wasser, und als ich am Morgen die Augen öffnete, drehte sich das Zimmer um mich; kleine Lichtpunkte tanzten wie hell leuchtende Krönchen durch die wirbelnde Luft. Ich schloss die Augen, öffnete sie wieder, und die fatalen Krönchen waren immer noch da. Ich hielt mir den Bauch, ging ins Badezimmer und erbrach nur Magenflüssigkeit. Den ganzen Tag gönnte ich mir den Luxus, im Bett zu bleiben; meine Haut konnte nicht einmal die Berührung des Lakens ertragen.

15

You could not shock her more than she shocks me;
Beside her Joyce seems innocent as grass.
It makes me most uncomfortable to see
An English spinster of the middle class
Describe the amorous effect of »brass«,
Reveal so frankly and with such sobriety
The economic basis of society.

Ein Mädchen wird vergewaltigt, in einen Kofferraum verfrachtet und ermordet. Ein junger Mann wird umgebracht, man schneidet ihm die Ohren ab. Es gibt Schilderungen von Gefangenenlagern, Tod und Zerstörung bei Bellow, bei Nabokov haben wir Ungeheuer wie Humbert, die ein zwölfjähriges Mädchen vergewaltigen, sogar Flaubert spart nicht mit Leid und Verrat. Und was ist mit Austen? hatte Manna eines Tages gefragt.

Ja, was war mit Austen? Jane Austens Komik und ihr Großmut verführten meine Studentinnen gelegentlich zu der verbreiteten Annahme, sie sei eine prüde Jungfer gewesen, die im Frieden mit der Welt lebte und deren Brutalität nicht wahrnahm. Ich musste sie an Audens »Letter to Lord Byron« erinnern, in dem der Autor Byron bittet, Jane Austen auszurichten, »wie sehr man ihre Romane hier unten schätzt«.

Jane Austens Heldinnen sind auf ihre eigene Weise unversöhnlich. In ihren Romanen wimmelt es von Verrat, Gier, Falschheit, treulosen Freunden, selbstsüchtigen Müttern, tyrannischen Vätern, Eitelkeit, Grausamkeit und Schmerz. Jane Austen übt Nachsicht mit ihren Schurken, aber das bedeutet nicht, dass sie irgend jemanden, einschließlich ihrer Heldinnen, ungeschoren davonkommen lässt. Ihre erklärte Lieblingsheldin, die wenig liebenswerte Fanny Price, muss sogar am meisten erleiden.

Die moderne Literatur beschreibt das Böse in der Privatsphäre, in gewöhnlichen Beziehungen, unter Menschen wie du und ich.

Leser! Bruder! wie Humbert sagte. Das Böse besteht bei Jane Austen, wie in den meisten großen Werken der Weltliteratur, in der Unfähigkeit, andere zu »sehen« und Mitgefühl zu empfinden. Erschreckend ist, dass diese Blindheit in den besten (Eliza Bennet) wie in den erbärmlichsten Menschen (Humbert) existieren kann. Wir alle sind imstande, zu blinden Zensoren zu werden und unsere Visionen und Wünsche anderen aufzuzwingen.

Ist das Böse einmal individualisiert und Bestandteil des täglichen Lebens geworden, wird auch die Art des Widerstands individuell. Wie kann die Seele überleben? ist die entscheidende Frage. Und die Antwort lautet: durch Liebe und Phantasie. Stalin nahm Russland seine Seele, indem er den alten Tod verbreitete. Mandelstam und Sinjawski heilten diese Seele, indem sie vor ihren Mitgefangenen Gedichte rezitierten und darüber in ihren Tagebüchern schrieben. »Unter solchen Umständen ein Dichter zu bleiben«, schrieb Bellow, »bedeutet vielleicht, in den Kern der Politik vorzudringen. Die menschlichen Gefühle und Erfahrungen, Gestalt und Gesicht des Menschen erobern sich wieder ihren eigentlichen Platz zurück – den Vordergrund.«

16

Unser Entschluss, den Iran zu verlassen, ergab sich beiläufig – so erschien es uns zumindest. Solche Entscheidungen, wie folgenschwer auch immer, sind selten gut geplant. Wie in schlechten Ehen steigern sich Groll und Wut über Jahre hinweg und entladen sich mitunter in selbstmörderischen Entschlüssen. Die Idee wegzugehen lauerte – ähnlich wie die Möglichkeit, sich scheiden zu lassen – gespenstisch und finster irgendwo in unseren Gehirnwindungen und kam bei der kleinsten Provokation an die Oberfläche. Danach gefragt, zählte ich die üblichen Gründe auf: meinen Beruf und meine Gefühle als Frau, die Zukunft unserer Kinder und meine Reisen in die USA, die uns immer wieder andere Möglichkeiten vor Augen geführt hatten.

Zum ersten Mal in unserer Ehe stritten Bijan und ich uns ernsthaft, und eine Zeit lang sprachen wir über nichts anderes als Bleiben oder Gehen. Als Bijan herausfand, dass ich diesmal fest entschlossen war wegzugehen, verfiel er in gekränktes Schweigen; dann begann eine Phase mit langen, quälenden Auseinandersetzungen, an denen auch Angehörige und Freunde beteiligt waren. Bijan fand, es sei keine gute Idee; seiner Ansicht nach sollten wir wenigstens warten, bis die Kinder größer waren und aufs College gehen konnten; mein Zauberer fand, wegzugehen sei das einzig Vernünftige; meine Freunde waren geteilter Meinung. Meine Mädchen wollten nicht, dass ich ging, aber die Mehrzahl von ihnen wollte selbst weg. Meine Eltern wollten, dass wir gingen, obwohl sie durch unseren Weggang einsamer würden. Ein besseres Leben für ihre Kinder ist für die meisten Eltern eine reizvolle Vorstellung – selbst wenn sie illusorisch ist.

Am Ende hatte sich Bijan, wie immer einsichtig und viel zu vernünftig, einverstanden erklärt, dass wir wenigstens für ein paar Jahre weggehen würden. Seine innere Entscheidung für unseren neuen Lebensplan setzte bei ihm Energien frei. Sein Umgang mit unserer bevorstehenden Abreise war pragmatisch; er ging daran, achtzehn Jahre seines Lebens in ihre Einzelteile zu zerlegen und diese in die acht Koffer zu packen, die wir mitnehmen durften. Ich dagegen verdrängte die Situation, so gut es ging. Dass er sich so bereitwillig darauf eingelassen hatte, verursachte mir Schuldgefühle und ließ mich wieder zögern. Ich schob das Packen auf und weigerte mich, ernsthaft darüber zu reden. Im Kurs wussten meine Mädchen nicht, wie sie auf mein oberflächliches, schnippisches Verhalten reagieren sollten.

Wir hatten im Kurs nie wirklich über meinen Entschluss wegzugehen gesprochen. Es war klar, dass der Kurs nicht endlos weitergehen konnte, und ich hatte die Hoffnung geäußert, dass die Mädchen ihre eigenen Gruppen bilden und Freundinnen einbeziehen würden. Ich hatte die Anspannung aus Mannas Schweigen und Mahshids indirekten Anspielungen auf die Pflicht gegenüber Heimat und Vaterland herausgehört. Die anderen zeigten eine gewisse Nervosität und Traurigkeit bei dem Gedanken, dass der Kurs seinem Ende zu ging. Ihr Platz wird so leer sein, hatte Yassi gesagt, indem sie eine persische Redewendung gebrauchte –, aber auch sie begannen, Ausreisepläne zu schmieden.

Sobald unsere Entscheidung gefallen war, hörten alle auf, darüber zu sprechen. Der Blick meines Vaters verlor sich in der Ferne, als fixiere er einen Punkt, hinter dem wir bereits am Horizont verschwunden waren. Meine Mutter war plötzlich zornig und gereizt und deutete an, meine Entscheidung habe wieder einmal ihre schlimmsten Befürchtungen hinsichtlich meiner Loyalität bestätigt. Meine beste Freundin fand, ich müsse Geschenke besorgen, und schleppte mich energisch auf Einkaufstouren, bei denen sie über alles andere redete, und meine Mädchen merkten die Veränderung kaum. Nur meine Kinder erwähnten unsere baldige Abreise mit einer Mischung aus Vorfreude und Trauer.

17

Im Persischen spricht man in Zeiten der Anspannung und Unsicherheit häufig vom »geduldigen Stein«. Man meint damit, dass jemand all seine Probleme und Nöte in den Stein einströmen lässt, der ihm zuhört und die Schmerzen und Geheimnisse aufnimmt und ihn auf diese Weise heilt. Manchmal kann der Stein seine Last nicht mehr ertragen und zerspringt. Mein Zauberer war nicht mein »geduldiger Stein«, obwohl er nie seine eigene Geschichte erzählte – er behauptete, an der sei niemand interessiert. Doch er hörte sich nächtelang die Schwierigkeiten und Ängste anderer an, und sein Rat an mich lautete: geh. Verlass das Land, schreib deine Geschichte auf und unterrichte deine Studenten.

Vielleicht erkannte er klarer als ich selbst, was mit mir los war. Heute weiß ich, dass ich mich in dem Maß, in dem mir mein Kurs und meine Studentinnen ans Herz wuchsen, vom Iran entfernte. Je stärker ich die poetischen Seiten unseres Leben wahrnahm, desto stärker entwickelte sich mein eigenes Leben zu einem Netz aus Fiktionen. All das kann ich jetzt mit einer gewissen Eindeutigkeit formulieren, aber damals war es alles andere als eindeutig. Es war viel komplizierter.

Während ich im Geist noch einmal den Weg zu seiner Wohnung nachvollziehe und noch einmal den alten Baum gegenüber seinem Haus hinter mir lasse, schießt mir ein Gedanke durch den Kopf: Erinnerungen können sich von der Realität, die sie heraufbeschwören, lösen. Sie können uns versöhnlich gegenüber jenen stimmen, die uns tief verletzt haben, oder in uns Groll auf diejenigen wecken, die wir einmal bedingungslos akzeptiert und geliebt haben.

Wieder sitzen wir mit Reza an dem runden Esstisch unter dem Bild mit den grünen Bäumen, reden und essen die verbotenen Schinken-Käse-Sandwiches. Unser Zauberer trinkt nicht. Er lehnt jeglichen Kompromiss, alle Fälschungen, ab: die geschmuggelten Videos, den geschmuggelten Wein, die zensierten Romane und Filme. Einen heißgeliebten Film auf Video anzuschauen, ist ihm ein Gräuel, obwohl er uns Videos von seinen Lieblingsfilmen besorgt hat. Heute hat er für uns einen sündig aussehenden pinkfarbenen Wein beschafft, der in fünf Essigflaschen gefüllt ist. Später nehme ich eine Flasche mit nach Hause und probiere den Wein. Etwas ist schief gegangen, der Wein schmeckt wie Essig, aber das sage ich ihm nicht.

Das brennend aktuelle Thema des Tages war Mohammed Khatami und seine Kandidatur. Der Name Khatami, den die Intellektuellen vor allem aus seiner kurzen Amtszeit als Minister für Islamische Kultur und Führung kannten, war seit ein paar Wochen in aller Munde. In Bussen und Taxis, auf Partys und bei der Arbeit sprach man über Khatami, den zu wählen wir für unsere moralische Pflicht hielten. Seit über siebzehn Jahren hatten uns die Geistlichen eingebläut, das Wählen nicht nur eine Bürgerpflicht, sondern vor allem eine religiöse Pflicht sei; jetzt vertraten wir dieselbe Ansicht. Dieses Thema war sehr umstritten und stellte die ein oder andere Freundschaft auf die Probe.

Als ich an jenem Tag zu meinem Zauberer ging und dabei mit meinem Kopftuch kämpfte, das sich immer wieder lockerte, sah ich an der Wand gegenüber seinem Haus ein Wahlplakat für Khatami. Es zeigte ein großes Bild des Kandidaten, umgeben von riesigen Lettern: IRAN HAT SICH WIEDER VERLIEBT. O nein, dachte ich verzagt, nicht schon wieder.

Als wir am Esstisch meines Zauberers saßen, dem Schauplatz so vieler wahrer und erfundener Geschichten, erzählte ich den beiden von den Plakaten. Wir lieben unsere Familie, unsere Liebhaber, unsere Freunde, aber müssen wir uns in Politiker verlieben? Sogar in meinem Kurs streiten wir über ihn. Manna versteht nicht, wie irgendjemand für ihn stimmen kann; sie sagt, für sie macht es keinen Unterschied, ob sie ein helleres Kopftuch tragen oder etwas mehr Haar zeigen darf. Daraufhin sagt Sanaz zu ihr: Wenn man dich zwischen Gut und Schlecht wählen lässt, wählst du das Schlechte. Und Manna gibt zurück, dass sie keinen netteren Gefängniswärter will, sie will raus aus dem Gefängnis. Azin sagt: Dieser Kerl will, dass das Gesetz herrscht? Ist das nicht dasselbe Gesetz, das meinem Mann erlaubt, mich zu schlagen und mir meine Tochter wegzunehmen? Yassi ist verwirrt, und Mitra sagt: Selbst bei diesen Wahlen gibt es Gerüchte, dass sie die Pässe kontrollieren und einen nicht gehen lassen, wenn man nicht wählt. Noch ein Gerücht, erwidert Mahshid bissig, das du nicht glauben musst.

»Gewöhnlich bekommen die Menschen, was sie verdienen«, sagte Reza und biss in sein Käse-Schinken-Sandwich. Ich warf ihm einen vorwurfsvollen Blick zu. »Ich meine es ernst«, sagte er. »Wenn wir bereit sind, uns von jeder sogenannten Wahl einwickeln zu lassen – wir wissen doch alle, dass es keine echten Wahlen sind, wenn nur Muslime mit einer untadeligen revolutionären Vergangenheit kandidieren dürfen, die vom Wächterrat ausgesucht und vom Obersten Führer bestätigt werden. Solange wir diese Scharade, genannt Wahlen, akzeptieren und hoffen, dass irgendein Rafsanjani oder Khatami uns retten kann, verdienen wir es, enttäuscht zu werden.«

»Aber diese Frustration ist nicht einseitig«, fügte mein Zauberer hinzu. »Was glaubt ihr, wie sich Khamenei fühlt« – er sah uns mit hochgezogenen Augenbrauen schelmisch an – »wenn er sieht, wie deine Mitra und Sanaz fröhlich ihr Leben genießen und gute Muslimmädchen wie Yassi und Mahshid auch noch korrumpieren? Oder hört, wie die einstigen Revolutionäre Kant und Spinoza zitieren statt islamische Quellen? Und denkt mal an die Tochter des Präsidenten, die mit dem Versprechen auf Stimmenfang geht, Frauen das Recht auf Radfahren in öffentlichen Parks zu geben?«

»Aber das ist alles so lächerlich!«, protestierte ich.

»Für dich vielleicht«, sagte er, »aber nicht für den Präsidenten und seine Anhänger, die die Herzen und Gedanken der Kinder der Revolution gewinnen müssen, indem sie ihnen – zumindest implizit – Zugang zu westlichen Gütern versprechen. Und«, fuhr er genüsslich fort, »diese jungen Leute lassen sich von Leuten wie Michael Jackson und Nabokov mehr begeistern und hinreißen als du und ich in unserer dekadenten Jugend. Aber warum machst du dir eigentlich Sorgen? Du wirst uns und unsere Probleme doch bald abgehakt haben.«

»Ich werde weder euch noch eure Probleme abhaken«, sagte ich. »Ich rechne damit, dass du mich auf dem Laufenden hältst.«

»Nein, das werde ich nicht«, antwortete er. »Wenn du fort bist, bleiben wir nicht in Verbindung.«

Auf meinen entsetzten Blick hin sagte er: »Nenn es Selbstschutz oder Feigheit; mit den Freunden, die das Glück haben, gehen zu können, möchte ich keinen Kontakt haben.«

»Aber du hast mich ermutigt!«, sagte ich bestürzt.

»Ja, aber das ist etwas anderes. Wie auch immer, so sind nun mal meine Regeln. Aus den Augen, aus dem Sinn, und so weiter. Man muss schließlich auf sich aufpassen.«

Es tat alles Erdenkliche, um mir das Weggehen zu ermöglichen, aber als er sah, dass ich wirklich ging, als alles einen glücklichen Ausgang genommen hatte, freute er sich nicht mit mir. War er enttäuscht? Hielt er mein Fortgehen für eine Art Urteil über diejenigen, die ich zurückließ?

18

Ich war am Telefon, als Nassrin klingelte. Negar, die die Tür geöffnet hatte, rief überflüssigerweise immer wieder: »Mama,
Mama, Nassrin ist da!« Ein paar Minuten später stand eine
verlegene Nassrin in der Zimmertür und machte ein Gesicht, als
bereue sie ihren Besuch schon. Ich bedeutete ihr durch Gesten,
im Wohnzimmer auf mich zu warten.

Als ich das Wohnzimmer betrat, starrte Nassrin die Paradies-
vögel an und kaute mit dem leeren Blick einer professionellen
Nägelkauerin an ihren Fingernägeln. Ich hätte schon früher merken müssen, dass sie zu dieser Sorte Leute gehörte, dachte ich –
sie musste sich im Kurs sehr zusammengenommen haben.

Beim Klang meiner Stimme fuhr sie herum und verbarg automatisch die Hände hinter dem Rücken. Um die Verlegenheit zu
überspielen, die von ihr ausging, fragte ich sie, was sie trinken
wolle. Nichts, danke. Sie hatte ihren langen Umhang nicht abgelegt, nur aufgeknöpft, und man sah eine weiße Bluse, die in
schwarzen Cordhosen steckte. Sie trug Reeboks, und das Haar
war zum Pferdeschwanz zusammengebunden. Sie sah hübsch
aus, jung und zerbrechlich, wie jedes andere junge Mädchen aus
einem beliebigen Teil der Welt. Nervös trat sie von einem Bein
aufs andere und erinnerte mich an unsere allererste Begegnung
vor fast sechzehn Jahren. Nassrin, steh still, sagte ich leise. Nein,
setz dich lieber. Setz dich bitte hin – nein, lass uns nach unten in
mein Arbeitszimmer gehen, dort ist es ruhiger.

Ich versuchte, nicht an den Grund ihres Kommens zu denken.
Wir legten in der Küche einen Zwischenstopp ein. Ich reichte ihr
die Obstschüssel und stellte einen Krug Wasser, zwei Gläser und

Teller auf ein Tablett. Auf der Treppe nach unten überrumpelte sie mich. Ich gehe weg, sagte sie. Aus Erfahrung wusste ich, dass ich sie nicht weiter verunsichern durfte, indem ich mich zu überrascht zeigte. Wohin fährst du? Nach London, ich wohne eine Zeit lang bei meiner Schwester. Und was ist mit Ramin? Wir standen vor meinem Arbeitszimmer. Sie wartete, bis ich die Tür aufgemacht hatte. An ihrem bleichen und fassungslosen Gesichtsausdruck merkte ich, dass ich die falsche Frage gestellt hatte. Ich bin fertig mit ihm, murmelte sie.

Wie willst du es anstellen? fragte ich, als wir uns gesetzt hatten, sie mit dem Rücken zum Fenster und ich auf der Couch vor dem großen Gemälde mit den Bergen um Teheran, das viel zu groß für einen so kleinen Raum war. Schmuggler, sagte sie. Sie geben mir immer noch keinen Pass. Ich muss über Land in die Türkei und dort warten, bis mich mein Schwager abholt.

Wann? In etwa einer Woche, sagte sie. Ich kenne das genaue Datum nicht, sie geben mir Bescheid. Sie werden es durch Mahshid erfahren, ergänzte sie nach einer Pause. Sie ist die einzige im Kurs, die es weiß.

Geht irgendjemand mit dir mit? Nein. Mein Vater ist dagegen. Aber er hat sich schließlich breitschlagen lassen, einen Teil der Reisekosten zu übernehmen. Meine Schwester zahlt den Rest – sie nennt es »Rettungseinsatz«. Mein Vater sagt, wenn ich diesen verrückten Plan wirklich durchziehe, bin ich auf mich allein gestellt. Für ihn gehören diese Leute zu uns, egal, was wir von ihnen halten. Er hat eine Tochter verloren, nun die zweite. Zuerst dieser Kurs, sagt er, und jetzt das.

Ich dachte, er wüsste nichts davon, sagte ich. Anscheinend schon, erwiderte sie. Er hat auch so getan, als ob.

Sie rieb sich hektisch die Hände und wich meinem Blick aus. So war Nassrin, oder, um ehrlich zu sein, so waren wir beide: Wir erlebten Momente größter Vertrautheit, aber wir taten sie mit einem Achselzucken ab und verhielten uns so, als entstünde

469

dadurch keine besondere Nähe. Es war nicht Mut, der uns dazu brachte, so beiläufig und unpersönlich mit großem Leid umzugehen, sondern eine spezifische Form von Feigheit, ein destruktiver Schutzmechanismus – wir zwangen andere Menschen, sich die grässlichsten Erlebnisse anzuhören, und verwehrten ihnen gleichzeitig ihr Mitgefühl. Hab kein Mitleid mit mir, signalisierten wir, ich komme schon zurecht. Es ist nicht der Rede wert.

Sie erzählte mir, dass für sie nach all den Jahren im Gefängnis, nach all den Kriegsjahren diese Anpassungszeit am schwierigsten gewesen war. Zuerst hatte sie geglaubt, sie müsse nur für eine Weile weggehen. Aber allmählich hatte sie begriffen, dass sie nur noch auf und davon wollte. Sie gaben ihr keinen Pass, also musste sie illegal ausreisen, und das war ihr sogar recht.

Ich tat so, als sprächen wir über eine normale Reise, einen Routinebesuch bei ihrer älteren Schwester in London – es ist viel zu nass zu dieser Jahreszeit; bitte sie, dich ins *Globe Theatre* mitzunehmen ... Und warum hast du mit Ramin Schluss gemacht? Ich konnte mir die Frage nicht verkneifen. War er gegen deinen Plan, oder hat er ihn ausgelöst? Nein, er, er – er hat gewusst, wie gerne ich weg wollte, wegen dieser Krankheit, die ich seit dem Gefängnis habe. Wir, das heißt meine Schwester, meine Mutter und ich reden schon lange darüber, dass man sie da drüben vielleicht besser behandeln kann. Ich habe sie nie gefragt, um welche Krankheit es sich eigentlich handelte.

Zuerst war Ramin als ehrenwerter Mann – ein plötzliches Grinsen gab ihr für einen Moment ihre mädchenhafte Ausstrahlung zurück – mit meinem Weggehen einverstanden, aber er fand, wir sollten uns wenigstens verloben. Ich wartete. Aber dann, na ja, dann hab ich Schluss gemacht. Nassrin. Sie senkte schweigend den Kopf und fixierte ihre Hände. Dann stieß sie rasch und atemlos hervor: Er war ... er ist nicht besser als die anderen. Erinnern Sie sich an den Satz von Bellow, den Sie uns vorgelesen haben, über die Leute, die ihren Gedankenmüll über einem ausschütten? Wieder lächelte sie.

Er passt genau auf Ramin und seine intellektuellen Freunde.

Das war zu viel, selbst für einen erfahrenen Drückeberger wie mich. Ein Schluck Wasser ist, wie wir aus Romanen wissen, eine gute Methode, Zeit zu gewinnen. Was meinst du damit, dass er nicht besser als die anderen ist? Welche anderen?

Mein Onkel war grober, sagte sie langsam. Mehr wie Mr. Nahvi, wissen Sie. Ramin war anders. Er hatte Derrida gelesen, er hatte Bergman und Kiarostami gesehen. Nein, er hat mich nicht angefasst, er hat sehr darauf geachtet, mich nicht zu berühren. Es war schlimmer. Ich kann es nicht erklären, es waren seine Augen. Seine Augen. Wie er Leute angeschaut hat, andere Frauen. Man konnte es immer sehen. Niedergeschlagen blickte sie auf ihre Finger, die sich unbeholfen streichelten. Nach Ramins Ansicht gibt es einen Unterschied zwischen den Mädchen, zu denen man sich sexuell hingezogen fühlt, und den Mädchen, die man heiratet – Mädchen, die intellektuell mithalten können und denen man Respekt entgegenbringt. *Respekt*, wiederholte sie voller Zorn. Respekt war das Wort, das er gebraucht hat. Er hat mich *respektiert*. Ich war seine Simone de Beauvoir minus Sexappeal. Und er war zu feige, einfach hinzugehen und sich Sex bei anderen zu holen. Also hat er sie angeschaut. Es ist so weit gekommen, dass er meine ältere Schwester angegafft hat, während er mit mir redete. Es waren seine Blicke. Er hat Frauen auf eine Art angestarrt …. wie mein Onkel mich angefasst hat.

Ich hatte Mitleid mit Nassrin und in gewisser Weise auch mit Ramin. Auch er brauchte Hilfe, schien mir, auch er musste mehr über sich, seine Bedürfnisse und Wünsche erfahren. Verstand sie nicht, dass er eben nicht wie ihr Onkel war und Mitgefühl brauchte? Vielleicht verlangte ich zu viel von ihr. Sie war recht rüde mit Ramin umgesprungen; sie hatte sich eingeredet, dass sie sich keine Gefühle leisten konnte. Sie hatte ihm gesagt, es wäre aus, und ihm erklärt, in ihren Augen sei er nicht besser als die Männer, die er kritisierte und verachtete. Wenigstens weiß man bei Ajatollah Khamenei, woran man ist, aber diese anderen, die mit allen möglichen Ansprüchen und politisch korrekten Ideen – das waren die Schlimmsten. Du willst die Menschheit retten, hatte sie ihm entgegengeschleudert, du und deine blöde Arendt. Warum rettest du nicht zuerst mal dich vor deinen sexuellen Problemen? Such dir eine Prostituierte. Hör auf, meine Schwester anzustarren.

Immer, wenn ich an Nassrin denke, kommt mir als Erstes und letztes dieser Tag in den Sinn, an dem sie mir erzählte, sie würde weggehen. Es war Abend. Der Himmel, über den sich die Dämmerung gesenkt hatte, war weder dunkel noch hell noch grau. Es regnete in Strömen, an den verdorrten Blättern des Birnbaums hingen schwere Tropfen. Sie sagte: »Ich gehe fort.« Sie sagte, sie sei jetzt siebenundzwanzig und wisse nicht, was leben bedeute. Sie hatte immer geglaubt, im Gefängnis sei es am härtesten, aber das stimmte nicht. Sie strich sich ein paar Haarsträhnen aus dem Gesicht. Sie sagte: Dort im Gefängnis dachten wir alle, sie würden uns umbringen und das wäre das Ende, oder wir würden überleben und rauskommen und wieder von vorne anfangen. Sie sagte: Dort im Gefängnis haben wir immer nur davon geträumt, draußen zu sein, frei, aber als ich draußen war, habe ich bemerkt, dass mir die Solidarität fehlte, die wir im Gefängnis hatten, das Ziel, die Art, wie wir Erinnerungen und Essen miteinander teilten. Sie sagte: Mehr als alles andere vermisse ich die Hoffnung. Im Gefängnis hatten wir die Hoffnung, dass wir freikämen, das College besuchen, Spaß haben, ins Kino gehen würden. Ich bin siebenundzwanzig. Ich weiß nicht, was es heißt zu lieben. Ich will nicht für immer heimlich und versteckt leben. Ich will es wissen, will wissen, wer diese Nassrin ist. Man könnte das wohl die Qual der Freiheit nennen, sagte sie lächelnd.

19

Nassrin hatte mich gebeten, die anderen über ihre Abreise zu informieren. Sie hatte es nicht über sich gebracht – der Gedanke war ihr unerträglich. Lieber ohne Abschied gehen. Wie sollte ich es ihnen sagen? »Nassrin wird nicht mehr zu unserem Kurs kommen.« Das war klar und deutlich, aber es kam darauf an, welche Worte man betonte, wie man sie gewichtete. Ich sagte es unvermittelt und ziemlich schroff und brachte alle damit zum Schweigen. Yassi kicherte nervös, Azin machte ein erschrockenes Gesicht, und Sanaz und Mitra wechselten einen Blick.

»Wo ist sie jetzt?«, fragte Mitra nach langem Schweigen.

»Das weiß ich nicht«, antwortete ich. »Wir müssen Mahshid fragen.«

»Nassrin ist vor zwei Tagen in Richtung Grenze aufgebrochen«, eröffnete uns Mahshid ruhig. »Sie wartet drauf, dass die Schmuggler mit ihr Kontakt aufnehmen. Nächste Woche müsste sie auf einem Kamel oder Esel oder im Jeep die Wüste durchqueren.«

»*Nicht ohne meine Tochter*«, warf Yassi verlegen kichernd ein. »Oh, tut mir schrecklich leid«. Sie hielt sich die Hand vor den Mund. »Das war wohl etwas daneben.«

Eine Weile spekulierten alle über Nassrins Reise: die Gefahren an der türkischen Grenze, ihre Einsamkeit, ihre Zukunftsaussichten. »Wir sollten nicht über sie reden, als ob sie tot wäre«, sagte Azin. »Es wird ihr dort, wo sie hingeht, viel besser gehen, und wir sollten uns für sie freuen.« Mahshid sah sie scharf an. Aber Azin hatte recht. Was sonst hätten wir ihr wünschen sollen?

Die Person, die am vehementesten nicht auf Nassrins Abreise, sondern auf meine eigene reagierte, war die, die sich am meisten mit mir identifizierte – Manna. Es schien, als habe Nassrins plötzliches Verschwinden die drohende Trennung konkreter gemacht.

»Der Kurs wird sowieso bald vorbei sein«, sagte sie, ohne jemanden anzusehen. »Nassrin hat die Botschaft von Dr. Nafisi verstanden.« Welche Botschaft? »Dass wir alle weggehen sollten.«

Ich erschrak über die Bitterkeit, mit der sie ihre Anschuldigung vorbrachte. Ich fühlte mich ohnehin schon schuldig, als hätte ich mit meiner Entscheidung wegzugehen ein Versprechen gebrochen, das ich ihnen gegeben hatte. (Schuldgefühle sind Teil deiner Persönlichkeit. Du hast dich schon schuldig gefühlt, als du noch nicht im leisesten daran gedacht hast wegzugehen, sagte mein Zauberer später, als ich mich bei ihm beklagte.)

»Sei nicht albern«, fuhr Azin Manna an. »Es ist nicht ihr Fehler, wenn du dich hier eingesperrt fühlst.«

»Ich bin nicht albern«, sagte Manna wütend. »Und es stimmt, ich fühle mich eingesperrt. Warum auch nicht?«

Azin langte in ihre Handtasche, vielleicht um nach einer Zigarette zu kramen, aber ihre Hand kam leer und zitternd wieder zum Vorschein. »Wie kannst du nur! Du redest, als sei alles die Schuld von Mrs. Nafisi«, fuhr sie Manna an.

»Nein, lass Manna erklären, was sie meint«, sagte ich.

»Vielleicht meint sie …«, begann Sanaz matt.

»Ich kann mich selbst erklären, vielen Dank«, unterbrach Manna sie gereizt. »Ich meine, Sie« – damit drehte sie sich zu mir um – »haben uns vorgeführt, dass es keinen Sinn hat hierzubleiben, dass wir alle gehen sollten, wenn wir etwas aus uns machen wollen.«

»Das stimmt nicht«, entgegnete ich irritiert. »Ich habe nie gesagt, dass meine Erfahrung auf euch übertragbar ist. Ihr könnt mir nicht in allem folgen, Manna. Jede von euch muss tun, was für sie am besten ist. Einen anderen Rat kann ich euch nicht geben.«

»Es gibt nur einen Grund für mich zu glauben, dass es okay ist, wenn Sie uns hier zurücklassen (sie sagte tatsächlich *uns hier zurücklassen*)«, fuhr Manna nachdenklich fort. »Ich weiß, ich würde es auch tun, wenn ich die Chance hätte. Ich würde alles hinter mir lassen.« Sogar Nima? »Besonders Nima«, schoss sie mit einem bösen kleinen Lächeln zurück. »Ich bin nicht wie Mahshid. Ich finde, keine von uns hat die Pflicht zu bleiben. Wir haben nur ein Leben.«

Jahrelang hatte ich ihnen als Beichtmutter gedient. Sie hatten mich mit ihrem Kummer und ihren Problemen überschüttet, als hätte ich selbst keinerlei Sorgen, als lebte ich unter einem Zauberbann, der mich nicht nur vor den Fallstricken des Lebens in der Islamischen Republik, sondern vor der Mühsal des Lebens überhaupt bewahrte. Und jetzt wollten sie mir auch noch die Last ihrer Entscheidungen aufbürden. Die Menschen trafen doch aber ihre eigene Wahl. Man konnte ihnen nur helfen, wenn man wusste, was sie wollten. Wie konnte man jemandem sagen, was er wollen soll? (Nima rief später am Abend an. »Manna hat Angst, dass Sie sie nicht mehr mögen«, sagte er halb im Scherz. »Sie hat mich gebeten anzurufen.«)

Die Sorgen und Freuden anderer Menschen erinnern uns gewöhnlich an unsere eigenen; wir nehmen Anteil an ihnen, weil wir uns fragen: Und was ist mit mir? Was sagt das über mein Leben, meine Schmerzen, meine Angst aus? Nassrins Abreise erlebten wir mit echter Sorge um ihr Wohlergehen, mit Ängsten und Hoffnungen, die ihr neues Leben betrafen. Wir vermissten sie, zumindest in der Anfangszeit, schmerzlich und konnten uns den Kurs ohne sie kaum vorstellen. Doch am Ende wandten wir uns wieder uns selbst zu und sahen unsere eigenen Hoffnungen und Ängste im Lichte ihrer Entscheidung.

Mitra äußerte ihre Befürchtungen als erste. In letzter Zeit waren mir an ihr eine Wut und Verbitterung aufgefallen, die um so alarmierender waren, als sie so unvermutet auftraten. Sie hatte sich zunächst in ihren Tagebüchern und Notizen Luft gemacht. Angefangen hatte es mit dem Bericht über eine Reise mit ihrem Mann nach Syrien. Als erstes hatte sie frappiert, wie lammfromm die Iraner am Flughafen von Damaskus die Kontrollen über sich ergehen ließen. Sie mussten sich separat anstellen und wurden wie Kriminelle durchsucht. Doch am meisten hatten sie die Empfindungen schockiert, die sie überkommen hatten, als sie unbeschwert in T-Shirt und Jeans Hand in Hand mit Hamid durch die Straßen von Damaskus geschlendert war. Sie beschrieb das Gefühl von Wind und Sonne auf ihrem Haar und ihrer Haut – es waren immer dieselben Sinneseindrücke, die sich am meisten einprägten. Das kannte ich von mir selbst, und später berichteten Yassi und Manna dasselbe.

Am Flughafen von Damaskus hatte man sie gedemütigt, weil man ein bestimmtes Bild von ihr hatte, und nach der Rückkehr war sie wütend, weil sie so vieles in ihrem Leben nicht erlebt hatte. Sie ärgerte sich über die verlorenen Jahre, die nicht gespürte Sonne und den Wind, die Spaziergänge, die sie nicht mit Hamid unternommen hatte.

Das Eigenartige war, hatte sie verwundert gesagt, dass dieser Spaziergang in Damaskus ihn plötzlich in einen Fremden verwandelt hatte. Ihre Beziehung stand plötzlich in einem neuen Kontext; sie war sogar sich selbst fremd geworden. War das noch dieselbe Mitra, fragte sie sich, diese Frau in Jeans und mandarinenfarbenem T-Shirt, die mit einem gutaussehenden Mann an ihrer Seite in der Sonne spazierte? Wer war diese Frau, und konnte sie sie in das Leben integrieren, das sie in Kanada führen wollten?

»Du meinst, du hast nicht das Gefühl, hierher zu gehören?«, fragte Mahshid bissig. »Ich scheine hier die einzige zu sein, die findet, dass sie diesem Land etwas schuldet.«

»Ich kann mit dieser permanenten Angst nicht leben«, sagte Mitra, »mit der ständigen Sorge, ob ich richtig gehe oder richtig gekleidet bin. Was für mich natürlich ist, gilt als sündig, wie soll ich mich also verhalten?«

»Aber du weißt doch, was von dir erwartet wird, du kennst die Gesetze«, sagte Mahshid. »Das ist nichts Neues. Was hat sich verändert? Warum macht es dir jetzt so viel mehr aus?«

»Vielleicht ist es für dich leichter«, sagte Sanaz, aber Mahshid ließ sie nicht aussprechen.

»Du glaubst, ich habe es leicht?«, fragte sie in scharfem Ton. »Glaubst du, nur Leute wie du leiden in diesem Land? Du weiß ja nicht mal, was Angst ist. Nur wegen meines Glaubens und weil ich den Schleier trage, meinst du, dass ich mich nicht bedroht fühle? Du glaubst, ich empfinde keine Furcht? Es ist ziemlich oberflächlich zu meinen, dass die einzige Art von Furcht, die es gibt, die *eigene* ist«, sagte sie mit ungewohnter Bitterkeit.

»So habe ich es nicht gemeint«, sagte Sanaz sanfter. »Dass wir diese Gesetze kennen, dass sie uns vertraut sind, macht sie nicht besser. Es heißt nicht, dass wir den Druck und die Angst nicht spüren. Aber für dich ist wenigstens das Schleiertragen etwas Natürliches, es ist deine Religion, deine Wahl.«

»Meine Wahl«, lachte Mahshid auf. »Was habe ich denn außer meiner Religion, und wenn ich sie verliere ...« Sie beendete den Satz nicht, sondern blickte zu Boden und murmelte: »Tut mir leid, ich bin zu emotional geworden.«

»Ich weiß, wovon Mahshid spricht«, mischte sich Yassi ein. »Die schlimmste Angst, die man haben kann, ist, den Glauben zu verlieren. Denn dann wird man von niemandem mehr akzeptiert – weder von denen, die sich für weltlich halten noch von den Leuten deiner eigenen Religion. Es ist schrecklich. Mahshid und ich haben darüber geredet, wie die Religion, seit wir denken können, jede einzelne unserer Handlungen bestimmt hat. Wenn ich eines Tages meinen Glauben verliere, ist das wie sterben und wieder neu anfangen, in einer Welt ohne Sicherheiten.«

Mit blutete das Herz, als ich sah, wie Mahshid um Selbstbeherrschung rang; ihr Gesicht war gerötet, und sie zitterte vor Erregung. Mahshid, dachte ich, quält sich mit Fragen über ihre Religion, viel mehr als meine weltlichen Studentinnen. In ihren Tagebüchern und Hausarbeiten schilderte sie mit einer Wut, die so beherrscht war wie ihr Lächeln, jedes noch so kleine Detail ihres Lebens unter dem islamischen Gesetz. Später schrieb sie in ihr Tagebuch: »Yassi und ich wissen, dass wir unseren Glauben verlieren. Wir haben ihn mit jedem Schritt in Frage gestellt. Während der Regierungszeit des Schah war das anders. Ich spürte, dass ich zur Minderheit gehörte und meinen Glauben auf alle Fälle bewahren musste. Jetzt, da meine Religion an der Macht ist, fühle ich mich hilfloser und fremder als je zuvor.« Sie schrieb darüber, wie man ihr schon immer erzählt hatte, das Leben im Land der Ungläubigen sei die reinste Hölle. Man hatte ihr versprochen, unter einer gerechten islamischen Herrschaft würde alles anders. Islamische Herrschaft! Ach was, leere Versprechungen, Heuchelei und Scham, sonst nichts. Sie schrieb, dass ihr Chef ihr bei der Arbeit nie in die Augen schaute, dass in Kinofilmen sogar sechsjährige Mädchen verschleiert sein mussten und nicht mit Jungen spielen durften. Obwohl sie sich immer verschleierte, fand sie es peinigend, den Schleier tragen zu müssen, und nannte ihn eine Maske, hinter der sich Frauen gezwungenermaßen verstecken mussten. Sie zählte mit kalter Wut alle Punkte auf und setzte hinter jedes Argument ein Fragezeichen.

»Die Entscheidung wegzugehen ist mir schwergefallen«, sagte ich. Zum ersten Mal war ich bereit, ehrlich mit ihnen darüber zu sprechen, was ich tat und was es bedeutete. »Ich habe mich mit vielen Fragen gequält. Ich habe sogar überlegt, Bijan zu verlassen.« (Wirklich? fragte mich Bijan später, als ich ihm von dem Gespräch erzählte. Das hast du mir nie gesagt.) Dies lenkte sie vorübergehend von ihrer Empörung und Enttäuschung ab. Ich erzählte von meinen eigenen Ängsten, davon, wie ich nachts aufwachte und keine Luft mehr bekam, über die Schwindelanfälle und die Übelkeit und das nächtliche Herumwandern in meiner Wohnung. Zum ersten Mal öffnete ich mich ihnen ganz, sprach über meine Gefühle, und das schien eine seltsam beruhigende Wirkung auf sie auszuüben. Als Azin plötzlich aufsprang, weil sie sich daran erinnerte, dass heute der Tag war, an dem sie ihre Tochter besuchen durfte – sie hieß nach meiner Tochter Negar –, die vorläufig bei der Familie ihres Mannes lebte, war uns leichter zumute. Wir witzelten über Sanaz' diverse Kavaliere und Yassis Diät-Versuche.

Bevor sie gingen, nahm Mahshid ein Päckchen zur Hand, das sie mitgebracht hatte, und sagte: »Ich habe hier etwas für Sie. Nassrin lässt Sie grüßen. Sie hat mich gebeten, Ihnen das zu geben.« Sie überreichte mir eine dicke Mappe und einen Packen Aufzeichnungen. Die Mappe liegt jetzt hier in meinem neuen Arbeitszimmer auf dem Schreibtisch. Sie ist sehr bunt, weiß, mit knallig orangefarbenen Streifen und drei Comicfiguren. In leuchtend grün und violetten Buchstaben steht darauf: »Bis bald im fabelhaften Florida. In der Sonne wird alles besser!« Sie enthält saubere, handschriftliche Transkriptionen, die Nassrin wortwörtlich von allen meinen Seminaren während meiner letzten drei Semester an der Allameh angefertigt hatte. Sie sind durch Überschriften gegliedert; sämtliche Anekdoten sind enthalten. James, Austen, Fielding, Brontë, Poe, Twain – alle sind versammelt. Die Mappe enthält nichts weiter, kein Foto, keine persönliche Anmerkung, bis auf einen Satz auf der letzten Seite: *Ich schulde Ihnen immer noch einen Aufsatz über Gatsby.*

20

In der Islamischen Republik leben ist wie Sex mit einem Mann, den man verabscheut, sagte ich zu Bijan am Abend nach dem Donnerstagskurs. Als er nach Hause gekommen war, hatte er mich auf meinem üblichen Stuhl im Wohnzimmer vorgefunden, Nassrins Mappe auf dem Schoß, die Notizen meiner Studentinnen auf dem Tisch verstreut, und daneben eine Schüssel geschmolzener Eiscreme. Du meine Güte, du musst dich ja mies fühlen! sagte er mit einem Blick auf das Eis. Er setzte sich mir gegenüber und sagte: Lass den Satz nicht einfach in der Luft hängen. Erzähl ein bisschen.

Ja, es ist so: Wenn du gezwungen wirst, mit jemandem Sex zu haben, den du nicht magst, machst du deinen Kopf leer – du tust, als wärst du woanders, du vergisst deinen Körper, du hasst deinen Körper. Wir tun ständig so, als wären wir woanders – entweder planen wir es, oder wir träumen davon. Seit meine Mädchen heute Nachmittag gegangen sind, denke ich darüber nach.

Bijan und ich hatten nach einer Phase schroffer, quälender Auseinandersetzungen zu einer erstaunlichen Nähe zurückgefunden. Bijan war ein Meister des beredten Schweigens. Durch ihn hatte ich die vielen Nuancen des Schweigens kennengelernt: das wütende Schweigen und das missbilligende Schweigen, das anerkennende Schweigen und das liebevolle Schweigen. Manchmal staute sich sein Schweigen und ergoss sich dann in einen Wortschwall, aber in letzter Zeit sprachen wir ausgiebig miteinander. Es begann damit, dass wir uns gegenseitig erzählten, was wir im Hinblick auf den Iran empfanden. Zum ersten Mal sahen wir die Dinge auch aus der Sicht des anderen. Seit er sich entschlossen hatte, sein Leben im Iran abzubrechen, hatte Bijan das Bedürfnis, über seine Gedanken und Gefühle zu sprechen. Wir sprachen stundenlang über unsere Empfindungen, unsere Vorstellungen von Heimat – für mich ein bewegliches Gut, für ihn verbunden mit Tradition und Verwurzelung.

Ich berichtete ihm detailliert über die Auseinandersetzungen im Kurs. Nachdem die Studentinnen gegangen waren, ging mir das Bild vom sexuellen Missbrauch nicht mehr aus dem Kopf. Ich sagte: Mich quält der Gedanke, dass Manna sich genau so fühlt.

Bijan antwortete nicht. Er schien darauf zu warten, dass ich den Gedanken ausführte, aber plötzlich hatte ich nichts mehr zu sagen. Etwas erleichtert räkelte ich mich und nahm ein paar Pistazien aus der Schüssel. Ist dir je aufgefallen, sagte ich, wie komisch es ist, dass du in dem Spiegel an der Wand dort drüben nicht dich selber siehst, sondern die Bäume und die Berge, als hättest du dich absichtlich weggezaubert?

Ja, stell dir vor, das habe ich, sagte er, und ging in die Küche, um sich seinen Wodka zu holen, aber ich hatte keine schlaflosen Nächte deshalb. Du dagegen musst Tag und Nacht darüber nachgegrübelt haben. Er stellte sein Glas und eine neue Schüssel mit Pistazien auf den Tisch. Und was deine höchst phantasievolle Analogie angeht, müssen deine Mädchen doch ziemlich sauer sein, dass du diesen Kerl verlässt und sie weiter mit ihm schlafen müssen – einige von ihnen wenigstens. Er nippte an seinem Glas und blickte versonnen hinein. Den werde ich vermissen. Du musst doch zugeben, es ist der beste geschmuggelte Wodka der Welt.

Ich überging seine Anmerkungen zur Qualität unseres Wodkas und sagte: Weggehen wird nicht so viel helfen, wie du glaubst. Die Erinnerung bleibt und der Makel. Die kann man nicht einfach so abstreifen.

Dazu habe ich zweierlei zu sagen, erwiderte er. Erstens: Keiner von uns bleibt verschont vom Bösen in der Welt; es ist eine Frage der Einstellung, die man dazu hat. Und zweitens sprichst du immer über den Einfluss, den »diese Leute« auf dich haben. Hast du je über deinen Einfluss auf sie nachgedacht? Ich blickte ihn skeptisch an. Diese Beziehung ist im Guten wie im Schlechten unausgeglichen, fuhr er fort. Sie haben die Macht, uns zu töten oder auszupeitschen, aber das erinnert sie nur daran, wie schwach sie eigentlich sind. Sie müssen ganz krank vor Angst sein, wenn sie sehen, was mit ihren Ex-Genossen und ihren Kindern geschieht.

21

Es war ein warmer Sommertag, etwa vierzehn Tage nach meinem
Gespräch mit Bijan. Ich hatte in einem Café Zuflucht gesucht. Es
war eigentlich eine Bäckerei, eine der wenigen, die ich noch aus
meiner Kindheit kannte. Es gab dort wunderbare Piroggen, für
die die Leute in langen Schlangen anstanden. Am Eingang waren
neben einer großen Terrassentür zwei, drei kleine Tische aufgestellt. Ich saß mit meinem Eiscafé an einem von ihnen. Nach einer Weile zog ich Stift und Papier aus meiner Tasche, starrte in
die Luft und fing an zu schreiben. Das In-die-Luft-Starren und
das Schreiben war, besonders während dieser letzten Monate in
Teheran, zu meiner Hauptbeschäftigung geworden.

Plötzlich entdeckte ich in der Schlange der Wartenden ein Gesicht, das mir bekannt vorkam, aber nicht so bekannt, dass ich
es sofort einordnen konnte. Eine Frau sah, nein, starrte mich an.
Dann lächelte sie, gab ihren kostbaren Platz in der Schlange auf
und kam auf mich zu. »Dr. Nafisi«, sagte sie, »kennen Sie mich
nicht mehr?« Sie musste eine ehemalige Studentin sein. Ihre
Stimme war mir vertraut, aber immer noch rätselte ich. Sie erinnerte mich an meine Seminare über Henry James und Jane Austen, und allmählich nahm ihr Geist in meiner Erinnerung Gestalt an, bis ich schließlich Miss Ruhi erkannte, die ich seit Jahren
nicht mehr gesehen hatte. In ihrem Tschador hätte ich sie schneller erkannt, denn er betonte ihre kleine Stupsnase und das ent-
waffnende Lächeln.

Sie trug schwarze Kleider, aber keinen Tschador und hatte einen langen schwarzen Schal um den Kopf geschlungen, der von
einer Silbernadel festgehalten wurde, die wie ein Spinnennetz auf

dem schwarzen Stoff zitterte. Sie war dezent geschminkt, und unter dem Kopftuch lugten ein paar dunkelbraune Haarsträhnen hervor. Ich erinnerte mich an ein anderes Gesicht, strenger und so verschlossen, dass ihre Lippen ständig zu schmollen schienen. Sie war gar nicht so unscheinbar, wie ich immer gedacht hatte.

Unschlüssig blieb sie an meinem Tisch stehen. Da sie ihren begehrten Platz in der Schlange aufgegeben hatte, forderte ich sie auf, sich zu mir zu setzen und einen Kaffee mit mir zu trinken. Zögernd ließ sie sich auf der Stuhlkante nieder. Nach dem College war sie in einer der Milizen aktiv geworden, die sie aber nach einer Weile wieder verlassen hatte. »Sie hatten nicht viel übrig für englische Literatur, wissen Sie«, erklärte sie lächelnd ... Und seit zwei Jahren war sie verheiratet. Sie vermisste das College. Damals hatte sie oft überlegt, warum sie eigentlich englische Literatur und nicht etwas Nützliches studierte – wieder lächelte sie –, aber jetzt war sie froh, dass sie durchgehalten hatte. Sie besaß etwas, das andere nicht hatten, erklärte sie. Erinnern Sie sich an unsere Diskussionen über *Sturmhöhen*?

Ja, ich erinnerte mich daran, und während wir sprachen, kam auch die Erinnerung an sie wieder zurück; die Bilder verjagten ihr gegenwärtiges unvertrautes Gesicht und ersetzten es durch ein anderes. Im Geist kehrte ich in den Hörsaal zurück, in den vierten Stock, in die dritte – oder vierte? – Reihe. Ich habe zwei Gesichter vage vor mir, fast identisch in ihrer freundlichen Missbilligung. Die beiden schrieben mit. Sie saßen da, wenn ich den Hörsaal betrat, und blieben noch, wenn ich ging. Die meisten anderen Studenten begegneten ihnen mit Argwohn. Sie waren in der Muslimischen Studentenvereinigung aktiv und kamen nicht einmal mit den liberaleren Elementen im Islamischen Dschihad, wie Mr. Forsati, gut aus.

Ich erinnerte mich an sie. Und an diese spezielle Diskussion über *Sturmhöhen*, weil sich Miss Ruhi danach von ihrer Freundin losgerissen hatte, mir aus dem Saal gefolgt war und mich in eine

Ecke gedrängt hatte. Sie hatte sich auf mich gestürzt und mir ihre Entrüstung über das unmoralische Verhalten von Catherine und Heathcliff ins Gesicht gesprudelt. In ihren Worten hatte so viel Leidenschaft gelegen, dass ich völlig entgeistert war. Wovon redete sie nur?

Ich wollte nicht noch einen Roman vor Gericht stellen. Ich sagte ihr, es sei unmoralisch, über einen großen Roman so herzuziehen, die Figuren seien keine Vehikel für moralische Imperative und die Lektüre eines Romans sei keine Übung in Zensur. Sie nuschelte etwas von einer anderen Professorin, die immerhin sensibel genug gewesen war, das Wort *Wein* aus der Lektüre zu tilgen, damit die religiösen Gefühle ihrer Studenten nicht verletzt würden. Ich stellte ihr frei, das Seminar abzubrechen oder die Angelegenheit an höherer Stelle vorzutragen. Ich jedenfalls würde alles so weitermachen wie bisher und auch in Zukunft lehren, was ich wollte. Dann ließ ich sie in der dunklen Ecke des sehr langen Flurs stehen. Und nun hatte sie sich selbst wieder ans Tageslicht befördert und ihr Image runderneuert.

Auch gegen *Daisy Miller* hatte sie Einwände erhoben; sie fand Daisy nicht nur unmoralisch, sondern auch töricht und »unvernünftig«. Aber trotz unseres Konflikts und obwohl sie die Romane in meinen Seminaren missbilligte, hatte sie sich im Jahr darauf wieder eingeschrieben. Gerüchten zufolge hatte sie eine Affäre mit einem der Anführer der Muslimischen Studentenvereinigung. Nassrin hinterbrachte mir solche Gerüchte gerne, um zu beweisen, was für Heuchler »diese Leute« waren.

Jetzt sagte sie, das College fehle ihr. Damals hatte es ihr nicht viel bedeutet, aber später hatte sie gemerkt, wie sehr es ihr fehlte. Sie vermisste die Filme, die wir zusammen angesehen hatten, und die Diskussionen. Erinnern Sie sich an die Liebe-Jane-Gesellschaft? Ich war verwirrt – woher wusste sie davon? Die Gesellschaft war ein Insider-Witz, den nur ich und eine Handvoll Studentinnen kannten. Sie habe immer dazugehören wollen, gestand sie. Mir hat Jane Austen wirklich gut gefallen – wenn Sie gewusst hätten, wie viele Mädchen für Darcy schwärmten! Ich sagte: Ich wusste nicht, dass es in Ihrer Gruppe erlaubt war, ein Herz zu haben. Sie antwortete: Ob Sie es glauben oder nicht, wir haben uns andauernd verliebt.

Sie hatte versucht, Arabisch zu studieren, und einige Kurzgeschichten und Gedichte aus dem Englischen ins Persische übersetzt – nur für sich, fügte sie hinzu. Sie gebrauchte die persische Wendung »für mein eigenes Herz«. Nach kurzem Schweigen sagte sie: Und dann habe ich geheiratet, und jetzt habe ich eine Tochter. Ich fragte mich insgeheim, ob sie den angeblichen Liebhaber geheiratet hatte, der mir nicht gerade in guter Erinnerung war.

Ich fragte sie nach dem Alter ihrer Tochter. Elf Monate, erwiderte sie, und fügte mit dem Ansatz eines Lächelns hinzu: Ich habe sie nach Ihnen genannt. Nach mir? Ich meine, auf der Geburtsurkunde steht ein anderer Name – sie heißt Farimeh nach meiner Lieblingstante, die jung gestorben ist –, aber ich habe einen geheimen Namen für sie. Ich nenne sie Daisy. Sie hatte zwischen Daisy und Lizzy geschwankt. Dann hatte sie sich für Daisy entschieden. Lizzy war die, von der sie geträumt hatte, aber eine Heirat mit Mr. Darcy war ein zu großer Wunschtraum. Warum Daisy? Wegen Daisy Miller, wissen Sie nicht mehr? Es heißt doch, wenn man seinem Kind einen Namen gibt, der etwas bedeutet, wird es so wie der Namenspatron. Ich möchte, dass meine Tochter so wird, wie ich nie war – wie Daisy. Mutig, wissen Sie.

Daisy war die Figur, mit der sich meine Studentinnen am meisten identifizierten. Einige waren geradezu besessen von ihr. Später, in meinem Workshop, kamen sie immer wieder auf diese Zeit zurück und erwähnten ihren Mut, der ihnen ihrer Meinung nach fehlte. Mahshid und Mitra erwähnten Daisy voller Bedauern; wie Winterbourne spürten sie, dass sie ihr Unrecht taten. Als Miss Ruhi aufstand und sich verabschiedete, sah ich sie etwas unsicher an und sagte: Darf ich Ihnen eine ganz persönliche Frage stellen? Sie sagten, dass Sie verheiratet sind. Und Ihr Mann? Ich habe jemanden geheiratet, der nicht an der Universität ist. Er ist Computerspezialist. Und tolerant, lächelte sie.

Sie musste gehen, sie hatte eine elf Monate alte Tochter mit einem geheimen Namen, die zu Hause auf sie wartete. Wissen Sie, damals habe ich nicht darüber nachgedacht, aber wir hatten viel Spaß. Wie viele Gedanken wir uns um diese Schriftsteller gemacht haben! Als ginge es bei dem, was sie schreiben, für uns um Leben und Tod – bei James und Brontë und Nabokov und Jane Austen.

22

Bestimmte Erinnerungen sind wie die imaginären Ballons, die Yassi mit ihren zierlichen Händen formte, wenn sie glücklich war: Sie steigen aus den Tiefen eines Ortes auf, den wir Gedächtnis nennen. Wie Ballons sind diese Erinnerungen hell und leicht und unwiederbringlich trotz der »Luft-Trauer« (wie Bellow sie nennt), die sie umgibt. Während meiner letzten Wochen im Iran trafen sich meine Mädchen zusätzlich zu den Donnerstagen auch an anderen Tagen in verschiedenen Stadtteilen mit mir. Wir machten sogar zusammen Besorgungen, da ich Mitbringsel für meine Freunde und Verwandten in Amerika brauchte.

Eines Nachmittags betrat ich auf der Suche nach meinen Mädchen mein Lieblingscafé, aber ich fand sie nicht. Ich passte einen sehr alten Kellner mit schwarzen Hochwasserhosen ab, der Gebäck und zwei dampfende Kaffeetassen auf dem Tablett trug, und fragte ihn, ob ihm eine Handvoll junger Frauen aufgefallen sei. Ohne Begleitung? fragte er. Ich sah ihn überrascht an. Ja, warum? Ich glaube schon, dass sie ohne Begleitung sind. Dann müssen sie im Hinterzimmer sein. Sie kennen die Regeln, sagte er. Frauen ohne Begleitung dürfen nicht hier vorne sitzen.

Meine Mädchen saßen am Fenster. An dem einzigen anderen Tisch in diesem großen Raum tranken zwei Frauen Kaffee. »Keine Männer, keine Privilegien«, erklärte Manna fröhlich. »Heute wäre Nima endlich mal nützlich gewesen.« Nassrins Abwesenheit war uns in diesen letzten Wochen deutlich ins Bewusstsein gerückt. Ich fragte Mahshid, ob sie Neuigkeiten von ihr hatte. Sie hatte keine. Und außerdem, sagte sie verstimmt, sind keine Neuigkeiten doch gute Neuigkeiten.

Manna und Azin hatten ihre Fotoapparate mitgebracht – für Café-Souvenirs, sagte Manna. Da meine Abreise kurz bevorstand, fotografierte ich wie besessen unser Leben in allen Details. Wenn ich keine Kamera dabei hatte, wurde ich selbst zur Kamera. Ich schrieb fieberhaft über den Vogelflug in Polur, unserem Ferienort in den Bergen bei Teheran, die fast mit Händen zu greifende Frische der Luft, besonders am frühen Morgen bei Sonnenaufgang, und all die geliebten Gesichter um uns.

Mitra war niedergeschlagen. Sie hatte vor meiner Ankunft angefangen, den anderen von ihren Problemen zu Hause zu erzählen, und nahm jetzt den Faden wieder auf. Hamids Mutter zeigte überhaupt kein Verständnis für ihre Auswanderungspläne nach Kanada, und ihre Missbilligung hatte Hamid verunsichert. Mich ärgert nicht nur, sagte Mitra, dass sie uns nicht gehen lassen will, sondern dass sie sich überhaupt andauernd in unsere Angelegenheiten einmischt.

Zuerst sollten wir unbedingt Kinder haben – sie wollte einen Enkel, bevor sie zu alt wäre, sich an ihm zu freuen – und jetzt das. Mitra und Hamid waren jetzt auch wieder schwankend geworden. Er hatte einen guten Job, und sie waren dadurch finanziell abgesichert, in Kanada würden sie wieder bei null anfangen müssen. Mitra fand, dass sie selbst sich verändert hatte – sie war nervöser, empfindlicher und hatte Alpträume. Eines Nachts war sie aufgewacht und hatte geglaubt, das Haus stürze ein, aber sie selbst hatte nur am Nachttisch gerüttelt. Manchmal glaube ich, dass Männer einfach nicht begreifen, wie schwer es für eine Frau in diesem Land ist, sagte sie frustriert. Für sie ist es leichter, sagte Yassi. Für Männer ist es doch fast ein Paradies. Hamid sagt, meinte Mitra, wenn wir gutes Geld verdienen, können wir ja immer noch Ferien im Ausland machen.

Für Männer ist es definitiv einfacher, sagte Azin. Seht euch die Ehe- und Scheidungsgesetze an. Wie viele sogenannte weltliche

Männer haben sich Zweitfrauen genommen! Vor allem Intellektuelle, ergänzte Manna, die sich in der Zeitung großartig über die Freiheit verbreiten.

Nicht alle Männer sind so, widersprach Sanaz.

Azins Gesicht erhellte sich: Ja, richtig, Sanaz. Einige, wie dein neuer Beau ...

Er ist kein Beau, protestierte Sanaz kichernd. Nachdem sie lange Zeit niedergeschlagen gewesen war, hatte sie nun wieder Spaß am Leben. Er ist ein Freund von Ali. Er ist aus England zu Besuch hier, erläuterte sie, an mich gewandt, weil sie wohl glaubte, mir eine Erklärung schuldig zu sein. Wir kennen uns schon länger, wir waren über Ali befreundet. Er sollte unser Trauzeuge sein. Deshalb hat er mich besucht, einfach so, aus Freundlichkeit.

Mitras Grübchen und Azins wissendes Lächeln deuteten an, dass es um mehr als »Freundlichkeit« ging. Was? wollte Sanaz wissen. Er sieht nicht gut aus. Sie kniff die Augen zusammen. Er ist sogar ziemlich hässlich. Vielleicht eher markant? fragte Yassi hoffnungsvoll. Nein, eigentlich nicht, schon eher hässlich, aber sehr nett, rücksichtsvoll und freundlich. Mein Bruder macht sich über ihn lustig, sagte Sanaz, und manchmal lasse ich mich schon von seinem Gerede anstecken. Neulich hat er gesagt, dass er hier nichts Kurzärmeliges tragen oder schwimmen gehen kann. Als er gegangen war, hat mein Bruder ihn nachgeäfft und gesagt: Was für eine clevere Art der Verführung, und meine kindische Schwester fällt auch noch darauf herein!

Der Kellner kam, um meine Bestellung aufzunehmen. Ich bestellte einen Eiscafé und sagte dann mit einem Blick zu Manna: Und könnten Sie uns später türkischen Kaffee bringen? Seit meine Mutter sich angewöhnt hatte, unserem Kurs türkischen Kaffee zu servieren, lasen wir aus dem Kaffeesatz. Manna und Azin wetteiferten um das Privileg, Wahrsagerin zu spielen. Beim letzten Mal hatte mir Azin wahrgesagt, und ich hatte Manna versprochen, bald würde sie an die Reihe kommen.

Nachdem der Kellner gegangen war, sagte Azin: Ach, ich würde ihn so gerne fotografieren. Könntet ihr ihn nicht ablenken, damit ich ein Foto schießen kann? Wie sollen wir ihn denn ablenken? fragte Manna. Du willst doch wohl nicht, dass wir ins Gefängnis kommen, weil wir mit diesem Klappergestell flirten?

Als der Kellner meine Bestellung brachte, sah ich, wie Azin ihre Kamera hob, der neben mir sitzenden Yassi ein Zeichen gab und den Apparat wie beiläufig auf mich richtete, als nähme sie die Wand ins Visier. Könnte ich meinen Kaffee ohne Zucker bekommen? fragte Yassi den Kellner. Ich weiß nicht, erwiderte er mürrisch, er ist gewöhnlich schon gezuckert. Beim Klicken der Kamera fuhr er misstrauisch herum, sah in unsere unschuldigen Gesichter und ging. Ich weiß nicht, ob es gut wird, sagte Azin. Wir werden sehen. Auf dem Foto steht er neben mir, aber sein Gesicht ist Yassi zugewandt, nur ist es oberhalb des Kinns abgeschnitten. Sein kopfloser Torso ist leicht gebeugt und hält ein leeres Tablett. Yassi und ich schauen in seine Richtung, und ich halte mein beschlagenes Glas fest, als würde es mir jeden Moment weggenommen.

Später zeigte ich die Bilder, die wir in den letzten Wochen gemacht hatten, meinem Zauberer. Man hat ein komisches Gefühl, wenn man einen Ort verlässt, sagte ich. Als ob man nicht nur die Menschen vermissen wird, die man liebt, sondern auch denjenigen, der man hier und jetzt ist, weil man nie wieder so sein wird.

Der Kellner brachte uns den Kaffee in kleinen, verschiedenfarbigen Tassen, und während wir ihn tranken, sprachen wir darüber, wie schwer das Leben für einen Schriftsteller im Iran ist: Man hat so viel zu sagen, darf es aber nicht. Ich schaute auf die Uhr: Ich war schon spät dran. Lassen wir Manna für mich wahrsagen, und dann muss ich los. Ich nahm Stift und Notizbuch in die Hand und sagte Manna, ich werde jedes ihrer Worte aufschreiben und sie werde für alles in die Pflicht genommen werden. Erinnere dich an das, was Cary Grant in diesem tollen Film gesagt hat: Ein Wort und eine verpasste Gelegenheit kann man nicht zurückholen.

Manna hob meine Kaffeetasse und fing an, mir die Zukunft vorauszusagen: »Ich sehe einen hahnähnlichen Vogel, das bedeutet Gutes, aber Sie sind sehr aufgeregt. Eine helle Straße. Und Sie tun den ersten Schritt. Sie denken an hundert Dinge gleichzeitig. Eine Straße ist versperrt und dunkel, die andere offen und voller Licht. Beide könnten wahr werden, es ist Ihre Entscheidung. Da ist ein Schlüssel; ein Problem wird gelöst werden. Kein Geld. Ein kleines Schiff, das noch im Hafen liegt und noch keine Segel gesetzt hat.«

23

Erweckt jeder Zauberer, selbst ein echter wie meiner, den Zauberkünstler in uns, der alle verborgenen magischen Fähigkeiten und Potentiale in uns zum Vorschein bringt? Hier sitzt er auf seinem Stuhl, dem Stuhl, den ich gerade erfinde. Beim Schreiben entsteht der Stuhl, aus Walnussholz, mit einem braunen Kissen, etwas unbequem, er sorgt dafür, dass man aufmerksam bleibt. Das ist der Stuhl, aber er sitzt nicht darauf. Er sitzt auf der Couch mit den braunen Kissen, etwas weicher vielleicht, und wirkt entspannter als ich, es ist schließlich seine Couch. Er sitzt wie immer in der Mitte und lässt zu beiden Seiten viel Platz. Er lehnt sich nicht zurück, sondern sitzt aufrecht, die Hände auf dem Schoß, das schmale Gesicht ist konzentriert.

Bevor er anfängt zu sprechen, lasse ich ihn in die Küche gehen, weil er ein sehr gastfreundlicher Mensch ist und mich auf keinen Fall so lange reden ließe, ohne mir etwas anzubieten, Tee oder Kaffee oder vielleicht ein Eis? Heute soll es Tee sein, in zwei ungleichen Bechern, seiner braun, meiner grün. Seine anmutige, aristokratische Armut, seine Tassen, seine verblichenen Jeans, seine T-Shirts, seine Pralinen. Während er in der Küche ist, will ich still sein und darüber nachsinnen, wie sorgsam er seine Rituale gestaltet hat – die Zeitung liest er zu einer bestimmten Zeit nach dem Frühstück, morgens und abends geht er spazieren, das Telefon nimmt er nach zweimaligem Läuten ab. Plötzlich überkommt mich Zärtlichkeit: Wie stark er uns vorkommt und wie zerbrechlich sein Leben doch ist.

Als er die beiden Becher hereinträgt, sage ich: Weißt du, es kommt mir so vor, als bestünde mein Leben aus einer Reihe von Aufbrüchen. Er hebt die Augenbrauen, stellt die Becher auf den Tisch und sieht mich an, als habe er einen Prinzen erwartet und einen Frosch vorgefunden. Dann lachen wir beide. Immer noch stehend sagt er: So einen Mist kannst du innerhalb dieser vier Wände erzählen – ich bin dein Freund und werde es dir verzeihen –, aber schreib das bloß nie in deinem Buch. Aber es ist wahr, sage ich. Lady, sagt er, wir brauchen deine Wahrheiten nicht, sondern deine Erfindungen – wenn du gut bist, lässt du ein bisschen Wahrheit einfließen, aber erspar uns deine wahren Gefühle.

Er ist wieder in der Küche und stöbert im Kühlschrank. Er kommt mit fünf Pralinen auf einem kleinen Teller zurück. Er sitzt mir gegenüber, auf dem äußersten Rand der Couch. Wir haben überhaupt nichts mehr, tut mir leid. Im Kühlschrank ist nur noch Schokolade.

Ich erzählte ihm, dass mir ein Buch vorschwebte, in dem ich der Islamischen Republik für alles danken wollte, was sie mich gelehrt hatte – Jane Austen und James zu lieben, Eiscreme und Freiheit. Es genügt nicht, das alles zu schätzen, sagte ich, ich möchte darüber schreiben. Er entgegnete: Du wirst nicht über Jane Austen schreiben können, ohne über uns zu schreiben, über diesen Ort, an dem du sie wiederentdeckt hast. Du wirst uns nicht aus deinen Gedanken vertreiben können. Versuch es, du wirst schon sehen. Die Jane Austen, die du kennst, ist untrennbar mit diesem Ort verbunden, mit diesem Land und diesen Bäumen. Du glaubst doch nicht, dass das dieselbe Austen ist, die du mit Dr. French gelesen hast – es war doch Dr. French, oder? Das ist die Austen, die du hier gelesen hast, an einem Ort mit einem halbblinden Zensor, wo sie Leute auf der Straße aufhängen und einen Vorhang übers Meer spannen, um Männer und Frauen zu trennen. Ich sagte: Wenn ich über all das schreibe, werde ich vielleicht toleranter werden, meine Wut vergessen.

So sitzen wir voreinander, auf ewig Geschichten erfindend, er auf seinem Sofa, ich auf meinem Stuhl. Hinter uns wird der längliche Lichtfleck vor dem Schaukelstuhl schmaler und kleiner und verschwindet schließlich ganz. Er macht die Lampe an, und wir reden weiter.

24

»Ich habe den immer wiederkehrenden Traum, dass der *Bill of Rights* ein neuer Artikel hinzugefügt wird: das Recht auf freien Zugang zur Phantasie. Ich bin zu dem Glauben gelangt, dass eine echte Demokratie nicht ohne die Freiheit der Phantasie und das Recht, Werke der Phantasie uneingeschränkt zu nutzen, existieren kann. Um ein erfülltes Leben zu führen, muss man die Möglichkeit haben, private Welten, Träume, Gedanken und Wünsche öffentlich zu gestalten und auszudrücken und sich ständig auf einen Austausch zwischen der öffentlichen und der privaten Welt einzulassen. Wie sollen wir sonst wissen, dass wir existiert, gefühlt, begehrt, gehasst und uns gefürchtet haben?

Wir sprechen von Tatsachen, aber Tatsachen existieren nur partiell für uns, wenn sie sich nicht in Gefühlen, Gedanken und Empfindungen wiederholen und neu erstehen lassen. Mir kam es so vor, als hätten wir nicht wirklich oder nur halb existiert, weil wir uns nicht selbst in unserer Phantasie neu erschaffen und nicht mit der Welt kommunizieren konnten, und weil wir Werke der Phantasie für politische Zwecke missbrauchten.«

Als ich an jenem Tag das Haus meines Zauberers verließ, blieb ich auf den Stufen vor der Eingangstür sitzen und schrieb diese Worte in mein Tagebuch. Darüber notierte ich das Datum, den 23. Juni 1997, und daneben schrieb ich: »Für mein neues Buch«. Es dauerte danach noch ein Jahr, bis ich wieder an dieses Buch denken konnte, und noch eines, bevor ich mich dazu überwand, zur Feder zu greifen, wie man sagt, um über Austen und Nabokov zu schreiben und über die, die sie mit mir gelesen und erlebt haben.

496

An jenem Abend wurde die Sonne schon schwächer, als ich das Haus meines Zauberers verließ, die Luft war mild, und die Bäume trugen ein sattes Grün zur Schau. Ich hatte viele Gründe, traurig zu sein. Jeder Gegenstand und jedes Gesicht hatte seine deutliche Kontur verloren und erschien mir wie ein kostbares Erinnerungsstück: meine Eltern, Freunde, Studentinnen, diese Straße, die Bäume, das schwindende Licht der Berge im Spiegel. Doch dazu gesellte sich eine vage Hochstimmung, und, um mit der Heldin aus Muriel Sparks wundervollem Roman *Vorsätzliches Herumlungern* zu sprechen: Ich ging frohlockend meines Wegs und dachte, wie herrlich es ist, eine Frau und Schriftstellerin am Ende des 20. Jahrhunderts zu sein.

EPILOG

Ich verließ Teheran am 24. Juni 1997 auf der Suche nach dem grünen Licht, an das Gatsby einst glaubte. Wieder schreibe und unterrichte ich, diesmal im siebenten Stock eines Gebäudes in einer Stadt ohne Berge, aber mit erstaunlichen Wasserfällen und Quellen. Immer noch lehre ich Nabokov, James, Fitzgerald, Conrad, aber auch Iraj Pezeshkzad, den Autor von *Mein Onkel Napoleon*, einem meiner iranischen Lieblingsromane, und andere, die ich seit meiner Ankunft in den USA entdeckt habe – Zora Neale Hurston oder Orhan Pamuk. Und ich weiß jetzt, dass meine Welt, wie die von Pnin, immer eine tragbare sein wird.

Ich habe den Iran verlassen, aber der Iran hat mich nicht verlassen. Äußerlich hat sich viel verändert, seit Bijan und ich weggegangen sind. In Mannas Gang und dem anderer Frauen kommt Widerstand zum Ausdruck; ihre Kopftücher sind bunter und ihre Mäntel viel kürzer; sie schminken sich und zeigen sich öffentlich mit Männern, die weder ihre Brüder, Väter noch Ehemänner sind. Daneben gibt es nach wie vor Razzien, Verhaftungen und öffentliche Exekutionen. Aber man ruft lautstark nach Freiheit; wenn ich die Zeitung aufschlage, lese ich über Studenten, die für einen Dissidenten auf die Straße gehen, der zum Tode verurteilt wurde, weil er gesagt hatte, man solle der Geistlichkeit keinen äffischen Gehorsam leisten und die Verfassung müsse revidiert werden. Ich lese, was meine jungen Studenten und ehemaligen Revolutionäre schreiben, ihre Parolen und Forderungen nach Freiheit, und ich weiß jetzt mit absoluter Sicherheit, dass dieses beharrliche Verlangen nach Leben, Freiheit und Glück, das die jungen Iraner, die Kinder der Revolution formulieren, und die gequälte Selbstkritik der Ex-Revolutionäre unsere Zukunft bestimmen wird.

Seit ich den Iran verließ, habe ich den Wunsch meines Zauberers respektiert und ihm weder geschrieben noch ihn angerufen, aber er war so sehr Bestandteil meines Lebens, dass ich mich manchmal frage: Hat es ihn wirklich gegeben? Habe ich ihn erfunden? Hat er mich erfunden?

Manchmal erscheinen E-Mails wie Glühwürmchen auf meinem Computer, oder ich erhalte Briefe, die in Teheran oder Sydney abgestempelt wurden; sie sind von meinen ehemaligen Studentinnen, die mir über ihr Leben und ihre Erinnerungen berichten.

Nassrin ist, wie ich weiß, sicher in England angelangt. Was danach aus ihr geworden ist, weiß ich nicht.

Mitra ist wenige Monate nach unserem Abflug in die USA nach Kanada ausgewandert. Eine Zeit lang schickte sie mir regelmäßig E-Mails oder rief mich an, aber dann ließ sie länger nichts mehr von sich hören. Von Yassi weiß ich, dass sie sich wieder an der Uni eingeschrieben und einen Sohn hat.

Auch Sanaz hat von sich hören lassen. Sie rief mich aus Europa an, um mir mitzuteilen, dass sie jetzt verheiratet sei und ein Studium beginnen wolle. Aber Azin hat mir erzählt, dass sie diesen Plan wieder fallen ließ und Hausfrau wurde.

Anfangs hörte ich nicht oft von Azin; sie rief mich nur an meinem Geburtstag an. Eine ehemalige Studentin hatte mir gesagt, dass Azin an der Allameh unterrichtete, dieselben Seminare und Lektürekurse wie ich. Zuletzt habe sie das Büro neben meinem alten im fünften Stock bezogen, hinterbrachte mir die Studentin etwas boshaft. Ich dachte oft an sie und ihre hübsche kleine Negar. Vor wenigen Monaten rief sie aus heiterem Himmel aus Kalifornien an. Ihre Stimme klang noch genauso vergnügt und kokett, wie ich sie in Erinnerung hatte. Sie hatte wieder geheiratet, ihr neuer Ehemann lebte in Kalifornien. Ihr Ex-Mann hatte ihr Negar weggenommen, und deshalb hatte sie kaum noch etwas in Teheran gehalten. Sie sprudelte über vor Ideen; sie wollte Kurse belegen und ein neues Leben beginnen.

Mahshid, Manna und Yassi trafen sich nach meiner Abreise auch weiterhin. Sie lasen Virginia Woolf, Kundera und andere und schrieben über Filme, Gedichte und ihr Leben als Frauen. Mahshid ist heute Cheflektorin und veröffentlicht eigene Bücher.

In ihrem letzten Jahr im Iran gab Yassi einen Privatkurs für Studentinnen, die sie sehr mochten und mit denen sie Bergsteigen ging. In ihren E-Mails beschrieb sie ihr neues Hobby mit großer Begeisterung. Sie wollte nach dem Examen in den USA weiterstudieren und bereitete sich intensiv darauf vor. Im Jahr 2000 wurde sie schließlich an der Rice University in Texas angenommen und arbeitet dort jetzt an ihrer Dissertation.

Nima unterrichtet. Er ist meines Erachtens der geborene Lehrer. Darüber hinaus schreibt er brillante fragmentarische Essays über James, Nabokov und seine persischen Lieblingsdichter. Er unterhält mich immer noch mit seinen Histörchen und Anekdoten. Manna schreibt ihre Gedichte, und als ich ihr kürzlich erzählte, ich säße am Epilog für mein Buch und wisse nicht, was ich über sie sagen solle, schickte sie mir das folgende:

Fünf Jahre sind vergangen, seit diese Geschichte in einem wolkenhellen Raum begann, in dem wir Donnerstag vormittags *Madame Bovary* lasen und Schokolade von einem weinroten Teller aßen. An der immerwährenden Einförmigkeit unseres Alltagslebens hat sich wenig geändert. Aber irgendwo habe ich mich verändert. Morgens wache ich auf, wenn die Sonne wie jeden Tag aufgeht, lege vor dem Spiegel den Schleier an, bevor ich hinausgehe und ein Teil der so genannten Realität werde. Ich kenne aber auch ein anderes »Ich«, das nackt und bloß auf den Seiten eines Buches steht: In einer fiktionalen Welt wurde ich aufgestellt wie eine Statue von Rodin. Und so werde ich verharren, solange euer Blick auf mir ruht, liebe Leser.

DANK

Auf den Seiten dieses Buches treten zahlreiche Personen auf, als voll entwickelte Figuren oder aber als geisterhafte Schatten.

Manche von ihnen kenne ich schon lange. Mit ihnen habe ich viele der geschilderten Erfahrungen geteilt; bei anderen wiederum habe ich das Gefühl, dass sie mich mein Leben lang begleitet haben, auch wenn sie nicht körperlich anwesend waren.

Ihren Beistand kann ich unmöglich in diesen wenigen Zeilen angemessen würdigen. Wie die guten Feen und dienstbaren Geister, die Nabokovs Pnin beschützten, wachten sie als Schutzengel über mein Buch. Ich schulde ihnen mehr, als ich je in Worte fassen kann.

Meine Mutter Nezhat Nafisi starb am 2. Januar 2003. Zu meinem tiefsten Bedauern konnte ich ihr in den letzten Monaten ihres Lebens während ihrer Krankheit nicht beistehen. Mein Schmerz wird immer mit dem Abscheu verknüpft sein, den wir beide vor bösartigen totalitären Systemen empfanden, Systemen, die Nabokov dafür anprangerte, dass sie Bürger zu Geiseln ihrer Gefühle machen. Für meine Mutter war der Kampf gegen die Tyrannei nicht politischer, sondern existenzieller Natur. Weder als Tochter noch als handelnder Mensch konnte ich ihren hohen Ansprüchen gerecht werden, aber sie hatte aufrichtige Freude an meiner Arbeit, und wir teilten die gleichen Ideale und Wertvorstellungen. Sie hatte sich auf dieses Buch gefreut, und ich widme es ihr, in Erinnerung an ihren Mut und ihre Integrität, in denen ich die Hauptursachen ihrer Schwächen und wunden Punkte sehe. Sie und mein Vater waren die ersten, die meine Arbeit begeistert und selbstlos unterstützt haben.

Der erste Geschichtenerzähler in meinem Leben war mein Vater, der seine Geschichten nicht nur für mich, sondern auch mit mir zusammen erfand. Ihm habe ich viel zu verdanken, unter anderem meinen unumstößlichen Glauben an Ideale sowie die Fähigkeit, die äußere Realität mit der Wirklichkeit einer fiktiven Welt zu konfrontieren. Meine frühesten Träume und Geschichten konnte ich mit meinem Bruder Mohammad teilen, eine Gewohnheit, die ich jetzt mit meiner geliebten Nichte Sanam Banoo Nafisi fortführe. Obwohl Mohammad und ich während der Entstehung des Buches an verschiedenen Orten lebten, ruhte sein kritischer und mitfühlender Blick beständig auf ihm. Mein Ehemann Bijan, der viele der im Buch geschilderten Ereignisse miterlebte, war während des mühevollen Prozess des Schreibens im wahrsten Sinne des Wortes meine bessere Hälfte. Abgesehen von meinem Lektor war er der einzige, der das erste Manuskript meines Buches zu Gesicht bekam. Durch sein objektives Urteil, seine moralische Integrität und seine Liebe zu mir war er mir eine große Stütze. Meine Kinder Dara und Negar bedachten mich mit einer fürsorglichen Liebe und Unterstützung, die unsere althergebrachte Rollenverteilung zeitweise umkehrte.

Auch andere Familienmitglieder und Freunde erleichterten mir durch ihre fortwährenden Ermutigungen und ihre Unterstützung die Arbeit an dem Buch: Manijeh und Q Aghazadeh, Taraneh und Mo Shamszad und natürlich Parvin, für deren unschätzbare Freundschaft und beständige Hilfe ich keine Worte finde. Genauso dankbar bin ich Khosrow, Tahmineh joon, Goli, Karim, Nahid und Zari und nicht zuletzt meiner guten Freundin Mahnaz Afkhami, die mir während einer schweren und einsamen Zeit mit Rat und Tat zur Seite stand. Mein Dank geht an Paul (der mich unter anderem mit Leo Strauss' *Persecution and The Art of Writing* bekannt gemacht hat). Zu Dank verpflichtet bin ich außerdem Carl Gershman, Hillel Fradkin und den anderen wundervollen Kollegen und Mitarbeitern der Universität

Freedonia; Bernard Lewis (der die Tür aufgestoßen hat), Haye-deh Daragahi, Freshteh Shahpar, Farivar Farzan, Shahran Ta-bari und Ziama (der mir die Beziehung zwischen Beethoven und der Freiheit veranschaulicht hat). Lea Kenig danke ich für ihre Freundschaft, Unterstützung und ihre Liebe zu Büchern, an der sie mich immer großzügig teilhaben ließ. Mein Dank gilt den wiedergefundenen Freundinnen meiner Kindheit Farah Ebra-himi und Issa H. Rhode, und natürlich den Stimmen meines Ge-wissens, meinen Busenfreundinnen Ladan Boroumand, Roya Boroumand und Abdi Nafisi.

Meinen Studentinnen und Studenten, und insbesondere Azin, Yassi, Sanaz, Mitra, Mahshid, Manna, Ava, Mojgan, Nassrin und Nima werde ich immer zu Dank verpflichtet sein, da sie mich die Literatur und das Leben aus einem neuen Blickwinkel sehen lie-ßen. Da fast jede Seite dieses Buches durchtränkt ist von den Er-innerungen an meine Zeit als Dozentin, ist gewissermaßen auch jede einzelne Seite ihnen gewidmet.

Seit ich 1997 den Iran verlassen habe, ist die *Paul H. Nitze School for Advanced International Studies* (SAIS) an der Johns Hopkins Universität mein geistiges und akademisches Zuhause geworden. Ich habe in großem Maße von der Offenheit, Neugier und geistigen Freiheit früherer und jetziger Kollegen und Mit-arbeiter profitiert.

Ihnen möchte ich dafür danken, dass sie eine Atmosphäre ge-schaffen haben, die intellektuell an- und aufregend, aber in kei-ner Weise steif oder einengend ist. Mein spezieller Dank geht an Fouad Ajami und das *Middle East Department*, aber auch an alle Mitarbeiter und Kollegen am Institut für Außenpolitik sowie an dessen Direktor, Dr. Tom Keaney.

Ein großzügiges Stipendium der Smith Richardson Stiftung hat es mir ermöglicht, dieses Buch zu schreiben und meine Pro-jekte an der SAIS weiter zu verfolgen. Besonderen Dank möchte ich Marin Strmecki und Samantha Ravich dafür aussprechen, dass sie an das Recht aller Menschen auf Leben, Freiheit und das Streben nach Glück glauben. Baqer Moin bin ich dankbar für sein Buch *Khomeini: Life of the Ajatollah* (I. B.Tauris 1999), dem ich Zitate und Fakten zu Khomeinis Leben entnommen habe.

Ich möchte den Mitarbeitern von Random House für ihre Unterstützung, ihre Begeisterung und ihre Professionalität danken. Veronica Windholz danke ich für ihr gewissenhaftes Lektorat und für ihren solidarischen Widerwillen gegen totalitäre Systeme. Meine Dank geht auch an Robin Rolewicz, deren aufmunterndes Lächeln und großzügige und willkommene Unterstützung, die weit über bloße Pflichterfüllung hinaus ging, ich schon bald nicht mehr missen wollte.

Bevor ich Joy de Menil kennenlernte, war es mir ein Rätsel, warum manche Schriftsteller ins Schwärmen geraten, wenn sie auf ihre Lektorin zu sprechen kommen. Obwohl Joy noch sehr jung ist, wurde sie bald zur guten Fee dieses Buches. Ich schätze jedoch nicht nur unsere Freundschaft, die mit dem Buch wuchs, sondern auch ihre kreativen Vorschläge und Ideen, ihre gewissenhafte Redaktion sowie die Wertschätzung und Liebe, die sie den Meisterwerken der Literatur entgegenbringt.

Und dann ist da noch der unnachahmliche, unverbesserliche Mr. R, wo auch immer er sich gerade aufhalten mag und welche Geschichte er wohl gerade erfinden oder miterleben mag.

Inhalt

Die literarischen Zitate wurden folgenden Ausgaben entnommen:

Austen, Jane. Stolz und Vorurteil. Aus dem Englischen von Andrea Ott. © Manesse Verlag, Zürich 2003

Baudelaire, Charles. Die Blumen des Bösen. Aus dem Französischen von Friedhelm Kemp. © Deutscher Taschenbuch Verlag, München 1991

Bellow, Saul. Mehr noch sterben an gebrochnem Herzen. Aus dem Amerikanischen von Helga Pfetsch. © Kiepenheuer & Witsch, Köln 1989

Conrad, Joseph. Der Nigger von der Narzissus. Aus dem Englischen von Ernst Wagner. © Fischer, Frankfurt am Main 2002

Cummings, E. E. Poems – Gedichte. Auswahl und Übersetzung von Eva Hesse. © Langewiesche-Brandt, Ebenhausen bei München 1994

Eliot, T. S. Vier Quartette. Aus dem Englischen von Nora Wydenbruck. © Amandus Verlag, Wien 1959

Fitzgerald, F. Scott. Der große Gatsby. Aus dem Amerikanischen von Walter Schürenberg. © Diogenes, Zürich 1974

James, Henry. Daisy Miller. Aus dem Englischen von Gottfried Röckelein. © Insel-Verlag, Frankfurt am Main 1959

James, Henry. Die Gesandten. Aus dem Englischen von Helmut M. Braem. © Kiepenheuer & Witsch, Köln 1982

James, Henry. Washington Square. Aus dem Englischen von Karl L. Nicol. © Deutscher Taschenbuch Verlag, München 1998

Nabokov, Vladimir. Das Bastardzeichen. In: Gesammelte Werke Band 7. Herausgegeben von Dieter E. Zimmer. Deutsch von Dieter E. Zimmer. Rowohlt, Reinbek bei Hamburg 1990

Nabokov, Vladimir. Einladung zur Enthauptung. In: Gesammelte Werke Band 4. Herausgegeben von Dieter E. Zimmer. Deutsch von Dieter E. Zimmer. Rowohlt, Reinbek bei Hamburg 1990

Nabokov, Vladimir. Lolita. In: Gesammelte Werke Band 8. Herausgegeben von Dieter E. Zimmer. Deutsch von Helen Hessel, Maria Carlsson, Kurt Kusenberg u. a. Rowohlt, Reinbek bei Hamburg 1989

Nabokov, Vladimir. Sieh doch die Harlekine. In: Gesammelte Werke Band 12, Späte Romane. Herausgegeben von Dieter E. Zimmer. Deutsch von Uwe Friesel und Dieter E. Zimmer. Rowohlt, Reinbek bei Hamburg 2002

Penguin Random House Verlagsgruppe FSC® N001967

3. Auflage
Wiederveröffentlichung Oktober 2023
btb Verlag in der Penguin Random House Verlagsgruppe GmbH
Neumarkter Straße 28, 81673 München
produktsicherheit@penguinrandomhouse.de
(Vorstehende Angaben sind zugleich
Pflichtinformationen nach GPSR.)

Azar Nafisi

Lese gefährlich

Die subversive Kraft von Literatur in unruhigen Zeiten

320 Seiten, btb 77391
Aus dem Amerikanischen von Cornelius Reiber

**Ein kämpferischer Appell für Literatur als Mittel des
Widerstands und Empowerment**

In Form von Briefen an ihren verstorbenen Vater (früherer
Bürgermeister von Teheran und politischer Gefangener des
Schah-Regimes), der ihr in ihrer Kindheit die Augen dafür
öffnete, wie Literatur uns in Zeiten der Krise retten kann, stellt
Nafisi die brennenden Fragen unserer Zeit. Sie greift dabei
auf ihre persönlichen Erfahrungen als Frau, als Leser*in und
Lehrende in Teheran zurück, die von der Universität verwiesen
wurde, als sie sich weigerte, den Schleier zu tragen, und
schließlich in die USA emigrierte, wo sie als Professorin Literatur
unterrichtete. Nafisi ist überzeugt: Für das Überleben der
Demokratie weltweit ist das Lesen unabdingbar.
Ob James Baldwin oder Margret Atwood, ob Platon oder Salman
Rushdie, Lektüre ist immer ein Weg in Richtung Freiheit:
persönlich und politisch.

»Wunderschön geschrieben, äußerst scharfsichtig.«
Los Angeles Review of Books

btb